不当利得法理の探究

平田健治

不当利得法理の探究

学術選書
182
民　法

信山社

はしがき

　本書は，筆者が今まで公表した諸論文のうち，広義での不当利得にかかわるものの主なものを体系的に整とんしつつ，内容の明確化のための加筆訂正をほどこしたものを内容とする。原論文執筆後の，思索の展開や内外での議論の展開もできるだけ反映させた。冒頭に，自己に対する問題提起の意味を持つ，最初に公表した論文（第1章）を配した。そこから，不動産附合（紙数の関係で収録していないが，私見の要約は『不動産附合の判例総合解説』（信山社）の序章，終章を参照されたい），不当利得，事務管理（既に別著『事務管理の構造・機能を考える』（大阪大学出版会）にまとめた）の大きく三つの方向に問題意識が分化して，展開していった。本書は，その第二の方向に対応する。そこで共通して流れる問題意識は，大づかみに言えば，多当事者間での利得調整の法理の模索が中心であったが（第2章，第3章，第5章），それに関連した論点（第4章，第6章，第7章）も収録した。目下，債権法改正で，契約の清算（給付利得）にかかわる規定が民法，消費者契約法，特定商取引法に導入されようとしている。その意義を根本的に問い直し，将来の法定債権法改正に生かすためにも，本書を公刊することの意義は大きいと考える。

　収録の範囲は40年近い前から最近までのものに及び，加筆修正の程度もさまざまある。おおむね，公表時から現在までの間の関連文献の追加や，時代の変化への記載情報の対応が中心であるが，性質上加筆がむずかしい場合もあった。そういう面倒で悩ましい作業の過程で，自分の思考はどういう視角・手法を特色とするのか，まだやり残している分野・論点はどこか，が次第に意識されてきたことは，楽しい副産物だった。

　出版事情厳しい中，出版を引き受けていただいた信山社，ならびに最初から最後までお世話になった今井守氏に，ここで感謝の意を表したい。

　本書は大阪大学法学部創立50周年記念事業基金による出版助成を得た。

　2018年9月

平田健治

〈目　次〉

◆第1章◆　問題提起

◆1　ドイツ法における賃借人の費用償還請求権……5

はじめに……5
　Ⅰ　問題の所在──ケメラーの見解………(6)
　Ⅱ　費用の概念………(11)
第1節　連邦裁判所（BGH）の2判決……12
　Ⅰ　BGH 1953年7月10日第五民事部判決………(13)
　Ⅱ　BGH 1964年2月26日第五民事部判決………(19)
　Ⅲ　2判決の位置づけ………(27)
　Ⅳ　学説の分布………(28)
　Ⅴ　問題状況………(28)
第2節　学説の検討と償還を認めた判決例の類型化……29
　Ⅰ　学説の検討………(30)
　Ⅱ　判決例の類型化………(48)
第3節　有益費償還の判断基準としての事務管理法……60
　Ⅰ　事務管理による費用償還の要件………(61)
　Ⅱ　現実の運用………(62)
　Ⅲ　一般利得法への還元………(63)
　Ⅳ　沿革からの理解………(64)
おわりに……69

◆第2章◆　転用物訴権とその周辺

◆2　フォン・トゥールの「転用物訴権」論について……75

第1節　フォン・トゥールの「転用物訴権」論の課題……75
　Ⅰ　日本法での現状………(75)
　Ⅱ　「転用物訴権」論の課題………(77)
第2節　「転用物訴権」論の出発点……79

Ⅰ　従来の諸見解 ……… (84)
　　　Ⅱ　求償権への注目 ……… (86)
　第3節　転用物訴権の成立の前提としての，求償権の成立 ……… 88
　　　Ⅰ　事務処理の一般概念 ……… (90)
　　　Ⅱ　intercessio ……… (91)
　第4節　「免責請求権」の諸特性 ……… 94
　　　Ⅰ　体系上の地位 ……… (96)
　　　Ⅱ　免責請求権の成立 ……… (96)
　　　Ⅲ　免責請求権の債務負担に対する依存性 ……… (97)
　　　Ⅳ　履行の諸態様 ……… (98)
　　　Ⅴ　相　殺 ……… (99)
　　　Ⅵ　免責請求権の移転可能性 ……… (100)
　　　Ⅶ　免責請求権の差押可能性 ……… (101)
　　　Ⅷ　破産財団の積極財産としての免責請求権 ……… (101)
　第5節　転用物訴権の基礎としてのintercessio，利得説との対決
　　　　　……………………………………………………………… 104
　　　Ⅰ　転用物訴権の基礎としてのintercessio ……… (104)
　　　Ⅱ　利得説との対決 ……… (105)
　第6節　転用物訴権の根拠づけ・要件・効果 ……… 107
　　　Ⅰ　根拠づけ ……… (107)
　　　Ⅱ　要　件 ……… (107)
　　　Ⅲ　効　果 ……… (118)
　第7節　準転用物訴権の根拠づけ・要件・効果 ……… 120
　　　Ⅰ　根拠づけ ……… (120)
　　　Ⅱ　要　件 ……… (124)
　　　Ⅲ　効　果 ……… (129)
　　　Ⅳ　トゥールが最終的に目指したもの（立法論） ……… (130)
　第8節　トゥールの「転用物訴権」論の与える示唆・その評価 ……… 135

◆3　ドイツ法における請負人修理事例が日本法に与える示唆
　　　──転用物訴権の可否 ……………………………………… 143

はじめに……………………………………………………………… 143

第1節　ドイツ民法の所有物返還請求における占有者の（いわゆる所有者占有者関係における）費用償還請求権関連規定の立法過程……………………………………………………………… 144

　Ⅰ　前史——部分草案………（144）
　Ⅱ　実体的内容………（148）
　Ⅲ　権利行使方法………（156）
　Ⅳ　小　括………（166）

第2節　ドイツ判例における展開……………………………………… 167
第3節　日本法における議論…………………………………………… 178

4 〔判例研究〕建物賃借人から請け負って修繕工事をした者が賃借人の無資力を理由に建物所有者に対し不当利得の返還を請求することができる場合……………………………… 185

　〔判決要旨〕………（185）
　〔事　実〕………（185）
　〔判決理由〕………（187）
　〔研　究〕………（187）

◆第3章◆　多当事者をめぐる利得調整の諸問題

5　ドイツにおける三当事者不当利得論の近時の展開
　　——判例における給付概念の意義の相対化………………… 199

第1節　はじめに……………………………………………………… 199
第2節　学説の今日までの流れの概観……………………………… 201

　Ⅰ　はじめに………（201）
　Ⅱ　通説的類型論の成立まで………（202）
　Ⅲ　三当事者関係における給付概念の機能（カナーリスによる通説批判）………（208）
　Ⅳ　三当事者関係における要件・効果の観念化，効果転帰の構造………（214）

目　次

　　　第3節　判例の今日までの流れの概観 …………………………………… *225*
　　　第4節　近時の BGH 四判決の紹介と分析 …………………………… *232*
　　　　　Ⅰ　は じ め に ……… (*232*)
　　　　　Ⅱ　事案内容の紹介 ……… (*234*)
　　　　　Ⅲ　判決の分析 ……… (*244*)
　　　　　Ⅳ　判断モデル相互の限界づけ ……… (*251*)
　　　第5節　ま と め ………………………………………………………………… *261*

◆ 6　第三者与信型割賦販売契約の解消と清算方法
　　　　── 割販法改正による清算規定の位置づけ ………………………… *267*

　　　は じ め に ……………………………………………………………………… *267*
　　　第1節　2008年割販法改正に至るまでの状況 ………………………… *268*
　　　第2節　2008年改正の概要 ………………………………………………… *268*
　　　第3節　2008年改正内容の検討 …………………………………………… *269*
　　　第4節　学説における解釈 ………………………………………………… *275*
　　　第5節　ドイツ法の状況 …………………………………………………… *277*
　　　第6節　検　　討 ……………………………………………………………… *281*

◆ 7　〔判例研究〕第三者の強迫による金銭消費貸借の取消しと
　　　清算関係 ………………………………………………………………………… *285*

　　　〔判決のポイント〕 ……… (*285*)
　　　〔事　実〕 ……… (*285*)
　　　〔判決理由〕 ……… (*286*)
　　　〔研　究〕 ……… (*286*)

◆ 8　〔判例研究〕共同相続人の一部への預金全額の払戻しと不当利得
　　　 ……………………………………………………………………………………… *293*

　　　〔判決要旨〕 ……… (*293*)
　　　〔事　実〕 ……… (*293*)
　　　〔判決理由〕 ……… (*294*)
　　　〔研　究〕 ……… (*295*)

◆ 9 〔判例研究〕①金銭の不当利得の利益が存しないことの主張・立証責任，②不当利得者が利得に法律上の原因がないことを認識した後の利益の消滅と返還義務の範囲……………… 301

〔判決要旨〕……… (301)
〔事　実〕……… (301)
〔上告理由〕……… (303)
〔判決理由〕……… (304)
〔研　究〕……… (305)

◆ 10 所有者・占有者関係における他主占有者の位置づけ
　　　── 他人の物の賃貸借での使用利益返還義務を素材として
……………………………………………………………………… 317

　第1節　はじめに………………………………………………… 317
　第2節　ドイツ民法の起草過程と施行後の判例・学説………… 320
　第3節　フランス法と日本民法の起草過程……………………… 322
　第4節　日本の判例と学説……………………………………… 324
　第5節　おわりに………………………………………………… 331

◆ 第 4 章 ◆ 双務契約の清算

◆ 11 無効・取消しの効果…………………………………………… 335

　第1節　同時履行の抗弁権の成否……………………………… 335
　第2節　果実・使用利益の返還義務…………………………… 336
　第3節　給付物の滅失・損傷の場合の処理…………………… 336
　第4節　片務契約・無償契約・利用契約の場合……………… 339

◆ 12 制限行為能力者の返還義務についての特則………………… 341

　第1節　問題の所在……………………………………………… 341
　第2節　沿革からの解明………………………………………… 346
　第3節　現行法の解釈…………………………………………… 350

目次

◆ 第5章 ◆ いわゆる騙取金銭の法理

◆ 13 「騙取金銭による弁済と不当利得」覚え書き……………357

第1節　判例のおおよその流れと学説の影響………………357
第2節　判例に現れた事案類型………………………………358
第3節　学説に現れた二方向（取消権構成と即時取得構成）……358
第4節　学説が依拠する二制度と金銭騙取事案との制度目的・
　　　　要件に関するずれ・距離………………………………361
第5節　無資力要件の構成上での位置づけ方………………363
第6節　無資力と価値の同一性(特定性)との関係……………364
第7節　若干の検討……………………………………………367

◆ 14 金銭騙取事例における第三者弁済類型の位置づけ……377

第1節　はじめに………………………………………………377
第2節　我妻説における第三者弁済型…………………………378
第3節　その後の学説，とりわけ類型論における第三者弁済型…381
第4節　第三者弁済型における価値追及の構造………………385

◆ 第6章 ◆ 利得者の主観的態様

◆ 15 民法704条後段の沿革…………………………………391

第1節　発端としての最高裁判決………………………………391
　〔事　実〕………(391)
　〔判決理由〕………(392)
第2節　沿革の探求……………………………………………393
　Ⅰ　本判決の位置づけ………(393)
　Ⅱ　民法704条の審議………(394)
　Ⅲ　フランス民法から旧民法へ………(396)
　Ⅳ　ドイツ民法草案からの潮流の融合………(398)

V　改正の方向 ……… (399)

◆16　〔判例研究〕貸金業法17条1項に規定する書面の交付の有無及び貸金業者が受領した貸金業法43条1項の適用されない制限超過利息の返還における悪意の推定 ……………… 403

　　〔事　　実〕……… (403)
　　〔判決理由〕……… (404)
　　〔研　　究〕……… (405)

◆17　〔判例研究〕期限の利益喪失特約の下での制限超過利息の支払の任意性を否定した最高裁判決以前における「悪意の受益者」推定 ………………………………………………… 409

　　〔事　　実〕……… (409)
　　〔判決理由〕……… (410)
　　〔研　　究〕……… (411)

◆第7章◆　特　殊　問　題

◆18　〔判例研究〕法律上の原因なく代替性のある物を利得した受益者が利得した物を第三者に売却処分した場合に負う不当利得返還義務の内容 ……………………………………… 417

　　〔事　　実〕……… (417)
　　〔判決理由〕……… (418)
　　〔研　　究〕……… (419)

◆19　〔判例研究〕ネズミ講運営会社の破産管財人から配当金受領者に対する返還請求は不法原因給付として否定されるか ………………………………………………………………… 427

　　〔事　　実〕……… (427)
　　〔判決理由〕……… (428)
　　〔研　　究〕……… (429)

目　次

◆20 〔判例研究〕破産管財人の善管注意義務違反と不当利得
　　　――最高裁平成 18 年 12 月 21 日 2 判決の枠組の再検討
　　　　　　　　　　　　　　　　　　　　　　　　　　　　　　435

　〔事　実〕………(435)
　〔研　究〕………(436)
　〔まとめ〕………(439)

　事項・人名索引(441)

〈初 出 一 覧〉

◇ 第1章　問 題 提 起
　　1　ドイツ法における賃借人の費用償還請求権
　　　　法学論叢109巻5号（1981），110巻2号（1981），111巻1号（1982）

◇ 第2章　転用物訴権とその周辺
　　2　フォン・トゥールの「転用物訴権」論について
　　　　法政理論20巻3号，4号（1988）
　　3　ドイツ法における請負人修理事例が日本法に与える示唆 ── 転用物訴権の可否
　　　　阪大法学60巻3号（2010）
　　4　〔判例研究〕建物賃借人から請け負って修繕工事をした者が賃借人の無資力を理由に建物所有者に対し不当利得の返還を請求できる場合
　　　　民商法雑誌115巻6号（1997）

◇ 第3章　多当事者をめぐる利得調整の諸問題
　　5　ドイツにおける三当事者不当利得論の近時の展開 ── 判例における給付概念の意義の相対化
　　　　民商法雑誌116巻1号，2号，3号（1997）
　　6　第三者与信型割賦販売契約の解消と清算方法 ── 割販法改正による清算規定の位置づけ
　　　　阪大法学61巻3・4号（2015）
　　7　〔判例研究〕第三者の強迫による金銭消費貸借の取消と清算関係
　　　　私法判例リマークス19号（1999）
　　8　〔判例研究〕共同相続人の一部への預金全額の払い戻しと不当利得
　　　　民商法雑誌133巻6号（2006）
　　9　〔判例研究〕①金銭の不当利得の利益が存しないことの主張・立証責任，②不当利得者が利得に法律上の原因がないことを認識した後の利益の消滅と返還義務の範囲
　　　　民商法雑誌106巻6号（1992）
　　10　所有者・占有者関係における他主占有者の位置づけ ── 他人の物の賃貸借での使用利益返還義務を素材として
　　　　阪大法学53巻3・4号（2003）

◇ 第4章　双務契約の清算
　　11　無効・取消しの効果
　　　　新版注釈民法(4)§121 Ⅳ（2015）

  12 制限行為能力者の返還義務についての特則
    阪大法学 52 巻 1 号（2002）→新版注釈民法(4) §121 Ⅴ（2015）

◇ 第 5 章 いわゆる騙取金銭の法理
  13 「騙取金銭による弁済と不当利得」覚え書き
    阪大法学 58 巻 6 号（2009）
  14 金銭騙取事例における第三者弁済類型の位置づけ
    『21 世紀民事法学の挑戦（加藤雅信先生古稀記念）下巻』（2018）

◇ 第 6 章 利得者の主観的態様
  15 民法 704 条後段の沿革
    現代消費者法 9 号（2010）
  16 〔判例研究〕貸金業法 17 条 1 項に規定する書面の交付の有無及び貸金業者が受領した貸金業法 43 条 1 項の適用されない制限超過利息の返還における悪意の推定
    ジュリスト臨増 1354 号（2008）
  17 〔判例研究〕期限の利益喪失特約の下での制限超過利息の支払の任意性を否定した最高裁判決以前における「悪意の受益者」推定
    ジュリスト臨増 1398 号（2010）

◇ 第 7 章 特 殊 問 題
  18 〔判例研究〕法律上の原因なく代替性のある物を利得した受益者が利得した物を第三者に売却処分した場合に負う不当利得返還義務の内容
    判例時報（判例評論）1984 号（2008）
  19 〔判例研究〕ネズミ講運営会社の破産管財人から配当金受領者に対する返還請求は不法原因給付として否定されるか
    現代消費者法 26 号（2015）
  20 〔判例研究〕破産管財人の善管注意義務違反と不当利得 ── 最高裁平成 18 年 12 月 21 日 2 判決の枠組の再検討
    阪大法学 67 巻 3・4 号（2017）

不当利得法理の探究

第 1 章

問題提起

◆1◆　ドイツ法における賃借人の費用償還請求権

◆はじめに◆

　本稿はドイツ法における賃借人の費用償還請求権をその対象とし，第二次大戦後から六〇年代までを中心として判例・学説を検討することにより，賃貸人・賃借人間の「利得」調整(1)がどのような要素の考慮の下になされているかを明らかにすることを目的とする。費用償還請求権それ自体は契約法の中に存在するにもかかわらず（日本民法608条，BGB547条［現在は536a条2項と539条1項］)，その法的性質は「特殊な」不当利得または事務管理であるといわれる(2)。すなわち，BGB547条2項は必要費以外の費用の償還について事務管理規定によらしめ，事務管理が成立しない場合は684条により不当利得法へとさらに指示されるのであるが，賃貸借という契約関係(3)を前提とした上での契約外的調整であり，契約関係が少なくとも表見的に(4)存したことによる影響を受けることになる。しかし，問題はその「特殊性」の具体的分析であって，本稿は賃借人の費用償還請求権についてそのような作業を行なおうとするものである(5)。

---

(1) ここでは価値償還の他に収去による原物返還を含む。

(2) 『注釈民法(15)』190頁（渡辺洋三執筆部分)，後藤清「賃貸借における費用償還請求権」民商法雑誌13巻2号1頁以下。

　　自主占有者の費用償還請求権についても同様のことがいわれる（四宮和夫『請求権競合論』(1978) 126-127頁注5，於保不二雄『物権法』上 (1966) 197頁)。

　　ドイツ法について同旨の主張をなす者として，Dimopoulos-Vosikis, Die bereicherungs- und deliktsrechtlichen Elemente der §§ 987-1003 BGB (1966) S. 192 ff.（自主占有者); Rittberg, Die aufgedrängte Bereicherung (1969) Münchener Diss.（賃借人）参照。前掲のDimopoulos-Vosikisの著作に対するHelm, AcP 168, 71の書評は，かような法的性質の論証のみでは法解釈に示唆を与えるものではなく労力の割に非生産的であると批判する。

(3) 本稿では，契約の不成立，無効，取消の場合を直接には扱わないが，これらの場合においても契約法規定，当事者の合意，約款などの影響は否定できないであろう。

(4) 「表見的契約類型」という用語については，加藤雅信「類型化による一般不当利得法の再構成」(以下，「再構成」と略して引用する) (5) 法協92巻8号929頁注(6)，(8)参照。

これは，同時にドイツの判例・学説上議論されている「押しつけられた利得」という視点が賃貸借における費用償還の問題においていかなる位置を占めるべきかという点の解明でもある。すなわち，人は有意的行為をなすに際し，自己の目的を追及することによって，本人が予定するか社会観念上本人の支出が期待される費用を超えてまで返還すべき利得を他人に押しつけるべきではないから，かような場合には先行する状況，とりわけ費用出捐者の主観的態様等を考慮して，利得の存否・程度について利得者の視点から判断することによって利得者を保護しようとする主張の位置づけである。

日独両法の差にもかかわらず，ドイツ法における賃貸人・賃借人間での利得調整がいかなる法的構成の下にどのような処理をされているかを示すことに意味がないわけではないと考える。前掲した日本法の三条文の解釈論に対する示唆の他に，善意・悪意，事務管理，不当利得，附合，収去権など，それぞれの利得調整システムの問題性を明らかにしうるのではないだろうか。

I　問題の所在 ―― ケメラーの見解

まず，この問題の理解のために，ケメラーの見解[6]を見てみよう。彼が不当利得法の類型化を扱った論文中での「費用出捐[7]」類型の叙述は，簡潔ながらも後の学説がBGHの2判決とともに重視したものであり，学説の展開の出発点をなすものとして重要である。彼は，まず費用出捐に関する法的処理は従来から難問であり[8]，利得法の他の分野では各国の法は法的構成は異なる

---

(5)　日本法でこれに対応するものとしては，民法608条のほかに，特別法において造作買取請求権（借借33条），建物買取請求権（借借13条）があるが，日独両法の差は無視しえず，安易な比較はできないので，本稿では日本法における議論との対比は参考程度にとどめている。

(6)　以下においては，フォン・ケメラーを単に「ケメラー」として表示する。(i) Ernst von Caemmerer, Bereicherung und unerlaubte Handlung. in : Festschrift für Ernst Rabel, Band I. (1954), SS. 365-367. (ii) Grundprobleme des Bereicherungsrechts. Gesammelte Schriften I. (1968), S. 383f. ((ii)はフランスにおける講演で初出はProblèmes fondamentaux de l'enrichissement sans cause. in: Revue internationale de droit comparé 18 (1966), 573-592. 論文集に収められるに当り，独訳された。]）
　　(i)(ii)ともにケメラーの不当利得法の類型論の叙述であり，大筋では彼の見解に変化はない（引用頁は費用償還類型についての叙述の部分）。以下では(i)(ii)をそれぞれBereicherung, Grundprobleme で引用する。

(7)　その例示として，他人の土地における建築，改築，土地改良，耕作，他人の物の修理を掲げる（Grundprobleme, S. 383）。

(8) その沿革について，Dawson, Unjust Enrichment (1951) p. 51 を引用している。ドーソンは，古典期ローマ法の不当利得法が単に客観的な利得にのみ利得返還の基準を置いたのではなく，それを制限する原理が存在したことを指摘して以下のように述べる。

コンディクチオ（condictio）を制限していたという点は他人の土地の改良という有名なケースにおいて最もよく示されている。ユリアヌスは明確に，錯誤により他人の土地を改良した者は土地所有者が占有を回復したあとで建造物について償還は得られないことを示した。当事者間において何ら直接の取引（negotium）は存在せず，従って非債弁済の場合と異なり救済は与えられないというのがその理由づけであった。この改良の場合はまさに利得が目に見える形で明白なケースである。改良者が土地の所有権について錯誤をしたという点によって，償還を認める理由はつけられよう。このケースはそれ以後1800年間のあいだずっと法律家の良心を圧迫し続け，我々の良心をも圧迫している。この場合の利得は不当ではないと言う者があるかもしれないが，しかしそういう説明は，利得という事実だけでは救済に不十分であることを示すにすぎない。我々はこの改良者のケースはそれが公平な判断という点で関連はしているものの，古典期ローマ法のコンディクチオにより扱われていた通常の状況からまったく逸脱していることを少なくとも確認できよう。ユリアヌス自身はコンディクチオを認める点において同時代の法律家より寛大であったと思われる。彼が改良者に対して何ら肯定的救済を与えなかったことは古典期のローマ法学者の大勢と全く一致していると考えられる。原告と被告の間において直接の取引が存しなかったという理由づけはコンディクチオを扱いやすくしておくための実務上での制限（もっとも諸々の理由により時には破られることもありうる）を示している。

さらに，注釈学派のこの問題に対する解決の努力について以下のように述べる（pp. 67-70）。ボローニアの四博士たちを悩ませた問題は他人の土地の改良のケースであった。すでに我々の知るように，このケースが不当利得の一般理論の試金石である理由は理解できる。土地の所有者の利益は明白であり，所有権の錯誤によって改良者の行為は弁明の余地がある。しかし，所有者と改良者の間には契約あるいはその他の交渉は存しない。さらにその利益は求められたものではなく，またおそらくは意図されたものでもない。上述したように，コンディクチオによる訴えは古典期ローマ法では認められなかったが，この結論は，改良者に留置権を認めるかあるいは土地の価値を求められた場合には改良の価値を控除することを認めるという形での保護を述べる多くの法源（その多くはインテルポラチオ）により制限されていた。

改良者一般について力強い擁護者が現われたのは12世紀のはじめであった。この擁護者とは衡平を好むことで同時代人に知られていた，ボローニア四博士の一人であるマルティヌスであった。彼は改良者のケースについてあらゆる困難を無視し，訴えが所有者の利得の限度で支持さるべきことを主張した。その際の典拠として，ポンポニウスの原理と，自己の利益をはかることにおいて他人に利得を与えた者に事務管理としての償還を認めた法源が引用された。後者の法源は一般的に書かれており改良やその他の利得のタイプについての言及はない。従って，改良のケースには全く適用しえないと読むこともできよう。しかしそう解すれば，矛盾に陥ることになる。というのは，そうすれば錯誤による改良者よりも自己の無権限を知っている者をより保護することになってしまうからである。マルティヌスはこの矛盾を善意占有者と悪意占有者の区別を廃することで回避した。同時代人にはこの見解はあまりに極端であると思われたため，結局，改良者が自己の利益でなしたことを示しうる場合に限り事務管理による保護を認めると

にせよ実質的結論は広く一致しているのに対して、この分野ではそもそも正当な判断とは何かという点についてかなりの見解の相違が存することを指摘する⁽⁹⁾。その例示として、自動車の（自主）占有者が修理、改良の後に盗品であることを知り、真の所有者から返還請求された場合、増加価値を所有者から償還請求しうるか、という設例を掲げ、この問題について英米法では原則として否定するが、大陸法では所有者占有者関係について個別化した法規定を有することを指摘する⁽¹⁰⁾。

この費用出捐についての問題は契約当事者間において合意が存するか法律

いう折衷説が作られた。この奇妙な解決はコルプス・ユーリス（corpus juris）の法源と調和するように思われかつ博士たちがなしうると考えた衡平に対する最大の譲歩であった。

改良者の防衛的な救済の手段については、ローマ法はビザンチン期の厳格な正義の観念を反映し、修理、新築、必要費、有益費、奢侈費、土地所有者の貧富、占有者の善意、悪意を区別した。博士たちはこのジャングルのような区別の中を苦労して進んだが、彼らはこのような議論を大いに楽しんでもいた。最初の300年間には改良者に有利な展開は若干あったものの、コルプス・ユーリスのルールはそれ以上の変更の余地を許さないほど精巧にできていた。別のより有望なアプローチが、最も憎むべきタイプ、すなわち略奪者（praedo）と一般に呼ばれる悪意占有者を扱った別の法源から示唆された。この法源は略奪者に積極的な訴えも抗弁の特権をも否定した。しかし、その法源は所有者の利得を妨げるために裁判官の「職務」（officium）が利用されるべきであることを付け加えていた。この示唆は初期の注釈に記されたが14世紀には、バルトルスにより、抗弁の排除が利得をもたらす場合にはすべて、この裁判官の職務利用を勧めることにより一般化された。

(9) Rabel, The Conflict of Laws, Vol. 3 (1950), p. 367 を引用するが筆者は未見。もっとも、このようなケメラーの理解が必ずしも正しいとはいえないことについては、Möhrenschlager, Der Verwendungsersatzanspruch des Besitzers im anglo-amerikanischen und deutschen Recht (1971) 参照。法律規定の上では実質的な結論が異なるようにみえても判例の上での運用はあまり大差なく、マクロ的には等しい結論となっているように思われる。ケメラー自身、この点の指摘は Grundprobleme ではしていない。後出注(121)参照。

(10) この文脈で、ケメラーの念頭にあったと思われる「費用出捐」類型について、どのような紛争類型を含んでいるかを検討しておく必要がある。ここでは、動産（自動車）の自主占有者（買主）の場合でしかも所有者と占有者は直接的関係には立たず、かつ少なくとも三当事者以上が関与している。ローマ法源（D. 12, 6, 33）を引用する箇所では（Bereicherung, S. 366; Grundprobleme, S. 383 Anm. 34)、それは他人の土地に建物を建てた善意占有者であり、BGBの理由書を引用している場合（Motive, II S. 872 [Bereicherung, S. 366 Anm. 130]）は転用物訴権を認めないことについての言及の中であり、最後の場合は賃貸借である。引用されているドイツの判決については、OLG Neustadt a. d. Weinstraße I 29. 11. 1952 (MDR 1953, 230); RG IV 1. 12. 1938 (RGZ 158, 394) において前の判決は三当事者の事案、後者は転貸借の事案である。

規定に服する場合，あるいは事務管理の要件が満たされる場合であれば困難は生じない。しかし，そのような規律が存在しない場合に不当利得として返還請求を認めるか否かがまさに問題となってくる[11]。

この類型の特徴は行為者（損失者）は自己の意識的行為により出捐し，その際，通常は自己の目的の追求のためになされるという点であり，ケメラーはこの特質からこの類型における請求権の制限の手がかりを考え出そうとする[12]。この特徴は逆にいえば，所有者は予期せずかつ自己の目的遂行に合致しない費用出捐について償還を強いられる可能性があるということである。従って，まず，自己の利益追求から費用出捐した場合は，事態の誤認（例えば賃貸借関係のより長期の存続を信頼していた場合[13]）の場合を除き，利得請求権は否定さるべきであるという判断基準をまず提示する。さらに，逆に，出費の節約が存する場合は所有者の利益保護はなされるから，その限度で認めるべきという基準を提示する[14]。そして，最後に，各国の判例を見るならばこの類型はあいかわらず大きな困難を生み出し，それに対応して現代の立法ではしばしば特別法による規律を必要とするようになると指摘している[15]。

これらは確かに，占有者が物に対して費用を出捐するという抽象的次元での共通性を有するものの，より厳密な分析を本稿の視点からなそうとする場合には紛争類型が限定される必要がある。なお，Grundprobleme では自動車の設例，理由書の引用，ドイツの判決 2 つの引用はそれぞれ脱落し，ローマ法源における土地の善意占有者の場合，賃貸借の場合の言及があるのみである。これは少なくとも三当事者以上の場合は，善意取得，公信力，転用物訴権，三角関係などの視角からの考慮が必要とされ，二当事者の場合と利害状況が異なることが意識されたためであろうか。もっとも講演という時間的制約から来るものかもしれないが（Grundprobleme, S. 376）。

(11) 本稿では他主占有者（賃借人）に対象を限定しているが，費用出捐一般の規定からすると，(i)自主占有者（§§994ff.→§994Abs. 2→§684 Satz1→§§812 ff.) (ii)非占有者（§951→§§812ff.) (iii)他主占有者（使用賃貸借では，§547→§547Abs. 2→§684 Satz 1→§§812ff.) というように多くの場合，一般不当利得規定の問題に還元される。

(12) 加藤雅信「再構成」(4)法協 91 巻 9 号 79 頁の指摘にあるように，ケメラーにおける類型論と効果論の結びつきを示す。なお，注においてフランス判例を引用している（Cass. 28. 3. 1939, S. 1939. I. 265; Cass. soc. 18. 3. 1954, Bull. 1954 IV, no 191, p. 146. (Bereicherung, S. 367 Anm. 132a; Grundprobleme, S. 384 Anm. 36))。

(13) Grundprobleme, S. 384. これは投下資本の回収の機会が失われたことに基づくものと理解できようか。なお，Planiol-Ripert-Esmein, Ⅶ 758（予期せぬ解消の場合に償還を限定する），RGZ 158, 394（転貸借の事案ではあるが予定前の終了の場合）を引用している。

(14) 両基準の関係は必ずしも明らかでない。自己の利益追及の場合において，2 つの例外が認められ，それは，事態の誤認の場合と出費の節約の場合であると一応解しておく。なお，後出注(131)参照。

ここで，ケメラーは，大きくいえば，出捐者の利益追求という主観的態様に対する制裁的意味での調整否定と所有者における客観的利益にもとづく調整肯定という二元的な考慮要素を提示している。

ケメラーの見解にみられるごとく，費用出捐の償還に関する問題性は，第一に，パンデクテン体系における諸概念の分離的構成に由来する，ドイツ法における費用償還規定の多様性，第二に，償還を利益状況に即して限界づけることのむずかしさ，の2点に由来しているといえよう。ドイツの学説，判例はともに当然のことながら，この問題を法律規定の解釈を介して処理しようとするため，この2点は結局からみあって議論されることになり，より複雑な様相を呈することになる。従って，この点を意識的に分離しながら考察を進める必要がある[16]。

以下では，まず戦後の論争の出発点となったBGHの2つの判決を紹介・検討する[17]。ここにおいて（第1節），ドイツにおける費用償還請求権制度の問題性の一端を知ることができる。すなわち，それは法的構成の点と利益衡量の点が交錯したものであり，判決における法規範の操作による法的構成がどのような利益衡量を背後に有しているかは必ずしも明らかとはなっていないということである。しかし，学説の検討によって明らかになることは（第2節Ⅰ），論者によるちがいはあるものの，規範面での体系的整序への志向が前面に出ていて，判決の実態とのギャップが目立つことである[18]。その後に判決の分析により，その事実面における問題性[19]を探る（第2節Ⅱ）。

そこで，費用償還の問題性に含まれる規範群それぞれを検討する（第3節）。これらの作業により，判例・学説において議論された「押しつけられた利

---

(15) Grundprobleme, S. 384.
(16) なお，Bereicherung [1954] においては[1]判決（1953. 7. 10）の引用はなく，又，Grundprobleme [1966] でも[1]・[2]判決（1964. 2. 26）ともに引用はないが，後述するSchindler, AcP 165 [1965], 499を引用する（Grundprobleme, S. 384 Anm. 36a)。
(17) BGH1953年7月10日判決（BGHZ 10, 171），BGH1964年2月26日判決（BGHZ 41, 157)。
(18) この点，Feiler, Aufgedrängte Bereicherung bei den Verwendungen des Mieters und Pächters (1968)（書評として，F. Bornemann, BB 1969, 924（三当事者の紛争がより重要ではないかと疑問を呈する））は，学説の分類と判決の類型化を対応させ，費用償還の問題性を現実の判決に則して分析した点に功績がある。彼の分析によって，それまでの学説がややもすれば現実離れした抽象的原理の究明に重点を置いていたのに対し，事実との具体的関連性を明らかにできたのである。後述第2節Ⅱ参照。
(19) それは同時に，「その他の方法」による利得のうちで，費用出捐の場合の「不当性」判断の際の諸観点の索出作業でもある。

得⁽²⁰⁾」という問題性そのものの理解もおのずから出てくることになろう。

II 費用の概念

ところで BGB は Aufwendung, Verwendung という用語をさまざまな箇所において用いているが，その法律上の定義を与えていない。しかし，一般に以下のように説明される。すなわち，Aufwendung は，ある人が他人または自己の目的のために任意にもたらす財貨の出捐であり，これに対して Verwendung はより狭い意味内容を有し，ある人がある物（Sache）の占有中においてその物に対してなす出捐である⁽²¹⁾，と。以下の叙述では，「費用」は Verwendung を指すものとして用いることにする⁽²²⁾。

他人の物に対する出捐にもとづく償還請求権について，まず第一に出費が契約上の主たる義務の履行としてなされた場合が考えられる。雇用，請負，委任などの契約において問題となりうるが，実務上ではとりわけ請負による修理の場合が重要である⁽²³⁾。もっとも，本稿は賃貸借における賃貸人・賃借人の二当事者関係に対象を限定するので，三当事者関係の紛争が主であるこの場合には立ち入らない。

第二に，物の占有，使用，用益などの権利行使に際して生じる出費があり，本稿の対象はここに含まれる。すなわち，所有者と出捐者の間には出捐のなさ

---

(20) 加藤（雅）・再構成(5)947頁，好美清光「不当利得法の新しい動向について」（上）判例タイムズ386号19頁，松坂佐一『事務管理・不当利得』（新版）法律学全集22-I (1973) 173-174頁，『注釈民法(18)』（山田幸二執筆部分) 33-34, 70頁．
(21) もっとも，Verwendung はここでいう意味に限らず，ある物を使用，消費，売却することの総称に用いられることもある（Feiler, a. a. O., S. 1 Anm. 2)．

又，Verwendung は例えば「給付」(Leistung) の場合と同様に，「行為」を指す場合と「結果」を指す場合とがあるが，通常は厳密な区別はされずに用いられている。本稿でも文脈から判断のつく限り，逐一区別しない。なお，2001年改正により賃貸借においては Verwendung から Aufwendung に変更された（BGB536a条2項，539条1項）。改正全般については，半田吉信『ドイツ新債務法と民法改正』(2009) 242頁以下．
(22) 従って，便宜上のことではあるが，日本民法の用法とは異なることになる（例えば，事務管理に関する日本民法702条など参照）．
(23) ドイツ法については，加藤雅信「再構成」(6) 法協93巻5号634頁以下，山田幸二「ドイツ民法典における不適法占有者の費用償還請求権について」福島大学商学論集37巻3号1頁以下，Kaysers, Der Verwendungsersatzanspruch des Besitzers bei vertraglichen Leistungen (1968)．

日本法については，加藤雅信「再構成」(5) 法協92巻8号937頁以下，鈴木禄弥「いわゆる直接請求権の承認をめぐる利益衡量」末川先生追悼論集『法と権利』1所収．

れた物について契約関係が存するが，出捐がその契約の唯一のまたは主たる目的ではなく，附随的に生ずる債権関係であることにその特徴をもつ。

　最後に，本稿の対象である「費用」とそれと密接な関係にある「附合」の関係について言及しておかねばならない。「費用」出捐それ自体は必ずしも物の附合という形での有形的出費に限らず，労務，金銭という無形的形態もとりうるが，（ドイツ法特有であるが）借地上への建造物建築という形が主たる紛争として現れ，その限りで両概念は一括して扱った方が便利といえる。論理的には費用償還の前提として附合の成否が論じられるべきはずであるが，後者の判断の際に償還の可否の判断が混入することはしばしば存するからである[24]。

◆ 第 1 節 ◆　　連邦裁判所（BGH）の 2 判決

　学説を検討するに先立ち，ここに BGH の 2 判決を紹介する理由は，この 2 判決により，BGH による「費用」の定義とそれによる償還の制限づけの方向が打ち出されたこと，従ってそれ以後の学説はもっぱらこの 2 判決を中心として議論を展開したことによる。

　占有者の費用償還請求権の制限づけについての論争の発端はこの 2 判決の他に，既に「はじめに」で紹介した，ケメラーがほぼ同時期に費用償還について問題点を示唆した論文[25]にも求められる。従って，正確には，以後の学説はこの両者に依拠しつつ自己の見解を展開してきた。

　従って，学説の検討の準備作業としては，個々の学説が 2 判決をいかに理解したかという点とは一応別個に，これらの判決をそれ自体として扱う方が後の議論の上で，便利だと考えられる[26]。ここで扱う 2 判決のうち，前者（BGHZ 10, 171）はまさに本稿の対象である賃貸借の事案であるのに対し，後者（BGHZ 41, 157）は越境建築[27]にもとづく所有者と自主占有者の問題であり，直接の

---

(24)　むしろ，収去義務，妨害排除請求権が成立するか否かの点が問題であって，附合の成否自体の議論は前面に出てこないようである（フランス法において両制度を統一的に扱う必要性を主張するものとして，Fayard, Les impenses (1969) p. 108.）。
　なお，附合は出費者の「占有」を要件とはしていないため，附合と費用出捐の相互関係は，それぞれを円とすると，二円が一部重なるものとなり，その重なる部分が，本稿の対象である<u>占有者</u>による<u>附合</u>となる。

(25)　v. Caemmerer, Bereicherung und unerlaubte Handlung. in: Festschrift für Ernst Rabel. Bd. I (1954), SS. 365-367.

(26)　さらには，この二判決が BGH 判決の流れの中でどのような位置を占めるかという点については，又若干異なる評価が必要であり，この点は後述第 2 節 II 参照。

対象ではないにもかかわらず言及する必要があるのは，後者においても「費用」の定義とそれによる償還の制限づけについて語られ，しかも自主占有者についてそれが扱われているためである。

I　BGH 1953年7月10日第五民事部判決[28]（以下，「〔1〕判決」として引用）

〔事　実〕フランスの軍事政権から，ベルリンのフランス地区に存するライヒ所有の土地[29]の管理を委託されていたベルリン不動産財務局（但し原告はベルリン市）は，被告に対して，1948年4月1日から，被告が家具製作・木材加工営業のために利用する目的を知りつつ，1万1千平方メートルの更地を賃貸した。その内容はいつでも撤回しうるという留保付[30]，すなわち期間の定めのない契約であった。将来において，期間の定めのある賃貸借契約を締結する予定が当事者によって立てられていたにもかかわらず，被告がそのような契約への移行以前に土地上に営業目的のための堅固な工場建物を建築し始めたので，原告は建物の補償を拒否するためか，（前述の）正式の契約締結をなそうとしなかった[31]。被告が堅固な建物の建築を開始し，大部分が完成した後に，財務局に対して，1949年6月14日の書面で，その時まで計画されていた賃貸借契約が成立しなかったとして，この権利関係を念のために廃棄すると表明した。財務局は1949年7月13日において土地への割当を即時に撤回すると答え，1949年8月31日までに明渡することを求め，被告はこれに従った。原告はその後，土地上に未完成で残された工場建物を完成させ，他人に賃貸していた。

原告から被告に対して未払賃料を訴求したのに対し，被告は建築費用の償還請求権による相殺の主張をなし，超過分は反訴の対象とした。一，二審ともに原告の訴えを棄却，被告の反訴（償還請求）を認容した。BGHも同様に被告の費用償還請求を認容したがその額について（不動産の鑑定額を不満として）控訴

---

(27) いわゆる相隣関係規定の中にあり，越境建築者に故意もしくは重過失がない限り，被害者である隣地所有者はその建築の忍容義務を負うとする内容である（Überbau, BGB§912）。但し，隣地所有者は補償金を受け取る。
(28) BGHZ 10, 171.
(29) 元は，ライヒ航空（Reichsluftfahrtfiskus）のもので，戦時中は防空用具倉庫としてベルリン警察署長によって利用されていた。
(30) unter Vorbehalt jederzeitigen Widerrufs
(31) 判決原本の記載に依る事実（Feiler, a. a. O. S. 85 Anm. 80）。なお，最初の期間の定めのない契約において，堅固な建物建築について許可されていたか禁止されていたかの点は不明である。後述判決理由(i)参照。

審へ差戻した。

〔**判決理由**〕 判決理由は内容からみて，(i)附合による原告（土地所有者）への建物所有権移転，(ii)「費用」の定義づけによるBGB547条の適用排除，(iii)不当利得による価値償還，(iv)価値算定，の4つの部分に区別することができる。

（i）附合による原告（土地所有者）への建物所有権移転　なるほど判例においては長い間，以下のことが承認されてきた。すなわち，土地（使用）賃借人が土地上に建物建築をなす場合には賃借人はその際，単に自己の利益においてなし，同時に契約終了後に建物が土地所有者に帰する意図でなすわけではないということが一般に推定され，この推定は建物が堅固な建築方法でなされ，従って破壊せずには除去しえない場合であっても妥当する。このような推定が賃借人の利益のために介入する場合には，建物は土地と一時的目的で結合し，従って土地の本質的構成部分ではない。従ってBGB95条・946条により土地所有者の所有とはならず，賃借人の所有にとどまる。

本件の場合は事情が異なる。被告は（被告みずからの主張によれば），一時的な，期間の定めのない契約は，長期の期間の定めのある契約に替えられ，この契約において，契約終了後土地上に残る工場建物の補償について合意がなされるだろうという予期の下で工場建物を建築したという。したがって，工場建物は一時的目的で建築されたのではなく，土地の本質的構成部分，従って土地所有者の所有となったことが明らかとなる。このような被告の意図，すなわち契約終了後も土地上に建物を残しておくことは，もし契約終了後に建物除去義務があるとすれば，問題とならない。しかしそのような被告の義務は存在しなかった。

…不動産財務局にとって，被告が自己の営業のために土地上に建築するにちがいないこと，また撤回の際に，すなわち短期間ののちにこの建物を収去せねばならないというリスクを引き受けるつもりのなかったことは，明らかであった。このような事情の下では，原告が契約終了後に建物収去を主張することは信義誠実に反する。実際，原告は未完成であった工場建物を引き受け，一部分を完成させた上で他人に賃貸しているのである。

（ii）「費用」の定義づけによるBGB547条[32]〔賃貸人の費用償還義務〕の適用排除　賃借人の費用とは，（事実上の処置が問題となる限り），賃借物の存立を

---

[32] 547条　使用賃貸人は使用賃借人に対し使用賃借人が賃借物につき出捐した必要費を償還する義務を負う。但し動物の使用賃貸人は飼育料を負担することを要する。
　その他の費用を償還する使用賃貸人の義務は事務管理に関する規定に従いこれを定める。〔現在は1項は536a条2項，2項は539条1項〕

維持又は回復すること（547条1項2文におけるように動物の飼養，病気の動物の治療）あるいは賃借物の状態を改良すること（荒地の開墾，農地の排水）を目的とする処置と解される。

賃借物が土地である場合には，確かに，建物建築が土地の存立を維持することに役立ちうる場合，すなわち547条の費用が存する場合を考えることができる。例えば，洪水の危険のある土地を堤防により守ること，険しい土地を擁壁により崩れから守ることなど。同様に農地又は工業用地がそれぞれの経営の一部分として用益賃貸された場合，家畜小屋やボイラー室はそれぞれの土地に対して費用でありうる。

しかし，更地の使用賃借人が住居，倉庫，又は本件のように工場を建てた場合は（たとえそのような建築が賃貸人によって許されていたとしても）まったく事情が異なる。このような場合には建築により，土地はその存立において改良されるのではなく，その状態が変更される(33)。すなわち従来と異なる目的のために利用されることにより，建物建築は，法的意味においても語法の上からも，もはや土地への費用と呼ぶことはできない。従って被告は547条に依拠することはできないが，この点から（上告人の主張するように）被告の請求があらゆる根拠を欠いているということにはならない。

(iii) **不当利得による価値償還**　しかし，原告は工場建物の所有権を被告の損失において法律上の原因なくして取得した。契約によれば，被告は工場建物建築の権限は有したがその義務はなく，原告はこの所有権取得(34)を求める契約上の請求権を有していないことになる。従って，被告は812条以下を根拠に原告に対して価値償還を請求しうる。

(iv) **価　値　算　定**　工場建物建築により，一般価値（取引価値）がどの程度上昇したかが問題であり，土地明渡時において更地が有したであろう一般価値と，同じ時点で未完成の工場建物つきの土地の一般価値との差が原告の支払うべき額である。

〔判決に関するコメント〕

判決理由の法的構成を要約すれば以下の通りである。

（ⅰ）賃借人の建物建築は一時的目的での結合と推定され，土地の本質的構成部分とならないとする判例は本件では妥当しない。従って賃貸人は所有権を取得する。

---

(33)　verändern.
(34)　93条・94条・946条（不動産の附合）に基づく所有権取得。

(ⅱ) BGB547条の「費用」は賃借物の存立の維持・回復，状態の改良を目的とすることを要し，本件のような使用賃借人による更地への建物建築は状態の変更となり，もはや「費用」と呼ぶことはできない。

　(ⅲ) しかし，原告（土地所有者）は建物所有権取得のための契約上の請求権すなわち「法律上の原因」を有さず，被告（賃借人）は812条以下を根拠に償還を請求しうる。

　まず，(ⅰ)の点について，判決は，一時的目的での結合と推定される判例の典拠として，3件[35]引用するが，これらにおいては，それぞれ強制競売，抵当権，仮差押の効力が賃借人の建てた建物に及ぶかが争点であって，第三者が関与する紛争であり，本件のような貸貸借契約当事者間の紛争ではないことに注意する必要がある[36]。すなわち，それらの判決は，一時的目的の結合（BGB95条1項1文）→附合せず→除去義務→償還否定，という法的構成をとっていたわけではなく，強制執行等の効力を賃借人の建物に及ぼさないことで賃借人を保護したものであった。むしろ附合の成立の認定は(ⅲ)における附合にもとづく利得の価値償還という結論を導出するための前提の意味しか有していないのではないだろうか。

　紛争の真の原因は当初の期間の定めのない契約において賃借人の利用権限[37]を明確に定めていなかった点にあると考えられる。当初の契約において，償還に関する合意がなされていなかったことは明らかであるが（判決理由(ⅰ)参照），建築が賃借人に許されていたかどうかの点はいまひとつはっきりしない[38]。

　黙示の建築許可が，従って賃借人側の償還に関する一方的期待[39]が存した

---

(35) RG V 1903. 9. 19 (RGZ 55, 281); RG V 1915. 6. 2 (RGZ 87, 43); OLG Königsberg Ⅱ 1904. 3. 23 (Seufferts Archiv Bd. 60 Nr. l).

(36) 詳しくは第2節Ⅱ参照。

(37) 契約に反する使用（vertragswidriger Gebrauch）は不作為請求，即時解約告知の対象となるが（550条・553条），本件ではこれらの条文への言及は存しない。

(38) 例えば，「賃貸借契約によれば，被告は工場建築の権限を有してはいたがそうする義務はなかった」（BGHZ 10, 179）という言及がある反面，その原因は明らかでないが，建物建築開始により，賃借人が期間の定めのある契約への移行を拒否し契約を解約した事実（BGHZ 10, 172）や「被告が自己の営業のために土地上に建造するにちがいない……ことは原告にとって明白かつ認識可能であった」（BGHZ 10, 176），「更地の使用賃借人が土地上に住宅，倉庫，工場を建築することは，たとえそのような建築が賃貸人により許されていたとしても…」（BGHZ 10, 178）などの言及は，本件において建築の点について明確な合意が存していれば出てこないはずである。

としても，それだけでは賃貸人の償還義務を根拠づけることはできないのであるから，判決理由は除去義務が成立しないことに言及している。すなわち（ア）そのような合意は存しなかったこと，（イ）土地所有者（原告）にとって，賃借人が営業のために建物を建築するにちがいなく，かつ，その際短期間で除去する義務を負担するつもりもないはずであることは認識しえたはずであること，（ウ）事実として賃貸人自身が未完成の建物を受けとり，みずから一部分完成させた上で他人に賃貸して利益をあげていること，の3点である。とりわけ，（イ）・（ウ）の点について判決理由が信義則を援用していることは，利得償還請求権を認めた実質的要因がそこにあることを示している[40]。

次に，判決理由(ⅱ)・(ⅲ)において，判決は使用賃借人の借地への建物建築を547条における「費用」とみなすことはしないが，附合にもとづく不当利得返還請求権を認めた。前述のように，判決理由(ⅰ)において，賃貸人が土地回復後に未完成の建物を一部分完成させ他人に賃貸して利益をあげている事実から収去請求は信義則により制約される点に利得償還の実質的根拠があるとすれば，附合の成否の点と同様に，BGH判決による「費用」の制限づけはあまり意味をもたないのではないかと推測される。しかし，BGH判決・学説[41]ともに賛否の差はあるにせよ，この制限づけに注目している以上，ここで扱っておかねばならない。

まず，「費用」の定義をBGH判決のように制限する必然性は必ずしも存しない点について述べると，547条2項は償還の基準として事務管理法に従うのであるから，683条の要件（本人の利益及び真のあるいは推定上の意思との一致）が満たされなければ，684条により不当利得法による調整がなされる[42]。すなわち，附合による不当利得返還を認めるためには547条の適用を排除する必要はないのである[43][44][45]。

---

(39) 期間の定めのある契約に替えられ，かつ，そこにおいて償還の合意もなされるであろうという期待を賃貸人は共にしていないと考えられ，従って，目的不到達による不当利得返還請求権（812条1項2文）は成立しない（vgl., Feiler, a. a. O., S. 80 Anm. 43. 反対，Schindler, AcP 165, 518）。

(40) （イ）は賃借人の長期の契約締結に対する期待の保護の必要性，（ウ）は土地所有者（賃貸人）の土地回復後の建物利用（賃貸による収益）による利得の現実的取得の事実の存在，と言い換えることができる。vgl., Feiler, a. a. O. S. 85 f. なお，後述第2節Ⅱ参照。

(41) 個々の学説のこの制限づけに対する態度については，第2節Ⅰ参照。

(42) もっとも，事務管理成立の要件として，事務管理意思が要求されるが（677条），本判決では547条を適用しない以上，この点については言及されていない。この点については第2節，第3節参照。

しかし，ひるがえって考えるならば，この「費用」の定義づけに何らかの意味づけができないわけではない。すなわち，判決理由は更地への使用賃借人の建物建築の場合と対比させて，農地又は工業用地が農業又は工業経営の一部として用益賃貸借の対象となり，用益賃借人がそれぞれ土地上に家畜小屋又はボイラー室を建築した場合を例示し，後者の場合は土地への「費用」となるとする(46)。これは換言すると，使用権のみの Miete と収益権をも含む Pacht の契約類型すなわち利用権限の差異から生ずるものと理解できるのではないか(47)(48)。ここでは従って使用賃貸借という契約類型の枠を越える利用という事実により，利得返還という同じ結論に達するにせよ，547条の適用を避けたと考えられる(49)。

判決理由(iii)については，利得者の損失者に対する「契約上の請求権」の存否

---

(43) Feiler, a. a. O., S. 44. もっとも，684条の場合にも事務管理意思を要求し，かつ547条を他の一般利得法に対して排斥的な規定と考えたから，BGH は償還を根拠づけにくい場合に償還を認めるために費用概念を制限したと理解する学説（Jakobs, AcP 167, 352, 371 und N. 69) もある。

(44) 従って，ほとんどの学説は BGH の費用概念に反対する（Feiler, a. a. O., S. 45 Anm. 100)。例えば，それはあらかじめ詰めこんだ（hineinlegen) もののみが引き出されるような論証であり，その都度の事実問題の探求ではなく，概念的考慮にのみ法律判断をよらしめる点で間違っているとする批判（Feiler, a. a. O., S. 44) など。

(45) 上告理由は，注(43)引用のヤコブス類似の見解，すなわち684条についても事務管理意思を要求し，かつ他の一般利得法に対して547条を排斥的なものと考える見解のように思われ，これに対して，BGH の判決理由が費用概念の制限づけについて言及していることからすると，上告理由にひきずられた議論であったと理解できるかもしれない。

(46) BGHZ 10, 178. このような契約の法的性質の差異に着目することは，この判決を扱う学説においてなされていないようである。もっとも後述〔2〕判決においては，このような Miete と Pacht の対比は示されていない。そこでは自主占有者の費用出捐が事案の対象だからだろうか。

(47) 582条は農地の用益賃借人が通常の改良，とりわけ住居，農作業用建物，道路，溝，柵を自己の負担でなす義務を規定しているが，このことは逆にいえばそれだけ広い利用権限を与えられているといえる。その制限として，農地経営上の目的（用法）を許可なく変更することの禁止（583条）がある。

(48) 後述〔2〕判決に，このような理解に対応する叙述がある。「…占有者は費用の範囲を越え，物の状態を変更するような，物の実体（Sachsubstanz）への侵害に関して価値償還を請求しうることになる。…自己に属さない物の支配を用いることにおいて妥当な程度を越え，所有権を完全に改造するような者を，合理的経済的考察という（費用概念により画された）限界内で行動する者に比して，そのように優遇することは不適当である」（BGHZ 41, 162-163)。

(49) 本判決で賃借人が自己の営業目的のために工場建物を建築することが賃貸人に予測されるとしても，契約上においてその点の明確さに欠けていたことも，このような理解を裏づける。

に利得の「法律上の原因」の存否を結びつけている点は現在のドイツ不当利得理論が給付利得と非給付利得とを区別し，後者においてその利得の不当性を権利の割り当て内容（Zuweisungsgehalt）にもとづく帰属性の点にその判断基準を求めていることからすれば，疑問であるが[50]。しかし，本判決の場合は賃貸借契約の存在を前提とするが，契約内容に基づくとは必ずしもいえない費用出捐であり，むしろ給付利得に近い性質をもっているといえるので，この点はこれでよいと思われる[51]。

以上を今一度まとめておこう。

建物の土地への附合の点については，判例は従来，賃借人の建物建築は自己の利益のためであり，契約終了後土地所有者（賃貸人）に所有権を帰せしめる意図ではないという，いわば賃貸借の通常の状況を前提とする推定則を形成しており，当事者のかような推定された「意思」を媒介として，95条1項（一時的目的による結合の場合は構成部分とならない）を適用し，附合は成立せず，建物は賃借人の所有にとどまるとしてきたのに対して，本件では，期間の定めある契約に早晩替えられ，そこで償還の合意がなされるであろうという賃借人の期待から附合の成立を肯定し，また賃借人が建物建築するであろうこと，および，収去のリスクを自ら引き受けないであろうことが，賃貸人に予測可能であったこと，建物を完成させた上で第三者に賃貸していることなどの点から，建物除去の主張を信義則で制限した。

償還については，借地への建物建築は本件の場合には547条にいう「費用」とはいえないとしたが，これは実質上，当該賃貸借契約の種類，成立事情によって画される客観的利用権限の枠を越えた場合と理解しうる。もっとも，812条による利得調整は許されるとした。

本件の場合，附合の成否は当事者の意思，契約締結事情などから判断され，償還肯定という結論を導くために逆に附合の成否が規定されていることに注意すべきである。

Ⅱ BGH 1964年2月26日第五民事部判決[52]（以下，「[2]判決」として引用）

〔事　実〕　被告（住宅公団）（Siedlungsgesellschaft）[53]は1952年から1953年

---

(50) Feiler, a. a. O., S. 86.
(51) まさに，この点が費用出捐類型の本質である。vgl., E. v. Caemmerer, a. a. O., S. 366.
(52) BGHZ 41, 157.

にかけて九階建てのアパート (Wohnblock) を建築する際に隣地との境界を越えて建築してしまった。従って，そのビルのかなりの部分（幅76メートルのうち20メートルの部分）が原告（隣地所有者）の二筆の土地上に建つに至った。この二筆の土地の売買のための交渉は成功せず，又収用手続も不成功におわった。

原告が当初提起した越境建築物の除去を求める請求はそれに関して，訴訟上の救助 (Armenrecht) が否定されたため，原告は，本訴訟では所有物返還[54]とさらに収益についての報告[55]を求めた。所有物返還の点について被告は建築費用償還請求権にもとづく留置権を主張し，費用償還についての反訴を附帯控訴の際に提起した。

第一審は原告の所有物返還の訴を棄却（理由不明）。第二審は被告の反訴の対象である越境部分の建築費用償還[56]との同時履行の条件で原告の訴を認容。BGHは償還額について破棄差戻しをした。

〔判決理由〕　判決理由は内容からみて，(ⅰ) BGB951条，994条以下[57]の適

---

(53)　被告会社はその株式については100％ハンブルク市の所有であり，市の住居調達計画の実行を委託されていた (BGHZ 27, 204)。

(54)　次注参照。

(55)　これは被告による越境建築が故意又は重過失により，宥恕されざる越境建築 (unent-schuldigter Überbau) であり，その結果として，ビルの越境部分は隣地の本質的構成部分として隣地所有者（原告）の所有となったことを前提とする。この，越境部分の所有権帰属については，収益返還に関する一部判決 (BGHZ 27, 204) において判断されている。

　　以上の点を詳述するならば，まず，正当な越境建築の場合（越境建築の際に悪意でも重過失でもなく，かつ隣地所有者が異議を申し立てなかった場合）には一種の法定地役権という形で隣地所有権の制限が行なわれ，建築物の越境を忍容しなければならない（912条−916条）。これに対して，本件のような宥恕されざる越境建築の場合（すなわち先の要件を満たさない場合）にはそもそも越境部分の所有権の帰属については学説において争いがあった。判決はRG判例 (RG 70, 201, 209; 130, 266; 162, 212) に従い，越境建築された土地の所有者に越境部分の建物所有権を帰属させた。従って，越境建築者は，隣地上の越境建物とその下の土地の両者につき不適法占有者として隣地所有者の所有物返還請求と収益返還請求に服することになるわけである (BGHZ 27, 206-208)。なお，この場合にも越境建築者に越境部分の建物所有権を帰属させようとする反対説がその根拠として，建物の物理的経済的一体性を掲げるのに対して，判決は，そのように一体性を保護することにより，他人の所有権が侵害される場合にはその原理も制限を受けることになるとした (BGHZ 27, 208)。

(56)　ここでは被告の主張である費用全額が認容された。OLGは951条に基づいてこれを認容したのであり，994条以下の規定は費用でない本件の場合には適用できないとした。

用排除, (ii) 997条の収去権が特別法により排除されることによる調整, (iii) 242条による調整請求権の内容, の3つの部分に区別することができる。

(i) BGB951条, 994条以下の適用排除[58]　上告人は正当にも控訴審の立場〔当事者の法律関係に妥当する法規は951条1項であるという立場〕に反対する。この点について上告人は妥当にも987条以下は完結的特別規定 (eine erschöpfende Sonderregelung) であり一般利得法に優先するとの最高裁判例 (höchstrichterliche Rechtsprechung) を指示する[59]。上述の規定は無権限占有者と非占有・所有者の関係を完結的に (abschließend) 規律し, それと並んで, 別の一見同一の構成要件に向けられた法律規定は介入しない。…この命題により適用を排除される利得法に951条1項も含まれる。というのは, この規定は利得規定を指示しているから。この償還請求権は812条1項における諸要件の下でのみ成立し, それは一般利得法の下位事例にすぎない。控訴審が原告に対して金銭支払を命ずるにあたり依拠したこの規定〔951条〕は請求権の基礎としては排除され, 反訴が994条以下により正当化されるか否かという点が調べられねばならない。…この規定はしかし「費用」に関してのみ償還請求権を与える。…控訴審判事はこの点〔費用といえるかどうかの点〕を否定した。被告による建

---

(57)　ここでいう994条以下とは, 所有者と占有者の間で, 占有者の出捐した費用の償還を規律する諸規定を指す (994-1003条)。以下では, 判決の理解に必要な三条文のみを掲げておく (〔　〕内は筆者の補足)。

　994条〔必要費の償還〕　占有者は所有者に対し, 物につき出捐した必要費の償還を要求することができる。通常の保存費は, 占有者が収益を取得する間は, これを償還することを要しない。

　占有者が訴訟係属の生じた後, または, 990条〔悪意占有者の責任〕に定めた責任の開始後, 必要費を出捐したときは, 所有者の償還義務は事務管理に関する規定に従いこれを定める。

　996条〔有益費の償還〕　必要費以外の出捐については, その出捐が訴訟係属の生ずる前, または, 990条〔悪意占有者の責任〕に定めた責任の開始前になされ, かつ, 所有者が物を回復した当時, その出捐による物の価値の増加が現存するときにかぎり, 占有者はその償還を要求することができる。

　997条〔収去権〕　占有者が占有物に他の物を附着させ本質的構成部分となしたるときは, 占有者は附着した物を分離しかつその所有権を取得することができる。258条〔収去権〕の規定を適用する。

　占有者が994条1項2文〔収益取得中の必要費償還の排除〕に従い出捐につき償還を要求することができず, または, 分離につき利益を有しないとき, または, すくなくとも, その構成部分が分離後占有者にとり有するであろう価値が償還されたときは, 分離権は排除される。

(58)　BGHZ 41, 158-162.
(59)　RG JW 1937, 2519 Nr. 16; RGZ 163, 348, 352.

築は，原告の土地に既に存していた建築物の維持，改良ではなく，全く新たな建築物を生み出したから，この理解には同意できる。建物建築一般を含めようとすれば，994条以下の適用領域は，明らかにこの法規の目的に反し，合理的経済的必要性が存しないような態様で，拡大されてしまうだろう。というのは，以前二棟の独立家屋において養老院がいとなまれていた土地に九階建てのアパート（の一部）を越境建築することは（控訴審が妥当に認定するように）土地の存立を維持，回復，改良する処置ではなく，むしろ以前と異なる使途に土地を用いることを目的とした状態変更である。従って費用が存しない以上，996条の適用可能性は生じない。従って，控訴審で未決のままとされた，建築者の占有権についての善意性の有無は問題とならない。もっとも，被告は996条を適用できないとされるのならば再び951条に依拠すべきと主張するかもしれない。この規定は，費用構成要件が欠ける場合には所有者占有者規定により排除されないから，この場合に介入することになると。しかし，そういう考えは正しくない。987条以下により完結的特別規律がなされ，一般利得法，従って951条に優先し，この適用は排除される。このような〔994条以下の有する〕排斥効を費用償還義務の成否に依存させるように制限することはできない[60]。

(ii) 997条の収去権が特別法により排除されることによる調整[61]　951条を排除し，もっぱら994条以下を適用することはしかし反訴〔償還〕の棄却に導くわけではない。確かに被告は前述のように996条による費用償還請求権を取得しない。しかし，所有者・占有者関係の規定はそのような請求権を与えるか否かの点に尽きるわけではない。…すなわち997条により附着物を分離し，回復することができる。…第2項における例外〔分離が占有者にとり何らの利益とならない場合又は分離後に構成部分が占有者にとって有するであろう価値が少くとも償還される場合に収去権が排除される〕にはあてはまらない。

それにもかかわらず本件ではこの収去権は民法の規律以外の根拠から考慮されない。被告の建造物は住宅であり，原告の土地上にあるビルの部分には約20人の賃借人が居住している。従って997条により被告に許される越境部分の取りこわしは，公的利益のために発布された「建築上の変更の禁止」（住居管理法22条[62]）に反する。この規定の第1項によれば，居住建物をその居住目的に供しえなくするような処置による変更は当該官庁の許可なくして行なう

---

(60)　なお，OLGが951条による償還を認めた際に住居管理法22条の変更禁止という理由をも掲げている点が注目される（NJW 1964, 1126）。

(61)　BGHZ 41, 163-165.

ことはできない。

しかし，被告が住居管理の理由により収去権を行使できない場合には，その損失に対して，ふさわしい補償を与えることが公正の要求と思われる。一般民法規定により与えられる権限がそれに矛盾する特別法規範により行使しえない者は妥当な補償を与えられるという思想は現行法に知られていないわけではない。例えば，相隣法に関する最高裁判例（BGHZ 28, 225, 232)(63)。…前述の思想を本件に適用すると原告は収去権行使不可能のため思いがけず手にいれた財産利益の調整のために被告に対して金銭補償をなす義務があるという結論に導く。

(iii) 242条による調整請求権の内容(64)　この242条に由来する調整請求権の額は，自明のことながら，被告が951条1項，818条2項により主張した補償額［建築費用］には至りえない。…むしろ被告が収去しえないことにより，取りこわし後，有益に用いえるであろう材料を残存しなければならなかった点が基準となる。他方，取りこわし費用の節約により調整請求権は減額される。…信義誠実の原則に対応する妥当な利益調整が問題となっているのだから，事案のすべての事情［被告側の当時の困難な事情，原告側の得る，建物の一部の多大な利益］が考慮されねばならない。

〔判決に関するコメント〕　判決理由の法的構成を要約すれば以下の通りである。(i)本件は（越境部分のアパートとその下の土地に関して）所有者・占有者関係にあたり，最高裁判例に従えば，994条以下がこれを排他的に規律するので，（第二審が償還を認容する根拠とした）951条は適用されない。しかも，本民事部

---

(62)　第二次世界大戦中の爆撃によって多数の住居が破壊されたことによる住宅難に対処するための住居の国家管理を目的とする法律（Wohnraumbewirtschaftungsgesetz）で，1953年3月31日に公布された。

22条（建築上の変更の禁止）　(1) 住居と住居管理に服する対象は住居官庁の許可なくして，その居住目的に対する有用性を著しく侵害するような変更を加えることはできない。許可は処分権利者が変更について優越した正当な利益を有する場合に与えられる。

(2) 1項1文に違反した者は，住居官庁の要求に対して，自己の費用で元の有用性を回復する義務がある。その要求に従わない場合には住居官庁はその作業を義務者の費用で実行又は実行させることができる。

この法律は住宅建設が軌道にのるにいたってからは改正により管理の程度は緩和され，1965年12月31日をもって原則として効力を失った。

(63)　ここで判決は，(旧)・(新) 906条，ライヒ営業法26条のイミシオーン規定を引用する（BGHZ 41, 165）。すなわち，本判決は906条2項2文による金銭補償の基礎に一般法原則をみようとする。

(64)　BGHZ 41, 165-166.

の費用概念にふくまれないことにより，996条も適用されない。(ii)しかし，997条の収去権行使の可能性は残されている。ところが本件では住居管理法により越境部分の収去は禁止される。従って，同様の事態に対して金銭補償を与えているイミシオーン規定の基礎にある一般法原則に従い，この場合でも妥当な補償が与えられるべきである。

　まず，本判決の判決理由(i)においては，アパートの越境部分は原告（隣地所有者）の土地に附合し，従って被告（越境建築者）は（そのアパートの越境部分に約20人の賃借人を住まわせることによって）越境部分の建物と土地に関して不適法占有者であることが（一部判決により）前提とされている。この点は前述のように（注(54)(55)参照）宥恕されざる越境建築の結果なのであるが，912条(65)の要件を満たす越境建築の場合にはその法律効果は規定されているのに反し，本事案のように宥恕されざる越境建築の場合には明確な規定がなく解釈に委ねられているため，学説は分かれていた。結果として，BGHは前記のような帰結を導いたが，その理由づけは明確ではなかった。

　判決は越境建築部分の所有権帰属につき，「法規や当事者の利益が相互にそれぞれ矛盾する点をその都度どのようにしたら結果的に最も妥当に解決しうるかということがさまざまな場合それぞれにつき個別的に検討されねばならない(66)」と述べるように，多様な解決を認めるようである。従って，本件のような場合は共有や建築者の単独所有は法感情を満足させない，とする(67)。

　本件の場合，相互に矛盾する法規・当事者の利益は以下のようにまとめることができよう。

　　(ｱ) 法規について　　建物の原告所有の土地への附合（94条1項1文など）
　　　　⟵⟶被告所有建物の一体性（93条，94条2項）
　　(ｲ) 当事者の利益　　原告（隣地所有者）――自己所有の土地を保持し，越境部分の除去を求めること（これは原告が当初は越境部分の除去を請求したが，この請求について訴訟上の救助（Armenrecht）を受けられなかったことにより，土地建物の返還と収益返還の請求に改めた点，被告からの土地売買の

---

(65)　912条　土地の所有者が故意または重過失なくして境界線を越えて建物を建築したときは隣地の所有者はその越境建築物を忍容することを要する。但し隣地の所有者が越境建築の前または直後に異議を述べたときはこの限りではない。
　　　隣地の所有者は定期金により賠償を受けることができる。定期金の額は越境時を基準とする。
(66)　BGHZ 27, 207-208.
(67)　BGHZ 27, 208.

◇第1節◇　連邦裁判所（BGH）の2判決

交渉が不成功に終わった点に示されている）

被告（越境建築者）──越境部分の建物が除去請求にさらされず土地上に保持することができ，賃借人のアパート居住が継続しうること

以上の他に，さらに考慮すべき要素として，宥恕されざる越境建築であることから被告は少なくとも重過失であり，この点の帰責，及び住居管理法による制限により除去請求も収去権も排除されることにより，原告は公法上の制限という形で越境建物の忍容を強いられている点，がある（後者の公法上の制限は，原告・被告という当事者の利益のほかに，国家の立場からの公的利益が関与していると理解でき，それは本件では被告の利益と一致している。もっとも被告はベルリン市所有の会社でありこのことは当然であるが）。

以上のような利益状況から，しかし，ただちに BGH 判決のように原告の所有とする結論は出てこない。被告の所有にとどまるとする考え（Hodes, NJW 1964, 2387）も成立しうるからである。もっとも本件の場合には，所有が原告，被告のどちらにあるにせよ，住居管理法により原告からの除去請求（1004条）は排除されるため，①原告の所有とすれば，建物と土地についての収益返還請求権と建物についての価値償還義務という法律効果が生じ，②被告の所有にとどまるとすれば，土地所有権の侵害と占有侵奪について損害賠償（823条以下）という法律効果が生じる（この損害賠償請求権は金額の上からは，宥恕された越境建築の場合の定期金に等しいといえる。但し，それ以上の損害の立証の余地は残されている）。

BGH 判決（BGHZ 27, 204）は原告の所有を認めたが，これは宥恕されざる越境建築（少なくとも重過失）である本件の場合にも被告の所有にとどまるとすれば，その法律効果として正当な越境建築の場合と変わりがなくなることを考慮したためであろうか。

ここで BGH は，控訴審のとった法的構成，すなわち994条以下は，建物建築が費用概念にふくまれないため適用を排除されるが，951条による償還は認めるという立場に対して，さらに RG 以来の987条以下の規定の排他性を援用して，951条適用の点をも否定した。この立場は〔1〕判決の立場（ここでの前述 OLG の立場に対応）すなわち547条の適用は費用概念によりできないが951条による償還を認めた立場，と矛盾することになるため，判決は「951条が場合によっては994条以下の特別規定と並んで適用しうるという見解は，とりわけ悪意の場合に不当な結果に導くことになるだろう。」（BGHZ 41, 162）として，その限りで立場の変更を認めている。

判決は結果として，第二審が951条に基づき出費額全額を認容したのとは異

なり，242条に基づく調整請求権を認めた。そして，その額は材料の価値マイナス除去費用の節約額が基準となり，かつ信義則による利益調整としてあらゆる状況の考慮が必要であるとした。しかし，判決理由(ii)において，特別法による収去権排除の点に言及していることは事実に即して考える限り，論理的ではない。むしろ，建物が土地上に保持されることによって利益を受けるのは被告である越境建築者の側であり，原告の除去請求（＝被告の収去義務）が排除されたと理解しうる。事実，原告は当初，越境部分の除去請求をなすが，これについて訴訟上の救助が認められなかったため，所有物返還と収益返還に請求を変更している。そう理解することにより，判決が出費額全額ではなく信義則に基づく調整を認めたのは，被告の宥恕されざる越境建築の結果として（公法上の制限を媒介としてではあるが）自己の土地上に建物が存することになり，所有権の処分の自由を意に反して制限されかつ償還義務を負わされる原告の利益保護の必要性が償還額の制限という形で反映したという理解が可能になる。但し，原告がビルの一部の所有権を取得することが財産上の利益であることは否定できないので，制限的ながらも償還がなされなければ公平に反しよう。このようにみれば，951条の適用排除は，第二審の出費額全額という結論に反対するためであり，（費用概念の限定による）994条以下の適用排除は996条が悪意の場合に償還を認めていない点(68)を避けるためであって，いわば両者の中間である242条による利益衡量的（利害調整的）償還を導出するための法的構成であったのではないか，と思われる。

　ここでも，今一度まとめておこう。

　本件の場合，BGHは951条（附合による価値償還），994条以下（所有者占有者関係における費用償還）は適用されないが，所有者占有者関係にもとづく収去権（997条）は適用可能とした。しかし，この収去権は居住用建物の変更禁止を定める住居管理法によって排除されるので，242条にもとづく調整請求権として補償が与えられるべきものとされた。

　この判決では，許されざる越境建築部分をどちらの所有に帰属させるかという点，また自己の土地利用を事実上制限されしかも償還義務を負う隣地所有者に，償還額について算定上保護を与える点において，利益衡量が本件事案にそ

---

(68) 本判決（BGHZ 41, 157）はそもそも占有者（被告）の善意・悪意を認定していない。その理由は，判決の法的構成からすれば，費用の定義に含まれない以上，994条以下の適用は997条を除いてできなくなるからであるが，越境建築が少なくとも重過失である以上，占有の悪意も推測される（もっとも判決自身は両者の場合の判断基準の違いにより，前者の悪意は後者の悪意に直接つながらないとする（NJW 1964, 1126））。

くしてなされている。
　2判決ともに，借地上に建物建築→附合→償還，許されざる越境建築→隣地所有者による越境部分の建物所有権取得→償還，というように，建物の所有権帰属の点から償還を導いているが，実質的には，契約内容，当事者の状況を考慮した上での償還の可否・程度についての評価を内在させていた。すなわち，2判決ともに先行する状況の考慮により利得の存否・程度を判断していたことに注意すべきである。

Ⅲ　2判決の位置づけ

　BGH判決の採用する費用概念の制限づけを，費用償還法体系一般の中において理解しようとすれば，以下のようにいうことができよう。
　まず，それは，費用出捐一般の中で，建物建築の特殊性，すなわち，それは土地に対する拘束をもたらすが，他方多大な利益を与えるという点，をBGB費用償還法体系においていかに対処するか，に迫られ，その体系の，事態に適合した修正の1つの試みと見うる。すなわち，BGBは費用について，必要費とその他の費用の二分類のみをするにすぎないが，BGHの費用概念は，その他の費用のより具体的な制限原理ということができる。それは，奢侈費に当たらず，従来の分類からして有益費に当たるとされる場合でも，その「有益」性をより所有者関係的に，建物建築の場合で言えば，土地の従来の用途（所有者の土地利用の方向づけ）を変更させるか否かという点から，とらえることをねらうことによって，建物建築の場合特に高額に上りうる償還義務から所有者を保護することを意図するものであろう。
　〔1〕判決では，費用に当たらないとしても利得法が適用されるが，しかしその額は収益価値の上昇として額算定において所有者保護の考慮を示している。これに反し，〔2〕判決では，所有者占有者関係の排斥性を理由に，かつ，996条においてアンバランスが生ずることを理由に，〔1〕判決の立場を変更し，収去権のみを与えた。しかし，収去権が排除されたことによる補償額は，材料の価値を基準としながら，建物の多大な利益も考慮せよとする。〔2〕判決も結果として，建物の価値あるいは建築費用全額でないにせよ，ある程度の償還を認める結果に至っているのである。
　BGH判決の立場は前述したように，その所有者保護という意図は正当であるにしても，その原則を一般的に適用すれば，賃貸借であれ，所有者占有者関係であれ，547条，994条以下の費用にあてはまらない場合には全く償還が排

除されるという，所有者保護の反面での，占有者の過酷さが生じよう。建物建築の場合，利益享受の額の高さもその問題性を大きくしよう。すなわち，BGH判決の立場は，BGBの費用償還法体系において，その適用の前提としての費用概念を制限することによって，その体系性と不整合を生ぜしめている。例えば，996条では，善意悪意の判断の前に費用概念によってそもそも排除される場合がそうである。それはあまりに二者択一的な判断基準であり，占有者の保護について，その程度，段階づけを知らないのである。

Ⅳ　学説の分布

従って，学説においては，以下のような解釈が主張される[69]。まず，BGH判決のような費用概念の制限づけを不要な構成として採らない立場である。その上で，996条と並んで，一般利得法の適用を認める立場（Medicusなど有力説[70]）と認めない立場（通説？）に分かれる。前者は実質的に996条が悪意占有者について定める償還の排除を，その立法者意思を，修正することを意味する。すなわち，悪意または重過失という主観的態様のみによって償還を排除することを不当と考え，建物の場合無視しがたい，客観的利益享受の考慮を必要と考えるのである。しかし，他方では，所有者の保護を，その利益の，享受者の主体（財産）との関連づけによって，はかろうとする（押しつけられた利益という制限原理）（Canarisなど[71]）。

BGH判決の制限的費用概念を支持する学説もある。ここでも，一般利得法との競合を認める説（Erman, Palandt）と認めない説（Waltjen）に分かれる。

Ⅴ　問 題 状 況

ここで，BGH2判決を前提とした問題状況をまとめておこう。

ドイツ費用償還法の特殊性は以下の3点にまとめられる。

第一に，建物建築が費用概念に含まれることから生ずる問題である。ここでは，一方では，土地所有者に帰する多大の利益の考慮（①）が必要であること，

---

[69]　Jansen, AcP 216 (2016), 112, 182 は，所有者占有者関係，事務管理，不当利得の諸規定を費用償還に関して機能上調和させる必要を説く。

[70]　Medicus/Petersen, Bürgerliches Recht, 24.Aufl. (2013) Rdn. 897.; Verse, Verwendungen im Eigentümer-Besitzer-Verhältnis (1999), S. 159f.

[71]　Larenz/Canaris, Lehrbuch des Schuldrechts, Bd.Ⅱ/2 (1994), §72 Ⅳ (S. 286ff.).

他方では，土地所有者の償還義務の額が高額に上りうることの考慮（②）も必要である。

第二に，悪意占有者のその他の費用の償還が民法典上認められないことから生ずる問題である。立法者意思は，所有者を悪意占有者の恣意にさらさないことであったが，この趣旨は占有者が重過失の場合には問題である。逆に，狭義での悪意の場合には，故意での利益の押しつけからの保護という趣旨（③）は一応妥当する(72)。すなわち，ド民814条，996条から抽出された一般原則として，自己の危険での行為，価値調整の可能性の制裁的な喪失が導き出される。もっとも，①の要素を考慮すれば，法律規定を修正解釈する場面が生じうる。

第三に，賃借人のその他の費用について，事務管理規定が指示されていることである。その規範的意味が問われている（第3節で扱う）。

占有者が善意の場合（重過失の場合もここに含めるべきであるが）には，上記の①の要素によって償還を認めつつ，②を考慮して償還を制限するという方法で十分であろう。

悪意の場合には，さらに，③の要素が加わる。

賃借人のように他主占有の場合には，③の要素を自主占有における悪意ほど貫徹しにくく，契約関係の法理から修正せざるを得ない。例えば，一定範囲での利用権限を前提とする利用に際しての出捐の場合である。

建物建築ではない場合には，①の要素はそれほど重要ではなく，③の趣旨を貫徹してもよい場合も出てくる。

◆第2節◆　学説の検討と償還を認めた判決例の類型化

学説の検討については，ファイラーの学説の分類がさしあたりの出発点として役立つと思われる。彼は，その分類と判決例の類型化を対応させて論じているからである(73)。

彼はそれまでの学説を分類し，それらがいずれも一面的な解決にしかならな

---

(72) BGHZ 39, 186（BGH Ⅶ 1963. 3. 25）は，建築業者が建設に際し建築作業小屋や資材置き場として現場の隣地使用を所有者に申し出たが，断られたため，勝手に利用。隣地上にあったがれきを利用のために除去した費用の償還を所有者に対して求めたのに対して，この費用は必要費ではなくその他の費用であり，996条などを援用して，否定した事案（償還を認めた原審を破棄）。費用の償還請求は，原告所有者側の土地利用利益の賠償請求（この点は認容されている）に対する被告の主張した抗弁である。

(73) Feiler, a. a. O., S. 59-71. なお，Willoweit（Festschrift für Wahl（1973），S. 285 もほぼ同様の学説分類を示す。

いことを明らかにし，押しつけられた利得が正当か不当かという問題は，その都度の特殊な利益状況をともなった事例群の作出という方法によってのみ十分な答えができると考えた。そして，それらの事例群で与えられた利得請求権についてその請求権の額の決定の際に，賃貸人の押しつけられた利得からの保護と賃借人の利益保護との間の最適な調整がなされるとする。

彼は従来の学説を以下の四種類に分類する。

Ⅰ．利得の有形的除去，Ⅱ．償還請求権の判断基準としての費用出捐者の主観的態様，Ⅲ．出費の節約，Ⅳ．折衷説である。

Ⅰ，Ⅲはそれぞれ，収去（義務・請求）による解決，受領者の状態を考慮する解決と言いかえることができよう。

なお，Ⅳ．の折衷説に対しては，「しばしば学説においては上で扱った見解のいくつかが同時に主張される。…このように押しつけられた利得からの保護のためにさまざまな解決法を結びつける試みがなされてきたという事実自体，その論者が上記学説のどれをとってもそれだけでは不十分と考えていることを示している[74]」とファイラーは述べる。

しかし，以下で見るように，個々の紛争事案が最終的にどの基準で解決されるかは，まさに当該事案の内容に依存するわけで，そういう判断構造を個々の学説は抽象的レベルで反映しているにすぎない。

そこでまず，学説を再構成しつつ紹介し，その上で判決（後述）を紹介する。彼の学説の分類は判決の類型化と対応している。

Ⅰ 学説の検討

1 制限原理その1──利得の有形的除去

(1) マルチン・ヴォルフ

マルチン・ヴォルフ[75]は押しつけられた利得からの保護の問題を951条に限定された視角の下ではあるが，所有者の知らないうちにその土地上に建物が建てられた場合を例として扱った。ここで彼は利得債務者（土地所有者）に建築者の利得請求権に対して抗弁として（einredeweise）1004条の妨害排除請求権を与えた。但し，彼はこの請求権の根拠を242条（信義誠実の原則）に求め

---

(74) Feiler, a. a. O., S. 70-71.
(75) Martin Wolff, Der Bau auf fremdem Boden (1900), Abhandlungen zum Privatrecht und Civilprozeß des Deutschen Reiches, Bd. 6, 2, S. 65ff.

た結果，その制限をもここからとり出し，所有者が土地に生じた価値増加を承認した場合（例えば建物を利用するなど）には土地の「侵害」(Beeinträchtigung)を援用しえないとした。

この見解に対しては，以下の反論が考えられる。すなわち，起りうる利益状況の多様性に対応しうるほどに判断基準が個別化されていないため，所有者である利得債務者は利得返還請求権に対して原則として常に対抗できることになる。又，費用出捐のすべてが必ずしもド民1004条の意味での「侵害」とならないためその限りでゆきすぎである[76]。

(2) トビアス

トビアス[77]は，一般不当利得法の規定である818条によると金銭賠償は原物返還に対して補充的であることから，この法思想を951条に準用すると，所有者は利得債権者の金銭補償請求権に対して，構成部分の返還という選択権を有することになるとする[78]。

この見解に対しては，収去が事実上不可能な場合の存すること，所有者の利益を一方的に念頭に置き，両当事者の多様な利益状況の分析がなされていないという反論が加えられる。

又，両見解に対しては，等しく，収去はそのコストが通常高いため，収去自体を断念せざるをえない場合が多く，賃借人にとって何らの利益とならないという点が指摘されよう。

(3) クラウザー旧説

クラウザーの見解[79]も類似する。

まず，押しつけられた利得の問題性を以下のように説明する。賃借人の有益費償還請求権は，有益費出捐が通常自己の利益追求を目的とするため，事務管理による出費償還請求権の要件（683条・本人の利益かつ意思との一致）を満たさず，不当利得法の規定に従うことになる（684条）。この場合の利益状況の特殊性は，その利得が利得者の意思に反して押しつけられあるいは利得者の関与

---

(76) クラウザー旧説は，土地の価値の現実の減少が従来の利用目的から見て生じた場合にのみ1004条が適用できるとする。

(77) Tobias, AcP 94 (1903), 371 (456 f.).

(78) (4)で紹介するヤコブスの見解も，とりもどし請求権が実質的には収去権と変わらないことからすれば，トビアスの見解と同じといえる。

(79) Klauser, Bereicherung wider Willen. Diss. Freiburg i. Br. (1955); NJW 1958, 47-49; NJW 1965, 513-518. 最初の文献については筆者は未見であるが，内容は後二者の文献と基本的には変わらないようである（Feiler, a. a. O., S. 64 Anm. 29; S. 65 Anm. 35 u. 36)。以下では後二者の文献によってクラウザーの見解を紹介する。

なくして生じている点にある。さらに，費用自体の返還は通常不可能であるため，受領者は818条2項により，利得を価値返還せねばならない。そのような強制された贈り物を防ぐ可能性を有さずに価値償還に義務づけられることは過酷な場合がありえよう。土地の客観的増加価値を常に償還させるとすると，受領者がこの増加価値を売却などにより現実化しない場合には不当な義務と感じられる。もっとも逆にまったく償還を排除することは価値の増加が大きい場合には同様に不当な結果を導くことになる(80)。

このような問題に対して，クラウザーは以下のような解決を述べる。すなわち，押しつけられた財産価値は返還請求しえないという原則は一部の外国法で承認されているが(81)，ドイツ法ではそういう原則は存在しないことは684条が示すところである。又，ある学説が主張するように，収去の指示(82)や，1004条を抗弁として主張しうる(83)などの解決は，原則として損失者に対し分離収去をなすべきことを請求しうることになり，附合制度の趣旨である，一度作られた経済的価値の保持という原則に反する点で不当と考える。従って，原則として利得請求をなしうるが，例外として，建築により土地の価値の現実の減少が（従来の利用目的からみて）生じた場合にのみ，所有者は1004条による妨害排除請求権を有する。もっとも，利得額は押しつけられた利得という問題に応じて，利得者が現実化しうる価値に限定されねばならない(84)。なお，特殊な事例として，費用が無償で賃貸人に帰属することが合意されていても，予定の期間より早く賃貸借関係が終了した場合には，みずから費用を利用しうる価値を償還せねばならない(85)。

(4) ヤコブス

ヤコブスの見解(86)もその基調はこの立場に依拠していると言えるだろう。

ヤコブスもBGHの前記2判決に触発されて，「費用償還の制限づけ」という論文を書いている。彼の解釈論の内容はかなり複雑で十分理解できなかった部分もあるがその叙述は示唆的であり，ここで要約紹介する価値があると思わ

---

(80) NJW 1958, 47.
(81) v. Caemmerer, Bereicherung S. 365 ff.
(82) Tobias, AcP 94, 371.
(83) M. Wolff, Der Bau auf fremdem Boden, Abhandlungen zum Privatrecht und Civilprozeß des Deutschen Reiches, Bd. 6, 2（1900）S. 65 ff.
(84) BGHZ 10, 171.
(85) NJW 1958, 48-49.
(86) Jakobs, AcP 167（1967），350-393; Eingriffserwerb und Vermögensverschiebung（1964）SS. 172-177（後者ではAcPにおけるほど独自の見解は展開されていない）。

◇第2節◇　学説の検討と償還を認めた判決例の類型化

れる。

　彼によれば，前記2判決は学説によって，その費用概念とそれによる償還の制限づけの両者を非難されているが[87]，BGHの費用概念を償還の制限づけのために用いる点のみが拒否さるべきであり，費用償還の制限づけの点は正当であるとする。なぜならば，そのような制限づけは，法律規定の枠に従う限り正当に対処しえない実際上の必要性に根ざしたものであるから，と。すなわち，法律規定によれば，費用償還は(i)占有者の善意・悪意（994条2項・996条），(ii)費用出捐の結果（547条，994条，996条〔notwendige Verwendungen と andere als notwendige Verwendungen＝Sonstige Verwendungen の区別〕）などの判断基準に従うが，これに対してBGHの2判決において採用された費用の定義に従うと，占有者の行為が「費用」（Verwendung）という概念に包摂されるか否かという点ですでに償還の可否について判断されることになり[88]，そうすると，従来ならば法律規定の枠の中で扱われるべきはずの事実の一部はそこから排除されることになる。

　ここで，彼はBGHの2判決における費用概念採用の背景をそれぞれ以下のように推測する。

　BGHZ 10, 171（第1節の〔1〕判決）については，法律規定に従えば本来は認められないあるいは認められにくい償還を与えるために，費用概念を用い，その結果として，法律規定の枠を越えて費用償還を認めている。つまり，彼の理解によれば，賃借人の費用償還を規律する547条2項は必要費以外の費用につき事務管理法を指示しているが，事務管理に基づく費用償還請求権について定める683条，684条〔683条の償還請求権の要件を満たさない場合における本人の管理人に対する不当利得返還義務〕は事務管理意思の存在を要件としている。しか

---

[87] Schindler, AcP 165 (1965), 504-5 u. Anm. 23（BGHZ 41, 157 において示された立場によれば，善意占有者による建物建築の場合にも997条による収去権のみが与えられることになり，悪意占有者の場合にはそういう処理で問題がないが，善意の場合には不当な過酷さを示すことになるとする。しかし，この判決は242条に依拠した調整請求権を承認することにより，前述の不当さを回避した〔シンドラーはこの判決を善意占有者の事案と考えている。―筆者〕。このような回り道は無益であり，従来の費用概念に従い，善意・悪意を確定すれば済むことである）；Manfred Wolf AcP 166 (1966), 190, 195-6（BGHZ 41, 157 によれば，まさに更地への建築という最も切迫した場合にその法的規律が存しないことになる。又，善意占有者は996条により保証された財産利益の保護を奪われることになる）。

[88] 「費用」という概念は通常は費用出捐の結果に関係づけられて，必要費，有益費というように用いられるのであるから，実質的には前述の(ii)の判断基準と同次元のものといえる（後出）。

し，費用出捐はもっぱら自己の利益においてなされるので事務管理意思を有するとはいえず，本判決においても683条による償還はもとより，684条による不当利得返還も請求しえない。さらに，547条は一般不当利得法〔812条以下〕に対して排斥的規律であると理解するため，これに依拠することもできない。ヤコブスの理解によれば，結局，賃借人は何ら保護を受けないことになるため，BGH判決は費用概念を制限することにより，保護への道を開いたことになる(89)。

　BGHZ 41, 157（第1節の〔2〕判決）については，法律規定に従えば認められるはずの償還(90)を制限又は否定するために費用概念が用いられたとする。ヤコブスはその制限を正当としながらその法律構成として，994条以下が完結的規

---

(89)　Jakobs, AcP 167, 352, 371 und Anm. 69.
　　ヤコブスの〔1〕判決を理解する論理は下図のように示しうる。しかし，BGH判決において費用概念を用いて547条の適用を排除する必然性があったかという点がかなり疑問であることは〔〔1〕判決に関するコメント〕（第1節Ⅰ参照）で述べたとおりである。ヤコブスが本判決につじつまを合わせるための論理である，547条の一般不当利得法に対する排斥性を支配説とすること（AcP 167, 352），684条にも事務管理意思を要求すること，いずれの点も説得的ではない。利得返還を認める点でいずれも異ならないからである。

　　547条2項→812条以下（一般不当利得法）（×）〔547条の排斥性〕
　　　　　　→事務管理法→683条（×）〔事務管理意思の不存在〕
　　　　　　　　　　　　→684条（×）〔上に同じ〕
　　　　　　→BGHの費用概念による547条の適用排除
　　　　　　　　　└→951条→812条以下（○）

(90)　すなわち，ヤコブスは本判決における占有者（被告である越境建築者）が善意占有者であると考えている（AcP 167, 353 und Anm. 10.）。彼はその論拠として，まず，同一当事者の事件であるBGHZ 27, 204（但し，ここでは収益返還請求の訴〔第987条以下〕）において，収益返還請求権が990条〔悪意占有者の収益返還義務〕ではなく，一部は987条〔訴訟係属後の収益返還義務〕，一部は988条〔無償取得占有者の収益返還義務〕の準用に基づき認められている点（BGHZ 27, 209）を挙げる。さらに，本判決においても善意として扱っていることは，もしそうでないとすれば償還の否定は996条から自明であることを挙げる。
　　しかし，ヤコブス自身，BGHZ 27, 206において被告＝占有者による建物建築が宥恕されざる越境建築（unentschuldigter Überbau）〔912条1項における故意又は重過失の存在を要件とする〕と認定されている点を理解しがたいとしている。たとえ，所有者占有者関係の場合と越境建築の場合とでは善意・悪意の判断は必ずしも一致しない（NJW 1954, 1126における本判決の判決理由）としても，この場合後者から前者の悪意は推測しうるように思われる。前述したように（第1節Ⅱ参照），本判決が費用概念を制限したことは，むしろそうすることによって996条の適用すなわち償還ゼロという結果を避けるための法律構成といえる。

定であるとするドグマにより951条の適用を排除した点を批判する。すなわち，994条以下は951条に対して特別法であり，費用概念の制限により951条の適用範囲がそれだけ広がるはずであるとする。又，997条の収去権を認めることは「費用」の存在を前提とする故に論理上一貫しない[91]，とする。

このように不明瞭な理由づけの原因は，BGHが本質的問題を回避し，費用概念の制限によって判決を導出したことにある。従って，〔1〕判決において従来の費用概念に従い率直な判断を示していたならば，すなわち547条の構成要件に従い償還を否定することはこの事案に限っては正当でなく951条を適用するという判断をしていたら，〔2〕判決では996条によって判断することになったであろう。そうすれば，善意の場合に償還を肯定し（〔2〕判決），悪意の場合に全く否定する（〔1〕判決）という自主占有者における費用償還の真の問題性（二者択一的規律が紛争解決にふさわしくないこと）を究明せざるをえなくなったであろう，とする。彼はこのような問題提起の後に善意占有者，悪意（他主）占有者それぞれの償還についての問題性を検討する。

（i）善意占有者の場合[92]　996条は費用出捐による物の価値上昇を要件とするため，従来の学説は所有者の状況，所有者にとっての有益性を考慮せず，もっぱら客観的基準として一般的取引価値の上昇のみを重視してきた。このような状況から，以下のような問題が生じてくる。すなわち，〔2〕判決において支配説に従い，土地の客観的価値上昇を基準とするならば，原告（隣地所有者）は，被告（越境建築者・住宅組合）の主張する出費額が80万マルクであり価値上昇と等しいと考えると，ほぼ80万マルクを支払う義務が生じる[93]。そうだとすれば，原告はそのために他の投資を断念するか，新たな借金をなすか，又は越境部分を他人に売却することを強いられる。

このような物所有者の処分の自由への侵害は所有者の個人的財産状態を考慮しない点，すなわち物の客観的価値上昇のみを基準とするところから生じている。〔2〕判決において，狭い費用概念を用いた理由は，〔1〕判決以来の費用概念が，前述の問題性に偶然にも対処するために役立ったからである。

しかし，BGHの費用概念は本質的には出捐行為それ自体に関連する制限で

---

(91)　Baur, Sachenrecht, 11.Aufl.（1981）§11 C IV 1bは，BGHのように，狭い費用概念を採ったとしても，997条の収去権は行使できるとする。

(92)　AcP 167, 355-361.

(93)　これは，本判決の占有者（被告）を善意であると理解するヤコブスの立場に従うことを前提とするが，疑問であることについては注(90)参照。しかし，この点から，ヤコブスの以下の叙述が全く無意味となるわけではない。

はなく，所有者財産に生じた費用出捐の結果に関する制限である(94)。従って，この制限は出捐者の側で実現さるべき構成要件ではなく，利得者側の費用の結果についてである。従って，従来の費用概念を踏襲し，所有者の状況にてらし有益である費用のみを償還させればよいのであり，これが有益費償還請求権の正しい制限づけである，とする(95)。

(ⅱ) 悪意(他主)占有者の場合(96)　　所有者が償還義務によりあたかも所有物の没収ともいうべき状況に置かれる危険とそれに対処する必要性は悪意占有者の場合も原則として善意占有者の場合と同様といえる。しかし悪意占有者は善意占有者が偶然に引きおこす財産没収的効果を意図的に追求することができる。従って，悪意ゆえに利得返還はできないとする厳格な立場がまず第一に考えられる(97)。これに対して，所有者の利得に関し占有者の悪意を大目にみて，むしろ重要なことは占有者の償還請求権を正当に制限づけることにより所有者の危険を除去することであるとする立場が第二に考えられる。

ヤコブスは，BGH が〔1〕判決により導入された判例により，後者の立場に立っていると考える。彼はこの立場を正当と考え，法史の上でも BGB の起草

───

(94)　前述注(88)参照。
(95)　このような解釈論の論拠として，ディゲスタ法源，普通法の学説，BGB の起草者などが有益費償還の際，所有者の個人的財産状態の考慮を自明視していた点を挙げている。

　(ⅰ) ディゲスタでは，費用出捐による価値を実現するため，所有物を売却せねばならなくなるという状況が何度も扱われており，それはまさに所有者の状況の考慮の下で判断されている。D. 6, 1, 27, 5（所有者は占有者による奴隷の調教費用を償還する義務なし），D. 6, 1, 38（他人の土地への費用），D. 50, 16, 79（嫁資に対する費用），D. 13, 7, 25（質権者の質物への費用）「…別の債権者を求めたり，質物を売却，又は貧困ゆえに質権者のもとに質物を残さねばならなくさせるようなことは公平とはいえない。」

　(ⅱ) (ⅰ)の法源の状況を根拠に 19 世紀末に至るまで普通法学説は有益費償還の際，所有者の個人的財産状態を考慮することを自明のこととしてきた。

　(ⅲ) BGB の起草者もこの点については同様の立場であった。例えば物権法についての準備草案（Vorentwurf zum Sachenrecht S. 923）提案に際して，費用は「本人個人にとって有益な結果をもたらさねばならず」，「所有者の個人的状況から推定される利益と一致せねばならない」と説明され，同様に，第一草案理由書（Mugdan, Bd. Ⅲ S. 230）においては，「利得者の個人的状況にまったく一般的に影響力を認めることはできないが，利得の存否の判断において，利得者の財産全体へ考慮が払われるべきである。…このような考慮に従えば，売却することによるしか実現しえないような価値増加は，その改良された物の売却により，それが属している全体〔利得者の全財産のことか？〕の価値を引き下げることになる場合には利得と考えない」という説明がみられる。
(96)　AcP 167, 362-379. 彼は他主占有者を償還に関しては悪意占有者と同じ問題性を共有していると考える。

　　　　　　　　　　　　　　　◇第2節◇　学説の検討と償還を認めた判決例の類型化

過程でも両方の立場が主張されたこと(98)、さらに大陸法でも明らかに前者の厳格な立場は後退しているとして、以下の法史的(99)・比較法的考察をこの点の解明にあてる（注を参照）。
　現行ドイツ法についていえば、悪意占有者の場合の規律の厳格さについては、

───────────
(97)　これはBGB996条の立場であり、起草時の第二委員会における見解に由来する。「悪意占有者の償還請求権については、第一提案と同じく、必要費による償還請求権に限定して与えることがより正当であろう。〔第一〕草案や第二提案のように、不当利得の立場に立つならば、所有者は、さまざまな批判者によって正当に強調されたように、悪意占有者の恣意にさらされることになろう。それ〔このような考え〕を真に一貫させるとすれば、悪意占有者は〔無権限であることを〕知りながら他人の物に費用を出捐したことによって、すべての償還請求権を否定されることになろう」(Protokolle, Mugdan, Bd. Ⅲ S. 681、〔 〕の部分は筆者の補足)。
(98)　第一草案936条が善意、悪意の区別なく等しく利得返還の義務を負わせていること、さらに、理由書における以下の説明参照。「普通法は所有者の償還義務の規定を例外的な優遇と考えたので、この優遇を悪意占有者又は不法行為的占有者について否定又は制限することができる。しかし、〔第一〕草案の立場からは、そういう否定又は制限は、占有者に対する民事罰を含むものとなろう」(Motive, Mugdan, Bd. Ⅲ S. 230.)。
(99)　ユスチニアヌス法典においては、悪意占有者については償還を認めない立場 (D. 6, 1, 37; 41, 1, 7, 12 (I. 2, 1, 30); C. 3, 32, 5; 3, 32, 11; 8, 10, 5. とりわけ最初の法源が注目されてきた）と認める立場 (D. 5, 3, 38 (相続財産回復訴訟 (hereditatis petitio) に関しての悪意占有者の必要費、有益費))の法源が存在し、この間の矛盾を解決しようとする努力がそれ以後の法律学でなされてきた。この努力は前述の立法に際してとりうる2つの立場の論拠をほぼ網羅していることによって今日においても有益な示唆を与え、とりわけファベル (Faber) によるD. 5, 3, 38の説明は現行ドイツ法についても妥当な規律の手がかりを与えてくれる。
　まず、ドネルス (Donellus) は支配的見解の代表者として以下のような見解を述べる。彼は必要費、有益費を利得思想から説明する。「原告が占有者の損失により利得を得るべきでないことは衡平である」。これに対して、悪意占有者には有益費の償還を認めない。「知らなくとも、自己のクルパで損失を受けることは確かな法の規則であり、知りながら他人の土地に建築をなす者は本人の事務をなす (negotium domini gerens) とはみなされず、贈与するものとみなされる」。但し、例外として、「必要にせまられてなした者は贈与することを欲したとはみなすことはできない。何人も緊急時においては自由とみなされないから。」として必要費に関しては償還を悪意占有者にも認める（この例外は第二委員会の態度に対応する。「ただ衡平の理由から、必要費に関しては償還請求権を与える」(Protokolle, Mugdan, Bd. Ⅲ S. 681.))。
　これに対するのが、利得思想の貫徹者であるクヤツ (Cujaz) である。彼の見解は19世紀に至るまで何度も引用され、又、同程度に排斥されてきた。「占有する他人の物に知りながら費用出捐する者は贈与する者とはみなされない。なぜなら、彼はそのことを他人のためではなく自己のためにする (rem gerit sibi, non alii) のだから」。「悪意占有者においても、私〔クヤツ〕は原告が他人の損失により利益を得ないという衡平則を立てようと考える」。彼はこのようにして矛盾する法源を無視しても上記の主張を貫徹せようとした。

37

〔1〕判決以前にも、判例・学説においては意識されており、この現われとして、ライヒスゲリヒトが必要費を承認する点で寛大であったこと(100)、事務管理規定を用いて償還を認めようとした学説(101)を理解できる。BGH の費用概念もこれらと同一の発想と考えうる。

シンドラー、ヴォルフ(102)の見解（後掲2(3)(4)）にはこの点の理解が欠け、996条を押しつけられた利得の阻止という一般思想の表現とみることにより、悪意占有者が償還を全く否定されることを正当な判断と考えている（もっとも両者ともに例外を認めているが）。彼らは又、他主占有者の有益費についても同様に解決しうると考えた。他主占有者の有益費については、996条の場合とほぼ同様な厳格さをもつ547条が存在する。この場合、547条が事務管理規定を指示していることによって、両規定の間で償還についての保護に差が生じるわけではない。なぜならば、他主占有者は自己の利益で出捐する場合が最も多い

さらに、ファベル（Faber）はやや異なった見解をとり、D. 5, 3, 38 の解釈から確かに悪意占有者についても、必要費、有益費の償還義務が生ずるが、しかし、この利得返還が一様に同じ方法でなされるべしということにはならないとする。通常の悪意占有者の場合は必要費は価値償還、有益費は収去権のみを与えられるが、相続回復請求の場合は有益費の利得調整は、所有者が収去を欲しない、すなわち保持を欲する場合にのみ償還を与えるという形で認むべきと考えた（以上の議論は、中世ローマ法学において法源の拘束の枠の中で論理的に矛盾なくしかも実質的に妥当な解決を与えようとしたものである）。

しかし、現在では D. 5, 3, 38 と D. 6, 1, 37 の矛盾はインテルポラチオから説明することができる。古典期のローマ法は datio を要件とする condictio、現代の用法でいえば給付利得に限られていた。従って、他人の物に対する費用による利得は exceptio doli を根拠とする留置権又は収去権によるしかなく、この立場からすれば悪意占有者には、償還を求める者も悪意なのだから、exceptio doli による救済を否定することが首尾一貫する。ここから、D 6, 1, 37 の厳格な立場は元来のものであり、それに対し D. 5, 3, 38 はインテルポラチオであることが明らかとなる。しかし、ユスティニアヌス法における condictio の適用領域の拡大によって、exceptio doli による制限づけは説得力を失う。ましてや、附合・混和・加工の場合に利得請求権を認める今日のドイツ法からみれば悪意占有者に償還請求権を認めることが首尾一貫する。問題はその利得請求権をいかに妥当に限界づけるかという点にあり、それはすでにファベルが D. 5, 3, 38 の解釈で示したところであり、悪意占有者は有益費については収去権のみを有するが但し所有者が保持を欲する場合は償還義務が生ずるという規律である（同様な規律内容を有する法として、プロイセン一般ラント法第一編第9章327条以下、フランス民法555条、イタリア民法936条が挙げうる。なお、このような規律を現行ドイツ法の解釈論としてどう法的構成するかは後述）。

(100) RGZ 117, 112; RGZ 139, 357; RG HRR 1929, Nr 303.
(101) Heck, Grundriß des Sachenrechts (1930) S. 294.
(102) Manfred Wolf, JZ 1966, 467.

◇第2節◇　学説の検討と償還を認めた判決例の類型化

のであるから，通常は事務管理規定に償還の根拠を求めることはできない。683条・684条はともに事務管理意思を前提とするのであるから(103)，従って，賃借人が自己の利益においてなした有益費については，悪意占有者の場合と同様な問題が生ずることになる。

シンドラーはこの点につき，例外を認めるものの，任意かつ意思欠けつなくして，自己の利益において出捐された費用の償還を認めない。ヴォルフ(104)は，出捐が利用権の種類，範囲に従い，無権限（unbefugt）である場合は認めない。

これに対して，ヤコブスはヴォルフの見解に対して出捐の権限と償還請求権は直接には結びつかないこと，請求権は合意で排除しうることを挙げて反対する(105)。シンドラーの見解には賛成しうるとし，他主占有者についても不当利得請求権が与えられるのは賃借人が本人のために行動しようとしたにもかかわらず状況の誤認のために事務管理者として扱われない場合に限られるべきとする。

しかし，ヤコブスはシンドラーの見解を正当と認めながら，さらに利益状況をより正当かつ公平に扱いうる方法はないかと考える。それは彼によれば，ファベルの見解（前掲，注(99)参照）なのであるが，現行法の枠内では以下のように構成される。

BGBの起草過程における第二委員会の立場すなわち第一草案と異なり悪意占有者には償還を認めないという立場は，所有者に対して有償で自己の欲しない財貨を押しつけることを許さないということである。従って，費用出捐の結果が有形的なものではなく，価値による調整しか方法がない場合にはこの制限づけに従う必要がある。しかし，附合の場合のように，有形的結果の生ずる場合は事情が異なる。この場合の利得調整には立法者の本質的判断に従えば足りるとする。

951条1項（附合に基づく価値償還）は第一委員会に由来する。その際，主物の所有者による附合のみが問題とされ，主物の所有者以外の第三者（とりわけ主物の占有者）の場合は考慮されなかった(106)。従って，この規定を立法者の

---

(103)　この点については前述注(89)，さらには第1節の〔〔1〕判決に関するコメント〕参照。
(104)　Manfred Wolf, JZ 1966, 469.
(105)　しかし，償還の最終的判断基準は，明示・黙示を問わず，いかなる形での出捐が許されていたかという点に還元される以上（〔〔1〕判決に関するコメント〕参照），示唆的な見解といえるのではないか。なお，ヴォルフは実際に権限がなくとも過失なくあると信じた者にも償還を与え，その根拠として受任者の費用償還規定（670条）を引用する（Manfred Wolf, JZ 1966, 469-470）。

意図しなかった場合（すなわち，その利得が押しつけられたものである場合）に適用しようとする場合には，有形的利得調整に限定される。1項2文の原状回復禁止は主物の所有者が原状回復を欲しないことを前提とした上での損失者の分離要求の禁止と理解される。主物の所有者以外の第三者の附合行為が妨害排除請求権〔1004条〕の要件を満たせば，除去請求は原状回復禁止規定によって妨げられないと考えることができる。つまり，所有者の意思に反して原状回復ができないという点のみが制限として残され，価値（附着物）を保持するか否かは主物の所有者の自由である。

　ヤコブスはこのように利得が押しつけられたことを前提として出捐者に認められる収去請求権を取りもどし請求権（Anspruch auf Rücknahme）と呼び，547a条1項[107]・951条2項2文・997条の収去権と区別する。つまり，前者は価値的利得返還請求権の変形したものであり，保持を所有者が欲する場合には利得額が償還されねばならないが，後者は分離後の構成部分の価値[108]の償還で保持しうる，とする。このような解釈により，996条，547条を利得法に対して排斥的規律であるとする論拠（押しつけられた利得を防ぐ）は理由を失う。従って，BGHが951条を適用するために費用概念を制限する解釈は放棄することができるとする。

　もっとも，ヤコブスがこのようにして認める取りもどし請求権に関しては以下のような疑問が生ずる。

　(i) 占有者による附合を押しつけられた場合として，まず占有者には取りもどし請求権のみを与え，所有者が保持を欲する場合には利得の償還で阻止しうるとする発想は実定法上の制度である収去権が構成部分の価値償還で阻止される点と共通するものがあるが，両者の相異が必ずしも明確でなく，従って，取りもどし請求権を認める意味もしくは実益も不明確なものとなっている。すなわち，ヤコブスの理解するところによれば，後者の収去権はその成立要件として，価値償還義務を前提とするという叙述がある反面，前者の取りもどし請求

---

(106) Motive, Mugdan, Bd. Ⅲ S. 201 の説明（主物の占有者による附合には，費用償還に関する規定が適用される）を引用する（Jakobs, AcP 167, 375 Anm. 78）。この点の指摘を含めてヤコブスの951条の立法史の理解には疑問が残るが，本稿では立ち入らない。951条の立法史については，瀬川信久「不動産附合法の一考察（6・完）」法協95巻4号74-76頁（『不動産附合法の研究』(1981) 170-173頁）参照。

(107) 1964年の改正により，収去権を規定していた547条2項2文は547a条1項となった（「賃借人はその物に附属させた設備（Einrichtung）を収去する権利を有する。」）〔現在は539条2項〕。

(108) 997条2項参照。

権と並存する場合があることを認める(109)。この点を度外視するとすれば、ヤコブスは個々の状況により、占有者に、利得額もしくは構成部分の価値のどちらかを択一的に請求しうることを認めることにより、実定法の枠を越えて利益調整をなそうという考えと思われる(110)。

(ⅱ) BGBにおいて、収去権の制限、すなわち、収去される側が構成部分の価値の償還で収去を阻止しうるという点は、自主占有者に関する997条（従って951条2項も）のみに存し、他主占有者（賃借人に関する547a条1項など）にはこのような制限は元来は存しない（ここでは1964年改正の際、新設された547a条2項3項は一応度外視する）。この相違は立法過程においては、占有権限を有する場合とそうでない場合の扱いの差として説明された(111)。ヤコブスは収去権を自主占有者・他主占有者の区別なく一様に取りもどし請求権と対比させているが、実定法の枠を無視することになろう。この点は、彼が賃借人と悪意占有者の場合における費用償還の問題性を同質のものと考えていることからくるものかもしれないが。

以上のヤコブスの見解を要約すると以下のようになる。まず、善意占有者については、償還額（利得額）は具体的状況を客観的に判断した上での所有者にとっての有益性を基準とする。償還請求権が生じない場合は収去権のみが与えられる。悪意占有者、他主占有者は事務管理による償還は別として、とりもどし請求権が与えられる(112)。

2 制限原理その2
―― 償還請求権の判断基準としての費用出捐者の主観的態様

(1) クラウザー新説

1(3)で触れた見解の七年後に書かれたクラウザー論文(113)では、かなり立場が変化している。すなわち、利得請求権の適用は①附合法（951条）を介して、又は②当事者間に法律関係がある場合は684条を介して、最後に③直接適用という形で現われる。しかし、契約による義務としての費用出捐の場合は別として、費用出捐により生じた土地の価値増加がただちにその価値増加額の利得返還請求権を生じさせると考えるのは正しくない。むしろ、利得法は錯誤により

---

(109) Jakobs, AcP 167 (1967), 391.
(110) vgl. Jakobs, AcP 167 (1967) 391 Anm. 105.
(111) Protokolle, Mugdan, Bd. Ⅲ S. 684 f.
(112) vgl. Feiler, a. a. O., S. 27 Anm. 18 u. S. 63 Anm. 23.
(113) NJW 1965, 513-518.

影響された財産移転に限って請求権を与えることが看過されている。すなわち，給付利得に適用を限定されるとはいえ，814条（非債弁済）はそういう一般原理を示したものとして，996条（自主占有者の有益費償還請求について悪意の場合は排除される）と共通している。費用出捐者の事態の誤認（Fehlbeurteilung der Sachlage）の場合に利得請求権を限定したケメラーの示唆(114)は814条，996条における評価に対応するものとして支持したい。このような誤認は，契約関係にある場合は利用期間の点について，その他の場合は既存の所有権関係の点について生じる。しかし，これ以上厳格に費用償還を制限することは不当であり，BGHの費用概念も認めがたいと。

クラウザー新説は前述したように，押しつけられた利得という利益衝突を，主観的観点を判断基準として解決しようとする。償還義務は出費者がある錯誤にとらわれていることを要件とし，逆に錯誤なく費用を出捐する場合には償還は排除される。この根拠を814条（非債弁済），996条（悪意占有者の有益費）において表現された一般思想に求める。

(2) シャイヒング(115)

814条を放棄（Verzicht）の特別な事例と理解し，かつ，費用出捐を給付ではないが類似性を有するものとみた上で，費用出捐が出捐者自身の利益においてなされた場合，償還請求権の放棄が存するとみなすシャイヒング（Scheyhing）も若干異なるもののほぼ共通した発想の上にある。

このような考えに対しては，必ずしも出費者のすべての錯誤が保護に価いするものではないことが指摘しうる。しかし，クラウザーも例示するように，賃貸借契約が予定よりも早く終了した場合，賃借人が賃借物の所有権を取得できると誤信した場合，これら2つの場合には，その錯誤は利得請求権を与えるのに十分といえる。

逆に，錯誤なくして出捐されたことの故をもって，ただちに償還が否定されるわけではない。

(3) シンドラー(116)

シンドラーにも，クラウザーに対する批判がほぼ同様に妥当する。

彼の見解はほぼケメラーの2つの判断基準に依拠し，それを比較法的に敷衍したものといえる(117)。まず，以下のように問題提起をなす(118)。ケメラーが

---

(114) von Caemmerer, Bereicherung, S. 367.
(115) AcP 157（1958/59），371（389 Anm. 68）.
(116) Schindler, AcP 165 (1965), 499-519.
(117) 従って，改説後のクラウザーの立場（NJW 1965, 513）（注(113)参照）に近い。

示唆したように，一定の場合に利得法による調整が利益適合的でないとしてそのような調整を拒否することは可能かという問題が生じる。このような問題に対しては，ドイツ法においては684条により，他人の利益の配慮がない場合でも利得法の保護を受けるのであるから，ドイツ法は別の価値判断をとっているという異議が示されている[119]。しかし，この場合において問題であるのは，684条がRechtsfolgeverweisung[120]といえるか否か，すなわち，ただちに不当利得の構成要件が満たされたものとみなすことができるかという点である。

　この点は，給付利得の場合は債権的基礎が欠ける点，侵害利得の場合は権利の財貨割当機能（Güterzuweisungsfunktion）に反する点にそれぞれ利得の不当性を求めることができるが，費用出捐の場合は判断基準が必ずしも自明ではなく，以下ではその点が問われねばならない。この利得の不当性について，ドイツ法について考察する前に比較法により，示唆を得ようとする（注を参照）[121]。

---

(118)　Schindler, AcP 165, 507-508.
(119)　Klauser, NJW 1958, 48. すなわちクラウザーの旧説である。
(120)　「法律効果指示」と訳しておく。これに対する概念が「法律根拠指示」(Rechtsgrundverweisung) である。BGBに散在する指示規定（事務管理法，不当利得法への指示が主たる場合である）をこのように2つの場合に分ける意味，その可能性は必ずしも明確でない。詳しくは後述（第3節）するので，ここでは一応，前者は請求権の内容・範囲を定めるために他の法規範の法律効果の部分を参照する場合，後者はその請求権の成立要件（法律要件）をも参照する場合，と理解しておく。
(121)　Schindler, AcP 165, 509-512. もっとも，シンドラー自身の分析は概観であり，比較法としては不十分である。
　　まず，アメリカ法は回復法リステイトメント（Restatement of the Law of Restitution (1937)）第2条において，他人におせっかいにも利益を与える者に償還を認めない。これは費用出捐の場合でいえば所有者は利益を与えられることについて正当な理由がない限り償還義務は生じないことを意味する。善意占有者は所有者が土地についての収益返還を要求する限りで費用の償還を求めることができ，動産の善意占有者は所有者が横領訴訟による損害賠償を請求する場合にそこから控除しうるにすぎない（事実の錯誤の場合は42条，法律の錯誤の場合は53条が，土地・動産の改良についての償還につき定める。なお，詳しくは，谷口知平『不当利得の研究』(1949) 102-106, 302頁，松坂佐一『英米法における不当利得』(1976) 157頁以下）。イギリス法においては，農地又は営業用の土地の賃貸借について，改良はその実行に際して地主の同意又は裁判所の許可があった場合に限り償還が認められる（なお，イギリスの借地に関する費用償還については，来栖三郎『契約法』(1974) 322-327頁，日本土地法学会『土地所有権の比較法的研究』（土地問題双書9）(1978) 36-37頁，フレデリック・ポロック著，平松紘監訳『イギリス土地法』(1980) 152-164頁，鈴木禄弥『借地法（改訂版）』上巻(1980)，69-72頁，有泉亨編『借地借家法の研究』(1958) 215頁注(10)，椎名重明「イギリスの地主・借地農関係法」法律時報52巻5号61-68頁，水本浩『借地借家法の基礎理論』(1966) 111-114, 143, 171頁，渡辺洋三『土地・建物の法律制度』（上）(1960) 20頁以

下）。このように，英米法では例外的事例の場合にのみ償還が認められ，一般的には押しつけられた利得に対する敵対的態度が認められる。これは英米法において事務管理に対応する法形態を有さないことに関連する。ここでは両法の間には何が公平かということについて異なった態度が存在することにより異なった結論を導き出している（しかし，このようなシンドラーの理解に対しては，具体的な場合を検討するならば，事務管理制度の存否にかかわらず，等しく例外的場合にのみ認められるにすぎないとする指摘がある（Möhrenschlager, a. a. O., S. 69 Anm. 299. そこでは Wellmann, Der Aufwendungsersatz des Geschäftsführers ohne Auftrag im anglo-amerikanischen Recht (1958) を引用する）。なお，英米法の費用償還制度をドイツ法と詳しく比較したものとして，Möhrenschlager, a. a. O. そこでは，他主占有者（賃借人），自主占有者，不適法他主占有者の分類をさらにアメリカ法・イギリス法それぞれにおけるコモンロー，エクイティ，成文法の項目に分け分析している）。

次にオーストリア法に目を向けると，ここではドイツ法と英米法の中間的立場をとっている。ABGB の 1097 条は賃借人の有益費用出捐を事務管理として扱うが，それは同 1037 条で本人が明白かつ重大な利益（klare, überwiegende Vorteile）を得ることを条件としている（オーストリア民法における事務管理法の特殊性については後述第3節参照）。

スイス法では，使用賃借人は有益費については償還されない。又，用益賃借人は属具（Inventar）の一覧表を作成し共同で評価（gemeinsame Schätzung）をした場合，賃貸借終了時に増加価値を償還請求しうる（ス債 276 条，299 条 3 項）。用益権者は費用出捐に関しては事務管理者として扱われ（ス民 753 条），本人の利益に合致する場合は償還が認められるがそれ以外の場合は収去権のみが認められる（ス債 422 条）。

フランス法については，民法典に非債弁済の規定と散在する個別規定以外に統一的な不当利得法の規定が存在していないことによる判例，学説の一般不当利得法形成の努力がある一方，その原理の制限の必要性も当初から意識されてきた（この点については，『注釈民法（18）』(1976)（稲本洋之助執筆部分）79-81 頁，稲本洋之助「フランス法における不当利得制度」（谷口知平教授還暦記念『不当利得・事務管理の研究』(1) (1970) 所収），磯村哲「仏法理論における不当利得法の形成」(1)(2) 法学論叢 52 巻 3・4 号，関口晃「不当利得における因果関係」（前掲谷口還暦記念・研究(3) (1972) 所収）60 頁以下）。このような事情から，判例は賃借人が自己の占有の一時的性格を知りながら自己の危険で自己の利益のために改良をなし利用期間中にそこから利益をひき出したことを理由に利得請求権を原則として否定してきた（この点について，『注釈民法（18）』(稲本洋之助執筆部分) 89 頁(3)(ア)(e)④参照。フランス法における賃借人の費用償還については，瀬川信久「不動産附合法の一考察」(4) 法協 94 巻 12 号 78-88 頁（『不動産附合法の研究』(1981) 64 頁以下），原田純孝「フランスにおける農地賃貸借制度改革」(『戦後改革6』(1975) 所収），同『近代土地賃貸借法の研究』(1980)）（もっとも，第二次大戦後，賃貸人に強行法的に償還義務を課する立法が制定され，とりわけ農地についての 1945 年 10 月 17 日のオルドナンスが注目される）。従って，賃貸人は除去を請求するか，保持を欲する場合の償還義務かのいずれかを選択することができた（元来は自主占有者に適用を想定していた民法 555 条を，賃借人を悪意占有者とみなすことにより，適用した結果である）。

イタリア法では，賃貸借一般については，法律，慣習において異なる規律がなされている場合又は賃貸人の同意ある場合を除き，改良について償還を認めない（イ民 1592

◇第2節◇　学説の検討と償還を認めた判決例の類型化

　比較法的概観から，法的形成の相違は存しても，あらゆる法は利得請求権を制限又は排除することによって押しつけられた利得に対処しようとしていることが示されたとする(122)。このような思想はドイツ法においても無縁ではなく，給付利得については，自己に給付義務がないことを知っている場合（814条），給付によって目的とされた結果の発生がはじめから不可能であることを知っている場合（815条）にそれぞれ給付利得返還請求権を排除している点に表現されている。費用償還についてもBGBは996条において，悪意占有者又は訴訟係属後の善意占有者について同様な立場がとられているとする。すなわち，物が自己に属していないことを知る者，あるいは訴訟係属後の善意占有者のように物を返還すべきことを予期せねばならないにもかかわらず有益費を出捐する者は，ともに自己の危険において費用を出捐しているのである。使用又は収益権を有している点を除けば，賃借人も同じような地位にあるといえる(123)。

　　条1項）（付加物については，フランス民法555条と同様に，所有者による保持又は除去の請求の間で選択を認める（1593条））。農地賃貸借については，改良の実行につき裁判所の事前の許可を要し，かつ償還額は賃貸借の全期間を通ずる対価の総額の4分の1を越ええない（同1632条，1633条2項）（但し，1632条，1633条は1972年に削除された（風間鶴寿訳『全訳イタリア民法典〔追補版〕』(1977) による））。但し，例外として，もっぱら賃借人自身又はその家族の労働をもって耕作する場合には，事前の許可は必要でないが，四分の一の制限は残る（同1651条）（本条も1972年に削除された）。
　　なお，Schlechtriem, Restitution und Bereicherungsausgleich in Europa, Bd.II (2001) S. 1-79 も，他人の物への費用出捐の比較法的叙述である（但し，ヨーロッパに限定されている）。
(122)　Schindler, a. a. O. S. 513. 彼はこのような状況を，任意でかつ意思の瑕疵なくして自己の利益で，ある法益を放棄する者は保護に値しない，という命題としてまとめている。
(123)　このような地位を彼は管理占有者（Verwaltungsbesitzer）と呼んでいる。BGB第一草案のInhaber（936条1項）に対応するものと理解しているようであり（Schindler, AcP 165, 514），ローマ法の容仮占有者のごときものを念頭に置いているのであろうか。賃借人と悪意占有者を償還に関する法的地位について同視することが正しいことの傍証として，オーストリア法が賃借人（Bestandnehmer）と悪意占有者の費用償還に関してそれぞれ1097条，336条で事務管理規定へ指示していること，フランス法では判例・学説により賃借人の利得請求権の排除を賃借人は費用償還については悪意占有者と同視されねばならないとして，後者に関する555条を前者に適用して根拠づけたことを掲げる（Schindler, AcP 165, 514 Anm. 62, 63 u. 64.）。
　　但し，フランス法に関しては以下のような留保が必要となろう。すなわち，悪意占有者と賃借人の同視について引用する場合，フランス法では民法典の賃貸借の規定において費用償還に関する規定が存しないため，判例は本来は契約関係にない所有者と占有者に適用されることを予定していた555条をやむなく賃貸借に適用してきた背景があり，さらには，この規定は規律の内容として除去請求を含むため，当初より除去不可能な改

45

第 1 章　◆1◆　ドイツ法における賃借人の費用償還請求権

従って，彼はのちに述べる 2 つの例外の場合を除き，賃借人にも原則として利得請求権が拒否さるべきことを主張する(124)(125)。

　　良（amélioration）には適用できないものとされている点を同時に念頭におく必要がある。
　　小作人の改良費償還を否定したものとして，破毀院民事部 1939 年 3 月 28 日判決（D. H. 1939, 289; S. 1939 I 265）がある。
　　小作人は 40 ヘクタールにわたって通常の耕作地を牧草地，うまごやし畑に改良し，その費用償還を賃貸借終了後に所有者に請求（この改良は市場価値を高め有用であった）。第 1 審は請求を認めなかったのに対し，第 2 審は 555 条と l'action de in rem verso（以下では adirv と略する）の原則に基づいて償還認容。これに対して，破毀院は 555 条は附合により新たな物（chose nouvelle）を生じる場合に適用されるのであり本件のような改良には拡張適用しえないこと，さらには adirv は損失者が自己の利益においてかつ自己の危険において行為した場合には適用しえないことを理由に償還を否定した。「賃借人は自己の占有の一時的性質を知りながら，自己の利益とリスクにおいて改良作業をなすにすぎず，又，賃貸借期間中に改良から利益を回収している。」（なお，本判決評釈者は自己の利益かつ危険において改良をした点が賃貸人が利得を保持する正当な理由となるとして，賃借人はその結果として賃貸人の利得を援用しえないと理解する（S. 1939, I, 266 Note Audiat））。
　　借地上に借地人が建てた建物の補償を否定したものとして，破毀院民事第 1 部 1955 年 3 月 7 日判決（D. 1955, 590）がある。
　　第 1 審の判決内容は不明である。第 2 審は，555 条は所有者の不知において（à l'insu du propriétaire）工作物が建てられた場合にのみ適用しうるのであり，本件のように少なくとも暗黙の同意の存する場合には不当利得（enrichissement sans cause）に基づき土地の増加価値を償還させうるとした。破毀院はこれに対して以下の理由づけにおいて破毀・移送を命じた。
　　まず，借地上に賃借人の建てた建物の運命について合意が存しない場合は 555 条の悪意占有者の規律に従い賃貸人は建物を償還を条件としての保持又は除去請求を選択しうる。これに対して合意が存する場合には前述の法的地位は修正され，善意占有者として償還請求が許される場合がありうる。第 2 審は相互の連絡の存在をもってただちに暗黙の合意を認めているが，これは合意の点につき明確な説明を与えず，恣意的に不当利得を認めるものである。（本判決評釈者は，以下のように述べる。本件の場合のように所有者の同意が黙示の場合にはそこから 555 条を排除しうるとする結論を導くことはできず，さらに別の状況（例えば所有者と建築者の間に血族関係が存在する場合）が加わる必要がある。そうでなければ賃貸人が賃借人による工作物の建築に対して明確な反対の警告をしなかったという不作為により，多額の補償義務が生じることになろう。補償の原理が，他人がその建物を利用し利益をひき出す点に求められる以上，その有用性のコントロールは，賃貸人の明示の同意に由来することが望ましい（D. 1955, 591-593 Note Saint-Alary））。
(124)　そこから，利得調整は事務管理意思の存在にもかかわらず，状況の誤認により事務管理は成立しない場合にのみ認められるべきとするが（Schindler, AcP 165, 514），後述の例外と，この叙述は調和しないように思われる。例外の 3 つの場合ともに，事務管理意思の存在の有無に左右されないのであるから。

しかし，この原則に２つの例外を認める。第一に出費の節約の場合で，通常は必要費として償還されうるが，例えば家屋賃借人が上水道・下水道の設備を設置し，その後に地方自治体により強制設置が導入された場合は必要費とはいえないがこの例外に含まれる。第二に，長期的出費をなしたにもかかわらず，契約関係が予期せず賃貸人により解約告知された場合[126]，但し，この場合には契約解消の点につき賃借人に何ら責のない場合であることが必要であるが，このような要件の下でも所有者は不利益をこうむる場合もあるので，所有者の責に帰すべき事由による解消に限定すべきである[127][128][129]と。

　かくして，シンドラーの見解は，ケメラー，クラウザーと大筋において変わらないが，比較法的概観においてより掘り下げた考察をしたものとして評価できる。

(4) **マンフレート・ヴォルフ**[130]

　マンフレート・ヴォルフは出費者が利得者の権利領域に介入する権限を有するか否かという判断基準を示し，但し，そのような権限がなくとも，自己の無

---

(125) このような問題性が立法者に看過された原因をシンドラーは以下の点に求める（Schindler, AcP 165, 514-515）。
　　第一草案では自主占有者は善意・悪意の区別なく，又管理占有者も含めて，有益費は，不当利得の原則により償還をえた（§936 EI）。このような前提の下では，管理占有者といえる賃借人も（事務管理によりえない場合には）利得原則で同様に償還されることが論理的に一貫する。しかし，第二草案において上述の規律は，所有者を悪意占有者の恣意にさらすことになるという理由で（Mugdan, Bd. III, S. 681）放棄された。なぜ立法者はこの立場を他の管理占有者に（すなわち賃借人に）適用しなかったかと考える場合，その原因は賃借人の有益費の規律を事務管理規定に指示することによって，後者がさらに不当利得規定を再指示していることにより生ずる問題性が隠されてしまった点に求めうる。
(126) フランスの判例がこのような場合（résiliation imprévue）に例外的に償還を土地改良につき認めている（Douai 11. 8. 1877, S. 78. 2. 150; 10. 12. 1902 u. 2. 5. 1903, S. 1904. 2. 69; 13. 3. 1928 Semaine juridique 1929, 524）（Schindler, AcP 165, 516 Anm. 68）。
(127) プロイセン一般ラント法における類似の規律を引用している。第１部第21章283条は（書面による許可が償還の要件であることが原則であるが）例外として用益賃借人の過失なくして約定期間前に明渡す場合には，上述の許可なくしてなされた改良についても償還をえることができることを規定する。
(128) 日本民法において，借借13条の建物買取請求権について，賃借人の債務不履行の場合に請求権を認めない判例の傾向と一致するが，この場合は債務不履行による解除を厳格に制限していることとの関連で理解する必要があり，同列にはただちに扱えない。
(129) シンドラーはさらに第三の例外を認めるがそれは，第一の例外，第二の例外の中間的なものということができ，ことさらに例示するまでもないと考えるので示さない。
(130) 前出注(102)(104)(105)参照。

権限を知るか，過失により知らなかった場合にのみ償還を排除する。

この見解に対しては，具体的な利用権が特定の出捐につき権限を有するか否かの判断は困難であり，又，権限を有することと償還請求権は必ずしも対応しない点を指摘しうる。

3 逆の制限原理 ―― 出費の節約あるいは主観的利得の存在

この見解はケメラーによって示唆の形で提起されたことは前述した（はじめにⅠ参照）。

この判断基準が一般原理たりえず個別化が必要なことはケメラー自身の認めるところである[131]。

Ⅱ 判決例の類型化

次に，判決例の分析を通じて賃貸人・賃借人間の利得調整に関してBGBの賃貸借，所有者占有者関係，不当利得，事務管理，附合，物などの法律規定による判決の法的構成がその背後にいかなる価値判断を有しているか，それはいかなる事実的要素の考慮によるものかを明らかにする[132]。

通常の事件においては，所有者（賃貸人）の所有物（賃貸物）返還・明渡請求に対して賃借人が建物附合による費用償還請求を主張することにおいて紛争が生じる。ここではその前提として賃借人が収去権（547a条〔現在は539条2項〕）を行使する意思のないことが必要であり（通常は収去にあたり原状回復義務（258条）がありそのコスト負担を負う以上，償還請求する方が有利であるため収去の主張はまれであろう），逆に賃貸人側からの除去請求の主張[133]が認容されない[134]ことが必要である。従って，まず除去請求の認められる類型(1)について検討し，その後に償還を前提とするその他の類型(2～4)の分析を行なう。

1 賃貸人が(広義で)除去を請求しうることにより償還が否定される場合（賃借人に除去義務が成立する場合）[135]

〔3〕BGH（5民）1956年12月21日判決（BGHZ 23, 61[136]）（以下，「〔3〕判決」

---

(131) v. Caemmerer, Bereicherung, S. 381. なお，四宮和夫『事務管理・不当利得・不法行為』上巻（1981）52，202-208頁参照。

(132) この作業においてはファイラーの類型化に多くを依拠しており，さらにメーレンシュラーガーも参照した。Feiler, a. a. O., SS. 72-97; Möhrenschlager, a. a. O., SS. 64-66, 162-165.

◇第2節◇　学説の検討と償還を認めた判決例の類型化

として引用）

　堅固な建物（massive Bauten）については建築に際して賃貸人の承認が必要であったにもかかわらずそれに違反した事案である。原告Xは1947年に被告Yの土地を九年の期間を定めて農産物栽培，小動物飼育の目的で用益賃借した。契約によれば，Xは小動物飼育の目的のための建造物を建築することが許され，契約終了後は存置し，不動産の価値増加に応じて補償が与えられることになっていた。しかし，鳥小屋を例外として，堅固な建物については賃貸人の文書による承認が必要であった。Xは契約締結後ただちに堅固な建造物を作った。この点につきX・Y間で争いが生じ解約告知に至った。土地がYに返還された後にXは建造物建築により生じた土地の価値増加につき補償を請求。Xの訴えは三審とも棄却された。控訴審はXの附合（951条）による利得請求を1004条（妨害排除請求権）にもとづき否定した。控訴審（OLG Celle）はこのような立場をとるに際し，マルチン・ヴォルフの学説（第2節Ⅰ1(1)参照）とOLG Celle1954年2月2日判決(137)を引用する(138)。前者は所有者不在の間の第三者による建築について抗弁として（einredeweise）1004条の妨害排除請求権を利得請求権に対抗させるが但しその制限として242条を用いる。すなわち所有者が建物を利用するなどの行為によって土地の価値増加をみずから承認したよう

---

(133)　その法的構成は問わない。例えば，除去請求の根拠として，556条1項〔現在は546条〕（契約終了時の賃借物返還義務）を問題としたものとして以下の判決がある。
　　KG 1905年1月23日判決（OLG Rspr. 10, 251）（採石のために賃借土地上に運搬のための鉄道築堤を建造したことは548条〔契約にかなった利用による物の損耗は賃借人に許される〕に含まれないとして556条により収去義務が根拠づけられる）
　　RG（8民）1930年6月23日判決（DMR 1930, 1066）〔Feiler, a. a. O., S. 61 Anm. 11.〕（まず契約上の合意を，補充的に556条を除去義務の根拠とする）
　　LG Bochum 1967年2月10日判決（NJW 1967, 2015）（556条にもとづく除去義務は造作が通常の契約にかなった利用の程度を越えない限りで生じないとして否定した事案）

(134)　除去請求を排除する法的根拠としては信義則（242条），公法上の取りこわし禁止（例えば住居管理法22条〔第1節注(62)参照〕）などが考えられる。前者に属する判決として，OLG Stuttgart 1947年10月22日判決（SJZ 1947, 615）（事案としては242条の適用を否定した），LG Wiesbaden 1952年1月18日判決（ZMR 1952, 130）〔Feiler, a. a. O., S. 62 Anm. 16〕，BGH（5民）1956年5月16日判決（LM, Preisstop VO Nr. 7. Bl. 3）がある。

(135)　Feiler, a. a. O., S. 72 ff., 88.

(136)　ドイツ判例百選（1969）三六事件（大木雅夫）。Schack/Ackmann, Höchstrichterliche Rechtsprechung zum Bürgerlichen Recht, 3.Aufl.（1993）, Nr. 76 (S. 304).

(137)　MDR 1954, 294.

(138)　Feiler, S. 73 Anm. 4.

49

な場合には1004条1項の「侵害」(Beeinträchtigung) があることを援用しえないという見解である。後者は土地賃貸借において賃借人の附加した物が土地の本質的構成部分となり賃貸人の所有に移行したとしても1004条にもとづく除去請求権を行使しうるとした判決である（賃借人が土地をのちに買いうけるはずが結局売買契約にまでは至らなかったという事案であり、後述の3類型に近い）。

BGHは控訴審のように1004条を援用することはせず、以下のような理由づけを試みた(139)。すなわち、951条1項2文〔原状回復請求の禁止〕は利得者の利益においてなされた規律である。それは損失者が原状回復を請求することから利得者を保護する。従って、利得者は原状回復の可能性を指示することにより補償請求権に対抗しうる、少なくとも、かなりな出費を投じることによらなければ収益価値(Ertragswert) に変ずることができないような建造物が押しつけられる場合にはそうなしうると解すべきことが利益状況を考慮すると明らかとなってくる。このような場合には利得者が補償を支払う代りに原状回復をみずからなすか、又は利得者に原状回復の出費を負担させることが酷な場合には建築者に原状回復させることは信義誠実に反することにはならない。1001条2文(140)でなされている規律の準用として、価値増加を補償すべき債務者は前述の要件の下に収去を承認することにより支払に代え、かつこのことを抗弁的に補償請求に対して行使することが許されるべきである(141)。被告はくりかえし原告に建造物の除去を要求したことによって、利得の収去を指示し自己の代替権限(Ersetzungsbefugnis) を行使したことになる。……代替権限の行使により被告に除去義務が生ずると。

BGHがこの判決においてそもそも賃貸借の規定ではない(142)1001条2文の規律の準用というまわりくどい法的構成(143)を採用し、なぜ端的により説得的

---

(139) BGHZ 23, 64-5.
(140) 費用出捐を承認するまでは、所有者は回復した物を返還して請求権の実行を免れることができる（1001条2文）。
(141) この叙述はそこに引用されている通り（BGHZ 23, 65)、トビアス(Tobias AcP 94, 456) の見解に基づいている。彼は818条によると利得返還については価値返還は原物返還に対して補充的であり、この法思考を951条に準用すると所有者は附合者の金銭補償請求権に対して構成部分の返還という選択権を有するとする（第2第I 1(2)参照）。
(142) Feiler, S. 73.
(143) この点は学説の批判するところである。例えば、Manfred Wolf, JZ 1966, 472 (1001条2文は回復された物（土地）の占有者への返還であり、単なる費用（建物）自体の返還ではない）。

◇第2節◇　学説の検討と償還を認めた判決例の類型化

な説明をとらなかったのかは疑問として残るが(144)、いずれにせよ本判決は賃借人の951条による価値償還請求に対して収去指示という形で実質的には除去請求を認めた。この判決は若干異なる理由づけではあるが次の判決によって確認された。

〔4〕BGH（8民）1965年2月17日判決（WM 1965, 652(145)）

賃借人Yはキオスク建築の目的で賃借し、2階建てのキオスクと2棟のガレージを建築。原告は解約の後に除去明渡しを請求。被告は反訴として建物の価値償還請求。賃貸借契約の終了時に売店（Kiosk）を自己の費用で除去する義務ありとする契約条項があった。全三審とも訴えを認容。控訴審は95条1項（一時的目的による附合）によってYが建物の所有者とされるという理由でYの利得請求権を否定した(146)。

BGHは、被告がより長い継続を希望していたとしても、5年での終了のリスクを引き受けているから、除去請求は信義則に反しない。除去義務に反して取りこわしをなさずして、951条による補償を請求する債務者は、所有者に対する除去義務を侵害することによって自己の請求権の要件を保持しているにすぎない。このような事情の下で951条の価値請求権を行使することは、土地所有者が建物除去を要求する権限を有するのみならず実際に訴求している場合には、権利濫用となる、とする(147)。

BGHは、〔3〕判決においては不明確であった点、すなわち費用出捐者に価値増加の除去義務が成立する場合には951条の償還請求権は排除されるかという問題に肯定的解答を与えた。

なお、95条1項1文の規定に関する判例は多いが、一時的目的による附着→附合せず→除去義務成立→償還否定という法的構成をとった二当事者間の紛争は見あたらず、第三者の関与する場合であることは既に言及した(148)。

例えば、以下の3件はそうである。

〔5〕RG（5民）1903年9月19日判決（RGZ 55, 281）では、れんが製造業を

---

(144) 合意違反の建築にせよ、除去義務を明示に定めておかなかった点（BGHZ 23, 62）や、建造物除去請求の申立が賃貸人によってはっきりとなされなかったことによる処分権主義による制約からか。最終的には、信義則にもとづく除去義務を認めたことになる。
(145) Feiler, a. a. O., S. 73 f. による。簡単には、NJW, BB, MDR などに紹介がある。
(146) なお、高津幸一「事実認識から解放された法律判断」(2) 法協85巻6号891頁、895頁注26参照（附合の成否が実質的紛争解決と必ずしも結びついていない点を指摘。この点に関して、「はじめに」注(24)参照）。
(147) WM 1965, 653 Ziffer 5 [Feiler, a. a. O., S. 74]．
(148) 第1節注(35)参照。

営んでいた所有者が強制競売によりある土地を失った際，その土地に隣接した土地に賃借した上で附着させた建物，機械をも競落人が占有していたのに対し自己の所有を主張。賃借人が一時的目的で附着させた物は本質的構成部分とならず従って動産として従物となり競落人の所有となるとされた。

〔6〕RG（5民）1915年6月2日判決（RGZ 87, 43）では，所有者の設定した抵当権の効力が賃借人の附着させた電線に及ぶかが争われ，本質的構成部分ではないが従物として効力は及ぶとされた。

〔7〕OLG Königsberg 1904年3月23日判決（Seufferts Archiv Bd. 60 Nr. 1）では，土地所有者が建物の仮差押に対し，用益賃借人＝建物建築者との売買契約により自己の所有権を主張し仮差押の解除を請求し容認される。95条1項1文の言及は傍論。

賃貸借契約が無効な場合に1004条にもとづき賃借人の費用償還請求を否定したものとして，以下の2件がある。

〔8〕OLG Celle 1954年2月2日判決（MDR 1954, 294）

〔9〕BGH（5民）1954年9月17日判決（LM, §1004 Nr. 14）[149]

判旨は951条による利得償還請求権は，所有者が1004条にもとづき妨害建物の除去を請求することができ，しかも請求していることと矛盾する，とする。

ファイラーは以上のような場合において生じうる問題について以下のような提案を述べる[150]。すなわち，賃貸人に除去請求権が与えられているが，費用結果を受領するつもりであることから，又は，この費用結果が賃貸人にとって好都合であることから，この請求権を行使しない場合が考えうる。このような事態の下で，もっぱら償還義務を免れる目的で，しかも経済的に割のあわない収去はしないであろうと打算して，除去を請求する場合には利得の押しつけは存しないのだから，賃貸人は保護に価いしない。このような弊害を避けるには，賃貸人の立場からみて原状回復を要求するための何らかの客観的理由すなわち除去を求めるについての正当な利益を要求すればよい，とする。

しかしこれでは，除去請求の要件が重くなりすぎであり，おそらく，償還請求の可否が，除去請求後の賃貸人の行動も含めて判断されることで十分だろう。

なお，償還が否定される根拠として，除去義務が成立する場合以外には，契約上での償還排除[151]，その他の事情[152]が判決例に現われている。

---

(149) 事実関係につき判決原本を参照している Feiler, a. a. O., S. 88f. による。
(150) Feiler, a. a. O., S. 74 f.

◇第2節◇　学説の検討と償還を認めた判決例の類型化

2　賃貸借に特有な原理（錯誤ケースその1）——契約関係の期間前の終了により償還（利得返還）が認められる場合(153)
ここではまず契約において償還が認められていた場合と排除されていた場合とを区別する必要がある。

(i) 償還が契約上認められていた場合
〔10〕BGH（8民）1967年5月10日判決（BB 1967, 733）
用益賃借人は20年の期間の定めで締結された賃貸借契約と関連して，建築

---

(151)　BGH（8民）1959年10月13日判決（WM 1959, 1369 [Feiler, a. a. O., S. 76 Anm. 17]）（賃貸人に無許可で建築。契約によると許される改良についても償還が認められていないのだから，本件のような場合はなおさら認められないとした）

　　LG Berlin 1940年4月5日判決（DRW 1940, 867 [Feiler, a. a. O., S. 76 Anm. 17]）（契約解釈により償還否定）

　　なお，現代的問題としてさらに「約款」による償還の排除の問題がある。この点についてはドイツ統一賃貸借契約（Deutscher Einheitsmietvertrag = DEMV）が賃貸人側での不当な契約ひな型の流布に対して対処するため，ライヒ司法省の指導の下に家屋所有者と賃借人のそれぞれの組織首脳部（ドイツ家屋・土地所有者団体中央連合会とドイツ賃借人団体連盟）によって作成され，ライヒ司法大臣によって公示された（1934年3月4日）。これは契約ひな型であり，規範的効力は有しないが連合会はそのメンバーに対してこのひな型を契約締結の際に用いることを勧めた（例えば，12条2項　賃借人は自己の作りつけた造作を収去することができる。但し，賃貸人は減価償却分を減じた上で，新たな造作作りつけに必要とされる価値を支払うことを条件に，残存させることができる。賃借人が収去につき正当な利益を有する場合はこの限りではない）。なお，このひな型は住居賃貸借，営業賃貸借の両者に用いられる。さらに，同時に賃貸借契約に採用さるべきでないいわゆる不当な条項（mißbilligte Klauseln）の一覧表が公表された。使用賃貸借法規定変更法（Gesetz zur Änderung mietrechtlicher Vorschriften : I/vom 29. 7. 1963; II/vom 14. 7. 1964）により，これらの条項の大部分はBGBに吸収され，このような内容を有する合意はnichtig, unwirksam又は一定の要件の下でのみ有効とされるに至っている（例えば，547a条3項［現在は552条］住居賃貸借人の収去権を排除する合意はふさわしい調整が規定されている場合に限り有効である）（Feiler, a. a. O., S. 51.; Palandt, Bürgerliches Gesetzbuch 35. Aufl. (1976) Einf. v. §535 8d）. Vgl. Emmerich-Sonnenschen, Mietrecht (1979) Vorbem. 145-148 zu §§535, 536）。

(152)　BGH（5民）1964年1月29日判決（WM 1964, 422 [Feiler, a. a. O., S. 76. Anm. 18]）（ドイツ帝国の戦争とその崩壊により生じた損害の一般的規律に関する法律により償還否定）。

(153)　第2節Iで言及したフランス判例の「予期せぬ解消」（résiliation imprévue）の場合に照応する（第2節注(126)）。なお，BGB557a条［現在は547条1項］における賃料前払で経過していない部分の返還を義務づける規定や存続期間満了前の終了の場合の権利金の返還請求（鈴木禄弥『借地法 下巻（改訂版）』(1980)〔3343〕-〔3356〕参照）の問題と同質のものを含む。

53

契約（Aufbauvertrag）において土地上に破壊されていた家屋を自己の費用で再築する義務を負っていた。この建築給付（Aufbauleistung）の補償は契約期間終了後における公的査定を元にして与えられることが合意されていた。ところが20年経過前に賃借人は賃料未払により契約関係を解消されるに至ったため，補償をただちに請求しうるのかそれとも契約で合意された終了時においてかが問題となった。BGHは目的消滅（812条1項2文）を適用して不当利得請求権を賃借人に認容した(154)。

(ii) 償還が認められていない場合(155)

〔11〕RG（8民）1933年2月13日判決(Seufferts Archiv Bd. 87, Nr. 88, S. 163)

原告は被告に舞踏会用の広間を九年の期限で賃貸し，映画館に改造する権利を与えた。ただし契約終了時には補償なしで残しておく義務が課せられていた。契約期間開始(156)（＝映画館開業）後2年半経過した時点で原告は契約違反の利用にもとづき解約をなし（553条），被告は反訴として費用償還を求めた。

控訴審は被告の請求権を不当利得に求め，被告の出費額から九年の契約継続による減価償却額を控除して利得額を算出した。RGは控訴審の算定法に反対し，不当利得は「合意された期間より早く（所有者＝賃貸人が）利用しうる可能性と占有」にあるとして，「契約の残存期間に関する原告にとっての法律上の原因なき利用の価値」を算定すべきだとして破棄差戻。

(i)の場合のように契約上で償還が合意されていた場合で予定の契約期間経過前に終了したという場合には，通常，賃貸人側としては契約期間経過後に償還するつもりでいたものが思いがけずより早期に償還することを迫られる。この点につき(i)の判決〔10〕は当事者が予定前の終了の場合につき規定をしていない以上，契約の欠缺補充が問題となるとして，それは当事者の主観的意図のみならず客観的状況をも考慮すべきであるとした。従って，この場合には「賃貸借

---

(154) この類型は契約が不成立又は無効の場合で賃借人が費用出捐義務を負い，契約上費用償還請求権が与えられていた場合に類似する。例えば，BGH（8民）1964年5月20日判決（BGHZ 41, 341）（女郎屋営業の目的での土地賃貸借契約が20年の期間の定めのところ，11年経過した時点で善良の風俗に反する法律行為として無効（138条）として明渡請求した事案）。予定された期間が経過する前に解消した点では事態は共通する。
(155) この他にRG（4民）1938年12月1日判決（RGZ 158, 394）（但し，所有者と転借人の間での争い），BGH（6民）1955年12月10日判決（MDR 1956, 598）（転借人と所有者間での争い），BGH（8民）1957年2月26日判決（NJW 1957, 827）。
(156) 契約期間は映画館の開業とともに始まるものと合意されていた。

関係の予定前の終了の場合には建築給付は原則として利得法に従って返還さるべきである」とする確定判例（BGH（8民）1959年2月3日判決［NJW 1959, 872］；BGH（8民）1959年2月12判決〔BGHZ 29, 289］）を基礎とすべきものとして，本件の場合でも，賃貸人が契約解消により不当利得する限りで，予定前に建築給付の補償を請求しうるとした。さらに重要なこととして，以上の点は賃借人の賃料不払による解消という事実により，ただちに不利に扱われるわけではないとして，「予定前の終了による賃借人の建築給付の償還を求める，不当利得規定にもとづく請求権は，終了原因が賃借人の過失（Verschulden）によるものであっても消滅しない」という判決（BGH（8民）1965年7月5日判決〔WM 1965, 1082, 1084]）を引用している[157]。ここでは，投下資本回収に関する賃借人の利益と賃貸人の予期の保護，さらには解除事由の考慮などをいかに調整すべきかを迫られる。

(ii)においては，そもそも償還の合意がなかったわけであるから，(i)の場合と異なり，合意上の補償を予定前に請求しうるか，又その額の程度如何という問題は生じない。ここではもっぱら費用出捐の結果を賃借人が契約期間にわたって利用する機会を部分的に奪われること（賃貸人が予定前に利用しうること）からいかなる程度の不当利得が生ずるかの問題である。償還が認められていない点は対価（賃料）の算定に影響を与えているはずであり，対価性の回復が必要となってくる。その際，利得の算定は利得者を基準としてなされねばならない。

3　錯誤ケースその2
──賃借物の所有権（あるいは地上権）取得の期待がはずれた場合[158]

ここでは，以下のような事態が考えられている。すなわち賃借人が費用出捐の際に将来自分が賃借物の所有権を取得するであろう，あるいは賃貸人が賃借土地上に地上権を設定してくれるであろう，という，根拠のある（begründet）期待を有した場合である。ここでは費用出捐が対価的意味をもつであろうという出捐者の期待は保護に価いする（期待がはずれたことの原因の考慮も問題とな

---

[157]　日本法では借借13条の建物買取請求権に関して，借地人の債務不履行によって解除された場合は請求権の成立を認めないのが判例（最判昭35・2・9民集14・1・108），学説（但し，我妻栄『民法講義V2』（1957）490頁）であるが，背信行為理論によって解除権の成立が大幅に制限されていることと相関的に考える必要がある（『注釈民法（15）』322頁〔鈴木禄弥執筆部分］）。ドイツ法の有益費償還請求権について，Schindler, AcP 165 (1965), 516-7 は賃借人に解除の点につき責のないことを要求し，Feiler, a. a. O., S. 81 は解除事由の考慮に反対して常に認めようとする。なお，星野英一『民事判例研究』第2巻3（1973）698頁は中間の解決策として巧妙な算定方法を提案する。

りうるが，2類型と同様，判決ではこの点の考慮はほとんどなされていない）。

〔12〕BGH（8民）1961年4月12日判決（WM 1961, 700 [Feiler, a. a. O., S. 83]）

原告は被告に土地を賃貸し，被告はその土地上に60年の期間の地上権が設定されるであろうという期待の下に商店を建築。しかしその期待は実現せず，費用の償還を請求。BGHは目的不到達の構成により認容。

〔13〕BGH（7民）1961年9月18日判決（BGHZ 35, 356）

被告夫婦は1950年9月1日において，（被告である夫婦の）娘とその夫である原告を彼らの家にひきとった。のちに，原告とその妻は住居の背後にある建物を除去した上で新築して，さらにそで（Seitenflügel）を増築すること，その新築に必要となる土地の所有者となることが被告夫婦との間で合意された。原告とその妻は1952年5月1日にRückgebäudeを新築。しかし，家産（Heimstätte）の所有者かつ出資者である，町が土地の一部譲渡に同意しなかったため(159)，原告の期待は実現しなかった。原告は不当利得にもとづき出費償還を請求。三審とも認容額は異なるが訴えを認容。BGHは目的不到達（812条1項2文）による不当利得として認容した（この場合は，むしろ合意の効力を根拠に認容すべき場合か）。

〔14〕BGH（7民）1965年11月29日判決（BGHZ 44, 321）

土地の用益賃借人が，賃貸人（賃借人の伯母）が自己を相続人として指定し，貸借している土地を遺贈してくれるであろうという根拠のある期待をもって，建物を建築。この期待は実現せず，相続人に対して，目的不到達による不当利得として建物の価値の償還を請求。LG認容。OLG棄却。BGHは目的不到達の構成の可能性を認め，二審判決を破棄し，一審へ差戻（目的不到達の要件として事実上の意思の合致で十分とし，さらにそれは黙示にも成立しうるとする）。

---

(158)　以下のBGHの3つの判決がいずれも目的不到達による不当利得を肯定したのに対し，BGBの規定する目的不到達が給付利得であることを理由に反対する学説がある（Söllner, AcP 163 (1963), 29）。なお，土田哲也「給付利得返還請求権」（『不当利得・事務管理の研究』(2) (1971) 所収，四宮和夫『事務管理・不当利得・不法行為』上巻113頁注(4)参照。ここでは一個の給付を誘導する背後の要素をどのように考慮するかが問題となる（加藤（雅）「再構成」（15・完）法協98巻4号38頁，広中俊雄『債権各論講義（第5版）』(1979) 30頁）。

(159)　家産地は連邦，州，市町村などが私人に有償で交付した土地であり，その一部譲渡，物権の設定，分割には交付者の同意を必要とする。

◇第2節◇　学説の検討と償還を認めた判決例の類型化

4　主観的利益の存在 —— 費用が償還請求権行使の時点において賃貸人の利益と一致している場合

　この類型は例えば，賃貸人が費用により，将来より高い賃料を得たり，賃貸物の売却により，より高い代金を得たり，賃貸物をみずから使用することにより費用出捐なくしては不可能であったような財産的価値を取得するような場合である。あるいは費用出捐がもしなされなければみずからなしたであろうような出費の節約もここに含まれる。これらの場合には賃貸人はそこから利益をひき出し又はひき出すことが期待しうるような価値増加を得たのであり，償還は肯定されねばならない。

　〔15〕RG（8民）1931年2月5日判決（JW 1932, 2977）
　倉庫つき工場とガレージの賃貸借。事案は複雑であるが，RG は出費について547条，684条，812条を根拠に不当利得を認めた。（賃料による利益）
　〔16〕BGH（2民）1952年2月27日判決（BGHZ 5, 197）
　住居賃借人が住居のうけた戦災除去のための建築費用を賃貸人の同意なくして出捐し償還を求めたのに対し，認容。（居住可能にするための出費の節約）。
　〔17〕BGH（5民）1953年7月10日判決（BGHZ 10, 171）〔第1節の〔1〕判決〕
　期間の定めのない契約が賃借人による建物建築後，解消される。BGH は償還の理由づけにおいて，賃貸人みずから賃借人の未完成建物を完成させ第三者に賃貸することにより利益を得ている事実を指摘する。（賃料による利益）
　〔18〕BGH（5民）1953年10月23日判決（NJW 1954, 265）
　用益賃借地上に賃借人がボートハウスを建築。附合にもとづき，三審とも認容。
　〔19〕BGH（5民）1962年9月19日判決（WM 1962, 1295 [Feiler, a. a. O., S. 86 f.]）
　1938年，営業所を賃貸借。戦災により営業所が破壊されてのち，賃借人は事務所とガレージを建築。賃貸人よりの明渡請求に対して賃借人（原告）は費用の償還を請求。被告所有者は第三者に賃貸することによって利益を得ているとして，BGH は償還を肯定（951条を根拠とする）。（賃料による利益）
　この観点から，逆に否定されたものとして，以下の判決がある。
　〔20〕BGH（6民）1955年1月12日判決（BB 1955, 241）（賃借人は兵舎跡を営業用に改造後，倒壊の危険による警察の明渡命令により移転せざるをえなくなり，後に兵舎は爆破された。従って818条3項にいう現存利得は消滅したとして償還否定）
　〔21〕OLG Celle 1912年2月28日判決（OLG Rspr. 27, 143）〔後掲第3節Ⅱの〔31〕判決〕（所有者は賃借人の作った豚小屋に関して，（みずから経営にあたる意図がないため）何らの利益も有せずかつ将来賃貸することにより，より高額の賃料をえる見込みもなかったため償還否定）

57

〔22〕OLG Braunschweig 1920 年 6 月 25 日判決（OLG Rspr. 41, 113）〔後掲第 3 節Ⅱの〔32〕判決〕（作業場の賃借人がその窓を大きくし，その他の改造をなしたのち償還請求したが否定される）〔改造について償還を排除する合意の存在を推測させる〕

5 償還請求権の範囲ないし額（効果論）
—— 収益価値あるいは主観的利得

以上の 1 から 4 の類型において賃借人の費用償還請求権の成否の点が主に扱われたが，以下では償還請求権の範囲ないし額（効果論）について検討する。ここでは償還に対する賃貸人の保護の必要性の面が考慮される。上述の類型の視点から費用償還請求権（＝不当利得返還請求権）が肯定されても，契約外的調整として，当事者の合意に還元しえない場合における利益調整という視点が請求権の額にも反映される（「押しつけられた利得」という用語の意味で）。まず，818 条 2 項によれば，利得者は取得したものの返還不可能な場合には価値賠償を支払う義務を負うが，判例・学説はこの点につき原則として取得されたものの客観的価値，つまり流通価値（Verkehrswert），一般価値，売却価値を基準とする。これは客観的観点の下に万人にとっての生じた利得の価値であり，具体的な製作費，あるいは具体的な売却代金と対比される概念である。次の判決はこの立場に立っている。

〔23〕BGH（2 民）1952 年 2 月 27 日判決（BGHZ 5, 197）〔4 の〔16〕判決〕

賃借人の費用償還請求事件において，「818 条 2 項の意味において修理作業とこれに用いられた材料の償還価値は客観的見地により定められる妥当な償金額を越ええない。給付が商品を利用した場合には価値算定に関しては一般流通価値が基準となる。一般価値とはその給付が客観的性質により何人にとっても有する価値である」と述べる（BGHZ 5, 201-202）。

しかし，費用償還における利益算定にはこの概念はふさわしくなく，収益価値（Ertragswert）が算定の基準として区別される。これは建築物のある土地の場合には，建物の残存利用期間（耐用年数）を考慮した上での金銭に換算された持続的純収益（nachhaltiger Reinertrag）である。

従って，BGH の費用償還に際しての利益算定については以下のような展開を示している。

〔24〕BGH（5 民）1953 年 7 月 10 日判決（BGHZ 10, 171）〔第 1 節Ⅰの〔1〕判決〕

期間の定めのない賃貸借契約解消後の，附合にもとづく補償請求権に関して，BGH は以下のように述べる（BGHZ 10, 180-181）。すなわち，控訴審は，原告

◇第2節◇　学説の検討と償還を認めた判決例の類型化

がみずから1949年9月30日(160)に工場を建築したと仮定するとしてかかるであろう出費額だけ、原告は利得しているとした。この点についての上告は正当である。原告は被告に対して818条2項にもとづき価値償還を負うので、一般価値（流通価値）が工場建築によりどれほど上昇したかが問題である。このためには本件土地が1949年9月30日において更地の状態で有したであろう一般価値と未完成の工場建物が存する場合の一般価値とが算定されねばならない。この2つの価値の差が原告の支払うべき額である。土地の一般価値が建築により、建築に要した建築費用の価値分だけ上昇するという経験則は存しない。このことから、建物のある土地の一般価値は通常主にその収益可能性により決定される（傍点筆者）。

〔25〕BGH（5民）1955年5月13日判決（BGHZ 17, 236）

用益賃貸借につき賃貸人が第三者に土地を売却したことにより、賃借人が第三者に対して費用償還請求した事案（土地売却代金のうちには賃借人の建築した建物の価格は算入されず、第三者がそれを支払うことになっていた）。土地鑑定の点につき、控訴審は4つの鑑定を利用したがこのうち1つのみが収益価値を基準としていたがそれもまず建物価値（Bauwert）を考慮していた。残りの3つの鑑定は建物価値のみを基準としていた。BGHは郊外にある工場については借主あるいは買主を見いだすことは困難なことがしばしばであるから、この点は価値を減少させるものとして考慮されねばならないとして破棄差戻。

〔26〕BGH（5民）1962年2月14日判決（MDR 1963, 120）

使用貸借の事案。所有者が自己の土地上に建てられた建物を建築者に使用貸与した場合、建築者の利得請求権は所有者が使用貸借関係により失う収益を控除した上での建築時の収益価値上昇により定まるとした。

〔27〕BGH（7民）1961年9月18日判決（BGHZ 35, 356）

この事案では収益価値は建築価値（価値算定基準時に建築に必要とされるような建築費用）より若干高かった。控訴審は償還額として収益価値と建築価値の中間額を採用し、BGHもこの算定法を支持した（WM 1961, 1190 [Feiler, a.a.O., S. 99 Anm. 4]）。

〔28〕BGH（5民）1963年7月10日判決（WM 1963, 1068 [Feiler, a.a.O., S. 99. Anm. 4]）

収益価値の他に建物価値とさまざまな個別的評価の観点を考慮した。事実審裁判官によってなされるべき収益価値の決定は算術的にはほとんどなしがたく、

---

(160)　被告すなわち賃借人が原告すなわち賃貸人に対して土地を明渡した日。

常に評価（Schätzung）のみが可能であると指摘した。

〔29〕OLG Köln 2006年2月7日判決（OLGR 2006, 478）

両親の家屋に息子が妻と居住。息子が再婚によって再婚相手の家に生活の場を移した後に，息子が親の家を利用することについて紛争が生じた。息子は継続利用の承認と，無償利用が継続し，将来に相続で所有権も取得できると期待して，同居していた20年ほどの間に継続的に出捐していた家屋改造費用の償還を親に請求。OLG は，償還額は，出捐額そのものではなく，債務者にとっての主観的利益が基準となるとし，それは価値増価が現実化されたり，出費を節約したり，あるいは現実化の期待可能性がある場合に限られるとし，結論として，どれにも該当せず，償還を認めなかった。近親者間ゆえ，利用や償還について合意がないことが紛争の元になっている。判決内容からは，押しつけられた利得についての学説の蓄積が反映されていることが読みとれる。

以上のように BGH が土地上に建物が建築された場合の価値算定につき収益価値を基準とすることは確定判例といえるが（〔24〕〔25〕〔26〕判決），契約外的調整としての，あらゆる事情を考慮した上での妥当性をはかるうえから，例外も柔軟に認めるようである（〔27〕〔28〕判決）。この問題は窮極的には不動産鑑定の方法に連なるものであり，とりわけ償還請求権の額算定に特有の問題とはいえないであろう[161]。しかし，取引価値と収益価値の区別の対比が，押しつけられた利得の問題において，客観的利得と主観的利得の区別に対応し，いずれも後者を基準とするという風に対応している。

◆第3節◆　有益費償還の判断基準としての事務管理法

第1節，第2節の叙述から明らかなように，ドイツ民法における賃借人の有益費償還の可否をめぐる議論は547条2項〔現在は539条1項〕の規定すなわち事務管理指示規定の意味をめぐって行なわれてきた。本章では前二節の議論をふまえて，有益費償還の際の判断基準として用いられている事務管理法指示の規範的意味を沿革をも考慮した上で考察する。まず，547条の要件・効果についての学説を紹介し（Ⅰ，Ⅲ），次に547条→683条による出費額償還が請求さ

---

(161) 鈴木禄弥『借地法 上巻（改訂版）』178頁以下参照（借地権価格に関してではあるが）。なお，農地改良と建物建築の場合の経済的意味の異なる点につき，鈴木禄弥「不動産賃借権の亜所有権化について」（「社会科学の方法」86号）2頁，原田純孝・前掲『研究』21頁以下（注(121)）参照。

れ，この点についての言及が判決理由中に存する判決を紹介する（Ⅱ）。この後にBGBにおける事務管理法指示規定の意味を沿革の上から明らかにする（Ⅲ）。

　当然のことながら，547条2項の事務管理法指示をめぐる学説の議論は，賃借人を償還の点でどの程度保護すべきかという利益衡量（価値判断）を明示か否かは別として前提としていることに注意しなければならない。すなわち，事務管理法規定を賃借人の有益費償還の判断基準として適用するに際して，それに含まれる個々の規定，概念が問題とされるのはそういう意味においてである。

Ⅰ　事務管理による費用償還の要件

　第一の問題点として，事務管理による費用償還にもとづき賃借人の出費額が償還される場合を考える。この場合に学説が争うのは，683条による出費額償還が認められるためには賃借人に事務管理意思を要するか否かという点である。この点について不要と解釈する学説はそう解することによって賃借人を償還の点でより保護しようとする価値判断を有しているといえる。

　このような見解をとる者として，マンフレート・ヴォルフ[162]がまずあげられる。彼によれば，費用出捐は客観面からみると事務管理の成立要件の1つである「他人の事務」の処理といえるが，主観面からみると，その出捐行為は所有者を考慮することなく，その物自体への利益を与える意思のみを有する行為にすぎず，「他人のため」という事務管理意思の要件を欠くことになるから，994条2項[163]をはじめその他の事務管理規定指示は法律効果指示（Rechtsfolgeverweisung）であるとする。もっとも，他主占有者の場合は事務管理意思を有しうるので事務管理との請求権競合は生じうるとする[164]。

　ヴォルフの見解に対しては，まず第一に，占有者が有益費を出捐する場合，その目的は自己の利益追求がほとんどであり，客観的にも「他人の事務」とはいいがたいという疑問があること，第二に，他主占有者に限って一般事務管理と特殊事務管理との競合を認めることにどういう意味があるのか疑問であること（すなわち占有者の費用出捐について事務管理意思を要求しない以上一般事務管

---

(162)　M. Wolf, AcP 166 (1966), 188-228. 事務管理にもとづく償還請求権と占有者の費用償還請求権との関係については，214-221頁で扱っている。

(163)　ヴォルフは自主占有者も含めた占有者一般を考察の対象としているため，悪意占有者の必要費償還を規律する本条の引用も生じるのである。

(164)　M.Wolf, JZ 1966, 469-470 も同旨。

理への言及は無意味とならないか），という問題が生じる。

　ファイラー[165]によれば，賃借人はもっぱら自己の利益において費用出捐をなすのがほとんどであり，これは賃借人がその賃借物と事実上も法的にも緊密な関係を有しているからであり，このような関係が本来の事務管理の場合に管理人と他人の事務を結びつけるものとしての事務管理意思に代替するものとする。

　どちらの見解も賃借人の費用出捐の場合に法の規定する通りに事務管理法を直接適用することは，一般にこの場合に事務管理意思が存しないことがほとんどである以上，あまりに賃借人の出費額償還請求の余地を制限しすぎるという考慮がはたらいているといえよう。

　ただ，この見解によるとしても，出費額の償還をえるには，本人の意思および利益と引受（費用出捐行為）が一致することを要する（683条）ため，結果が大きく異なるとは言いがたい。

Ⅱ　現実の運用

　というのは，547条の要件に関して言及した上で出費額の償還を認めた判決は知り得る限り，存在しないからである[166]。以下の4件の判決はいずれも事務管理による償還を否定している。

　〔30〕OLG Celle 1912年2月28日判決（OLG Rspr. 27, 143）

　用益賃借人の費用償還請求について，「…事務管理人は自己のためではなく，他人のために行為することを欲したのでなければならない。…677条はこのことを明示する。…このような意思方向が用益賃借人にも要求されねばならないことは547条2項1文の文言から生ずる。…この規定〔事務管理規定〕は無制限に適用さるべきである。賃借人もそのすべての要件を満たさねばならない。前述の主観的要件を無視する実質的根拠は存在しない。…もちろん，このような解釈では，547条2項1文は〔677条以下の一般事務管理法と区別された—筆者注—〕独自の意味を失うことは明らかである。この点を立法者が忘れていたわけではない。すなわち，議事録（Protokolle）によれば，疑いを避けるために〔自明な〕規定を必要と考えたのである。」（〔　〕内は筆者の補足）と説明した上で，否定。

---

(165)　Feiler, a. a. O., S. 24 f.
(166)　Wollschläger, Die Geschäftsführung ohne Auftrag (1976), S. 212. 後述の〔33〕判決の第二審は事務管理による償還を認めているようであるが，直接参照しえない。

〔31〕KG 1912年10月26日判決（OLG Rspr. 27, 144）

　農地の用益賃借人が契約が有効に延長されたと誤解して土地の改良のために出費した事案で、償還を否定。自己のためになしたのであり、事務管理による請求権は生じないとした（但し、傍論）。

〔32〕OLG Braunschweig 1920年6月25日判決（OLG Rspr. 41, 113）

　住居賃貸借で、室の改造について償還請求を否定（傍論で、自己のためにしたという理由づけをする）。

〔33〕BGH 1955年1月12日第六民事部判決（ZMR 1955, 166 [Feiler, a.a.O., S. 75 Anm. 16]）

　室の賃貸借において賃借人の大改造について第一審、第二審とも償還を認め、第二審は事務管理に依拠した。BGHは事務管理要件の存在に疑いがあるとして破棄差戻。

Ⅲ　一般利得法への還元

　以上のように、判例の状況から判断する限り、通常は費用償還は利得の返還請求の問題に還元されることになる。法律構成の面からは、684条（事務管理による出費額償還の要件〔683条〕を満たさない場合の不当利得法規定指示）あるいは812条以下の要件をめぐる解釈論の問題である。

　なお、684条の要件に関して、683条と同様に事務管理意思を要求する学説として、シンドラー、ヤコブスがある(167)。一般不当利得法の直接適用を認めれば、この制限の意味はなくなり、547条2項を一般利得法規定に対して特別法としての排他的規律と理解する場合にのみ、この立場は意味があることもたびたび言及した。なお、684条の要件として事務管理意思をも要求する解釈に反論する学説として、ヴィロヴァイト(168)はこう言う。683条は事務管理意思という「書かれざる構成要件」をも含むことにより、684条に言うところの「683条の要件が存在しない場合」とは事務管理意思が存在せず、かつ引受が本人の意思ないし利益と一致しない場合という意味においてであると。

---

(167)　前述第2節Ⅰ参照。
(168)　Willoweit, Voraussetzungen der Aufwendungskondiktion, in: Festschrift für Wahl. (1973), S. 288 f.

Ⅳ　沿革からの理解

ところで，このような判例の状況からすると，賃借人の有益費償還に関して事務管理規定をその判断基準としたBGBの規定はどのように理解さるべきであろうか。例えば，日本民法608条2項（196条2項に従う）のように不当利得の調整(169)とすれば十分であったのではないかという疑問が生ずる。ここで結論を先取りして言うならば，その原因は「事務管理」という法制度＝法的構成の有した意味の変遷に求められる。以下では，この点を沿革上から明らかにすることが試みられる(170)。

事務管理制度がローマ法の大陸法に与えた遺産であることは周知のことであるが，前述の問題解決にあたり重要なのはBGBに先行するドイツ普通法の学説及びラント立法である。まず，17-8世紀からプロイセン一般ラント法，オーストリア民法に至るまでの時期においては(171)，事務管理制度は，返還請求権（condictio sine causa），転用物訴権（actio de in rem verso utilis）とともに，三制度の共通原理としての一般不当利得原理（「何人も他人の損失によって利得すべからず」）によって支配されていた。すなわち，本人から管理者に対して向けられる諸請求権（actio directa〔以下ではa.d.と略す〕）がこの時期においては，管理者の事務管理意思を要せず，客観的な他人の事務の処理という事実により成立することによって，実質的には不当利得ないしは不法行為として理解しうるのに対して，事務管理者から本人に対する費用償還請求権（actio contraria〔以下a.c.と略す〕）は，第一に，たとえ一時的にであっても一度は実際に本人に受益が生じたことを要求したこと(172)，第二に，事務管理意思をその要件とするにもかかわらずそれは絶対的な要件ではなく，自利追求の場合，他人の事務を自己の事務と誤信した場合にもa.c.を許容したこと(173)，の2点において

---

(169)　『注釈民法（15）』（1967）190頁〔渡辺洋三執筆部分〕。
(170)　早期普通法からBGBに至るまでのドイツ一般事務管理法の発展については，ドイツにおいても十分検討されているわけではなく資料が乏しいのであるが（W. Schubert, AcP 178, 427 Anm. 17.における指摘），我国においては既に戦前に磯村哲の研究が存在し，以下の叙述は多くをそれによっているが，重要な場合以外，逐一引用していない（磯村哲「不当利得・事務管理・転用物訴権の関連と分化(1)(2)」論叢50巻4・5＝6号（1944）〔以下では，磯村(1)(2)で引用する〕）。
(171)　磯村(1)323-328頁。
(172)　現在では，事務管理にもとづく費用償還請求権に関して，利得の現存は要求されないばかりか，一旦利益が生じたことも必要ではないことは周知の通りである。
(173)　もっとも，前者の場合は現存利得の返還であり，後者は，衡平原理の援用にもとづくa. c. utilisであった。

◇第3節◇　有益費償還の判断基準としての事務管理法

根底に不当利得原理を有していた。従って、この時期においては、a.c.は現存利益不要、事務管理意思の要求、の点において不当利得原理に解消しきれない特殊性を有しながらも、一時的にせよ受益を基礎に置くこと(174)、事務管理意思なき場合をも含むこと、において全体としては衡平原理としての利得思想が支配していたことになる。

　次に、早期普通法の影響下にあったプロイセン一般ラント法（ALR：1794年施行）及びオーストリア一般民法典（ABGB：1811年施行）の事務管理法を検討する。

　ALRにおける事務管理法(175)は、制度の基礎として、無権限での他人の事務への介入の禁止(176)を冒頭に掲げる一方、その反面、本人の利得禁止の原則(177)を規定する。それに続いて有益的事務管理(178)（現存利得返還）、必要的事務管理(179)（利得の継続不要）の規定がある。ABGB(180)も同様に原則としての他人の事務への介入禁止(181)を定め、ついで必要的事務管理(182)、有益的事務管理(183)の規定を置く。両法においては、有益的事務管理については不当利得原理がa.c.の基礎を形成しているのに対して、緊急的又は必要的事務管理については不当利得原理とは異なる契機すなわち本人の利得に依存しない「費用」の償還を認めている。

---

(174)　たとえ一時的にせよ本人に利益が生じること即ち事務管理の結果の成否にこの訴権の成立がかかっていることは、管理人の費用ではなくして本人の受益がその基礎をなす意味において、なお利得の視点が背景をなすことを示している（磯村(1)327頁）。
(175)　第1部13章2節228-261条。
(176)　228条　通常は何人も、本人の委任又は他の明示的法によりその者に与えられる特別の権利によらずに、他人の事務に介入する権利を有しない。
(177)　230条　しかし何人も他人の物又は行為にもとづく利益を、特別な権利なくして自己のものとすること、従って他人の損失により利得してはならない。
(178)　231-233条。231条　従って委任なくして他人により管理された事務から真に利益を享受する者はこの利益が現存する限りでその他人に対して補償の義務を負う。
(179)　234-237条。234条　他人の事務を合理的かつ蓋然的根拠に照らし目前に迫っているとみられるような損害の回避のために管理する者は所有者がそのような管理を承認することを期待する権利を有する。235条　たとえ承認がえられなくとも所有者は損害防止のために有益に出費された費用について責を負う。
(180)　1035-1040条。
(181)　1035条　明示又は黙示の契約、裁判所、法規などから権限を得ていない限り何人も通常は他人の事務に介入してはならない。これに反した場合はあらゆる結果につき責を負う。
(182)　1036条　権限なく目前に差し迫った損害防止のために他人の事務を管理した者に対して本人は必要かつ合目的に出捐された費用償還の義務を負う。たとえ費用の結果が無益に帰したとしても管理者の過失がない限り同様の義務を負う。

これらの早期普通法の流れに対して，後期普通法はその発展を受け継ぎ，必要的事務管理と有益的事務管理とを包括する統一的事務管理法の構築に努力が向けられたが，そこで中心となったのは，a.c. がどのような要件において成立するかという問題(184)，すなわち本人を有効に義務づける「有益性」の問題である。又，そのように発展した問題は有効な双方的債務（a.c. と a.d.）の発生に展開し，a.d. にも事務管理意思を要求するに至る。早期普通法において問題であった a.c. と事務管理意思の関係はここでもなおその影響をとどめている(185)。

このような状況の下で，BGB の事務管理法は成立した。BGB の事務管理法は指示（Verweisung）規定の存在によって，広範な適用を予定されている点で他の大陸法と異なるとされる(186)。売買（450条2項），使用賃貸借（547条2項），使用貸借（601条2項），自主占有者（994条2項），用益権（1049条1項），動産

---

(183) 1037条 他人の利益促進のために他人の事務を引き受ける者は本人の同意をえなければならない。

管理者がこの規定に反しても，事務管理により自己の損失において本人に明白で圧倒的な利益を与えた場合には費用償還をうけることができる。

1038条 圧倒的利益が明白でない場合，又は管理者が物を本人が従来利用してきた目的のために利用しえないほど変更を加えた場合，には本人は償還の義務を負わない。本人は，管理者が自己の費用で物を原状回復すること，又はそれが不可能な場合は完全賠償を請求しうる。

(184) 磯村は a.c. の（成立要件と区別される）根拠について，後期普通法の学説を本人の意思ないし利益に求める見解と社会全体の利益に求める見解に大別する。前者の典型としてルーストラット（Ruhstrat, AcP 32, 173）をあげ，管理行為の決定者は権利者の主観的意思のみであるという個人意思絶対の原則の下に，双方の意思を法が擬制的に結合させる点に事務管理債務の根拠を求める見解とし，後者の典型はコーラー（Kohler, J. J. 25, 1）であり，前者の個人主義的構成に対して，社会的利他性を強調し「人類扶助」（Menschenhülfe）に根拠を求め，有益性はこの見解では扶助必要性（Hülfsbedürftigkeit）に置きかえられるとする（磯村(2)452-454頁）。

(185) 事務管理意思を欠く場合（自利追求の場合〔D. 3, 5, 6 §3〕，自己の事務と誤信した場合（D. 3, 5, 49）に準用される a.c. utilis の範囲及びその根拠の理解についてなお見解の対立が存在した。すなわち，自利追求の場合にのみ a.c. を認める見解と事務管理意思を欠く場合一般に a.c. を認める見解に分類することができ，前者においては自利追求の場合にも事務管理意思を認め（但し，「他人の事務を処理せんとする一般的意図」と構成することにより），誤信の場合には否定することにより，a.c. における主観的要素の制約を強調するのに対し，後者は一般的に認める根拠として衡平則としての利得原理を強調するが，事務管理意思のない場合を事実的事務管理と呼び，真の事務管理と区別するのであるから，実質的には真の事務管理における a.c. の個性が明確化される結果となっている。いずれの見解にせよ，後期普通法においては，a.c. と a.c. utilis は原理的に異質であることが認識されていた（磯村(2)449-450頁）。

(186) Dawson, NEGOTIORUM GESTIO, 74 Harvard L. R. 826 (1961)（この紹介として，佐藤正滋「事務管理法の比較法的研究」法時34巻2号24頁以下がある）。

◇第3節◇　有益費償還の判断基準としての事務管理法

質（2116条），相続財産の管理（1959条1項・1978条1項・2215条1項）などがその例であるが，理由書においてこれらの事例は適用例（Anwendungsfälle）として引用されている(187)。又，それぞれの箇所での説明は適用が自明であるという程度を出ていない(188)。このような広範な適用範囲はその原因として，一般不当利得法形成の未成熟(189)という点があげられる。実質的には不当利得調整でありながら「有益的事務管理」として事務管理法の下に扱われていたことはすでにALR, ABGBにおいてみたとおりである。前述したような広範な適用範囲は普通法以来のものであり，本稿の対象である賃貸借においても事務管理法への指示又は償還の要件を一般事務管理の償還の要件と等しく規定するという形で両者は関連を保ちつづけてきた(190)。

───────────────

(187)　Motive, Bd. II S. 854. (Mugdan, Bd. II S. 477).
(188)　売買（第1草案464条，現行450条）―有益費について事務管理法に指示するのは1項で必要費の償還を認めていることの反対解釈から，それ以外の費用は償還されないと誤って解釈されないために規定した（Motive, Bd. II S. 181（Mugdan, Bd. II S. 326））（この説明は用益権，動産質の場合も同様）。

　　使用賃貸借（第1草案514条，現行547条）―事前に所有者に費用出捐についての承諾を求めることを償還の要件とすると一般第三者より賃借人を不利な扱いにおくことになる点を避けるためにそういう規定ではなく事務管理規定に従わせた（Motive, Bd. II S. 394（Mugdan, Bd. II S. 249））（この理由は使用貸借，用益権の場合も同様）。

(189)　磯村(2)450頁。
(190)　理由書の賃貸借の項で引用された立法例のうち，知りえたものを示すと以下のようである。

　　プロイセン一般ラント法（1794年施行）第1部21章3節の2　　280-286条において改良（Verbesserungen）の償還について，287条において保存費（conservationskosten）の償還について定める。前者については，所有者の書面による明示の承諾がなければ償還は認められない（281条）。後者は一般事務管理法のうちで必要的事務管理の規定（1部13章234-237条）に指示されている（287条）。

　　オーストリア民法（1811年施行）25章　　1097条によると，必要費，有益費はそれぞれ必要的事務管理（1036条），有益的事務管理（1037, 1038条）の規定へ指示される。

　　バイエルン草案（1861年）　　賃借物の修理の必要が生じた場合，賃借人は通知義務を負うが，通知にもかかわらず賃貸人が修理を遅らせる場合には賃借人みずから修理しうる（417条）。通知せずになした修理であってもそれが猶予しえない（unausschieblich）場合には完全な償還を得るが，そうでない場合には賃貸人が自己の出費を節約した限りで償還される（418条）。

　　ザクセン民法（1865年）　　必要費はただちに償還を認められるが，有益費は契約終了時において事務管理者の場合と同じく（wie ein Geschäftsführer ohne Auftrag）償還される（1201条）。事務管理による償還の要件は本人の実際の又は推定上の意思に従って事務管理をなすこと但し前者から手がかりをえられない場合はNatur der Sache又は本人の状況に従うこと（1345条）であり，この要件を満たせば出費額の償還，そうでない場合は利得返還（1352条）となる。

しかし，後期普通法の成果を受けついだ BGB の事務管理制度は，他人の事務を他人の事務として処理する意識と意思(191)を成立要件とし（事務管理意思），さらに費用償還の要件として事務引受についての本人の意思および利益との一致を要求する(192)。これは必要的事務管理と有益的事務管理を統合し，償還という法律効果を出費額に統一したことにより，要件の方も厳格に要求されるに至ったのである。このような内容を有する事務管理法を指示という形で賃借人の有益費償還の判断基準として用いることは，有益的事務管理が実質的には不当利得調整であったことを念頭に置くならば，それはせいぜいごくまれな場合に 683 条の要件を満たし出費額が償還されるという意味を念のため規定しておくというにすぎないことになる。実際上も有益費の場合は通常，利得調整が問題となることは前述した判決の示す通りである。

しかし，事務管理法への広範な指示が実定法として存在するため，学説は規定の存在意義を見出すためにしばしば一般事務管理規定を適用の段階で変質させた(193)。

ブリュックマン(194)は指示規定による場合を応用された事務管理（angewendete Geschäftsführung）と呼び，既に権利義務関係が当事者間に存在する場合で，ある給付を事務管理による償還の保護の下に置こうと立法者が考えた場合とする。この場合には便宜的な規定である以上，裁判官はそれぞれの場合に事務管理の適用を厳格に考える必要はないとする。同旨として，ラウシャー(195)（準用という形でしか適用できないとする），イゼレ(196)（概念上からはもはや事務管

　ドレスデン草案（1866 年）　必要費はただちに償還されるが，有益費は以下の要件の下で終了時に償還される。すなわち，その費用が賃貸人の推定上の意思，事情，利益と一致し，かつ終了時に賃貸物の価値を依然高めているという要件である（557 条）。
　なお，一般不当利得法制度の未成熟のために事務管理法が広範に支配した点は賃借人の場合以外では，悪意占有者の費用出捐，附合の例がある（ABGB336，418 条，BGB994 条 2 項）。Vgl. Schubert, Windscheid und das Bereicherungsrecht des 1. Entwurfs des BGB, SZ Rom. Abt. Bd. 92 (1975), S. 210 u. Anm. 99, S. 226.

(191)　BGB 677 条。Motive, Bd. Ⅱ S. 856（Mugdan, Bd. Ⅱ S. 478）。なお，広中俊雄『債権各論講義〔第 5 版〕』（1979）352 頁。

(192)　683 条。このような判断基準の有する問題性については，Dawson, *supra* note 25, at 1091.

(193)　既にたびたび言及してきた BGB547 条の指示規定について事務管理意思を要求するか否かの問題はこの観点から理解しうる。もっとも，一般事務管理法がどのように機能してきたか，これから機能してゆくべきかは別の問題として検討を要する。この点については，平田健治『事務管理の構造・機能を考える』（2017）を参照。

(194)　Brückmann, Die Rechte des Geschäftsführers ohne Auftrag (1903) S. 73 ff., 111 ff.

理には属さない場合への適用領域の拡張と理解），スボボダ[197]（それぞれの指示規定の存在する法制度の特性に応じて柔軟に適用することを主張〔但しオーストリア民法に関して〕）の見解がある。

しかし，これらは通常は利得調整である紛争の実態と遊離したものであった。従って，本質的問題としては，賃借人に利得請求権をどのような場合にどの程度認めるかということに還元されることになるのだろう。

◆おわりに◆

第2節Ⅱの判決の分析によれば，契約において償還に関する合意がない場合（あるいは合意があってもその規律すべき対象からはずれる場合）で償還が認められるのは，2・3・4類型のような場合であった。もっとも，両当事者は既存の契約関係にある以上，多くの場合は合意の形で事前に規律を定めうることから当然のことといえる。それでは学説の言う「押しつけられた利得」という問題はこのような状況に照らしてどう理解されるべきか。まず，この問題が学説においてはその出発点がケメラーの類型論にあったこと，さらには第1節で扱ったBGHの2判決であったこと，従って不当利得法の一類型という視点から総論的問題として扱われがちであったことに注意すべきである[198]。さらに，賃貸借における費用償還請求権が事務管理法に指示されていたこと（547条）は一般事務管理法との関係をめぐって一層議論を事実に即して論じることを困難にさせた。この点に関しては賃借人の費用償還に関する紛争は事務管理にもとづく出費額償還という形ではなく，実質的には不当利得の調整であり，従って，事務管理規定の要件・効果に関する議論がその限りではあまり実益のないものであることは第3節で示したとおりである。

押しつけられた利得という視点すなわち，利得が損失者の関与のもとにかつ利得者の関与なくして生じた場合，その利得の調整に際し，そのような先行する状況の考慮の下に利得者の視点から利得の存否・程度を判断すべしという主

---

(195) Lauscher, Die Bedeutung der Verweisung auf die Vorschriften der Geschäftsführung ohne Auftrag im BGB hinsichtlich der Begriffsvoraussetzungen (1929) S. 18 ff., 46 f.
(196) Isele, Geschäftsbesorgung (1935) S. 21.
(197) Swoboda, Die angewandte Geschäftsführung (1922) S. 1f., 46.
(198) 従って，ヤコブスがBGHの二判決を総論的問題（賃貸借あるいは所有者―占有者関係の事案を一般不当利得法の問題として扱うこと）として議論するために，2判決をかなり歪曲して理解している点に典型的に示される（第2節Ⅰ参照）。

第 1 章 ◆1◆ ドイツ法における賃借人の費用償還請求権

張はそれ自体として当事者間の公平をめざすものとして肯定しうるが，それを賃貸借の費用償還請求権という具体的事例において適用することの意味が問題なのであったが，この点は学説によって軽視されてきたようである(199)。

確かに，当事者間において償還に関する合意（あるいは約款）が存在する以上，通常の契約期間経過による終了の場合には合意の効力として償還は排除され，ただ例外的な場合（合意による規律が直接に判断基準とならない場合→2・3・4 類型）にのみ，異なる考慮をなすこと（ケメラー，シンドラー）は一応妥当な解決といえようが(200)，合意が当事者間において通常，償還の排除という形で現われることを念頭におくならば，上述のような解決は投下資本の回収という面から客観的に利得が残存している事実を無視することになりうる。近代諸国にみられる改良費償還請求権の特別法による強制的確立はこのような事態に対応するためのものとして，歴史的に規定されたもの(201)としての「不当」利得

（199） 費用償還の問題はとりわけ土地賃貸借に関して重要である以上，それは各国の土地制度，土地政策，物権法の相違に由来する要因が大きく，不当利得法の視角から抽象的に扱うことは，例えば売買，請負などのように近代国家にほぼ共通する要素を多く有し，従ってその限りでは抽象的議論でも十分実際的である場合と異なり，むしろ社会法の側面も含む賃貸借法では国家の政策の現われである特別法の介入に注意を向けるべきであった。ファイラーの扱った判決の当事者は多くは営業のための借地であることからすると，農地賃貸借，住居賃貸借の場合のように社会法的考慮を必要とする場合に比して，両当事者間の利益衡量という形での判断にふさわしい素材であり，逆にこれ以外の分野では特別法によってすでに民法原理の変容がなされ，こういう形での紛争自体生じにくいという事情があるのではないかと考えられる。すなわち，賃貸借の類型に応じて，費用償還の問題性も異なって現われることになる。

例えば，イギリス法に関してではあるが，「産業資本主義段階において，穀作農業の利潤が大であった時期には，借地農は，自己の改良費用に基づく地主の不当利得に対しても堪え忍ぶことができた。しかし，独占段階に入り，借地農の利潤が減退してくると，商業的農業を営む借地農が，この不当利得分の償還を請求し始めるのは当然である。かくて，改良費償還請求権が農地法の眼目となる…」（水本浩『借地借家法の基礎理論』(1966) 171 頁）という指摘や，改良費償還請求権の確立は契約自由（契約条項）を通じるのみでは効果的に実現されえない故に常に特別法の制定を不可避たらしめることの指摘（原田純孝『近代土地賃貸借法の研究』(1980) 30 頁注 32，487 頁注 26）は，フランス判例が長年，特別法制定に至るまで，賃借人の占有の一時的性格，自己の危険にもとづく改良行為，合意の不存在などを理由に償還を拒否してきた点（第 2 節 I 注(123)参照）と合わせて理解することができる。なお，瀬川信久『不動産附合法の研究』(1981) 74 頁注 25，318 頁参照。

(200) 日本民法の 2017 年改正では，使用貸借の新 599 条において，第 1 項に収去義務（但書で動産の付合要件と同様の表現で，物理的あるいは経済的に分離不可能の場合を除く），第 2 項に収去権の規定を置き，新 622 条により賃貸借に準用される。賃貸借においては，賃借人の修繕権の規定（607 条の 2）が新設される。

70

◇おわりに◇

の調整といえる。
　他方では，紛争の多くが当然のことながら，合意がないあるいは不明確である事情を背景に生じていた。そういう事態の解決策が多様な法定債権関係に求められていた。
　「押しつけられた利得」という視点は従ってこのような特別法による介入が生じない場合というごく限られた場合にふさわしいものということができる。賃貸借における費用償還の問題も，賃貸借一般の問題と同様に，民法原理と公的政策原理の二重性において存在しているのであり，「押しつけられた利得」という視点は前者の原理の枠内において意味をもちえるのである(202)。
　1981年に公表された西ドイツ債権法改革提案 (Gutachten und Vorschläge zur Überarbeitung des Schuldrechts, Bd. 2 (1981)) において，ケーニッヒ (König) は，出費利得返還請求権を事務管理における償還請求権の弱められた形式，すなわち事務管理の要件を充足しない場合にもその法律効果の一部を転用するものと理解し，事務管理法規定の通知義務（681条）を借用している(203)。提案

―――――――
(201)　「不当利得返還請求を認めるか否かを分かつ現実的基盤は究極のところ社会現実的な保護の要請の強弱にあると思われる。…どの種の利益が帰属法的不当利得規範によって保護され，どの種の利益が保護されないかも，社会の変化とともに異なるものであろうし，同一社会においてもその利益の規範的評価が異なればまた異なるものであることになる。」加藤（雅）前掲「再構成」(7) 法協94巻9号1315-6頁。
(202)　残された課題としては以下の点があげられる。まず，戦後の西ドイツ賃貸借法における費用償還の問題を扱うにつき，その前提として，(i)賃貸借法一般の中での費用償還請求権の位置づけ，(ii)しかも時代的に限定された中での位置づけ，について不十分であった。(i)に関しては，費用償還請求権は賃借人の使用収益権（536条の vertragsmäßiger Gebrauch）と深く関連している。この使用収益権を費用償還との関連で，(a) 費用出捐権限と呼ぶならば，それは (b) 収去権，(c) 除去義務と相互に関連し，費用償還請求権の成否を決定するのであるが，概念上は上記三者は区別して考えることができる。すなわち，(a)は契約と536条により判断され，(b)は547a条の問題であり，(c)は契約と556条〔賃借物返還義務〕により判断される（この点は日本法では616条（594条1項）における「契約又ハ其目的物ノ性質ニ因リテ定マリタル用法」の解釈として議論され，借地における使用収益権の制限として，増改築禁止特約，建築する建物の種類・構造に関する特約の効力，その特約違反の効果という形で議論される）。さらには，存続保護，賃料制限との関連性の検討も必要となる。
　(ii)に関しては，戦後ドイツ賃貸借法の経緯の中での理解が不十分であり，（この点については，Larenz, Lehrbuch des Schuldrechts, Bd. II. 12.Aufl. (1981) S. 214ff; Emmerich-Sonnenschein, Mietrecht (1979), Vorbem. 1-19. zu §§ 535, 536.）第1節の〔1〕〔2〕判決も前者は占領政府による私人への土地貸与，後者は敗戦直後の住宅難の下での集合住宅の問題として特殊性を有していた点の検討が残されている。König, a. a. O., S. 1570 Anm. 179, 180 は，戦災により，賃借人が賃貸地上に建築したり，近親者が本人所有の土地上に建築することが増えたことによる紛争事案を紹介している。

71

内容（§3.2）は，まず，費用出捐により，償還義務者が自己の財産計画を考慮した上で利得している場合に償還義務を原則として課し，例外として，①収去義務ある場合でかつ収去請求が実際になされる場合，②費用出捐について適時に通知することを有責に怠った場合，③費用出捐前に償還義務者が異議を唱えた場合，に償還を否定する(204)。ケーニッヒにおいては，費用利得における利得概念は，まさに事務管理における費用償還の基準（本人の意思もしくは利益との一致）の延長線上にとらえられているのである。

　第二に，費用償還の判断基準として事務管理法が指示されていることから，BGBの事務管理法を歴史的構造と機能の上から付随的に検討したが（第3節），この点の掘り下げが残されている。この作業においては，重要であるにもかかわらず本稿では議論の単純化のために捨象した，三当事者関係の紛争（転用物訴権あるいは三角関係）をも考察の対象とする必要がある（この点につき，衣斐成司「間接利得と因果関係」神戸学院法学1巻1号78-79頁）。さらには，所有者―占有者関係の規定（§§994-1003）との対比による検討も必要である。
　第三に，賃貸借における費用償還の問題性を各国の所有権制度の一側面としてとらえ，法的構成（附合法，収去権）の面をも含めて，比較法的に検討することが残されている（「土地法」という視角からの検討）（この面からのアプローチとして，附合法の考察に重点があるものの，瀬川信久『不動産附合法の研究』(1981) 第3章がある）。筆者のものとして，「物の結合体についての規律とその分類基準」民商104巻2号（1991）153頁以下，3号273頁以下，「権原者によって付加された物の法的処理について」奥田還暦『民事法理論の諸問題上巻』(1993) 265頁以下，『不動産附合の判例総合解説』(2009) がある。

(203)　König, a. a. O., S. 1565.
(204)　König, a. a. O., S. 1575ff.

第2章

転用物訴権とその周辺

◆2◆ フォン・トゥールの「転用物訴権」論について

◆第1節◆ フォン・トゥールの「転用物訴権」論の課題

I 日本法での現状

　契約上の給付が契約の相手方(M)のみならず，第三者(Y)の利益となった場合に，給付をなした契約当事者(X)がその第三者に対してその利益の返還請求をすると実質的に考えられる場合は，現代法ではさまざまな場合が考えられるが，不当利得法の分野では，沿革的にそれは「転用物訴権」と呼ばれてきた。

　近時，最高裁（最判昭45・7・16民集24-7-909）がいわゆるブルドーザー事件において，このような請求を承認したことから，認められるべき範囲・その法的構成に関して，議論が活発になりつつある[1]。主なものを挙げれば以下の通りである。

　① まず，従来の議論において必ずしも明確に考慮されてこなかった，契約関係の双務性の考慮，有償・無償性の考慮をもとに，原則として，M－Y間の法律関係が無償と判断される場合にのみ，請求を認めること（但し，YあるいはMの主観的態様を考慮して，詐害行為，不法行為の構成にもとづき，すなわち不当利得としてではなく[2]，無償と評価されない場合にも請求を認めうる場合が留保されている）とし，他方従来の議論で通常引用されてきた，間接代理，事務管理の場合は代弁済請求権の代位行使という構成で承認する[3]。

　② 前説で提唱された，現実の出捐ではなく，債務負担の状態にすぎない場合の，代弁済請求権の代位行使の構成を，より一般的に，最高裁の承認した，

---

[1] その後，平成7年9月19日最高裁第3小法廷判決（平成4年（オ）第524号不当利得金請求事件）民集49巻8号2805頁において，加藤雅信説による批判を受けて，その適用要件の制限がなされた。この判決の評価については，拙稿「判例批評」民商法雑誌115巻6号（1997）128頁以下〔→本書4〕。

[2] 後掲・加藤（雅）796頁注(25)。

[3] 加藤雅信「類型化による一般不当利得法の再構成」(5) 法協92巻8号930頁以下，(6) 93巻5号627頁以下（→『財産法の体系と不当利得法の構造』(1986) 703頁以下）。

賃借物の修理請負のような場合にも承認する⁽⁴⁾。

民法650条2項の準用とされるが，その前提として，X－M間の賃貸借契約において，賃借物修理についての委任，あるいは事務管理が成立することを承認されるものと解される。これ以外の契約関係の連鎖の場合すなわちX－M間を事務処理関係と把握できない場合は準用を否定されるのであろうか。

③ ①，②説よりも早く，代弁済請求権に着目し，この請求権をXがYに直接に行使することを提唱する⁽⁵⁾。後述する，トゥール説に最も近い。

以上のような議論と関連して，XのYに対する請求を承認するにおいて，その法的構成にも色々なものがあり，代位と対比して，直接請求には，その構成として，(1) 権利併存説（XがM→Y債権と同一内容の権利を原始取得），(2) 排他権説（Xは自己の名で，M→Y債権を排他的に行使する権限を取得），(3) 移転説（M・Y間の債権はX・Y間に法律上当然の移転を生じ，X→M債権はそれと不真正連帯債務の関係へと転化する），があることがフランス法の検討において明らかにされている⁽⁶⁾。

他方，利益衡量の側面でも，具体的な契約関係・場の考慮が強調されるようになり，動産の賃借人による修理依頼では現代的問題として，他の競合しうる担保権者（所有権留保，譲渡担保）との優先順位を決定する必要も指摘されている⁽⁷⁾。

かような状況を前提として，①～③説が依拠している代弁済請求権を転用物訴権の根拠づけ，適用範囲の制限づけとして，はじめて詳細に論じた，フォン・トゥールの「転用物訴権」論⁽⁸⁾にたちもどり，その有用性を再検討してみることは，無駄ではないと考えられる。従来多く引用され，注目されてきたにもかかわらず，その十分な検討はなされていないからである⁽⁹⁾。

---

(4) 鈴木禄弥「いわゆる直接請求権の承認をめぐる利益衡量」（末川先生追悼論集 法と権利Ⅰ（1978）所収）329頁。

(5) 三宅正男「事務管理者の行為の本人に対する効力」谷口還暦記念『不当利得・事務管理の研究(1)』（1970）357頁以下，『注釈民法(18)』（1976）§702 Ⅳ 368頁以下（三宅正男執筆）。

(6) 加賀山茂「民法613条の直接訴権《action directe》について」(1) 阪大法学102号（1977）98頁以下。

(7) 藤原正則「多当事者間における不当利得法の一考察」北大法学論集36巻5-6号（1986）1633頁以下。

(8) Andreas von Tuhr, Actio de in rem verso. Zugleich ein Beitrag zur Lehre von der Geschäftsführung. 1895.「併せて事務処理論への寄与」という副題が付いている。

II 「転用物訴権」論の課題

フォン・トゥールは「転用物訴権」論の課題を以下のように序言で述べる。

転用物訴権を承認することは，債権法上の2つの命題と矛盾するようにみえる。すなわち，①契約は当事者間においてのみ，かつその名で契約をした者においてのみ，債務を生じさせること，②利得返還訴権（condictio）は被告が原告の財産から利得したかぎりで認められるにすぎないこと[10]，に矛盾するようにみえる。この場合，原告Xと中間者M，MとYとの被告Yの2つの権利関係にこの訴権は妨害的に介入し，XはYから奪うものを，Mとその債権者たちからも奪い，Mが破産の場合には，Xは，Mの他の債権者たちよりも優遇された者として現れる。このような結果をもたらす法的手段である，転用物訴権はいかなる要件のもとで，正当化されるのか[11]？

ここで，彼は，従来の学説以上に，MとYとの権利関係に注目する必要があると考える。すなわち，ローマ法の転用物訴権において，奴隷は主人の事務処理者（受任者または事務管理者）であり，処理者の求償は自己の出費に向けられるが，この内容が債務負担にある場合には，求償は債務解放に向けられる。この免責請求権はしかし，その特殊な内容ゆえに，免責請求権を有する債務者の1人の債権者，すなわち免責の対象となる債務の債権者の利益となるという特殊性を有する。そして，古典期ローマ法においては，転用物訴権が許されたのは，奴隷の特有財産（peculium）中に，免責に向けられた，奴隷の自然債権が存在する場合に限られることが，以下の法源研究から明らかになるとする。これによって，特有財産訴権しか有しない，Mの他の債権者からの，Xの優遇が説明されるとする（S. VI）。

---

(9) vgl. H. Isay, Die Geschäftsführung nach dem Bürgerlichen Gesetzbuche für das Deutsche Reich. 1900. S. 314ff.; R. v. Mayr, Der Bereicherungsanspruch des deutschen bürgerlichen Rechtes. 1903. S. 334-356.; E. Swoboda, Bereicherung, Geschäftsführung ohne Auftrag, versio in rem nach österreichischem Recht, mit Ausblicken in das deutsche Recht. 1919.; W. Wilburg, Die Lehre von der ungerechtfertigten Bereicherung. 1934. S. 61 ff.; B. Kupisch, Die Versionsklage. 1965; D. König, Der Bereicherungsanspruch gegen den Drittempfänger einer Vertragsleistung nach französischem Recht. 1967. S. 126ff.; H.H. Kaysers, Der Verwendungsersatzanspruch des Besitzers bei vertraglichen Leistungen. 1968. S. 88, 140ff. なお M. Wellspacher, VERSIO IN REM. 1900 はその著作の後半部において（S. 78ff.），トゥールの転用物訴権論の祖述をオーストリア民法の枠内で行う。

(10) S. 248ff.; S. 288 Anm. 50.

(11) S. V.

しかし，ローマ法の強力な家長権力を前提とした，ローマ法の転用物訴権は，それでは，現代の普通法においては，いかなる意義を有するのかと彼はさらに問う。

この問題は，言い換えれば，ローマ法において，法源上，その存在が争われている，中間者が，奴隷や家子のような家長権力に服する者ではなく，自由人である事務処理者の場合にも，転用物訴権が承認されていたかという問題につながっている。彼はこの問題（actio de in rem verso utilis の存否）を法源研究の後に肯定し，それは利益衡量の視点からも，肯定できるものであることを論ずる。すなわち，ここでも，債権者は，事務処理者の免責請求権の反射作用を自己の権利として行使できるようにするために転用物訴権が与えられるのであると。従って，実は，トゥールの理解によれば，転用物訴権は，ローマ法におけるような権力服従者の特有財産を前提とするような特殊性からのみ説明されるのではなく，より一般的に，間接代理の構造からの帰結，間接代理法の補完であることが明らかとなる。

しかし，彼は，転用物訴権を特有財産訴権との関連で考察することを放棄しなかった理由を以下のように述べる。

それは，転用物訴権が特有財産訴権に付随するものとして発展したという歴史的意味のみならず，特有財産訴権は，現代法の視点からは，中間者の破産の場合に類比されるからである（第4節参照）。以上が仮に筆者がまとめるとすれば，第一の課題（免責求償による根拠づけ）である。

さて，転用物訴権が事務処理者の免責求償にもとづけられることを肯定するとして，更に，このような免責求償が，事務処理関係以外の事実から生ずる場合，はどうか（第二の課題，事務処理関係以外への移行の可能性）。

彼は，(1) 復委任において，復受任者が事務実行中に過失によって損害を生じさせた場合の，受任者から復受任者への損害賠償請求，(2) 転売における，転買主が追奪された場合の，最初の売主に対する中間売主の担保責任追求の例を挙げ，これらの場合の請求権を免責請求権と考えることができ，同様な場合に直接請求を承認する若干の外国での例（(1)についてのフランス民法1994条，スイス債務法397条，(2)についてのフランス学説）を引用し，かようにしてのみ不当な結果（復受任者は委任者に対する賠償の支払いによって，受任者からの賠償請求から解放されないこと，受任者の破産において，自己の財産が被ってはいない損害に基づく受任者の復受任者に対する賠償請求権は，破産財団の積極財産であるが，自己の財産において害せられた委任者は受任者に対する賠償請求権につき，配当金に指示されることになること）が回避されるとする[12]。

以上のように，トゥールの課題設定は，古典期ローマ法，普通法のどちらの場合においても，転用物訴権の根拠を事務処理者の免責求償に基づかせること，その歴史的（法源研究），ドグマ的検証にあるといえるが，その根拠は最終的には，免責請求権の特性（免責という請求権の内容が形式的債務者を介して債権者を実質的債務者と結びつける）に求められ，従って，それが事務処理関係に基づいて発生する場合に限定されないことには注意する必要がある（第4節参照）。他方，かような免責請求権が成立しない場合に，直接請求を承認することは，彼の立場からは，できず，それには特別な法規定の存在が必要とされる。これは言い換えれば，直接請求の可否の限界づけは，彼の立場からは，免責請求権の成否の次元で考慮されることになろう（この立場は後に修正される，第7節Ⅳ参照）。

　さらに，適用範囲について，以下のように問う。債権者はその債権に基づいて債務者に免責請求権が生ずる場合には常に，この請求権から，自己固有の，免責義務者に対する権利を導き出すことができるのか，それとも債務者破産の場合に，この免責請求権に優先権（Vorrecht）を有するにすぎないのか，と。ここで彼は，転用物訴権の実益・存在意義のありかを，明確に意識している（第三の課題，立法論上必要な範囲）。

　彼の，本論での叙述は，「同時に，事務処理論に対する寄与」という副題が示すように，事務処理関係，事務処理者が取得する求償権の内容，免責請求権と展開していくのであるが，現代の我々の視点からは，以下のような課題を付加することが許されるだろう。すなわち，彼が導きだした転用物訴権の要件・効果は，現代の視点・利益衡量から見て，耐えうるものなのか，という問題設定である。これを第四の課題（要件・効果の妥当性）とする。なお，彼の法源研究に基づく根拠づけは，筆者の能力の限界を越える点を度外視しても，現代のローマ法研究のレベル[13]からは，契約締結時に peculium の存在を要求する点，自然求償権の存在を要件とする点において，疑問視されていると考えられ，普通法当時のローマ法研究のレベルを前提としての，法的構成，利益衡量の側面に検討の重点を置くこととする。

◆ 第2節 ◆ 「転用物訴権」論の出発点

　特有財産訴権は，権力保有者が特有財産をその家子あるいは奴隷の独立した

---

(12)　S. Ⅶ-Ⅷ.

運用にまかせたということを前提として，権力保有者が，権力服従者の債務について，特有財産が有責判決の時点でもっている価値額まで責を負うものである(14)。

以下で，前掲（注(14)）加藤論文に依拠して，特有財産制度の概観をしておく。

家子は奴隷と同じく，何物も所有できず，自己のために取得することも許されず，古典時代に，独立の債務負担能力が認められるまでは，自己の名において債務を負担することもできなかった。しかし，家子の行為は，家長の利益においてのみ，効果を生じた。他方，家長に債務だけを負担させるような行為はできず，債務を発生させるおそれのある行為は家長の許しがなければできない。この限りで，権利義務の別なくすべて本人に効果を帰属させる近代法の代理とは本質を異にする。

以上のような原則は，いろいろな例外規定が設けられたため，実際にはほとんど無意味な状態となったが，それでもユスチニアヌス法においてもなお認められていた。

---

(13) Kaser, DAS RÖMISCHE PRIVATRECHT, 1. Abschnitt. 2. Aufl. 1971 S. 607 Anm. 16.; Niederländer, Die Bereicherungshaftung im klassischen römischen Recht, 1953. S. 42ff.; G. Beseler, Beiträge zur Kritik der römischen Rechtsquellen. Drittes Heft. 1913. S. 192ff.（未入手），トゥールの理解＝求償説を支持するものとして，Seckel, Festgabe für Ernst Immanuel Bekker. 1907. S. 323ff.（未入手）； Sohm-Mitteis-Wenger, Institutionen. 17. Aufl. 1923. S. 471.

ここで，比較的近時の文献を補充しておく。Gay, L'in rem versum à l'époque classique, in: Varia II (1956), 155-280; G.MacCormack, The Early History of the actio de in rem verso, in: Studi Biscardi II, 1982, 319-339; G. MacCormack, The Later History of the actio de in rem verso, SDHI 48 (1982), 318-367; I. Buti, Studi sulla capacità patrimoniale dei <<servi>>, 1976; T.Chiusi, Die actio de in rem verso im römischen Recht, 2001; Chiusi, Bereicherung und actio de in rem verso, FS für Knütel (2009), 197. 詳細には立ち入れないが，Gay, MacCormack, Buti によって，家長と服従者の関係が経済的背景の変化とともに服従者の独立の方向に事実上変遷し，それが徐々に服従者の法的諸側面に（奴隷と家子ではその進展は異なるが）反映されていく事情が詳細に検討されている。このような法文の歴史分析の観点からは，トゥール，ひいては普通法の，ローマ法の総体を規範的に構成する方向に傾斜した主張は諸処で破綻していると評価されることになる。

(14) マックス・カーザー（柴田光蔵訳）『ローマ私法概説』(1979) 390頁。なお，特有財産制度全般については，加藤永一「ローマ法における家子の特有財産について」法学17巻1号 (1953) 42頁以下が詳しい。さらに，吉野悟「古代ローマ ── ローマ法律家の判断モデルとその社会的合目的性」法社会学講座第9巻 (1973) 146頁以下，エールリッヒ（川島・三藤訳）『権利能力論』(1952)。

◇第2節◇ 「転用物訴権」論の出発点

　この特有財産制度が，後に家子に財産能力を認めるに至った出発点となった。家子の固有財産となった軍営特有財産，準軍営特有財産，到来財産は，法務官と法学者によって完成させられた特有財産制度を根拠にして，皇帝たちがその目的にしたがい，勅法を通じて，家子の固有財産にまで高め上げたものに他ならない。

　特有財産とは，法律上は，権力所有者のものであるが，権力服従者に自由な使用収益処分を許したため，事実上権力服従者の財産として取り扱われるものである。法源にみられるような形態は，特有財産遺贈の慣習と，特に，法務官の特有財産訴権によって形を整えられ，法学者の解釈を通して発展せしめられた結果である。初期の法学者の定義は「奴隷が主人の同意を得て，主人の計算とは別個の計算のために所有するもの」であったが，後の意味は，「権力服従者の準財産または小財産」となった。それは内部関係では，家長の利益計算とは独立な，権力服従者の利益計算の対象となった財産である。

　以下の2つの場合を通して法律的に構成された。①権力服従者が特有財産を管理するにあたって債務が発生した場合，権力者の不利益には効果は発生しないから，権力者は責任を負わない，その結果，第三者は権力服従者との取引を嫌うようになり，特有財産を権力服従者に許して自由に使用収益させようとする意図も実現できない，この不都合を除くため，特有財産訴権を認め，特有財産の限度で，権力者に債務を支払わせた。

　②特有財産は権力所有者が死亡するとき，あるいは権力服従者をその権力から離脱させるとき，遺贈または贈与されるのが常であった。後代においては，権力から解放する際に，反対の意思表示をしなければ，贈与されたものとみなされた。

　当初は，有体物から構成されたが，共和制末期以来，権力所有者と服従者との間にも，事実上の貸借関係が発生して，債権関係にまで発展した（自然債務）。およそ管理を委ねられた財産とその成果はすべて特有財産になるとみられるにいたった。それは単なる有体物の集合以上のものとなった。

　特有財産の特質は以下の点にある。

　それは特有財産訴権の限度を定める基準となる。権力服従者の行為によって発生したすべての債務額について，権力服従者の行為が直接には特有財産に関するものでなくとも，また特有財産が消滅した後も1年間は責を負う。特有財産の合計に，権力所有者がその責任額減少の目的で取り上げたもの，権力所有者のために権力服従者が利用したものを加算した合計から，まっさきに強制執行しうる債権者としての許された控除額[15]を差し引いた残額が基準である。

特有財産の成立要件は以下のようなものである。まず，特有財産許容（concessio peculii）が必要である。これは権力所有者の利益に反しない限度で，権力服従者が自己の利益のために，権力所有者の財産（patrimonium）の事実上の使用収益処分をなすことを許そうという権力所有者の意思である。これについて一見矛盾する内容の2つの法源があり，一方では，権力所有者の積極的な許可の意思を要求する法文（D. 15. 1. 5. 4）と，取り上げがないという消極的なもので十分とする法文（D. 15. 1. 7. 1）があり，これに応じて，後代の学説も対立した（前者が通説）。しかし，これは要件の時代による変化を看過していることによるのではないかと考えられる[16]。

特有財産訴権によって，権力所有者は自己の財産を喪失する恐れを生じたわけで，何も知らない権力所有者を有責とするのは，公平を失することになるから，特有財産の成立に権力所有者の意思を介入させる理由があった。しかし，そのあり方は時代によって違っていた。ハドリアヌス帝時代（紀元後二世紀）までは，積極的な特有財産許容の意思を必要とし，マルケルススを先駆とするハドリアヌス時代以後の法学者は，特有財産の存在の一般化から，意思推測を軽んずる動的安全保護の立場に移っていったのである。

特有財産を許された者の権限については，ユスチニアヌス帝時代以前では，特有財産の許容（積極的なものから消極的なものへの移行があった）すなわち処分権限の許容であった。その範囲は，慣習で定まり通常は特有財産管理に必要な行為がその範囲であった。しかし，ユスチニアヌス帝法では，権限の範囲が狭められる。金銭貸借，担保提供などの一定の行為については，特有財産許容だけでは足りず，処分権限付与を意味する管理許容（administratio peculii）または自由な管理（libera administratio peculii）が許されていなければならないとされた（動的安全保護の立場から，静的安全保護の立場へさかもどりした一般的な傾向の結果である）[17]。

許容を受けていないあるいは許容の範囲を越えた権力服従者の行為は無効であり，権利義務は権力所有者のもとに残る。

権力服従の状態，権力所有者の許容，何れかが欠けても特有財産は消滅する。

---

(15) 控除権 deductio は，権力所有者の権力服従者に対する債権の控除の意味。ローマ法の債権執行では早く執行したものが優先する。主人は債権者のうちで，もっとも敏活な，また奴隷と最初の支払契約をした債権者とみられるから，第一番にその債権を満足できるが，これが控除権となって現れる。加藤前掲 56 頁注(25)による。
(16) 加藤前掲 58 頁。
(17) 加藤前掲 65 頁。

◇第2節◇　「転用物訴権」論の出発点

後者は具体的には権力所有者による取り上げ（adimere）によってなされる。ただし，悪意の控除（取り上げも含む）は特有財産額に含まれるから，第三者を害する恐れはない。

　帝政期以後，特有財産制度を基にして，以下のような家子の固有財産が認められ，この限度で財産能力を与えられた。

　①軍営特有財産（castrense peculium）（兵役にある間に取得したもの），②準軍営特有財産（quasi castrense peculium）（宮廷または国家の官吏として，また弁護士あるいは教会の職にあるものとして取得した財産），③到来財産（bona adventicia）（家子が母から相続した財産）。

　③は徐々に内容が拡大され，ユスチニアヌス帝法では，家子が自己の労働で得たもの，第三者から贈られたものなどにまで拡大された。したがって，家長の財産で創設した財産（peculium profecticium），軍営特有財産，準軍営特有財産を除く家子のすべての財産は，到来財産とされた。これによって，家長単独所有権はほとんど名ばかりのものとなった。

　ローマでは，家長対家長の関係だけを法律の規定の対象としていたので，特有財産の慣習は法務官による保護の対象とはならなかったが，戸口総監の判断を通じて，保護され，実際上は，家長が勝手に家族のpeculiumを取り上げることは許されず，家子の独立の経済的な根拠に発展する素地を作っていた。紀元前三世紀以後のローマ社会の変革，これに伴う個人主義的な考えへの移行にともなって，祖先の慣習も強制力を喪失すると同時に，peculiumにも新しい性格が付け加えられるようになり，その保護も法務官および法学者の手に委ねられるにいたった。

　以上が前掲加藤論文に依拠した，特有財産制度の概観である。

　これに対して，転用物訴権は，権力服従者が第三者との取引から得たものを権力保有者の財産に利用した場合に認められる。他方，かような利用行為は，古典期には，権力服従者の権力保有者に対する自然債権を生じさせる。

　彼の「転用物訴権」論の出発点は，転用物訴権と特有財産訴権（actio de peculio）の併存をいかに説明することができるか，いいかえれば債権者の保護は一応特有財産訴権で保護されているようにみえるにもかかわらずさらに転用物訴権が認められるのはなぜかにある。言い換えれば，転用物訴権の，特有財産訴権との関係での，存在意義・独自性の探究である。

I 従来の諸見解

転用物訴権が特有財産訴権と併存している理由，特有財産訴権に対する転用物訴権の独自性をどこに求めるかについて，従来，以下のような見解があった[18]。

まず，転用物訴権の基礎を何に求めるかについて，権力服従者の主人に対する事務処理に基づく求償権にそれを求める「求償説」と，主人が第三契約者の損失で得ている財産増加にそれを求め peculium の自然債権と versio の必然的関連性を否定する「利得説」がある。トゥールは前述したように，前者の立場から自説を展開する。後者の代表として，Mandry[19] が挙げられる。

Mandry はまず，価値の第三契約者の財産から patrimonium （主人の財産）への直接的移転である直接的 versio と，価値が第三契約者の財産からまず peculium に至り，次に patrimonium に至る場合である間接的 versio を区別する。

Mandry は，直接的 versio は，（特有財産債権は peculium と versio ex peculio の存在を前提としているから）奴隷の主人に対する自然債権を伴わず，その限りで求償説は維持できないと言う[20]。

これに対して，トゥールは以下のように反論する。すなわち，奴隷が直接，peculium の通過なくして，主人に調達した物を特有財産資金で支払う場合には，特有債権が成立することは疑いない。この場合に支払わずに，peculium が義務を負う場合にも特有債権が成立するというべきであると[21]。

他方，間接的 versio の場合には，Mandry は，事務処理以外の方法で，価値が peculium から patrimonium に至った場合（例えば，転売）で，権力者が服従者に対して原状回復または価値償還を義務づけられる場合にも転用物訴権を承認する[22]。

これに対しては，トゥールは，この場合には，a. de peculio で救済は十分であったはずで，さらに転用物訴権が認められる理由が説明されていないとする。特に，D. 15. 3. 1. 2「同様に多数の者が特有財産に関して訴える場合，このことは金銭が利益に転用された者に有利となるべきであって，その結果その者自身は一層広い訴訟を持つであろう。」[23] に表現されている，転用債権者の特有

---

(18) S. 3-15.
(19) Mandry, Das gemeine Familiengüterrecht. Bd. 1 (1871), Bd. 2 (1876).
(20) Bd. 2 S. 499.
(21) S. 5.
(22) Bd. 2 S. 527.

債権者に対する優遇の説明ができないと反論する[24]。

　次に，トゥールは，彼によって「意思理論」（Willenstheorie）と呼ばれる見解に対決する。この主張者は，Keller[25]，Ruhstrat[26]，Baron[27]，Grimm[28]である。これらの者は，特有財産訴権と転用物訴権の併存を，以下のように説明する。主人への利用から生ずる，奴隷の peculium の自然債権は，その存在を主人の自由な意思に依存する。主人が peculium の自然債権を承認すれば，特有財産訴権で十分であり，承認しない場合には，転用物訴権によって追及されることになる。このようにして，D. 15. 3. 1. 2（前掲）における転用債権者の，他の債権者に対する優先権が説明される。例えば，Ruhstrat[29]は「服従者を免責しまたは償還する権力者の自然債務は，peculium に附加する。……しかし，権力者が peculium の債務者にとどまるかどうかは彼の自由意思に依存する。しかも権力者はこの決定を peculium の確定の際になお裁判官を通じてなすことができる。権力者が自然債権を peculium から奪おうとする場合には，それは転用物訴権の基礎となる。転用債権者は，特有債権者と同時に訴える場合には，この自然債務の分離を貫徹しうる。」という。

　この理論の支持者は，その根拠として，D. 15. 1. 7. 6; 33. 8. 23; I. 2. 20. 20 を引用するが，後二者は，遺贈の対象としての peculium を扱うものであり，論拠としてふさわしくない[30]と，トゥールは言う。問題は最初の法文である。

　D. 15. 1. 7. 6「しかし奴隷の所有者が奴隷に対して義務を負うものを奴隷は特有財産の中にもつであろう。例えば，奴隷が奴隷の所有者の計算で費用を支出し，<u>かつ奴隷の所有者が債務者としてとどまることを欲した場合</u>，または奴隷の所有者が奴隷の債務者を訴えた場合である。従って，奴隷の所有者が奴隷の購入に基づいて，追奪の名義で二倍額を取り立てた場合には，それは奴隷の特有財産に属するべきであろう。ただし，<u>所有者がこれを特有財産に属させない意思を有していた場合は，別である。</u>」

---

(23)　法文の訳は，DAS CORPUS IURIS CIVILIS. herausgegeben von Otto, Schilling, Sintenis. Bd. 2. 1831. Neudruck 1984 の独訳と，神奈川法学19巻1号以下に連載の邦訳（内水主計・江南義之）を参考とした。以下も同様である。
(24)　S. 6.
(25)　Keller, Commentatio ad 1. 32 de peculio, Göttingen 1822.
(26)　Ruhstrat, J. J. 15, 259ff.（1877）; 19, 416ff.（1881）.
(27)　Baron, Abhandlungen aus dem römischen Civilprocess, Bd. 2. 1882.
(28)　Grimm, Beiträge zur Lehre von der Bereicherung. 3 Heft. 1893.
(29)　J. J. 15, 274.
(30)　S. 13.

しかし，奴隷が主人の事務を処理する場合，主人は一般原則に従い，事務処理を知らなくとも，義務を負担し，この一旦生じた特有財産債権は，主人の意図によってのちに消滅させられるかどうかが問いうるにすぎない。むしろ，どのような要件のもとで主人は自己の意思でpeculiumに対する自己の義務から解放される能力を有するかが問題である。意思理論によれば，たとえpeculiumの無資力を招くとしても，主人はpeculiumの債務者たることを任意に止めうる。その前提として，この場合は，悪意条項（clausula doli）によって禁止されている控除（ademptio）もしくは減少（minutio）には当てはまらず，それが適用されるのは，主人が特有財産債務の消去以外の方法で，特にcorpus peculiareの回収によって，peculiumを債権者の損失において減少させる場合のみであると考えている。しかし，かようなademptio概念の制限は，注文からは立証されないとトゥールは考える(31)。逆に，それは他のpeculium構成部分と同一線上にあり，同じ規制に服すると考えられる。もし意思説のような理解を許容すれば，主人は悪意条項にもかかわらず，債権者の損失において利益を得ることになる。かような行為は，通常のademptioの原則のもとでのみ有効とされる。単なる特有債権者は，彼の資金によって根拠づけられたのではない自然債権が，主人の恣意によって奪われても文句は言えないとRuhstratは言うが，それ以外のpeculium構成部分は，債権者の資金で構成されているというのか，とトゥールは反論する。

結局，従来の見解では，両訴権の併存をうまく説明できるものは存在しないとトゥールは結論づける。

II 求償権への注目

かくして，トゥールはD. 15. 3. 3. 2を根拠に，権力者と服従者間での事務処理から生ずる求償権に注目する(32)。

D. 15. 3. 3. 2

「委託事務管理人が委任訴訟を有し，事務処理者が事務管理訴訟を有するような場合に，転用物訴権がしばしば生ずると同じく，奴隷が何かを消費し，その結果奴隷の所有者の財産状態がより良くなりまたはより悪くならなかった場合にも転用物訴権がしばしば生ずると，我々は規則にしたがって言う。」

---

(31) S. 14.
(32) S. 16-19.

◇ 第2節 ◇ 「転用物訴権」論の出発点

　トゥールは，この法文は後半部分は利得説の立場に立っているように見えるが，それは，転用物訴権が奴隷の自然債権から成立するにもかかわらず，例外的にこの自然債権の消滅または挫折によっても，転用物訴権が成立する場合を考慮して，ウルピアヌスが附加したものと考える。したがって，この法文の重点は，委任や事務管理に基づく訴権の類推の指示にある[33]と彼は考える。

　彼は，このような前提のもとで，求償説の先駆者である，Keller（前出）とWitte[34]の見解に手がかりを求める。彼らは，以下のような考察から出発する。すなわち，転用物訴権の適用事例において，自由人の事務処理者は委任訴権または事務管理反対訴権を有するであろう。事務処理者が無資力の場合には，債権者は他に財産がない場合には，この本人に対する求償権に頼ることができる。しかし，自己の事務を奴隷によって処理させる主人は，自由な事務処理者を用いた場合よりも，債権者の損失において，より良い地位にあってはならない。procuratorの無資力の場合と同じく，主人は，peculiumの無資力の場合においても，事務管理債務の額まで，債権者に対して責めを負わねばならない。この責任を彼らは擬制された譲渡と言う形式に表現する。債権者は「訴権が譲渡された者の例にならって」（ad exemplum eius cui cessum est actionibus）奴隷の自然債権を行使しうる[35]。Witte[36]においては，転用物訴権は二重の擬制に基づく。第一に，奴隷が事務処理時に，自由人であることの擬制，従って主人に対して債権を取得しうること，第二に，取得した債権を契約の相手方に移転したことの擬制である。

　このような，訴権譲渡を擬制する考えに対しては，以下のような批判が可能である[37]。すなわち，無資力な債務者の債権は，全債権者の共通の満足のために役立つはずで[38]，事務処理者の債権者は，自己の契約に基づいて破産者の財産に生じた事務管理反対訴権が，自己のもとに移転されたものと主張することはできず，破産における一般原則にしたがい，彼は当初の請求権，例えば，売却した場合には，売買代金のみを請求できる。

　したがって，転用物訴権の場合に，転用債権者が他の特有債権者よりも優遇される事実は，奴隷の事務処理から生ずる自然債権に注目しつつも，別の説明

---

(33) S. 17.
(34) Die Bereicherungsklagen des gemeinen Rechts. 1859.
(35) Keller. S. 30.
(36) S. 254f.
(37) S. 18.
(38) Baron（前出），S. 38.

を試みる必要があることをトゥールは主張する。

　それでは，特有財産訴権のほかに，転用物訴権が認められている理由はどこにあるか？これに関する法文として，「特有財産訴権で十分であるのに理由なく転用物訴権が認められるのではなく，奴隷の所有者が悪意なくして特有財産を取り上げた場合または奴隷の死亡後1年を経過した場合には特有財産は消滅するが，転用物訴権は存続する」(D. 15. 3. 1. 1)，他方，「多数の債権者が特有財産訴権によって訴える場合に，転用された債権者は通常の債権者よりも，より広い訴訟を有する」(D. 15. 3. 12)，がある。そして，後者の法文は，利用に基づき生じた奴隷の自然債権は，特有財産の評価において，算入されない (D. 15. 3. 1 pr.) ことによって説明されるようにみえる。しかし，一方では，算入されるとする法文 (D. 15. 1. 7. 6) が存在し，この2つの法文間の奴隷の自然債権のpeculiumへの帰属性をめぐる表面的矛盾をいかに解決するかが，「転用物訴権」論の試金石であり，そこで得られた解決が，中間者が自由人である場合の，普通法にとって意味ある「転用物訴権」論への移行の道にもなると彼は考える(39)。

　彼は，そこで，検討を単純化させるため，(1) 既に言及した，特有財産訴権の消滅後にも転用物訴権がなぜ存続するのかという問題 (D. 15. 3. 1. 1.)(40)と，(2) 第三者との取引締結時に特有財産が存在せずとも，転用物訴権がいわゆる「独立した」形で成立しうるかという問題(41)，をさしあたり除外し，peculiumを有する奴隷が取引により得たものを主人の財産に利用するという通常の場合に限定する(42)。彼の「転用物訴権」論の構成の前提とする状況もまたそこにあるからである。

◆第3節◆　転用物訴権の成立の前提としての，求償権の成立

　フォン・トゥールの「転用物訴権」論は，前述したように，権力服従者（奴隷・家子）が家長の事務を処理することによって，服従者が家長に対して取得

---

(39) S. 2.
(40) トゥールはpeculiumの消滅によって，a. de peculioも消滅するにもかかわらず，転用物訴権が存続する理由について，以下のように推測する (S. 236-237)。すなわち，まず，悪意のpeculiumの取り上げ (ademptio) の場合には，主人は悪意の非難ゆえに，a. de peculio消滅後も，奴隷の自然債権を支払うことを義務づけられる。別の理由でpeculiumが消滅する場合（特に，奴隷の死亡による場合），主人は，消滅したpeculiumの帳簿 (rationes) から，奴隷が信用取引によって事務処理の資金を取得し，それによって転用物訴権が成立していることを予期することができるからである。

◇第3節◇ 転用物訴権の成立の前提としての,求償権の成立

する自然債権である求償権,しかも免責を内容とする免責求償をその基礎とする。そこで,彼はまず,事務処理者が求償権を取得する前提としての,出費を検討する(§4.事務処理者の求償(43))。既に触れたように,「転用物訴権」論の副題が「同時に事務処理論に対する寄与」であり,ここでトゥールの事務処理論が展開されることになる(44)のであるが,本稿では,トゥールの「転用物訴権」論を理解する上で,必要な限りで紹介するにとどめる。

---

(41) 特有財産を有さない奴隷(servus sine peculio)が第三者と取引をした場合において,転用物訴権が生じないことをトゥールは以下のように説明する(S. 243ff.)。すなわち,支配説が契約締結時におけるpeculiumの存在を前提としない,独立した転用物訴権を肯定しようとする場合,それは,債権者の損失において主人の不当な利得が生じるような,訴権体系上,推測される欠缺を埋めるという意識的な努力に導かれている。しかし,第一に,債権者はiussusの形で主人の同意を確保せずしてservus sine peculioと契約した場合には,それを自己の無分別に帰さねばならないこと,第二に,転用物訴権の不存在は,債権者の完全な無保護を意味するのでなく,主人がpeculiumを承認したような外観をその態度によって惹起した場合には,a. doli (D. 4, 3, 20 pr.) によって救済され,特に,condictio sine causaが考慮される。しかし,cond. sine causaが可能であるのは,転用物訴権が存在しない場合のみに限られる。それは,(a) patrimoniumの増加が奴隷の自然求償と対立している場合には,主人の利得は語りえないこと,(b) そういえないとしても,主人への出捐が,承認された法原因に基づく場合のversioでは,condictio sine causaは否定されること,に基づく。これに対して,転用物訴権が排除される場合には,servus sine peculioの行為は,全く法的意義に欠けるので,主人が第三者の損失においてsine causaに利得しているという事実を有する(D. 12. 1. 12; D. 14. 3. 17. 4)。利得説の支持者からは,ここで,同じく利得に基礎を置く転用物訴権との競合を肯定することになろうが,彼によれば,両訴権はその基礎と範囲について異なるとする。すなわちcond. sine causaにおいては,主人の財産が統一的全体として増加を被ったかが問題となり,付加的訴権では,主人の財産をpatrimoniumとpeculiumに分け,patrimoniumが奴隷に対して,ある態様で,すなわちliberandi causaに責めを負う,その額のみを把握する。ここから,versumは内容上主人の利得額とは必ずしも一致せず,ある場合には,例えば,必要的事務が不成功に終わった場合には,利得額よりも大きくなり,ある場合には,例えば,versumが無資力な奴隷の自然債務と相殺された場合には,それ以下となる。

これに対して,特有財産を有しない家子(filius familias sine peculio)の場合には,奴隷の場合と異なり,第三者との取引により,市民法上の義務を負い,これに基づき自然求償が成立するので,転用物訴権の成立を肯定する(S. 251 ff.)。

Chiusi, a. a. O., S. 49-117は,2つの訴権が,peculiumとversumというように,立証対象を異にする以上,債権者の立証の便宜から,2つの選択肢が相互独立に与えられていたと推測する。

(42) S. 2-3.
(43) S. 18-82.

89

第 2 章 ◆2◆ フォン・トゥールの「転用物訴権」論について

I 事務処理の一般概念

委任反対訴権の主要な内容をなすのが，出費償還請求権で，事務管理反対訴権では，出費償還請求権はこの訴権の唯一の内容をなす。この2つの請求権はその成立する状況の外的相違にもかかわらず，内容的には類似している。このような関係を考慮して，市民法の体系を概観するならば，多くの場合において，内容上，委任や事務管理に基づく請求権と一致する，出費償還請求権が承認されているのを見いだす。例えば，後見反対訴権において。出費償還請求権を生じさせる，すべての構成要件についての一般的呼称を捜すならば，「広義の事務処理」(Geschäftsführung im weiteren Sinne) という表現がふさわしい。これは以下のように分類される(45)。

1 独立的事務処理
事務処理者GとDの間には，以下の点以外，何等の権利関係が存在しない場合である。

(a) GをしてDの事務処理に義務づけるもの，例えば，委任，後見，その他の法定代理の事例。

(b) Gによって任意に引き受けられた事務処理から生ずるもの，すなわち，事務管理。

2 非独立的事務処理
事務処理は，GとDの別の権利関係と関連している。2つの場合が区別される。

(a) GはDに対して，給付義務を負っている。例えば，売主として traditio を，受寄者，使用貸借借主，質権者，賃借人，用益権者，嫁資についての夫，遺贈についての相続人，が引渡を，請負人が物の製作を負うような場合である。Gは自己の事務であるこの義務に関連して，債権者の計算での，ある程度の付随給付をなす義務を負っている。例えば，物の保存のための出費。同様に，請

---

(44) この側面は，H. Isay, Die Geschäftsführung nach dem Bürgerlichen Gesetzbuche für das Deutsche Reich. 1900; F. Lent, Der Begriff der auftragslosen Geschäftsführung. 1909.; H.G. Isele, Geschäftsbesorgung. 1935. などに継承されることになる。なお，於保不二雄「事務の他人性」(『財産管理権論序説』193頁以下所収)，四宮和夫「委任と事務管理」(谷口還暦『不当利得・事務管理の研究』(2) 299頁以下所収) 参照。

(45) S. 22-24.

負人は，材料を注文者の計算で調達する義務を負う場合がある。

(b) 債務者が契約履行に際して，債務の目的物あるいは債権者の別の財産に，出費をなしうるが，それについて義務を負ってはいない場合がある。ここでは，債務者の事務処理と，契約関係の間には，なんらの法的因果関係は存せず，契約は，債務者の，債権者の財産圏に対する介入の切っ掛けにすぎない。彼は事務管理者であるにもかかわらず，請求権を契約訴権で行使しうる。費用償還請求権は，契約からではなく単にその際に生ずる請求権がしばしば契約訴権と関係づけられるように，いわば契約訴権によって引き寄せられる。しかし，この関連は，訴権体系とともに廃止された。費用償還請求権は，費用出捐が，(a) のように，契約の必然的結果で，契約の履行の一部ではないかぎり，現代法では，独立した請求権とみなされる。

(c) GとDの間に組合関係が存し，Dの利益を促進するGの行為は，同時に彼自身にも利益となる。Gはかような状況のもとでは，割合に応じて，Dの事務処理者とみなされる。

事務処理者の出費償還請求権の，事務処理全領域での同種性は，非独立的事務処理の事例が，個々の actiones に分配されていることでくもらされている。現代法では，ローマ法のアクチオの制限を越えて，より一般的概念に至ろうと努力せねばならない。これを，トゥールは，事務処理に基づく求償請求権（Regreßanspruch）と呼ぶ(46)。

II intercessio(47)

出費には，積極的出費としての erogatio と，消極的出費としてのすなわち債務負担という形での出費としての intercessio が区別され，前者からは償還請求権が成立し，後者からは，転用物訴権の基礎となる免責請求権が成立す

---

(46) S. 25.
(47) intercessio は通常，債務引受あるいは債務加入と訳される（柴田光蔵『法律ラテン語辞典』176 頁）。intercessio の表現は，法文では二重の意味で用いられており，広義では，他人の義務（債務）のあらゆる引受を示す。しかし，狭義では，ウェッラエウス元老院議決に係わる，他人の義務の引受のみが，intercessio と呼ばれている。第一の意味が通常であり，第二の意味では，例えば，l. 3, 14, 16, 23, 26 D. 16. 1 において用いられている（以上は，Windscheid-Kipp, Pandekten. Bd. 2. 1906. §485. N. 2 による）。婦女の加入行為（intercessio）（保証，連帯債務，質入れ，更改による債務者の免責）は有効ではあるが，ウェッラエウス元老院議決の抗弁によって，婦女の保護のために，効力を奪われる（以上，カーザー（柴田訳）448 頁）。

る(48)。

　後者の点につき，トゥールは以下のように言う(49)。intercessio による財産喪失は，erogatio の場合と以下の２点で区別される。第一に，intercessio の場合，財産喪失はただちに生ずるのではなく，債務が支払われてはじめて生ずる。第二に，したがって，財産喪失は債務負担の段階では，決定的ではない。債務は支払以外の態様で消滅する場合があるからである。この意味において，債務負担による事務処理者の財産損失をポンポニウス（D. 4. 2. 9. 3）の表現を借りれば，res imperfecta と呼ぶことができる。このような相違は，求償内容にも反映し，intercessio の場合には，債務負担によって生じた財産損失は，債務が事務処理者から奪われることによって，完全に除去される，すなわち，求償内容は，免責に向けられる。法文では，委任について，D. 17. 1. 45. 5，事務管理について，D. 17. 1. 45. 2 がこのことを語っている。

　D. 17. 1. 45. 5
「しかし，上述した場合と同じくしばしば，金銭支払前に委任訴訟が生じ，被告は与えることではなく，なすことに義務を負う。かつ，人がある者の委任において，取得した訴権を譲渡することを求められると同じく，人が同じ原因から義務づけられた場合にも，<u>それから解放される</u>委任訴権を有することは衡平である。」

　D. 17. 1. 45. 2
「また，汝が私の事務の遂行において，私の債権者の１人に何かを約束した場合，汝は支払う前に，<u>私がその義務を引き受けることを求めうる</u>ことは正しい。または，債権者が債務の変更に応じない場合，私が汝の代わりとなることの担保を与えねばならない。」

　より古い法ではおそらく免責請求権は知られていなかった。そこでは，はっきりした損失が生ずるまで，原告を待たせた。この思想に由来するのが，誓約者（sponsor）の「弁済されたものの訴権」（actio depensi）である。急迫せる未発生の損失の考慮は，法のより高い発展段階に属する。信命人（fideiussor）は場合によっては，委任訴権によって，免責を請求することができる(50)。

　intercessio には，３つの場合が区別される。
　１　免責的（(privative) intercessio(51)）

---

(48)　S. 38.
(49)　S. 46-49.
(50)　S. 49 Anm. 59.
(51)　S. 57-61.

事務処理者が本人を債務から解放し，同時に事務処理者の債務負担が生じる場合。expromissio，債務引受，defensio がこれにあたる。

2　重畳的（(kumulative) intercessio(52)）

事務処理者の債務負担は，本人の債務とならんで，本人を解放せずして生ずる。信命（fideiussio），他人の債務の弁済期日約束（constitutum debiti alieni）がこれにあたる。

3　間接代理的（(surrogative oder stellvertretende) intercessio(53)）

ここでは，事務処理者が本人を債務から解放することも，それに加わることもなくして，事務処理者の債務負担が生ずる。すなわち，事務処理者が第三者との契約から得られたものを本人に何らかの形で与えるために，債務を負担する場合である。ここには，多様な場合が含まれうるが，主要なものは，売買と消費貸借の場合である(54)。

さらに，彼は，事務処理の態様として，以下の2つを区別する(55)。すなわち，まず，処理者の犠牲によって本人の財産の増加が直ちに生ずる場合（一時的構成要件）と，処理者がなす犠牲によって，本人の財産にとって意図された

---

(52) S. 61-63.
(53) S. 63-67.
(54) なお，以上につき，船田享二『ローマ法』第3巻§627は，交替加入，重畳加入，暗黙の加入という表現を採り，暗黙の加入について，現実の債務を負担すべき第三者に代わって新たな債務を負担する場合で，第三者の必要とする金額を同人のためにある者から借り入れ，または同人のために諾約して，同人が支払をなすことを期待する場合と説明する。なお，暗黙の加入の場合には，法務官は，債権者のために，もしも同人が加入者である女子ではなく，その加入を受けた第三者と行為を締結したとすれば，これに対して取得したはずの訴訟を債権者に承認した（D. 16. 1. 8. 14）。この訴訟を actio institutoria（設定訴権，債務引受に関する訴権）と呼ぶ（船田享二『ローマ法』第3巻665頁）。これは，ウェッラエウス元老院議決により，婦女の加入行為の効力が奪われることの調整である（カーザー（柴田訳）448頁）。トゥールは，この訴権と，転用物訴権との類似性に注目し，以下のように言う（S. 131 Anm. 3; S. 223 Anm. 8）。自由な事務処理者の免責求償は，その債権者に，反射効という形で利益となる。事務処理をなす奴隷の債権者が，同じ場合において，権利を有することは，特有財産訴権の構造において根拠づけられる。これと同様な法思想が，私見では，ウエッラエウス元老院議決における設定訴権の基礎にあると考えられる。婦女は，その者のために債務加入したDに対して，契約相手方であるCの債権者からの免責請求権を有する。婦女は，Cに対して，奴隷がその債権者に対して責を負わないと同様に，責を負わない。その代わりに，債権者Cは両者において，婦女あるいは奴隷を飛び越えて，Dから，Dが婦女または奴隷に対して負っているものを，より正確には，婦女や奴隷が有効に債務負担をなすとすれば，負うであろうものを請求できる。
(55) S. 68-76.

結果は達成されず、むしろそのためには処理者のさらに別な行為が必要な場合（継続的構成要件）である。これに対応して、前者の場合には、処理者の出費の態様に応じて、償還あるいは免責の求償権を直ちに成立させる。後者の場合には、価値［物または金銭］は処理者の財産中にとどまっており、この価値を本人に与えるか、その利益に利用することが事務処理の内容として残っている。

　後者の例として、次のような例をトゥールは掲げる。事務処理者が消費貸借を受け、取得した金銭で本人のために物を調達した場合。その際、事務処理がいつ開始されたかで３つの場合が区別されるとする(56)。

　１　事務処理が消費貸借によって開始される場合。この場合には、物の調達と引渡は、事務処理の継続と完成にすぎない。危険負担は、消費貸借によって本人に移転し、この時点で求償の内容も定まり、処理者は消費貸借債務からの免責［もしくは償還］を請求しうる。

　２　処理者が消費貸借を自己の計算で引き受ける場合。この場合は、消費貸借は事務処理の準備にすぎず、事務処理は物の調達によって開始され、この時点において危険が本人に移転する。この時点で求償の内容と範囲が定まり、処理者は物のために支払った代金を償還請求［あるいは代金債務の免責請求］をなしうる。

　３　物の調達も処理者の計算でなされ、事務処理の開始は利用に存する。本人は物の危険を負担せず、処理者の求償は物が利用時に有した価値に向かう。

　そして、具体的場合に３つのどの場合にあたるかは、委任の内容、状況、処理者の意思方向（事務処理意思）が決定する（第６章参照）。但し、それは処理者の生活上の地位、本人との人的関係による修正・補充がなされる点(57)で、客観化がなされていることに注意を要する。

◆第４節◆　「免責請求権」の諸特性

　トゥールにおいては、免責請求権を転用物訴権の法的構成の基礎に置くことは、それがローマ法源において実際その基礎にあるという歴史的検証に由来するのであるが、本稿の課題からは、むしろその実質的正当化が、免責請求権の諸特性を介していかになされているかが、関心の中心となる(58)。

　免責請求権は、中間者Ｍが債務者として、債権者Ｘに対しているにもかかわ

---

(56)　S. 76-82.
(57)　S. 79-82.

◇ 第4節 ◇ 「免責請求権」の諸特性

らず，その債務の実質的負担者Yをして，債権者Xに支払わせることを，Mに許すことによって，債権者Xを実質的債務者Yに結びつけることを可能にする。しかし，この段階にとどまるかぎりでは，Xは，直接Yに対する請求権を取得することはできず，Xが利益を享受できるのは，あくまでMの請求に応じて，Yが任意に免責行為を実行する，すなわちXに第三者弁済する場合に限られる。トゥールはそこでローマ法においては，この免責請求権の存在がXに与える上述したような反射効果が，X自身の固有の権利に高められたと理解する。その基礎には，転用物訴権の紛争に現れる基礎にあるM・Y間の法律関係を間接代理の関係と捉え，X・Y間の実質的な直接的関係が法的関係にまで高められてあるのが，転用物訴権であるとの理解がある（現代法のてがかりとしては，商法典368条2項（HGB Art. 368 Absatz 2）（問屋の債権取得が内部関係では委託者のものとみなされる）[現392条2項]の類推にもとづく。但し，それはX→M，M→Y債権に二重に依存する。後述第7節参照）。

このような利益衡量による構成は以下のようになされている(59)。すなわち，まず転用物訴権が成立しうるためには，M・Y間に，MがXに対して負担した債務がM・Y間の事務処理関係にもとづく出費として，免責請求権が成立することを必要とする（ローマ法においては，この債権は，a. de peculio においては考慮されないで，転用債権者にだけ自由となる転用物訴権の基礎として現れる）。従って，M・Y間に成立するものが，免責請求権ではなく，通常の与える（dare）ことを給付内容とする金銭債権である場合には，XがMに対して有する債権とは関連性を有しないものとされ，Mの他の債権者の掴取にもさらされる（ローマ法においては，かような債権は，特有財産訴権において，特有財産の算定の基礎に含まれ，転用物訴権を行使する債権者以外の，債権者の掴取の対象に含められる）。言い換えれば，事務処理意思で行動していない時点での債務負担は，事務処理と無関係な出費として免責請求権を発生させない。他方では，事務処理に基づく求償権といえども，MのXに対する債務負担が，M自身によって支払われ，

---

(58) なお，Hellmann, Kritische Vierteljahrschrift für Gesetzgebung und RW, Bd. 38 (1896) S. 53 は，トゥールの「転用物訴権」論の書評中で以下のように言う，トゥールの転用物訴権の本質理解，換言すれば，免責請求権の理論的構成と，その実際的意義についての考察がこの著作の重点を形成すると考えられる。転用物訴権と準転用物訴権についての広くかつ深い考察は，これに比べれば，その実際的射程距離において，はるかに小さいのである，と。また，西村重雄「保証人の事前求償権 ── 民法四五九条のローマ法的沿革 ──」太田・荒川編『民事法学の新展開』(1993) 223頁以下が，事前求償の位置づけ・理解の変遷をたどる。

(59) S. 291.

求償の内容が，償還に変わった場合にも，転用物訴権は成立しないが，これは既に，Xの債権はMの支払によって消滅しており，直接請求の必要が存在しないから，あるいは転用物訴権の要件が存しないから，当然である。

I 体系上の地位[60]

ローマ法では，債務の分類は成立原因，厳密には actio の分類であった。給付の内容による分類はなされなかった。免責請求権は，なすべき債務（obligationes faciendi）に分類された。

D. 17. 1. 45. 5
「しかし，上述した場合と同じくしばしば，金銭支払前に委任訴訟が生じ，被告は与えることではなく，なすことに義務を負う。かつ，人がある者の委任において，取得した訴権を譲渡することを求められると同じく，人が同じ原因から義務づけられた場合にも，それから解放される委任訴権を有することは衡平である。」

しかし，このような特徴づけは，この請求権の性質の認識にとっては重要ではない。なす債務それ自体について妥当する法命題は，facere という点で特徴付けられる給付が多様である以上は，存しえなかった。

II 免責請求権の成立[61]

免責請求権は，事務処理者の求償の場合以外にも，多くの他の構成要件から生ずる。

1　債務者に対する債務引受（契約）によって生ずる場合
2　遺言（遺贈）の内容が受遺者を債務から免責することにある場合（D. 34. 3. 8 pr.; D. 34. 3. 11）
3　損害賠償に義務づける行為に基づき生ずる場合

　　　　D→L
　　　　↑
　　　　C

（L＝免責義務者，D＝債務者，C＝債権者。以下も同様。）

---

(60)　S. 82-85.
(61)　S. 85-88.

Lは契約上または不法行為上の過失に基づき，DがCの債務者になるようにする。

例：LがDのCに対する契約義務履行における，代理人または補助者の場合（D. 3. 5. 27; D. 3. 5. 29; D. 17. 2. 21-23 pr.; D. 45. 1. 38. 20; D. 45. 1. 38. 21; D. 4. 9. 6. 4），LからCへの転売で，DがCに対して違約罰の約束をしていた場合で，Lが履行遅滞をした場合（D. 12. 3. 3; D. 13. 4. 2. 8），Lからの買主Dがその物をCに転売し，追奪がCのもとで生じた場合（D. 9. 3. 5. 4）。

4 不当利得に基づき生ずる場合

Dは sine causa にCに対する義務を引き受けたが，それは実は，Lの負担となるべきものであった。DがLに対して condictio を有する場合には，支払っていないかぎり，この債務の解放のみを求めうる（D. 12. 4. 9. 1; D. 23. 3. 78. 5; D. 46. 2. 12; D. 12. 7. 1 pr.）。ほかに，占有者が所有者に属する義務を引き受けたことに存する，出費の場合も同様である（D. 6. 1. 19; D. 5. 3. 20. 20）。

以下では，事務処理者の免責請求権に限定するが，免責請求権の独自性は，事務処理者の求償という成立原因のみからではなく，請求権の内容（給付内容）から導きだされており，免責請求権が存する場合すべてに，転用物訴権が存せざるを得ない。

Ⅲ 免責請求権の債務負担に対する依存性[62]

債務負担は，免責請求権が存する場合には，この消極項目は最終的なものではない。免責請求権は生じうる損失の防止の手段であり，貸借対照表において，債務とならんで，それにみあう消極財産の中性化である。ここから基礎にある債務との，継続的依存性が生ずる。

1 債務者Dが債務を支払うやいなや，補償（償還）請求権に変化する。求償内容の変化は，求償は事務処理者の財産喪失に常にふさわしいものでなければならないということの帰結である。弁済や，その代用（相殺，代物弁済）と同じく，債務者の財産喪失に結びつく，債務消滅原因も同様である。

(a) 債務者と債権者の間の相続による，債務の混同（D. 17. 1. 11）

免責義務者が法の偶然によって利益を得ないように，償還請求権が与えられる。

---

(62) S. 88-93.

(b) 債権者が，債務者に利得させる目的で，贈与として免除する場合

Cの寛大さが，贈与者が念頭においていないLの利益とならないように，償還請求権を取得する。

2 債務が，債務者の財産喪失なくして消滅した場合には，免責請求権は消滅する。

債務者の優遇なき免除（D. 17. 1. 12 pr.），消滅時効，失効（Verwirkung），債権者の相続なき死亡（D. 21. 2. 57 pr.）の場合がある。

免責請求権の財産価値においても，債務負担に対する従属性が反映する。

債務が債務者にとって有するような消極的価値であり，債務を支払った場合にはじめて償還請求権に変化し，積極的財産に含まれる。

IV 履行の諸態様(63)

1 債務引受
2 債権者に対する支払
3 ローマ法における訴訟引受（defendere）
4 弁済資金許与（Deckung）（DがCへの債務支払のために利用するという合意で，LがDに引き渡す，金銭または物）

Deckungと区別せねばならないものとして，以下のものがある。

(a) 質物による保証（担保）

厳密には，償還請求権の担保である。

(b) 代物弁済としての，財産価値引渡

彼は，委任者が受任者に，第三者への債務支払のために利用する合意でもって，交付する金銭またはその他の物を，Deckungと呼ぶ。そして，Deckungは「支払のために」交付されるものであって，和解と通常結びついた，代物弁済が「支払に代えて」交付される場合と異なるとする。Deckungの場合には，「支払のために」という目的から，債務支払後に収支計算書の提出が受任者には義務づけられるし，債務弁済の後，交付した価値に残余があれば返還せねばならない。後者の場合には，Deckungの場合のような義務はなく，その価値を弁済後余りがあっても常に保持しうることになる。この2つの場合のどちらであるかを，当事者が明示に合意しなかった場合には，Deckungを推定すべきとする。

---

(63) S. 94-108.

次に，担保供与との関連では，担保の対象として何が考えられているかで，3つの場合が考えられるとする。

第一に，免責義務の履行が担保の対象と考えられている場合，すなわち，Deckungにおいて，物が交付された場合。

第二に，受任者が免責されない場合に自ら支払いを強いられ取得する償還請求権を担保の対象とする場合。これは，まさにドイツ民法第一草案が595条3項（その義務の履行によって受任者に生ずるであろう償還請求権の担保）で採った立場であった。トゥールは第二草案が，担保の対象を明らかにしていないことを評価し，第一草案の立場では，受任者は一旦みずから現金を用意して，債務を弁済した上でなければ，担保にかかれないので，受任者に不利益であることを強調する(64)。彼によれば，第二草案の立場は，担保の対象として，免責義務の履行を考えているとする。すなわち，彼のいうDeckungである。

第三に，委任者が，受任者にDeckungまたは免責を与えることの保証としての担保供与の場合である。

V　相　殺(65)(66)

相殺の可否については，トゥールは，委任者側からの相殺と，受任者側からの相殺とを分けて検討しているので，前者から，紹介する(67)。委任者側からの相殺に関しては，まず，相殺の要件である，債権の同種性の点で，相殺を否定する。この形式的理由を無視するとしても，受任者の第三者(C)に対する債務の支払いが，無資力によって，困難な場合を考慮して，やはり，否定すべきであるとする。トゥールの見解では，第三者の利害や，受任者の一般債権者の利害には言及されていないが，この場合，相殺を否定することは，第三者にとっては利益であり，委任者にとっては不利益である。

ただし，以下の場合には，異なる配慮が必要であるとする。第一に，委任者が受任者に委任を与えるときに既に受任者の債権者であった場合，すなわち「債務に基づく委任」(Mandiren auf Schuld) が存する場合である。ここでは，受任者がみずから委任者に対して負っている金銭債務の金額を，第三者に対する自己の債務の解放に用いるという合意を想定できる。すなわち，ここでは，

---

(64) S. 97; Anm. 37.
(65) S. 108-110.
(66) この部分については，拙稿「代弁済請求権と相殺」判タ632号31頁以下参照。
(67) S. 110.

受任者には，そもそも免責請求権が排除されているとする。
　次に，受任者側からの相殺の可否について，トゥールは，以下のように言う。原則として，否定すべきであるとする。同種性が欠けるという形式的理由を度外視するとしても，委任者は，第三者との交渉によって，受任者が第三者に対して負担する債務の額以下で，受任者を免責させる可能性を有するからとする。この場合も，委任者側からの相殺の場合と同様に，「債務に基づく委任」の場合には，免責請求権が排除されているため，そもそも相殺の前提要件が存しない。第二に，トゥールのいう，Deckung 請求権を受任者が委任者との合意に基づき，請求できる場合も，相殺はできないとする。というのは，Deckungとして，受任者に与えられる価値は，受任者の財産に決定的に帰属しておらず，それは受任者を第三者の債務から解放するに必要なかぎりで与えられるものであるからとする。従って，受任者の Deckung 請求権は，委任者から金銭債務を完全に奪う効力を有しない。この場合には，相殺ではなく，要件が満たされるかぎりで，Deckung 請求権の保護のための留置権（Retention）が，受任者に認められる。

Ⅵ　免責請求権の移転可能性[68]

　内容上移転しえない債権の存在は一般に承認されている。
　(a) 債務者が譲渡に関与していない場合，彼の法状態は譲渡によって本質的に悪化してはならない。
　(b) 債権者の交替は給付内容の変更と結びつくが，これは金銭債務などでは取引の利益のために甘んぜねばならない。これに反し，債権者の交替によって，全く別の内容をえる債権があり，免責請求権もここに含まれる。
　(c) 従って，後者の債権は移転しえない，と通常理解されている。
　ローマ法では，受領権限と訴権は原理上 1 人に統合されているが，現代法では，完全に分離しうる。「第三者への給付を求める債権」では，訴権はDに属するが，給付はCになされるものとしてあり，他方，Cはこの訴権を用いえない。
　このような訴権と受領権限の分離は後発的に設定されえないか？
　例えば，(a) 債権者と債務者との合意で，受領権限を第三者に移転すること。
　　　　　(b) 訴権を第三者に移転し，受領権限は自己に保留すること。

---

(68)　S. 110-121.

このようなことが可能である以上，給付が債権者に対してのみなしうる債権は，法上譲渡不能ではなく，事実上不適当であるにすぎない。したがって，免責請求権も譲渡しうる。しかし，それは譲受人の手中では通常価値がない。ただこのような譲渡が非実際的とならない1人の人物がいる。それは免責権限ある債務者Dの債権者Cである。譲受人として，自らへの給付を請求することは決して債権者を害する債務内容の変更ではない。この譲渡は2つの役割の統合により，法律像（juristisches Bild）の単純化に導く。これはDにとっても便利な手段である。この譲渡によって，譲受人には，財産価値が供給されるのではなく，むしろ法的に確保される。

CがLに対する請求権の譲渡に甘んぜねばならない義務を負う場合があるが（DがCに対する自己の寄託契約上の義務を履行するに際して，Lに代行させた場合の，DのLに対する損害賠償請求権，D. 16. 3. 1. 11），それはここでの事務処理に基づく免責請求権の場合ではない。

intercessioによる事務処理の場合には，DはCに対して，Lを指示しえず，Cは免責請求権の譲渡に応ずるかどうかは彼の自由である。しかし，Cはこの譲渡を請求する権利を有しない。

譲渡の基礎にある，譲渡人と譲受人間の権利関係は，1,「支払のために」なされる場合，2,「支払に代えて」なされる場合，とがあるが，後者の場合には，代物弁済による債務消滅の結果，譲渡された債権が消滅しないように，C→D債権を，永久に訴求しないことについての合意（pactum de non petendo in perpetuum）によって制約されたものとして，存続させる必要がある。

Ⅶ　免責請求権の差押可能性[69]

これはほぼ移転可能性と同様に考えうる。

Ⅷ　破産財団の積極財産としての免責請求権[70]

破産によって，「破産者の債権」は内容に変更を受けない。したがって，LはD破産後もCに免責効果をともなって給付しうる。2つの場合が区別され，第一に，消去さるべき債権が破産において申告されている場合にのみ，免責請

---

(69)　S. 121-123.
(70)　S. 123-130.

求権は破産財団の構成部分となる。第二に，債権者Cが自己の債権を個人的に行使することを選択し，破産手続外にとどまる場合には，免責請求権は破産から自由な財産として評価される。この場合にDが自己の自由な財産（破産開始後に取得した金銭）で支払う場合，トゥールによれば，償還請求権は破産者の自由な財産に属する。これは未履行双務契約から生ずる債権と類似するが，免責請求権の場合には，管財人は破産者の権利を奪いえず，債権者が破産に関与するか，債務者に人的に頼ろうとするかは，債権者の意思に依存する。また，債権者は免責請求権の譲渡を請求する権利を有しない。

　第一の場合には，管財人には2つの方法が与えられる。(1)管財人が免責義務履行を請求する場合には，Cの満足にいたる。同様に，Cに対する譲渡によって免責請求権を換価する場合にも，Cが「支払に代えて」受け入れれば，Cの満足にいたる。(2)管財人がCに支払った場合には，Lの財団に対する「与える」義務に変化する。したがって，管財人は，(1)の場合には，Cのための事実上の特典として作用する免責を惹起し，(2)の場合には，現実にCに支払われた額（配当金）のみの償還請求を取得する。第一の場合には，管財人にはさらに以下の方法が考えられる。管財人とLとの和解によって，Lは財団に少額を支払うことによって免責される。この方法はCに反射効として，法の偶然として生ずる利益は，Cの同意なくしても奪われうることによって根拠づけられる。さらに，破産における損失とみあう対価での，Cへの管財人による，免責請求権の譲渡が考えられる。

　以上のように，債権者Cの地位は，破産手続外にとどまるか否かにかかわらず，債務者D，破産管財人，第三債務者Lの行動に依存する，かなり弱いものである。トゥールはこのような場合に，転用物訴権を承認することによって，第三債務者Lに対する直接請求の道を開き，債権者Cの保護を強化しようとするのである。これは，peculiumを破産財団とみて，転用物訴権が，破産手続に類比される特有財産訴権と独立に，すなわち，破産手続外の権利行使を許すとするローマ法の把握からも傍証される（現代の破産手続がローマ法のように優先主義ではなく，平等主義であることを度外視すれば）[71]。

　しかし，ドイツの現代の判例・学説はトゥールとは逆に，破産開始によって免責請求権は支払請求権に変化し，破産財団に属することを承認する。その根拠として，ある者は以下のように言う[72]。免責請求権の移転可能性の制限は，

---

(71) S. 130.
(72) Gerhardt, Der Befreiungsanspruch, (1966) S. 99ff.

◇第4節◇　「免責請求権」の諸特性

　この請求権の特殊な給付内容（免責）からきており（トゥールが随所で，たとえばS. 171で，法の偶然（occasio iuris）によって債権者の利益となる優遇と述べることと対比できる），扶養請求権のような第三債権者のための保護機能は含まれていない。ここでは，第三債権者のための，責任対象としての特別な目的拘束は存在せず，破産財団への帰属が認められる。破産において，そうでない場合には，他の債権者がかかることのできなかった債権が破産財団に属することによって，これらの債権者も恩恵を受けうることは矛盾しない。ここでは，債権者を平等に扱うという利益が優先されるからである。他方，立法者がそのような保護機能，目的拘束を，免責請求権の基礎にある権利に見いだす場合，例えば，保険契約法157条（§157 VVG）では，責任保険において，被保険者が破産した場合には被害者は保険会社に対して，別除権として満足を受ける[73]。

　以上の現代の状況から示唆されるように，トゥールが免責請求権の特性を強調し，これが成立する場合には常に第三債権者の権利を強化しようとするに対して，現代ドイツ法での処理は，一応，免責請求権の特性は，破産の場合の債権者の平等の処遇の利益に劣後し，その強化は特別立法に委ねるという方法をとる。そして，後者の道が，利益衡量に基づく処遇の分化に，より適合的なものであることは明らかである。言い換えれば，トゥールは2つの債権が，免責請求権という形で結合していることにおいて，債務の実質的負担者と債権者を抽象的に結合させようとする（ただし，第7節Ⅳ参照）が，現代ドイツ法は，さらに，その2つの債権のより具体的な内容・関連性をも問題にするのである。

　ちなみに，ドイツ民法257条（BGB§257）はある目的のために出費（Aufwendung）をする際に債務を負担した場合に免責請求権を認めるが，このような表現であれば，事務処理に基づくものには限定されない。しかし，損害賠償義務が「出費」に含めうるかは1つの問題たりうる[74]。

---

(73)　Trinkl, Zur Rechtsnatur der Schuldbefreiungsansprüche, 1966. Diss. Tubingen. S. 36-37.
(74)　vgl. Tuhr, Grünhuts Z. Bd. 25 S. 542.

◆第5節◆ 転用物訴権の基礎としての intercessio, 利得説との対決

I　転用物訴権の基礎としての intercessio

　トゥールの転用物訴権論が目指したものは，権力服従者の事務処理に基づく免責求償が転用物訴権の根拠となることの歴史的検証にあったが，それは免責請求権に対する着目によって，特有財産訴権との競合の意味を解明すること（これは現代法に移行させれば，事務処理者破産の場合の，優遇的扱いの承認）にとどまらず，後期普通法を一貫して存在した，転用物訴権の理解としての，利得説と事務処理説の対立において，後者を支持することであった。前者の立場を，詳細な法源研究で主張していた Mandry（第2節Ⅰ参照）が，したがって，トゥールの批判の主たる対象となった。ただし，この法源理解をめぐっての論争はそれ自体としてより，むしろ近代法の制度分化の上で意味あるものであった(75)。

　彼は，まず，法文において，転用物訴権が生ずるとされている，個々の権力服従者の事務が果たして，intercessio の概念に含まれるかを検討する(76)。以下では，項目のみを列挙するにとどめる。

①免責的債務引受
　　1　債務引受（expromissio）
　　　家子による家長の債務の引受（D. 15. 3. 10. 2）
　　　奴隷による場合（D. 2. 14. 30. 1）
　　2　弁護（defensio）
　　　奴隷は訴訟能力を有しないので，家子のみが可能。
　　　(a) 家子が父のみに関わる訴えを引き受ける場合（D. 15. 3. 10. 1）
　　　(b) 家子が defensor として自己の父から a. de peculio を引き受ける場合（D. 15. 3. 10. 3）

②重畳的債務引受
　　1　fideiussio（保証）（D. 46. 1. 10. 2; D. 15. 3. 10 pr.）
　　2　constitutum debiti alieni（他人の債務の弁済期日約束による債務引受）

---

(75)　磯村哲「不当利得・事務管理・転用物訴権の関連と分化」(2) 法学論叢50巻5-6号（1944）456頁。
(76)　S. 142-169.

◇第5節◇転用物訴権の基礎としてのintercessio, 利得説との対決

(D. 15. 3. 15)
③間接代理的債務引受
　1　消費貸借
　2　主人のための物の購入
　3　主人の物の, 奴隷による売却
　　免責を請求しうる義務の内容として,
　　(a) 履行を求める買主訴権, または不履行による損害賠償
　　(b) 売却された物の瑕疵の責任 (減額訴権, 解除訴権 (D. 17. 1. 26. 8))
　　(c) 追奪の責任 (D. 15. 3. 7. 4)
　4　奴隷が, 第三者に, 主人の事務を処理するという委任を与える場合 (D. 3. 5. 41(42))
　5　嫁資の受領 (D. 24. 3. 22. 12)
　6　fiducia (信託) (D. 15. 1. 36)
　7　奴隷による取得が取消可能であり, 回復義務を生じさせる場合 (パウルス訴権 (D. 42. 8. 6. 12), ファビウス訴権 (D. 38. 5. 1. 22))
　8　回復に義務づけられるところの対象を主人の利益に利用する場合
　　(a) 事務管理 (D. 3. 5. 13)
　　(b) 後見 (D. 26. 7. 21; C. 4. 26. 1)
　　(c) precarium (D. 43. 26. 13)
　9　奴隷が主人の財産に利用した物を, 法律行為ではなく, 不法行為, 例えば, 窃盗で取得した場合 (ここでは, 転用物訴権は承認されず, condictio furtiva が承認された。S. 161 ff.)。

Ⅱ　利得説との対決

　次に, 彼は, 免責求償に基づく転用物訴権の基礎づけという仮説によって説明できない法文を検討することにより, 普通法における, 利得説と事務処理説の対立を歴史的に, 止揚しようとする[77]。

　法文において, 古い時代の法学者であるラベオーは転用物訴権の要件として, 債権者に由来する価値が主人の固有財産 (patrimonium) に至ることで十分であるとするのに対して (D. 15. 3. 3. 5; D. 15. 3. 7. 4), 古典期の法学者ウルピアヌスは, 事務処理の当初からの事務処理意思を要求し, 転用物訴権を事務処理に

---

[77]　S. 259-293.

基づく免責求償に基づかせる（D. 15. 3. 3. 2）。このような要件の差異は，トゥールによれば，以下のように説明される[78]。

まず，古い時代においては，奴隷の主人に対する自然債権が成立しなかった，さらに，一定の種類の奴隷取得は，ただちに patrimonium に属したと思われる。この場合，債権者は自ら与えた価値を peculium に見いださず，peculium は主人に対する自然債権によっても増加していないので，損失を被る。このような事態は，奴隷が，調達した財産を patrimonium のために利用する場合も同様である。このような事態に対する救済手段として，法務官が特有財産訴権の補完として，転用物訴権を定立したのである（D. 15. 3. 7. 2; D. 19. 2. 60. 7; D. 15. 3. 3. 5）。したがってこの訴権の，古い時代における基本思想は，債権者の損失における，主人の利得である（D. 15. 3. 10. 7; D. 15. 3. 2）。

しかし，peculium の patrimonium に対する独立化にともない，peculium の内容として，第三者に対して取得する債権，ひいては，主人に対する自然債権も，承認されるに至った。これによって，いまや，従来主人の利得として現れていた事象は，patrimonium は奴隷の求償債権によって負担を受けているから，もはや主人にとっての純粋な利得としては現れない。そこで，この自然債権と，同じ事実から生ずる転用物訴権が関連づけられねばならない。すなわち，奴隷の自然債権のうちで，免責に向かうものと，dare（与えること）を内容とするものが区別され，免責に向かうものは，a. de peculio において考慮されず，転用債権者のみの自由となる。dare を内容とするものは，転用債権者の債権と関連を有しないものとして，特有財産の構成部分を形成し，特有債権者の捕取にさらされる。このように，法文間の矛盾が転用物訴権の歴史的基礎の変化に対応するものとして説明される。

以上が，転用物訴権の基礎の変更による，その適用領域の制限とすれば，他方で，適用領域の拡大として，本人の利得が語り得ないか，事務処理の規律によってのみ，利得が語り得る場合として，①事務管理の効果が不発生の場合の転用物訴権と，②免責的債務引受，重畳的債務引受に基づく転用物訴権，の場合がある。これらの場合には，感覚的・実体的意味での利得は欠けている。このような場合に転用物訴権を承認することは，特有財産法のより精密な形成（債権の peculium への帰属）に条件づけられた，洗練された利得概念の成立であり，転用物訴権論の進歩を見いだすことができる[79]としている。

---

(78)　S. 287 ff.
(79)　S. 287 Anm. 47.

従って，トゥールにおいては，利得説と事務処理説との対立は，ローマ法の進展においては，古典期において，事務処理説が，利得説から発展したものとして把握され[80]，その帰結が肯定的に現代法においても主張されるわけである。利得法的理解は，権力服従者の経済的独立性が法的次元まで十分反映しない時代の産物として，その時代では意味あるものであったとしても，退けられ，現代法の理解としては，なおさら採り得ないとされるのである。

◆第6節◆　転用物訴権の根拠づけ・要件・効果

Ⅰ　根拠づけ

ローマ法での転用物訴権の根拠づけは，彼によれば，さしあたり，特有財産制度を前提とした，その構造に求められる。すなわち，転用債権者も，特有財産訴権を行使しうるが，彼にはさらに奴隷の自然債務を自己の利益において行使しうる権利が，転用物訴権によって与えられている。免責求償は peculium の構成部分ではあるが，通常の特有債権者の利益とはならず，特有財産訴権における，特有財産の算定において算入されない。

Ⅱ　要　件

転用物訴権の要件を問うことは，トゥールによれば，それは事務処理者が主人の事務処理において取得する免責求償に基づくのであるから，事務処理（委任，事務管理）に基づく求償権の成立を問うことになる。すなわち，1 事務の他人性（主人の事務であること），2 事務処理意思，3 事務処理意思を排除するものとしての贈与意思，4 主人の同意（追認），⑤事務の有益性である。

事務処理意思については，その客観的構成要件によって他人の事務とされるようなもの（例えば，他人の物への出捐，他人の債務の支払）と，それ自体では

---

(80)　転用物訴権に関する最新の文献と思われる Chiusi, a. a. O., S. 44f. は，D. 15. 3. 3. 2 に関するインテルポラチオ学説を引きつつ，そこでの，ウルピアヌスの委任や事務管理との類比から，体系的変更の意図を読み取ることはできず，一定の構造上の類似性の記述にとどまると評価する。G. MacCormack, SDHI 48（1982), 363-366 は，ウルピアヌスの事務管理への言及は一様ではなく，古典期後期の他の法律家に共有されていたかは疑問であり，利得と事務処理の両観点は古典期を通じて，並存し，相互に影響し合っていたと理解する。

中性的で，行為者の意思方向によってのみ，他人の事務となるようなもの（例えば，消費貸借，物の購入）が区別され，第一のカテゴリーでは，事務処理意思は，他人性の認識で十分であり，第二のカテゴリーでは，本人の財産との関係は，処理者の意思によって，すなわち，借金，購入した物を，本人の利益に用いるという意思によって定立される。したがって，まず，第一のカテゴリーに関して，何が「物自体から」(res ipsa) 主人の事務であるか（1「事務の他人性」）が問題となり，第二のカテゴリーについて，中性的な事務を主人の事務とするためには，奴隷の2「事務処理意思」はいかなるものでなければならないか，が問題となる[81]。

以下，やや詳細に紹介するが，トゥールの法文理解の当否は問題としない。

1　事務の他人性[82]

本人に利益をもたらす行為が直ちに本人の事務となるわけではない。例えば，処理者が一定の反対給付と交換にその行為をなす義務を負っている場合，あるいは本人に反射効として利益をもたらすことを知っていても自己のためにその行為をする場合には，他人の事務は存しない。同じことが，negotium domini と negotium proprium servi との限界づけにも妥当する。ここでは，peculium と patrimonium domini の関係は，自由な procurator と本人の財産の関係ほど相互に独立していないことによって限界づけの困難は一層高められている。すなわち，peculium は patrimonium の一部であり，奴隷の peculium を増加させる行為は必然的に，同時に patrimonium の増加をもたらす。しかし，ローマ人は奴隷が patrimonium を増加させたか，peculium を増加させたかを厳格に区別し，前者の場合には，主人の事務，後者の場合に，奴隷自身の事務を見る。後者の場合，主人の財産が増加しても，それは付随的効果（Nebenwirkung）であり，奴隷の行為の法的判断について，考慮されることはない。奴隷の peculium の増加に向けられた主たる意図が完全に優越し，彼の行為に自己の事務という性格を与える。

D. 15. 3. 6

「なぜならこれが正しいとすれば，特有財産に属するものを売却する以前でさえ，奴隷の所有者は転用物訴権に拘束されていたことになるからである。奴隷が物を特有財産中にもつこと自体によって奴隷の所有者はより豊かになるこ

---

(81)　S. 169-171.
(82)　S. 173-188.

とになるが，これは明らかに誤りであるからである。」

　法文において，服従者の事務とされるものとして，奴隷の債権者に対する支払（D. 15. 3. 11），主人に対する自然債務の支払（D. 15. 3. 10. 7; D. 14. 6. 7. 12），主人に対して解放のために約束したものを支払う場合（D. 15. 3. 2）がある。これに対して，家子の自己の娘に対する嫁資の付与は，当初は家長の事務とされ（D. 15. 3. 8; D. 23. 3. 5. 8），後に生活習俗が変化し，家子の意思方向によって定まる中性の事務となった（D. 15. 3. 7. 5）。同様に，生計に必要な衣食の供与（D. 15. 3. 3）も服従者の経済的独立性，家族の状況によって判断される中性の事務である。

2　事務処理意思[83]

　トゥールはまず2つの場合を区別する。奴隷が主人のために債務負担をする場合，第一に，奴隷による債務負担によって主人の利益が維持される場合がある。例えば，奴隷が主人の債務を更改または保証する場合である。この場合には，奴隷は彼の意図を問題とすることなく，re ipsa に主人の事務を処理した。第二の場合には，奴隷の債務負担は，それ自体によっては主人の利益ではなく，奴隷がその債務負担に基づいて取得する反対給付を主人に与える意図を有していた場合にのみそういえる。すなわち，奴隷が契約締結時に事務処理意思を有していた場合にのみ，免責求償したがって転用物訴権が成立する。

　以上を言い換えれば，トゥールは第一の客観的他人の事務の場合には，事務処理意思を必要としないが，第二の主観的他人の事務の場合には第三者との契約締結時に事務処理意思を有していることが必要とされることになる。

　さらにトゥールはいう。あるものを主人に与えるまたは主人のために利用するという意図で取得しても，その調達は必ずしも事務処理の開始とは理解せられない。それは，奴隷自身の計算と危険でなされるところの，事務処理の準備の場合もありうる。

　この場合には，求償は免責請求権としてではなく，主人に対する利用によって生ずる償還請求権である。奴隷と家子の場合には，ローマ人はその関係を，調達行為がすでに事務処理の開始であり，したがって主人の計算でなされるものと理解する。このことはトゥールによれば，これらの者の生活上の地位から容易に明らかとなる。奴隷と家子は，家父の自然な管理人（natürliche procuratores）であり，彼らが主人に代わって何かを行おうとする場合に，その資金を

---

(83)　S. 188-196.

peculium に有しない場合には，消費貸借を主人の計算でのみ引き受け，債権者に対して主人のための事務処理関係を明かすことによって，事務処理意思の証拠を後日のために確保しようと配慮するであろうことが推測されるからである。

次に，彼は2つの問題を検討する。

① 主人の財産に至った価値の形態について

調達された物自体が主人の財産に与えられまたは利用されることは必要ではない。奴隷は自己の事務処理を，信用取引によって，利用される価値の取得のための資金を調達することによっても，開始しうる。この場合には，消費貸借は主人の計算でなされる。

D. 15. 3. 3. 1

「奴隷が受領したもの自体を奴隷の所有者の利益に転用したときであれ（例えば，小麦を受領して奴隷の所有者の家族のために小麦自体を食料として消費した場合，あるいは債権者から受領した金銭を奴隷の所有者の債権者に弁済した場合，…），奴隷が奴隷の所有者の事務を行いあるいは管理するために何事かを行った場合であれ（例えば，家族を扶養するために穀物を調達しあるいは家族に着せるために衣服を調達することを目的として，金銭が消費貸借された場合），…」

この法文での第二の事例（財産の変態と結びついた versio）はしばしば他の法文でも現れるが，第一の事例である versio rei ipsius（受領したもの自体の転用）の方がより単純でありかつ，通常の場合であると考えられる。この場合には，転用意図の立証も，調達したものに代わってその代償が現れる場合より，容易であるからである。

② 価値の移転の形態について

物は債権者の財産から直接 patrimonium に至る場合と，peculium を通過して patrimonium に至る場合がある。

D. 15. 3. 3. 1

「…特有財産のために奴隷が消費貸借し，その後奴隷の所有者の利益に転用するときであれ，奴隷の所有者の利益に転用されたものと見られる。たとえ最初に金銭を特有財産に転用するとはいえ，のちに奴隷の所有者の利益に転用するときは，転用物訴権がありうるという法を我々は用いているからである。」

D. 15. 3. 5. 3

「債権者から即座に奴隷の所有者に帰属した金銭ばかりでなく，以前に特有

財産中にあった金銭も奴隷の所有者の利益に転用されると定められている。」
　マンドリ(84)はこの2つの場合を直接的versioと間接的versioとして，この区別を叙述の基礎に置くが（前出第2節I），これは自由人間の取引において承認されている，物権取得における，直接代理と間接代理の区別の奴隷法上の正確な類似物である。自由な管理人は，ただちに本人を所有者とするか，あるいはまず自ら取得し，次に第二の移転行為として本人を取得された権利の所有者とするかの，選択を有する。奴隷はなるほど法必然性によって，主人をただちに所有者とするが，物がpatrimoniumに至るか，peculiumに至るかは，奴隷の意思に依存する。取得がpeculiumの資金からなされるならば，peculiumのために取得するという意図は存在すると前提してよい。これと異なる，patrimoniumへの直接の出捐の意図はそれではいかに立証されるのか。このためには，奴隷が自己のpeculiumについてなす計算が，あるいは主人の財産管理をしている場合には，この財産についてなす計算が，外的徴表として役立つ。それでは，間接的versioはいかなる要件のもとで存在するのか。
　D. 15. 3. 5. 3
　「…しかしながら，奴隷が奴隷の所有者の財産を管理して特有財産に属する金銭によって奴隷の所有者をより豊かにするかぎりでは，常にこのことは正しい。…」
　マンドリは，この法文においてウルピアヌスは利得の要件を強調しようとしたものと解し，信用取引によって取得した価値がpeculiumからpatrimoniumに至り権力者が原状回復または価値償還に義務づけられる場合すべてに間接的versioを承認する。
　しかし，トゥールは以下のように反論する（S. 192 ff.）。この法文全体を見れば，ウルピアヌスはここで利得ではなく，事務処理をversioの要件として強調していると考える。主人が物を取り上げ（ademptio），あるいは物が奴隷から主人に売却された場合（D. 15. 3. 5. 3）または贈与（D. 15. 3. 7 pr.）によって得る場合には，ウルピアヌスはこの訴権を否定する。これに対し，物が主人に事務処理の方法で帰属する場合にはversumが存する。このような現象は以下のように説明される。取り上げまたは贈与によって，なんら主人の自然債務は成立しない。売却によって自然債権は成立するがそれは売買代金を対象とし，与える債務として通常のpeculium財産に属する。しかし，転用物訴権はトゥールによれば，peculiumの免責請求権に基づいており，それは事務処理からの

---

(84)　Bd. II. S. 484ff.

み生じうる。この調達行為は，事務処理意思をともなってなされねばならない。この要件のもとでのみ，奴隷は主人から債務の免責を請求しうる。これに対して，奴隷が売買または消費貸借を自己の利益で締結し，その後に変心して(mutuo consilio)取得した価値を主人の財産に利用した場合は，彼の求償は出費に由来し，出費償還に向かう。したがって，転用物訴権の基礎とはならない（ただし，通説は，利用時の意思の存在で十分とする）。

　法文は，事務処理意思が存在せねばならない時点について何ら確かな言明を与えていない（トゥールによれば，D. 15. 3. 3. 9が，彼の見解である，契約締結時での事務処理意思の要求を支持するように見える。「…それにもかかわらず，奴隷が，受領したものを転用することを常としていたものであったときには，どうなるのか？<u>異なる意図で受領したとき</u>，またはこの意図で受領したが後に他の者に転用したときには，依然として奴隷の所有者の害にはならないと私［ウルピアヌス］は考える。」すなわち，奴隷が物の取得の際に転用意図を有していない場合には，たとえ後にその物を patrimonium に利用したとしても，転用物訴権は成立しないと解する）。しかし，法文の不明瞭な状態は，事務処理意思の立証がいかになされたかを念頭に置くならば，それほど奇妙なものではない。直接的 versio の場合には，事務処理の意図は，帳簿（rationes）への記入によって確認される，patrimoniumのための取得から明らかとなる。間接的 versio の場合は異なる。この場合の取得は，外形的には peculium の計算でなされ，奴隷の内的意思は，債権者には（例えば，債権者は買主が自己のためにか，いわゆる間接代理の本人のために行為しているかを知り得ないと同様に）さしあたり認識しえない。のちの事実がはじめて，奴隷の当初からの事務処理意思を，債権者が立証することを助ける。奴隷が調達した物または価値を patrimonium にもたらし，奴隷と主人の間に，特別な法律行為（売買，贈与）が締結されることがない場合，あるいはその利用が取得と緊密に結合していて，その調達が peculium のためだとは見えない場合，これらの事実は，その性格上通常は直接的立証ができないような事務処理意思の実質的事実がそこから導きだされるような，徴表なのである。例えば，以下の法文にはそのような思考方法が看取されるとする。

　　D. 14. 6. 7. 12

　「…しかし初めにはこのように受領しないが，後に父親の財産に転用したときにも，元老院議決は適用されないとユリアヌスはディゲスタ第12巻で述べ，<u>家子が父親の財産に転用するように初めから受領したと解されるべきであるとする</u>。」

　　トゥールはこの法文を以下のように解する。ユリアヌスは当初よりの事務処

理意思を versio の要件と考える。しかし，その立証は場合によっては，後の利用という事実のみによってなされうると。

　彼によれば，免責請求権と転用物訴権が成立するためには，事務処理意思は契約時に存する必要があるが，それはこの時点では，いわば「場合によってはありうる意思」（eventuelle Absicht）として現れる場合がある。

D. 15. 3. 10. 10

「偶然から家子が父親の利益に転用することが生じうるかどうかを同人［ポンポニウス］は論ずる。例えば，父親と家子が2人の主債務者であり，消費貸借をした家子が自己の名で弁済するとき，あるいは君が父親の命令で家子に金を貸し，家子が借金を君に弁済したときがそれである。もちろん金銭が父親に帰属したときには，父親の利益に転用されたと見られるが，もしそうならずに，家子が自己の事務を処理するものとして弁済したならば，転用物訴権はないと私には思われる。」

　この場合，父親と家子が共同で消費貸借を受け，その金銭は必要に応じ，どちらかの利用に供される意図であった。誰が他人のために債務引受し，免責を請求しうるかは，さしあたり浮動的であり，おそらく共同で寄託されている金銭の利用という事実によって判断される。

　さらに別の意味で事務処理意思は eventuell（可能的）である。例えば，奴隷が未だ予見し得ない主人の事務を処理するために借金する場合，彼は当初は主人の債務 a をこの借金で支払うことを考えていたが，後に突然現れた別の債権者の債権 b を支払うことを決心した。彼のこのような事務処理意思の方向の変化にもかかわらず，彼はあいかわらず消費貸借契約を事務処理の開始と考え，消費貸借債務の免責を請求しうる（D. 15. 1. 30. 1; 32 pr. 主人の死亡による，その相続人に対する利用）。

3　贈 与 意 思[85]

　事務処理にもとづく求償の別の要件として，animus recipiendi sive obligandi の存在，正確には，animus donandi の不存在が必要である。この要件は，トゥールによれば，求償理論の決定的証拠となる。すなわち，自由な管理人の求償を排除する贈与意思が，奴隷の事務処理者の場合には，転用物訴権の成立を妨げる。このことを以下の法文が実証する。

D. 15. 3. 10. 2

---

(85)　S. 196-202.

第2章 ◆2◆ フォン・トゥールの「転用物訴権」論について

「父親が与えなければならないものを私が家子から問答契約し,家子を訴えた場合にも規定は同一であるとパピニアヌスは論じている。なぜならこの場合にも家子が父親に贈与することを欲して債務を負うのでなければ,転用物訴権があるであろうからである。」

この法文に対して,利得理論の支持者は困難な立場に立つ。というのはこの場合,明らかに,父は家子の債務引受によって解放され,家子が訴えられ peculium から支払いえない場合,債権者の損失で家子の法律行為によって利得する。それにもかかわらず,転用物訴権は許されないと法文は述べているからである。

以下の法文も同様である。

D. 15. 3. 7 pr.

「それゆえに奴隷が奴隷の所有者に特有財産に属する物を贈与した場合にも転用物訴権は行われない。そのことも正しい。」

これに対して,次の法文は,これらと一見矛盾する。

D. 15. 3. 7. 1

「奴隷が消費貸借を受領し,贈与する意思で(奴隷の所有者に)弁済したとしても,奴隷が奴隷の所有者を特有財産の債務者とすることを望まないかぎり,転用物訴権があることは明白である。」

この法文は従来から,求償理論の擁護者に困難を与えてきた。しかし,トゥールは以下のように理解することによって,求償理論からも理解が可能であるとする。すなわち,奴隷が主人のために消費貸借を受け,受領した金銭を主人の金庫に払い込む。消費貸借締結時には奴隷は事務処理意思を有していたが,後に気が変わってこの金銭を贈与しようとする。それにもかかわらず,ウルピアヌスは転用物訴権を認める。この理由は以下のとおりである。転用物訴権は奴隷の求償権より生じ,これと同時に生ずる。しかしこの求償は,法定条件である後の事実に依存するとしても,債務負担(消費貸借)の時点から成立する。例えば,奴隷が利用を中断する場合(D. 15. 3. 3. 9)には求償権は成立しない。他方,事故での利用の不能は求償権を妨げない(D. 15. 3. 17 pr.)。これに対応し,第一の場合には,転用物訴権は否定され,第二の場合には肯定される。それでは,後発的贈与意思の場合はどうか? この場合に,利用の中断の場合と同じく,転用物訴権を否定することが一貫しているように見えるが,実際の状況は全く異なるものである。奴隷が主人のために借りた金を浪費した場合には,求償の客観的要件が欠ける。これに対して,奴隷が利用を贈与意思でもって現実にする場合には,求償の客観的要件は与えられており,奴隷の意思

という1つの障害のみが存する。すなわち，主人を，利用という事実によってさらされている転用物訴権から，意思の変更によって守り，同時に債権者の権利を挫折せしめるのは，奴隷に依存していることになる。主人にこのような好意を与えないのはいかなる奴隷であろうか！もちろん，奴隷はそれによって自己の求償権を失うが，peculiumが無資力の場合には奴隷に真の損失は存しないが，まさに債権者が転用物訴権を行使しようとする場合はそのような場合なのである。奴隷がこのようにして主人を，債権者の損失において優遇させることを妨げようとすれば，ウルピアヌスがなすように，転用物訴権の完成を奴隷の意思変更に依存させないようにさせねばならない。奴隷は自己のpeculiumの構成部分としての求償を放棄しうるが，事実上の要件が既に存する転用物訴権の成立を，単なる意思によって挫折せしめることはできない。

このような説明に対して，D. 15. 3. 10. 2のように，当初からの贈与意思によって，債権者から転用物訴権を奪うことができると反論するかもしれない。しかし，求償が当初から存在しない場合と，最後の時点で挫折せしめられる場合とは異なる。以下のような実際的考慮が付加される。債権者はしばしば転用物訴権を当てにし，この目的のために，奴隷に事務処理意思について問うことによって確保する。奴隷の変心が有効とすれば，債権者に対する詐欺に至ろう。これに対し，当初より，債権者がpeculiumを当てにし，奴隷の意思を締結時に調べない場合には，知られざる贈与意思が転用物訴権の成立を妨げるとしても，それについて何ら考えていないのだから，何らの不当性は存しない。

4　本人の同意[86]

他人の利益の保持のためになされた行為がすべて本人を拘束するというわけではない。事務処理者の好意的な意思に，以下の事実が加わらなくてはならない。すなわち，本人の同意，またはそれが欠ける場合には，事務の有益性，すなわち，法秩序が合意の不存在を無視するほど明らかな，事務処理者の行為の妥当性，が本人の計算でなされた行為を現実にも本人の負担とさせることを正当化させる。本人の同意が事務処理のきっかけを与える場合には，効果は委任に従う。あるいは事務処理が完了した時点で与えられる場合（ratihabitio）には，求償は事務管理を媒介としてなされるが，一旦根拠づけられれば，委任訴権と異ならない。主人の意思は，転用物訴権の場合でも，事務処理に先行しあるいは後行する。

---

(86) S. 202-208.

D. 15. 3. 3. 2
「委託事務管理人が委任訴訟を有し，事務を処理した者が事務管理訴訟を有する場合にしばしば転用物訴権が生ずると我々は規則通りに言う……」

主人の先行する同意は，若干の法文では，異なった名称の下で，転用物訴権の基礎として引用されている。

D. 15. 3. 3. 4 「本人の委任または意思」

D. 15. 3. 3. 6 「その所有者の意思によって」

D. 15. 3. 16 「命令」

別の法文 (D. 15. 3. 5. 2; D. 15. 4. 1. 3) では，主人の同意から，a. quod iussu が導きだされている。

同じ現象は後発的同意の場合にも見られる。ある場合には転用物訴権を基礎づけ (D. 15. 3. 5. 1; eod. 5. 2)，他方では，a. quod iussu を根拠づける (D. 15. 4. 1. 6)。

ここから，両訴権の競合を推論することは正しくない。a. quod iussu における iussus は最近の支配説 (Pernice, Windscheid, Dernburg) によれば，権力者から第三契約者に向けられた表示である。これに対して，転用物訴権が与えられるところの主人の同意は，債権者に対してではなく，服従者に向けられた主人の表示が問題となる。このような解決（内部的委任と外部的委任 (iussus)，内部的追認と外部的追認の区別）が，衡平にふさわしい，a. quod iussu と a.d.i.r.v. の間の限界付けを生みだす。債権者が契約締結時に本人の同意を得れば，彼の請求権は peculium の存在とその範囲に依存しない。他方，彼が奴隷とのみかかわりあう場合には，原則として peculium に指示され，他の特有債権者からは，彼の債権に対応して成立している奴隷の求償権において，一種の取戻権が与えられることによってのみ優遇される。しかし，この利益は自己の活動からではなく，免責求償の性質から生ずるので，それは彼の意思なくして生ずる事実（主人による控除，主人の peculium への支払）によっても奪われうる。

古典期後期には，この法状態は a. quasi institoria の成立によって変更を被った。この C. 4. 25. 6 に由来する準支配人訴権は，本人の同意が服従者に向けられていることに由来する。したがって，準支配人訴権は，命令訴権か転用物訴権に対して有したと同じ利点を有するから，両訴権の競合は長くは主張され得ない。この訴権が，権力服従者の法律行為に移転されるやいなや，内部的委任のすべての場合，または少なくとも奴隷がこの委任を契約締結時に債権者に通知した領域において，転用物訴権を排除したと考えられる。これに対して，追認に由来する転用物訴権は，準支配人訴権の発展とは関係がないように見える。

5　事務処理の有益性[87]

本人の委任または追認がない場合には，転用物訴権は奴隷の法律行為が uti-liter gestum であることに依拠しうる。

D. 15. 3. 5. 2

「奴隷が奴隷の所有者のために買ったものは，もちろん奴隷の所有者の意思によって買ったときには，命令による訴訟によって訴えられることができる。これに反して，意思によらないが，少なくとも奴隷の所有者が追認しあるいは<u>そうでなくとも奴隷が奴隷の所有者に必要なものあるいは有用なものを買ったときには，転用物訴権があるであろう</u>。」

この場合には，法文において以下のような法命題が定立されている。

① 奴隷が本人の事務を開始することが本人の利益である場合（negotium uti-liter coeptum）には，事務処理の結果が，偶然の事情によって挫折またはのちに破壊されても，転用物訴権の成立は妨げられない。

D. 15. 3. 3. 7

「それゆえに奴隷が奴隷の所有者の家族を養うために穀物を調達し，奴隷の所有者の倉庫に貯え，その後に穀物が紛失し，腐敗し，あるいは燃えた場合には，転用されたとみられるといわれるのは正しい。」

D. 15. 3. 3. 8

「しかし，奴隷が奴隷の所有者に必要な奴隷を買い，その奴隷が死亡した場合，あるいは奴隷が小屋を支柱で支えたが，小屋が倒壊した場合，転用物訴権があると私は言うであろう。」

D. 15. 3. 17 pr.

「奴隷の所有者の利益のために金銭を消費貸借した奴隷が過失なくしてそれを紛失した。それにもかかわらず奴隷の所有者を相手として転用物訴権が実行できると彼は判断した。なぜなら私の事務に出費するので金銭を消費貸借した私の委託事務管理人が過失なくしてそれを紛失したときにも，その者はこの点において正当に委任訴訟あるいは事務管理訴訟を実行するであろうからである。」

この命題はまさに事務管理の法と一致している。本人は自己の利益において開始された事務の危険を負担する。fr. 17 pr. では，アフリカヌスはその上，自由な管理人の類推さえ指示する。求償理論にとってはここにその最も重要な論拠の１つがある。マンドリ[88]は奴隷による必要的事務の実行において，主

---

(87) S. 208-219.

人のための出費節約が含まれていることを強調することにおいて，本人の利得の存在を立証することを試みる。これは奴隷が利用さるべきものを調達した時点では正しい。しかし，その物の利用以前に事故によって滅失する場合，マンドリ[89]が認めるように，継続的利得は，以下の場合にのみ語りうる，すなわち奴隷の事務処理が欠ける場合には，本人が調達した物も事故によって滅失したであろうことが認められる場合である。それにもかかわらず，法文の判断と調和せしめるために，マンドリは以下のような命題を立てることを強いられる，すなわち，金銭が権力者の手中で消滅しているという主張は立てられない，服従者の事務処理は，事態によって要求せられたものとして，後に拒絶しえないからと。しかし，こう主張することで利得の原理は事実上放棄されており，事務管理反対訴権のすべての要件を備える請求権を，利得に基づくものと性格づけることになり，正当でない。

② 有益に開始された事務処理が奴隷の意思決定によって中断され，調達された価値が奴隷の自己利益に利用された場合には，奴隷の求償権，したがって，転用物訴権も完成しない。

③ たとえ必要的でない奴隷の活動にせよ，主人の財産が増加した以上，奴隷には，たとえ内容上修正されているにせよ，求償権が生じ，したがって，転用物訴権が肯定される。

III 効 果

1 転用物訴権の内容[90]

転用物訴権は，トゥールによれば，奴隷の事務処理に基づく免責求償に由来する。したがって，その内容は，一方では，事務処理（委任，追認，事務の必要性は完全な求償を与え，必要的でない事務では，求償は利得に制限される）の規則にしたがい，他方，奴隷によって事務処理意思をともなって引き受けられた義務に従う。

転用物訴権が一方では，奴隷が債権者に対して負担する義務に依存していることの証左は，消費貸借の利息の支払義務を肯定する法文（D. 15. 3. 10. 5）が存することによって与えられる（この法文は，利得説からは説明困難である）。売

---

(88) Bd. II. S. 506ff.
(89) S. 510.
(90) S. 219-224.

買代金利息も同様である。遅延利息については，法文はないが，トゥールは，事務処理者としての奴隷に遅滞について，なんら非難がなしえない場合，例えば，主人が奴隷に適時の Deckung の期待をもたせた場合にのみ肯定する。

　転用物訴権が奴隷の免責求償に基づく以上，債権者は訴えの基礎として，奴隷の債務と，委任または事務管理に基づく主人の免責義務を，立証する義務を負担する。

2　転用物訴権の消滅原因[91]

　一般的なX－M間の債務の消滅原因に加え，M－Y間の求償権の消滅原因が影響する。

　① 奴隷に対する主人の支払（D. 15. 3. 10. 6）

　免責に必要な額を奴隷に支払うことによる主人の免責が生ずる場合（Deckung）（第4節Ⅳ4）がある。自由な事務処理者は真の免責を主張し Deckung の提供を拒否できるが，奴隷が提供された Deckung を常に受領することは主人に対する依存的立場から生ずる。

　これによって，債権者は優遇された地位を失い，支払額によって増加した peculium に指示される。これは債権者に対して，不当ではない。というのは，彼が主人の行動によって失う利益は，彼自身の任意にではなく，単に peculium の積極項目において，彼の利益となる免責請求権が存することにのみ負っているからである。他方，主人は，奴隷が主人の負担でする費用出捐が，peculium の資金からか，債権者の金銭から支弁されたかについて，知りえないし，たとえ知っていたとしても，主人がかかわりをもとうとは欲しない，第三者を考慮することは期待しえないからである。

　これと同視される場合として，主人の奴隷に対する返報的（補償的）贈与（D. 15. 3. 10. 7），事務処理開始時での前払（D. 15. 3. 16）（この場合には，転用物訴権を消滅させるというよりも前払額が足りるかぎりで，転用物訴権の成立を妨げる）がある。

　② 控除項目（主人の奴隷に対する債権）との相殺（D. 15. 3. 10. 7）

　以上2つの消滅原因は，主人が奴隷に対してなす給付が間接的に転用債権者にも利益となるという考慮によって正当化される。それにもかかわらず，転用債権者が，増加した peculium から完全な満足を，peculium の減少あるいは他の債権者の先んずることによって，得られない場合，その損害は自ら負担せね

---

[91]　S. 224-237.

ばならない。奴隷と契約した者は制限的責任によるリスクを予見せねばならない。

　上の2つの場合とは逆に，主人の財産給付によるpeculiumの増加をもたらさない奴隷の求償権の消滅は，転用物訴権を存続させる。その例として，
　（i）主人による免責求償債権の悪意なき取り上げ（ademptio）（D. 15. 3. 1. 1）
　転用債権者は奴隷の求償に対して特別の優先権を有し，これは主人の奴隷に対する給付によって奪われるが，奴隷に対してのみ全能であるにすぎない，主人の単なる意思によっては奪われない。
　（ii）主人による，奴隷に対する悪意での（＝支払が転用債権者の特有財産訴権に利益を与えないことを知っていた場合）支払（D. 15. 3. 10. 6）
　この場合には，支払によって転用物訴権は消滅するが，悪意訴権で責を負う。
　（iii）奴隷による贈与としての求償権の免除
　（iv）peculiumの消滅（D. 15. 3. 1. 1）

　以上の転用物訴権の消滅原因を概観するとpeculium制度に由来する特殊性を除外すると，事務処理説における，鍛えられた意味での「利得」の存在を原則とし，第三債務者（ここでは主人）の主観的態様（害意）による修正がなされていると一応言いうるように思われる。

◆ 第7節 ◆ 　準転用物訴権の根拠づけ・要件・効果

I 根拠づけ

1 法源による正当化

　準転用物訴権の法源上での存否をめぐる議論において，肯定説であれ，否定説であれ，依拠の対象となってきたのは，以下の法文であった。
　C. 4. 26. 7
　「奴隷に金銭を貸す者は，奴隷の生存中または死後1年間は，その主人に対して，特有財産訴権を有し，その金額が主人の財産に転用された場合には，1年後でも法務官法上の訴権を有することは疑いない。すなわち，金銭が主人の財産に転用された場合には，主人の財産に帰した額について，主人の相続人を訴えることができる。しかし，かようなことが立証されえない場合には，汝は，奴隷がなお生存している場合には，主人を特有財産訴権で訴えることができ，奴隷が既に死亡，売却，または解放され，1年を経過していない場合には，［同

◇第7節◇　準転用物訴権の根拠づけ・要件・効果

様に]特有財産訴権で主人に向かうことができることが生ずる。さらに，汝が請願書の中で言及した者の事務を処理する自由人と契約した場合で，その際，自由人のみを注目していた場合，汝は，金銭が本人の財産に転用されたか，その契約が本人によって追認された場合を除いて (nisi vel in rem eius pecunia processit vel hunc contractum ratum habuit)，本人に対しては訴権を有しないことを理解するであろう。」

　この法文の，準転用物訴権の許否をめぐる議論の中心となった傍線部は，現在では，ユスチニアヌスによるインテルポラチオとされているが[92]，本稿の立場からは，普通法学者が，この法源をいかに理解したか（どのような訴権がここで与えられたと理解したか）を見ることで足りる。トゥールは，以下のような，この法文を転用物訴権の自由人への拡張と理解しない見解を検討する[93][94]。

　(i)　**本人に対する cond. sine causa が承認されているという見解**[95]

　これに対しては，トゥールは以下のように反論する。(a) cond. sine causa は原告の財産から被告の財産への価値の移転を要し，この要件が満たされるのは，事務処理者が受領した金銭を直ちに本人のために取得させる，いわゆる直接的 versio の場合に限られ，間接的 versio の場合は，本人の利得は，債権者の財産からではなく，事務処理者の財産から生ずる。(b) 債権者の財産は，sine causa に減少していない。彼は自己のものを債権と交換に取得しているからである。(c) 本人の取得も，grundlos ではなく，causa mandati vel neg. gestionis に由来する。

　(ii)　**通常の消費貸借訴権と理解する見解**[96]

　トゥールはこの見解のもたらす実際的帰結に注目し，以下のように反論する。
　彼の見解によれば，事務処理者(G)は，債権者(C)から消費貸借をえ，これを本人(D)の財産に利用する。ここから，GのDに対する事務管理反対訴権が生じ，同時にCのDに対する condictio mutui が生ずる。従って，本人Dは2人の債権者を有することになる。しかも，Gが自ら利用した金銭の由来について伝えることを妥当と考えない場合には，Dはその債権の存在について無理もない不知にある。この場合，DがGに出費を償還した場合，この支払はCの消費貸借訴権にどのような影響を与えるか。condictio mutui という名称をそのまま受け取るならば，Gへの給付は，Dを消費貸借債務から免責しないという

---

(92)　KASER. I. S. 607 Anm. 17.; Lenel, AcP 78 (1892), 354.
(93)　S. 298-314.

121

結果に導かざるをえない。しかしDは事務処理に基づく自己の義務を，Gに対する給付またはGとの和解によって満足させ，Cの請求にその限りでさらされないような可能性を有さねばならない。

(iii) 債権者の本人に対する事務管理反対訴権が承認されていると理解する見解[97]

ここでは，①CがDの事務を処理しようとする，この場合にはこの目的でなされるGへの金銭交付は消費貸借ではない，②CがGに消費貸借を与えようとする，この場合にはどのような目的にGが受領した金銭を利用するか，Cにこ

---

(94) 従って，シュロスマンとの，準転用物訴権の法源にもとづく根拠づけをめぐる論争については，扱わない。vgl. Schloßmann, J. J. 35 (1895), 78; v.Tuhr, J. J. 35 (1896), 431; Schloßmann, J. J. 36 (1896), 316; Schloßmann, Die Lehre von der Stellvertretung. Teil 2, 1902. S. 257, Anm. 2. なお，磯村教授による，事務処理説の分類は以下のようである（磯村哲「不当利得・事務管理・転用物訴権の関連と分化」(2) 法学論叢50巻5 = 6号457頁）．

Ⅰ 仲介者である事務管理人（狭義）の本人に対して有するa. n. g. c.の第三者への譲渡が擬制されたものであり，第三者・事務管理人間の契約より発生する，真の債務者（事務管理人）が本人に請求権を有しえるかぎりにおいて，第三者のために本人に対して成立する付帯性訴権（actio adiecticiae qualitatis de in rem verso）と理解する（第三者が本人のための事務管理人であることを知る必要ありや否やについて，自由人への準用の場合には要求する（Witte, Seuffert, Savigny）．

Ⅱ 端的にa. n. g. c.と理解する．すなわちa. quasi institoriaのように不完全な代理の理念に基づき，代理人と契約したがゆえではなく，第三者自らが事務管理人たるがゆえに，a. c.を取得する（Zimmermann, Brinz）．第三者は本人のみの単純な事務管理人ではなく，第三者は仲介者（受領者）に消費貸借を与える意思をもつとともに，それが本人の事務たることを意識してなすがゆえに，仲介者に対するa. muti, 本人に対するa. n. g. c.が成立するのである．だが，仲介者が消費貸借を与えると同時に本人の事務管理人たりうるかについては大いに疑われている．

Ⅲ 本人・事務管理人間の広義の代理関係の地盤において，第三者と契約せる事務管理人の本人に対する債務解放請求権（Liberations-Befreiungsanspruch）の反射的効果として，事務管理人の請求権の成立するかぎりにおいて，本人にこの訴権が与えられる（a. quasi institoriaにおいては，契約締結と同時に仲介者は後景に退き，本人第三者間に直接関係が成立するがゆえに，契約締結に際し管理人として告知される必要があるのに対し，この訴権は管理人の償還請求権に依存するため，その必要がない）(v.Tuhr, Wellspacher)．

Ⅳ a. quasi institoria (vel ratum habuit) と同様に代理の理念に基づいているのであって，それは同時に単に費用償還にではなく契約履行に向かい得ると理解する（Ogonowski）．

(95) Keller, Pandekten, §236, S. 467.
(96) Mandry, Bd. 2 S. 332.
(97) Baron, S. 44ff.; Zimmermann, stellvertretende Negot. Gestio S. 317ff.; Huschke, Darlehn, S. 74ff.; Brinz, Pandekten. Bd. 2 §259 N. 22.

◇第7節◇　準転用物訴権の根拠づけ・要件・効果

の目的が知られているか等を考慮することはされない。この2つの可能性のどちらかが成立しうるにすぎない。

　たとえ、消費貸借と事務管理の結合を許すとしても、(ii)説と同じ困難が生じよう。すなわち、本人Dは同じ利用から二重に義務づけられる、しかも、Gに対する給付はCの事務管理反対訴権から解放することはない。しかし、事務処理者が金銭を消費貸借によって調達したことをDは知らないか、またはしばしば知りえないので、DがGに給付し、のちに第二の債権者Cに対する支払に引きこまれることが容易に生じうる。

　かくして、トゥールの、以上三説に対する反論から、以下のことが明らかとなる。すなわち、本人に対する債権者の直接請求を承認するとしても、本人は通常債権者Cを知り得ないのであるから、二重の支払に巻き込まれないように対処することが必要であるという点である。トゥールはこの点に対する対策として、転用物訴権の基礎、従ってその効果も、事務処理者Gに対する債権と、Gが本人Dに対して取得する免責請求権の2つに依拠、従属させることによって解決しようとすることは既に述べた。

　以上の議論は、出発点としては、ローマ法源ではあるが、すなわち、ローマ法において承認されていたかどうかという認識の問題の形をとりつつ、かような訴権を、その当時の普通法が基盤とする社会の取引の要請に照らし、適合的なものとして承認するかという評価を秘めていたと見るべきである。

2　実質的正当化[98]

　ここでは、もはや特有財産制度に依拠することはできず、利益衡量からの正当化が必要となる。そこで、トゥールは以下の2点を考慮する。第一に、本人は、事務処理者の債務者だと思っていたのに事務処理者の取引により、第二の債権者を得ることになる不利益。第二に、転用債権者は、事務本人から取得するものを、事務処理者の破産財団から奪うことによる、事務処理者の債権者の不利益。

　第一の点に対しては、本人は、免責権限を有する事務処理者に対する給付によって免責義務は履行されるので、さらに第三者に二度払いせざるを得ない危険は回避される。第二の点に関しては、これも準転用物訴権を免責求償に根拠づける限り、他の債権者に対する不当さは生じないとする（前述第4節Ⅷ参照）。

　免責請求権はその構造において、その者の債権と関連している、1人の債権

---

(98)　S. 294-298.

者Cに利益となるように設定されている。Gが求償訴権を行使する場合，彼は同時に彼の免責によって，債権者Cの満足をもたらす。Cに対してのみGは自己の免責請求権を実際上有意味に譲渡しうる。Cのみがこの債権を有益に差し押さえることができる。Gが破産した場合，その免責請求権は，破産管財人の通常の行使においては他の債権者よりも優先した，Cの優遇に導く（もっとも，管財人の行動によっては，この反射効は挫折せしめられることがあるが）。準転用物訴権の承認によって，この反射効は優遇された債権者Cの権利に強化される。他の債権者は，その本来の目的から回り道をしてのみ，免責請求権を彼らの利益に向けかえることができるにすぎず，このような利益が，adirv utilis の承認によって奪われたとしても，それは不当ではないとする。

本来の転用物訴権の場合には，peculium 制度の，破産制度との類比によって説明することができる。しかし，事務処理者が自由人の場合はこのような媒介は欠けている。この点をトゥールは以下のように説明する。

事務処理者は，この場合には，自ら求償を訴求し，あるいは債権者に譲渡することができる。さらに，事務処理者の自己利益は，債権者Cにも望ましく，免責請求権の貫徹を強いるであろう。しかし，他方では，事務処理者は自己の求償権を債権者に移転する契約上の義務は負っていないし[99]，ましてや，債権者が債務者の請求権を自己のために行使しうるという一般原則は存在しない[100]。従って，事務処理者の自己活動が否定されており，債権者が契約からは当事者間の債務だけが生じるという原則を破ることによってのみ救済される場合がある。すなわち，事務処理者が無資力で債権者が彼に請求できない場合には，転用物訴権を自由人の場合に拡張し，事務本人に対する直接請求を認める必要性が存在する[101]。

II 要 件[102]

転用物訴権（a.d.i.r.v.）の場合の要件とほぼ同じものが要求される。

---

(99) 反対，Savigny, Obligationenrecht. Bd. 2, S. 31.
(100) 債権者代位権の否定。C. 4. 2. 15「債権者は金銭を借りた汝に対してではなく，汝が同じ金銭を貸した者の相続人に対して請求すべきだと，汝が望むことは，法の形式に反する。」
(101) なお，現代では，直接請求を不要とする根拠として，第三者は，所有権留保，免責請求権のあらかじめの譲渡担保などによって，対処できるという指摘がある（Zweigert / Kötz, Einführung in die Rechtsvergleichung auf dem Gebiete des Privatrechts. Bd. 2. 2. Aufl. (1984) S. 140.）。

◇第7節◇　準転用物訴権の根拠づけ・要件・効果

　第三者と契約を締結する事務処理者がそのような者として第三者に認識されうること，言い換えれば，第三者が事務処理者の挙動，表示を通じて事務本人を知りうることを準転用物訴権の要件として加えるかどうかについて，争いがあった。

　この点について，肯定する者(103)は，支配人訴権（ある者が一定の取引圏の処理のために支配人に任命された場合でその範囲内で債務を負担した場合，本人も直接それにつき責を負う）あるいは準支配人訴権（法律行為締結のためのあらゆる委任の場合に同様の効果が生ずる）の類推に基づかせる。すなわち，これらの訴権の要件として，法律行為が任命ないし委任との関連で締結されたこと，より詳しくは，①第三者が任命ないし委任を知っていたことのみならず，②まさに任命ないし委任ゆえに契約を締結するという第三者の意思も認識可能なものとして現れていなければならない(104)とされていた。準転用物訴権の場合には，利得に基づいて責を負うのだから，かような contemplatio domini（第三者の，本人の考慮）は勿論解釈として一層要求されねばならないと。

　ここには，直接代理と間接代理との二種類しか承認しないドイツ民法の立場と異なり，授権（代理権授与）と顕名という要件で限界づけられた制度は見いだされない。ここでの第三者の意思の位置づけは極めて曖昧である。トゥールにおいては，第三者の本人に対する直接請求を，免責請求権で媒介された，事務処理関係における実質的債務負担者という客観化された状況に求める以上，事務処理者が第三者に本人の存在を知らせたか否かは重要でないことになる。「転用物訴権は本人と処理者との間に存する関係から生じ，この関係は，処理者が債権者に契約締結時に本人のために行動していることを知らせたか，潜在的に本人のために債務引受をしたかで，異ならない」(105)。

　実務においても，この点について対立が存した。トゥールの引用する判決として，積極説に立つものとして，OLG Rostock（Seuffert's Archiv Bd. 42, Nr. 13）(106)；OLG Hamburg（Seuffert's Archiv Bd. 43, Nr. 18），消極説に立つものと

---

(102) S. 314-324.
(103) Jhering, J. J. 1, 339; Windscheid, Pandekten, §483, Anm. 5.
(104) Windscheid, Pandekten, Bd. 2 §482 Anm. 9.
(105) S. 315.
(106) OLG Rostock 1884. 6. 19 (Seuffert's Archiv Bd. 42 Nr. 13)
　　　被告は自己の所有する製粉所の管理をも職人Kに任せた。Kはそれ以後製粉所の所有者のようにふるまい，原告から注文により穀物の供給を受けた。代金債務が一部残っている時点でKは逃亡した。そこで，原告は被告に対して（たとえ原告が代理人を営業主と考えていたとしても）代理人によって授権の範囲内で締結された法律行為の本人とし

125

して，OLG Berlin (Seuffert's Archiv Bd. 29, Nr. 29[107])がある。彼は，本来の転用物訴権について，この要件を不要とするに際し，以下のように述べる[108]。「転用物訴権は求償権の独自の性質に由来し，この求償権の性質ゆえに，転用債権者のみの利益となる。しかし，奴隷が本人の事務処理者として免責を請求

> て，支払請求をした。さらに，原告によって供給された穀物は製粉所における被告のその他の貯え，したがって被告の財産に至っており，この関係はそののちのKの使い込みによっても影響されないとして，被告は利得によって責任を負うと，予備的に主張した。
> 　以上のような事実に対して，OLGは以下のように言う。被告が自己の製粉所において雇った職人Kが本件訴訟に係わる契約を原告と自己の名で締結し，Kは原告によって，事実上Kによって経営されていた営業の営業主とみなされたことについては，争いがない。したがって，原告が，このような錯誤にもかかわらず，Kが穀物購入契約の締結に際して被告から明示または黙示に授権されていたこと，当該注文が自己の計算ではなく，被告の所有する製粉所のためになされたことを立証できれば，被告に対して請求することができるかが問題となる。この見解を支持するために，原告は，v. Hahn, Comm. zum HGB. Bd. 1 (3. Aufl.) S. 205を援用する。そこでは，契約相手方である代理人または支配人を本人と考えた第三者の錯誤は，何ら妨げとならないとする。この見解はしかし，あらゆる場合に妥当と認めることはできない。むしろ，いまや，契約は，利害関係者が経済的に権利を自己のために取得しようとし，義務を自己の負担で引き受けようとしているか否かにかかわらず，それを相互に締結した者にとってのみ権利義務を根拠づけるという，ローマ法の原則から出発する必要がある。この点につき，最近の法は，とりわけHGB52条が承認する，自由な代理（freie Stellvertretung）の可能性によって，取引が明示に本人の名で締結され，あるいは少なくとも契約者の意思に従えば，本人のために締結したことが諸事情から明らかとなる場合に，代理人が本人に直接権利義務を与えるという限りで，変更を加えるにすぎない。すなわち，代理人が本人のために行為しようとしたことと，<u>第三者がそれに対応する意思を有していたこと</u>が必要である。しかし，このためには，第三者が代理関係を知らされていたことが必要である。第三者が支配人を本人と考えた錯誤は，通常このことの妨げとなる。もちろん，第三者は特定の営業の営業主と契約を結ぶことを欲し，具体的な特定人についてはどうでもよかったという例外事例を挙げるかもしれない。しかし，かような第三者の意思方向を肯定するためには，特別な事情の存在を必要とし，それは本件では与えられていない。なるほど，原告は，Kが製粉所の所有者ではなく単なる職人であることを知っていたならば，Kと契約を締結しなかったであろうと推測するかもしれない。しかし，ここには動機の錯誤が存するにすぎない。原告とKとの間で交わされた手紙は，製粉所の代理人として締結されたことの手掛りを何ら与えず，原告の認めるところによれば，原告はKのために自己の帳簿に口座を作成し，弁済のための手形引き受けには，単にKの名が記されている。このような事情のもとでは，原告はKと当該契約を締結し，したがって被告に対しては請求しえないと認められねばならない。
> 　同様に，原告によって予備的に主張された，actio de in rem versoも根拠がない。というのは，これは，利得者が償還義務を負う法律行為が利得者の事務であるのみならず，その点を指示して締結されたことを前提とするからである（vgl. Windscheid, Pand. Bd. 2 §483）。しかし，本件では，この要件は欠けている。
> 　なお，同様に肯定説をとった判決として，RG III 1899. 1. 17 (RGZ 43, 161) がある。

◇第7節◇　準転用物訴権の根拠づけ・要件・効果

しうることは，債権者の意図とは全く無関係な事実であり，法の偶然により，債権者の利益となる優遇なのである。なるほど，法源において債権者の転用意図が必要であるかのようなものがあるが（D. 15. 3. 3. 10），しかし，それは以下のような理由からである。すなわち，奴隷は債権者に自己の事務処理について知らせることにつき，固有の利益を有することがある。第一に，事務処理が，調達された物の滅失によって失敗する可能性を考慮して，事務処理意思の証拠（立証）を確保することによって，その損失を主人に転嫁しうる。第二に，奴隷が自己の peculium のみによっては必要な信用を得られない場合に，債権者に調達の目的を説明し，それによって転用物訴権取得の見込みを示すことによって，信用を得ることができる。この意味において，D. 15. 3. 3. 9「債権者はどこに転用されるかについて注意深くあるべきである」は転用物訴権の要件ではないが，注意ぶかい債権者が無視しえない賢さの規則を含んでいる。なお，奴隷の事務処理意思についての，債権者の単なる知と contemplatio domini は混同されてならない。後者の場合には，第三者は事務処理を自ら引き受け，奴隷を履行補助者として利用する。彼はこれによって付帯的な消費貸借訴権や売

---

(107)　OLG Berlin 1873. 9. 10 (Seuffert's Archiv Bd. 29, Nr. 29)
　　事実関係はやや不明確であるが，おおよそ以下のようなものである。イギリスの綿布会社の社員（原告）があるホテルに滞在中に，そのホテルの所有者と考えた者のために，自分の会社の，窓カーテン用の綿布を価格の合意をせずに注文した。その際，注文者は，この，ホテル所有者とみなされた者とされていた。ところが，実際はその者はホテル所有者の姑であった。ホテル所有者（被告）はカーテンを引き取ったが，その代金について不満として，支払わなかった。原告は，おそらく，立替払した代金額を被告に対して，利得を根拠に請求した。第一審敗訴。第二審は，以下のように言って，請求を認めた。注文者は単に被告の事務を処理したにすぎず，この事務処理によって，被告に財産増加が出捐されたことが確定しているから，このような場合には，事務管理者の相手方には，第三者に対する a.d.i.r.v. (I. 4. 7. 4; C. 4. 26. 7. 1) が与えられると。これに対して，被告はこのような請求は，法律行為が第三者の事務であることを指示して締結されたことを要件とすると主張した。
　　OLG Berlin は以下のように言って，被告の異議を認めなかった。被告は，不当にも，控訴裁判所を，ローマ法規に対する違反として非難するが，これらの法規は，他人が第三者の事務を処理する意図で，契約を締結した場合に，第三者の利益が促進されるか（利得），第三者が契約を追認した場合に，その相手方に，第三者に対して，この契約に基づく訴権を与える。この訴権が第三者に与えられるには，その事務が第三者の事務に関することを指示して締結される場合に限るという法命題は存しない。本件では，原告が被告に商品を引き渡したという事実が存し，この訴権の根拠づけには，これで十分であり，注文者が，原告に，被告の利益で行為するものとして認識させたことは必要でない。

(108)　S. 171.

買訴権に代わり，本人に対する直接の事務管理訴権を取得する。例えば，債権者が奴隷に金銭または物を引き渡す前に，その必要性の存在を確認することで満足する場合は，転用物訴権を有するにすぎず，他方，債権者が，奴隷が金銭を現実に本人の利益に利用することまでも配慮する場合には，本人の事務処理者である。」（下線は引用者による）

トゥールは，以上の考慮をここでも援用し，第三者の contemplatio domini を不要とし，以下のような成立要件を準転用物訴権について，要求する。

1　GがDの事務処理者であること。すなわち，Cとの法律行為をDの計算でなすこと。これに対して，Gが転売，あるいは売主としての義務の履行として，Dに給付する場合には，そこから生ずる債権は，免責請求権ではなく通常の金銭債権であり，この場合に，Cが同様の優遇を受けるためには，特別な法規定が必要となる。

2　GがCとの契約締結の時点で，事務処理意思を有したこと。すなわち，まず自らのために調達する意図で，後にDのための利用の決断をした場合には，erogatio として obligatio dandi となり，Cの債権と何ら機能的関連を有せず，転用物訴権は生じない。

3　当初よりの贈与意思の場合は，転用物訴権は排除される。後発的贈与意思の場合はそうではない（前出第6節Ⅱ3参照）。そう解されないとしても，Gの無資力の場合には，Cは Anfechtungsklage（債権者取消権）によって救済される。

4　事務処理が，委任，組合，あるいはそれに類似した事務処理関係に依拠すること，またはDの追認ないし事務の有益性によって正当化されること。既存の事務処理関係にもとづく場合，準支配人訴権（債権者が処理者から知らされた委任を考慮して契約した場合）は転用物訴権を排除するとする通説に従えば，転用物訴権は，潜在的委任の場合に限定される。また，直接代理との関係では，支配人訴権は直接代理によって替えられるという見解 (RGZ 2, 166)[109]に従えば，委任が伝えられていたが，授権のない場合だけ，転用物訴権の適用領域が拡がることになる。

5　Gが委任すら有しない場合（事務管理の場合）

(a) Gが「自己の名で」締結した場合

Dの追認あるいは，事務の有益性によって，Gの免責求償が成立し，転用物訴権も成立する。

(b) Dの名で（＝「本人の名で」）締結した場合（＝無権代理）

Dの追認があれば，Dが唯一の債務者となる。事務が有益である場合には，

Gは免責を請求することができ，これをCに譲渡しうる。これによって，Cは同様に転用物訴権を取得する。しかし，CはDに対して，価値が直接移転したかぎりで condictio sine causa を有する[110]。

III 効 果[111]

　（準転用物訴権の内容・消滅原因）　効果は，本来の転用物訴権で述べたと同様である。転用物訴権の範囲は，原告が中間者から請求しうるものと，中間者が本人に対して有する免責求償によって定まる。その上限は，中間者が原告に対して負う額である。しかし，事務処理が有益でないか，または中間者が事務処理資金の前払いを受領していた場合には，中間者が取得する免責求償額は債務の全額に向かわないので，転用物訴権の内容は，これらによって制限される。原告Cの立証すべきものは，原告がGから請求しうるものと，GがDに対して，免責権限を有することである。したがって，GがCに対して有する抗弁は，Dにも与えられる。

　本人は，2人の債権者を有するが，二度支払う必要はない。被告が，原告に対して，支払，相殺その他の方法で満足を与えれば，同時に中間者に対する免責義務を履行したことになる。しかし，中間者にDeckungを与え，そもそも

---

(109)　RGZ 2, 166（I 1880. 10. 2）
　　　原告Xは中間者Mに消費貸借を与えたが，Mが破産したので，被告Yに対して以下の理由で貸金返還請求をする。MはYの委託で消費貸借をなし，その金銭をYに引き渡したとして。第一審も，ライヒスゲリヒトも原告の請求を棄却。ライヒスゲリヒトの判決理由は以下のようなものである。Mは自己の名で契約を締結している以上，権利義務はXとMの間にのみ生ずる。いわゆる間接代理の場合には，ローマ法は確かに，委任関係が契約締結時に認識可能なかぎりで，受任者に対する契約訴権とならんで，委任者に対する付帯性訴権を与えた。しかしこの訴権の許容は，債権契約の締結において真の代理は生じないというローマ法原則と緊密に関連しており，このような真の代理を生じさせないかぎりで，委任者に対する請求を認めていたので，普通法上，慣習法として，直接代理が承認された以上，同時に，ローマ法の準支配人訴権も排除される。受任者が，自己の名で契約を締結し，締結時に他人の委任と計算でなすことを示したとしても，それが他人の名で締結しようとする意思の表示ではなく，単に契約を締結するその理由を提示するにすぎない場合には，締結者のみが義務づけられるのである。本件の場合には，かような事務処理関係の表示すら示されていない。また，サヴィニーの主張する，委任訴権の譲渡の擬制も根拠がない。それは普通法の法源においても根拠付けを欠いていることは，既に当裁判所が承認している（RGZ 1, 314）。
(110)　磯村は，この点を疑問とする。
(111)　S. 324-328.

免責求償が成立することを妨げることもできる（したがって，法定譲渡説を採ることはできない）。この場合に，中間者が無資力であるため，中間者に与えたDeckungがその目的を例外的に果たさないことを本人が知っている場合には，Deckungを与えることによって，彼は原告に対してdolusを犯し，悪意訴権によって責を負う。

中間者との間での相殺，和解をも原告に対して援用しうる。これに対して，贈与としての，求償権の免除は援用しえない。一旦生じた転用物訴権は，<u>本人の中間者への給付</u>によって消滅するが，<u>本人と中間者のそれ以外の事実</u>によっては消滅しない。転用物訴権は，中間者の求償権から生じ，それと一種の，異なる給付内容を有する連帯性で結合されているとしても，原告の固有の権利として理解され，他人間での交渉によって奪われてはならないからである[(112)]。

IV トゥールが最終的に目指したもの（立法論）[(113)]

彼は立法例，草案理由書（Motive）を検討したのち，「転用物訴権」論の最後に以下のように言う。

事務処理者の無資力という場合のみが残る。この場合には，立法の介入がその状況により要請されており，大きな困難とは結びついていないように思われる。商法典 Art. 368 Abs. 2（現在の§392）「しかし，かような債権（すなわち，問屋が締結した行為から生ずる）は，たとえ譲渡されなくとも，本人と問屋，またはその債権者との間では，本人の債権とみなされる」，に対応する規定を，しかも私見によれば，処理者の破産の場合にのみ定立することが問題となる。もっとも，民法典草案は，この商法典の規定を受け継ぐことをしなかった，おそらく，直接代理と間接代理の概念をできるだけ厳格に区別するという努力に導かれて。しかし，実質的考慮が構成の純粋さのために犠牲に供されている。というのは，間接代理は，本人Dと債権者Cの関係を定立するために，取引が利用する手段にすぎない。Cは商品をDに給付し，DはCに金銭を与える。こ

---

(112) トゥールは，このような疑似連帯債権の例として，転借人の持ち込んだ物に対する，賃貸人と，賃借人のそれぞれの有する質権を引用する（S. 328. Anm. 53.）。すなわち，(a)転貸借関係が無償である場合には，そもそも質権は成立しない。(b)転借人は賃貸人に対して，賃料を支払いうる。(c)しかし，賃借人に対して，免責的効果をもって支払いうる。(d)転借人の賃借人に対する悪意の支払いは彼を解放しない。(e)賃借人による贈与としての，転貸借債務の免除は，賃貸人に対して無効である。

(113) S. 329 ff.

◇第7節◇　準転用物訴権の根拠づけ・要件・効果

れらの給付が中間者Gの財産を通過することは，DとCが直接関係に立ち得ず，またはそれを欲しない場合，その状況の不可避ではあるが，しかし望ましからぬ結果である。Gの媒介活動が妨げられる場合（とりわけGの破産），破産秩序の一般原則と調和するかぎりで，この障害を除去することが，衡平法（ius aequum）の要請であるように思える。Gによって媒介された，DとCとの取引から，未回収の債権が存するかぎり，この可能性は疑いなく存する。

　GのCに対する債権は，商法典が規定するように，Dの利益となり，それはGの財産においては，通過項目にすぎない。同じことが，<u>GのDに対する求償権</u>についても妥当する，しかも処理者GがDの計算でCに対して取得する債権よりも高い程度において。というのは，この債権は，通常与える債務（金銭の支払い，商品の引き渡し）で，それはGの他の積極項目と内容上区別されず，Gの債権者に直ちに利益となりうる。その成立によってのみ，それは本人Dの財産権と関連している。それは彼の計算で根拠づけられている。これに対して，免責請求権では，内容が債権者Cを指示している。彼にのみ免責請求権は移転され得，彼によってのみ差し押さえられ，他の債権者の利益となるためにはその内容が変更されなくてはならない。したがって，免責請求権では，債権者の取戻権は，除去さるべき債権の成立原因と内容によって正当化される。それによって，第三者にとっては完全な救済は得られないと，理由書が抗弁する場合，取引や，他人に向けられた信頼と結びついているすべての危険を除去することを法秩序は目的とし得ないこと，立法についても「元も子もなくす」という諺があてはまると抗弁することができる。

　以上によって，トゥールは立法論として，既にある商法典の規定を手掛りとして，問屋の取得する債権のみならず，債務も直接第三者との関係をもたらし，さらに問屋取引に限らず，間接代理一般にこの考えを及ぼそうとしたのであった。しかし，それは立法者の採用するところとはならなかったのである[114]。

　トゥールは「転用物訴権論」（1895）公表の3年後に（民法典公布は1896年），その考えを発展させ，叙述の不十分であった点を補う論稿を発表している。すなわち，契約にもとづく損害賠償における自己利益と他人の利益という表題を有する論文[115]である。である。この論文の内容は，現在では，第三者損害賠償（Drittschadensliquidation）の名で総称される問題を扱っており，その先駆的

---

(114)　第二委員会では，この商法の規定を委任法にも採用すべきか否かについて議論がなされたが，結局否決された（Protokolle II. S. 360ff. (Mugdan II, S. 948ff.)）。現代の状況については，Günter Hager, AcP 180 (1980), 239-262. に詳しい。大塚龍児「委託販売契約」『現代契約法大系(4)』(1985) 25頁以下所収も参照。

業績と評価されている(116)。

　以下では，本稿に関連する部分のみを検討する。

　彼は，「債権者の主観的な財産利益が契約の有効性のために必要か，すなわち，契約は，給付結果の不発生が債権者の財産状態に影響を与える場合にのみ有効か」という問題を提起し，それを否定し(117)，以下のような命題を立てる。「債権者が，第三者と，債務者の給付に対する利益が債権者のもとではなくこの第三者のもとで生じ又は後に第三者に移転したような法律関係にある場合，債権者は債務者に，第三者の補償をさせることができる」(118)。

　すなわち，債権者の損害賠償債権は，真に損害を被った第三者への給付請求権である。債権者はこの請求権を第三者に譲渡でき，その手中で通常の給付請求権に変化する(119)。この債権の譲渡には，債権者は，他人の損害の賠償を請求しうる場合のすべてにおいて義務づけられる。この義務は債権者（C）と第三者（T）の権利関係から生じ，例えば，CがTの広義の事務処理者の場合，Cが譲渡によって自己の責任から解放される場合（事務処理を第三者（D）に復任した場合，引渡を受けた物の第三者（D）への引渡），CがDの行為について絶対的責任を負う場合がある。これらの場合に，法がCに責を負わすのはTの損害賠償債権をできるだけ確保するためで，TがDに請求することを妨げるためではない。CにDに対する請求権が与えられるのは，Cが損失を被らないためだけではなく，それによってCを媒介として，直接の被害者（T）に損害賠償を与えるためである(120)。

　ここで，トゥールは「転用物訴権論」では，区別して論じられていなかった点に言及する。すなわち，損害賠償義務者の免責請求権はCに真の被害者Tのために与えられている。これに対して，事務処理者の免責請求権は事務処理者自身のために与えられているのであり，第三契約者を考慮して与えられてい

---

(115) Eigenes und fremdes Interesse bei Schadensersatz aus Verträgen, Zeitschrift für das Privat- und öffentliche Recht der Gegenwart (Grünhuts Zeitschrift) Bd. 25 (1898), S. 529-584.
(116) vgl. E. v. Caemmerer, Gesammelte Schriften, Bd. 1. S. 597. なお，北川善太郎「損害賠償論序説」(1) 法学論叢73巻1号（1963）28頁以下参照。
(117) トゥールは，この論文の冒頭で，債権者が給付に対して利害（利益）を有する場合を分類し，運送，転売，問屋，担保責任などの具体例で，第三者の利益と並んで，債権者にも利益が生ずる場合を分析している。
(118) S. 567.
(119) S. 570.
(120) S. 573.

◇第7節◇　準転用物訴権の根拠づけ・要件・効果

のではない。したがって，後者の場合，第三契約者は通常，譲渡請求権を有さない(121)と。

　トゥールは「転用物訴権論」では一般的に免責請求権の譲渡請求，譲渡義務を否定したが(122)，ここでは損害賠償請求については，それを肯定したのである。しかし，このような差異は，より強い効果である直接請求は両場合について同様に肯定するわけであるから，十分に正当化されているとは言えないのではあるまいか，転用物訴権の場合は，法の偶然（occasio iuris）による保護であると言うだけではすまないのではないか，という疑問が筆者には残る。

　それでは，譲渡の強制が困難である場合の，第三者の地位はどうなるか。すなわち，Cが不在の場合，あるいは譲渡を不当に拒絶し，時効消滅の恐れがある場合，あるいはCが破産に陥り，管財人がDと和解し，その金額を破産財団に取りこもうとする場合はどうすべきか。トゥールは以下のように言う。HGB§392は立法的にこのような危険が排除されている一例であるが，BGBはこの規範を，問屋取引の法構造を有する民法上の関係に拡張することを拒否した。しかし，このような場合に，第三者に損害賠償を確保させる法的手段が必要である。もっとも，すべての免責請求権ないし第三者への給付権が，Cの他の債権者の捕取を排除するのではない。例えば，DがCに対して，Tに対するCの圧迫的債務を除去することを約束する場合，TがCの他の債権者に優先すべき理由は存しない。すなわち，取戻をもっともさせる債権の内容（第三者への給付）に加えて，さらに別のモメントすなわち，それによって第三者の優遇が正当かつ公平とされるモメントが必要である。このモメントは，転用物訴権の場合には，事務処理者の免責請求権が，処理者の財産中ではいわば債権者の債権の反射効として成立していることである。ここで扱っている場合には，このモメントは給付が損害賠償であり，その損害が第三者の財産に位置しているからである(123)。

　従来，このような目的のために，法定譲渡という手段が用いられてきたが，これはその移転時の点で難点があり(124)，トゥールは以下のような構成を選択する(125)。すなわち，CがDに対して損害賠償債権を取得すると同時に，Tはこの債権を譲渡なくして，行使する権限を取得する。その結果，2つの債権が，

---

(121)　S. 573 Anm. 94.
(122)　S. 118 Anm. 78.
(123)　S. 574; S. 578 Anm. 107.
(124)　S. 581.
(125)　S. 581-583.

連帯債権に類似した形で，並存することになる。TがDに通知すること（denuntiatio）によって，自分が真の被害者であることを知らせた場合には，DはTが真の被害者であることを知っているので，Cへの支払がCの無資力によって補償目的を外れることを知る場合と同じく，その時点からDは主債務者Cに支払うことはできない。

このような構成に対しては，以下のような反論が考えられる。それはTにCとDの関係への不必要かつ妨害的な介入手段を与えること，Tを窮境から救うために，最初からかつ一般的に，Dの共同債権者とすることは行き過ぎであると。

しかし，このような疑いは，十分根拠のあるものではないとする。Tが直接請求権を行使するのは，通常の方法，すなわちa. cessa（譲渡された訴権）による訴えが用い得ない場合であろう。直接の請求権を行使するためには，以下の2つの要件を立証する必要がある。

(1) 債務者DがCに対して損害賠償義務があること，
(2) TがCに対して譲渡請求しうる関係にあること。

この第二の点は，a. cessaを用いる場合には不要である。したがって，Tはa. cessaを用いることをまず選択し，それが困難な場合にのみ直接的しかし困難な方法を選択するだろう。

また，CがTに対して，反対債権を有している場合，その保護は，Cを主参加人として訴訟に参加させればよい。

以上によって，トゥールは先の命題に，以下の命題を付加する。「契約訴権が，第三者の損害賠償に向かう場合，それは第三者によって譲渡なくとも行使しうる」(126)と。

以上の叙述で，トゥールは2つの点で，「転用物訴権論」の考えを進めている。第一に，法的構成の面では，権利併存説的構成の明確化，第二に，利益衡量の面では，免責請求権の基礎にある債務への着目，それによる効果の分化である。ここに至って，トゥールは単にoccasio iurisの強調から利益衡量を前面に出すに至る。それによって，事務処理関係に適用範囲は限定されず，むしろ，二債権の関連性に対するカズイスティシュな衡平の考慮が示唆されている。また，免責請求権の存在から，当然直接請求が承認されることにはならず，かような免責という給付内容に加えて，第三者の優遇を正当化する別のモメントを必要とするに至ったのである。

---

(126) S. 583.

◆第8節◆ トゥールの「転用物訴権」論の与える示唆・その評価

前節までで，トゥールの「転用物訴権」論の全体を不十分ながら検討した。ここでは，それを前提として，若干の検討をすることにする。その際，第1節IIで，4つの課題を設定したが，ここでも，それに対応して，検討する。

まず，第一の課題である，免責求償による転用物訴権の根拠づけの点である。トゥールの一貫した主張にもかかわらず，その法的構成は，意外なほど，明確でない。彼は随所において，本来の転用物訴権の定義あるいは説明をする。

「転用債権者は奴隷の免責請求権を自己の利益に（zu eigenem Nutzen）行使する，したがって，擬制された譲渡については語る必要はない，少なくとも，a. de peculio を媒介として，主人の自然債務を行使する以外の意味においてはそう語りえない」(127)。「転用債権者に自己の債権に対応する自然債権の求償権に対して与えられる取戻権（Aussonderungsrecht）(128)」(129)。「自由な事務処理者の免責求償はその債権者に反射効（Reflexwirkung）という方法で利益となる。事務処理をする奴隷の債権者が同様の場合に権利を有することは，a. de peculio の構造において根拠づけられる」(130)。「転用債権者はまさに自己の債権に対応し，その構造上この債権の補槇に定められており，かつ，その債権の消滅によって消滅するような，積極財産に対する優先権（Vorrecht）を有する」(131)。

しかし，現代法の解釈論が通常用いる意味での法的構成・法律構成は，彼の叙述全体からも明らかではない。本来の adirv について，彼自身の理論構成につき，示唆を得たところの Witte の説に対して以下のように言っている(132)。

「Witte は奴隷の自然の求償権が擬制された譲渡という形式によって債権者に行使しうるものとするが，これに対しては，法文においては強調されていな

---

(127) S. 131.
(128) なお，トゥールが，その性質を，一種の取戻権（eine Art von Aussonderungsrecht）と呼ぶとき（S. 205），日本の最高裁（最判昭43・7・11（民集22-7-1462）が購入委託における問屋の破産で委託者に取戻権を認めたことに対して，判例批評（民商60-3-419（藤原弘道），法協86-10-1201（渋谷達紀））が実質的利益と実体法上の権利との混同であると批判したことが思い起こされる。トゥールの構成は，免責求償権を取戻権の対象としようとするのであるから，その無理は一層目立つように思われる。
(129) S. 132.
(130) S. 131 Anm. 3.
(131) S. 133.
(132) S. 17-18.

い擬制だとして非難する者があるが，このような疑いに大きな意味を与えたくない。というのは，特有財産訴権においても，債権者は，奴隷の主人に対する自然債権を，それが債権者に移転されたかのように，行使する。しかし，ローマの法律家達はこのような現象を擬制された譲渡という構成手段によって説明することを必要とは考えなかった。」

結局，彼の根拠づけは，当時のドイツの現実社会に適用されるべき，準転用物訴権の構成に向けられていたのであって，本来の転用物訴権の根拠づけについては，「転用物訴権」論の叙述の大部分が本来の転用物訴権の法源を素材とする研究に向けられているとしても，それは二次的な目的であったと考えられる。また，権力服従者の法的地位，peculium 制度などについて，時代による変遷がある以上，論理的に一貫した説明を求めること自体，無理なことかもしれない。まさに，以下のことが，ここにも妥当するように思われる。

「もし，自由な歴史的理解がなされたならば，ローマ法源の現代的解釈－それは現在に奉仕していた－は，混乱に陥ったであろうし，もし文献学的史料批判がなされたならば，巧妙きわまる調和学の確実な諸成果は，脅威にさらされたであろう」(133)。

さらに，準転用物訴権の効果を叙述するに際して，免責求償の法定譲渡を主張する Arndts に対して以下のように言う(134)。

「転用物訴権は，事務処理者の免責請求権と並んで（neben）成立し，それに代わって（an Stelle）ではない。Arndts のように，転用物訴権が法により債権者に移転した事務処理者の求償だとすれば，事務処理者は免責を請求しえず，事務本人は債権譲渡の原則に従い，彼が転用債権の成立を知ってからは，事務処理者には給付をなしえないことになろう。」

以上の引用からは，彼の法的構成は，加賀山氏の分類（第1節Ⅰ）によれば，権利併存説が近いように見える。トゥールが代位権の構成を用いないのは，ドイツ普通法の，ひいてはローマ法源の制約によるものと考えられる（第7節Ⅰ2参照）。トゥールが採る転用物訴権の法的構成は，「転用物訴権論」においては，明確な叙述を結局見いだすことはできないのである。この点が，彼ののちの論稿において，改善されたことは，既に，第7節Ⅳで触れた。

トゥールが採る免責求償という構成と実質的正当化の関係はどうだろうか。後者が最終的に重要と考えられるが，トゥール説では，この関係が明確でない。

---

(133) ヴィーアッカー（鈴木訳）『近世私法史』502-503頁。
(134) S. 326 Anm. 50.

◇第8節◇トゥールの「転用物訴権」論の与える示唆・その評価

ある法文で免責求償が認められていると考え，その箇所の思想を一般化するという形で，論じられている。家子もしくは奴隷が家長に対して免責求償を有するという具体的法文は得られないにもかかわらず(135)，委任（D. 17, 1, 45, 5），事務管理（D. 17, 1, 45, 2），後見（D. 27, 4, 6）などの法文から一般化している。まさにローマ法の現代化であり，歴史的理解と演繹的理解が混在し，前者が後者の犠牲に供されてしまっている。

以上のような混乱は，転用物訴権から準転用物訴権への移行についても，感じられる。トゥールは転用物訴権の根拠づけとして免責請求権に着目し，それをローマ法における本来のadirvと，adirv utilisのそれぞれにおいて，間接代理の強化として捉えたわけであるが，adirvにおいては，peculium制度を前提とする，家長と権力服従者との支配従属関係の特殊性が，債務負担の側面に及ぼすものという理解が素直に受け入れられるのに対して，adirv utilisでは，中間の事務処理者はもはや本人に権力関係を媒介として従属する者ではなく，事務処理という点でのみ，本人の利益配慮を命じられている，法的には独立の主体として現れている(136)。したがって，前者を「間接代理」という近代法の概念で捉えることの問題性を度外視しても，前者から後者に移行するに際して，「間接代理」という共通項を強調するだけでは不十分なのであり，あるいはそういう共通項がそもそも存在するかが問題となる。

このことは，トゥールが転用物訴権の要件として要求するものにも関連する。トゥールは要件として，当初よりの事務処理意思の存在を要求し，多数説とは逆に，本人の財産に対する利用時での存在では十分でないとする(137)。彼が，中性的事務において，かつ間接的versioにおいて，第三者と服従者（事務処理者），服従者（事務処理者）と権力者（本人），という，2つの継起する財産移動を媒介するもの，結びつけるものとして，中間者の事務処理意思を要求することは，一応正当と思われる。しかし，服従者による取引と，自由人による取引では，事務処理意思の持つ役割は，自ずと異なるであろう。すなわち，トゥール自身認めるように，服従者取引においては，服従者と権力者の関係自体が事務処理関係の成立を事実上推定させる（自然なprocuratores，第6節Ⅱ2参照）。従って，事務処理意思による制限づけ，根拠づけは，自由人間の取引においてはじめて意味のあるものになる。例えば，デルンブルク(138)は，利得説の立場

---

(135) Chiusi, a. a. O., S. 6.
(136) Kupisch, a. a. O., S. 14 Anm. 17.
(137) この点に関し，於保不二雄「転用物訴権について」（『財産管理権論序説』所収）174, 183頁。

から，服従者による取引の場合には，取引と利得の間の因果関係は，服従者の当初からの事務処理意思を必要とせず，自由人の取引の場合にのみ，契約が当初から中間者によって本人のために締結された場合にのみ，因果関係を肯定する。ヴィントシャイト[139]もほぼ同様である。第三者の contemplatio domini を要求しない点についても，トゥールは同様に区別していない（第7節Ⅱ冒頭参照）。以上の点の考慮がトゥールには不十分であるように思われる。なお，準転用物訴権において，自己の名においてなす場合と他人の名においてなす場合を等しく，その適用範囲に含めている（第7節Ⅱ5）。これはおそらく，直接代理の承認にもかかわらず，付帯性訴権との関係で，なお不明瞭な法状態にあった普通法の状況を反映するものであろうが，本稿ではそこまで扱うことはできず，将来の課題としたい[140]。

　第二の課題（事務処理関係以外への移行の可能性）については，第7節Ⅳで扱った。繰り返せば，転用物訴権論の数年後に公表した論文において，免責請求権の基礎にある債務に着目し，単に免責請求権の形式的存在のみで直接請求が根拠づけられるのではなく，第三者を優遇するに足りる要素が必要だとした。すなわち，事務処理関係に限定はしないが，直接請求の基礎にある，二債権の関連性の強度と要保護性の個別的検討（利益衡量）が必要と考えるに至っている。

　第三の課題（立法論上必要な範囲）については，第4節Ⅷ，第7節Ⅰ2，Ⅳを参照されたい。繰り返せば，トゥールは，特有財産を現代法でいう破産財団とみて，破産手続に類比される特有財産訴権と独立に，すなわち破産者の債務者に対して直接に破産手続外の権利行使を許すものとして転用物訴権を理解した。もっとも，現代ドイツ法での処理は，破産開始によって，免責請求権は支払請求権に変化し，立法者が個別に別除権を付与することで救済するのであった。トゥールも，このような，より具体的，個別的救済の道に変化したことは，第二の課題において，言及した。

　第四の課題，すなわち，トゥールが転用物訴権の要件・効果として設定したものが，現代の我々の視点から見て，十分かどうかという課題については，トゥールの学説自体を十分検討しきったとは言えない以上，ここで，詳細な検討をすることはできない。さしあたり，以下のようなことが言えると思われる。

---

(138)　Pandekten, Bd. 2, 5. Auf. 1897. §14. S. 39-41.
(139)　Pandekten, Bd. 2, 9. Auf. 1906. §483. Anm. 5.
(140)　平田健治『事務管理の構造・機能を考える』（2017）361頁参照。

◇第8節◇トゥールの「転用物訴権」論の与える示唆・その評価

　トゥールの転用物訴権論は，ローマ法の転用物訴権の理解のしかたについて大きく二大別されるうちの，利得説に対立する，事務処理（求償）説であることは既に述べた。後期普通法における，転用物訴権制度の理解について，当時の状況は以下のようなものであった(141)。すなわち，前世紀において，契約給付が何らかの形で第三者に至ればそれで転用物訴権を根拠づけるというような広汎な適用が見られたが，これは行き過ぎと考えられるにいたり，19世紀には何らかの形での適用範囲の制限が試みられるようになった。ここで前述したように，転用物訴権成立の根拠を，中間者（具体的には奴隷または家子などの家長権力服従者）と本人の間の，中間者の事務処理関係にその基礎を求める立場と，客観的な本人のもとでの利得にその基礎を求める利得説に大別される。しかし，後者の利得説の立場においても，前世紀の無制限な拡張傾向の反省から，中間者の主観的・客観的要件に制限を加えている。従って，各論者がどちらの立場を自ら標榜したかよりも，転用物訴権を承認するための要件として具体的に何を要求したかがむしろ重要な問題であった。

　すなわち，トゥールの学説は，その要件・効果についてみるならば，法源の拘束がある以上，従来の学説とあまり変わらない結果を導いている。しかし，あくまで，中間者の免責求償にその根拠を求め，その消滅が一定限度で，転用物訴権の消滅をももたらすとし，中間者が第三者に対して有する抗弁を，本人にも行使しうるとする点，権利併存的構成にとどまらないで，単に，第三者の法的地位の強化という視点のみならず，本人の不測の損害を避けるという視点からも，要件・効果の設定がなされており，ここにトゥールの利益衡量におけるバランス感覚がうかがえる。まさに，トゥール自身，冒頭の序言で述べるように（第1節II），転用物訴権が，X－M，M－Yという2つの権利関係に対して妨害的に介入するという認識が，このような抑制的な立場を採らせたのである。

　トゥールの説の特色として，事務処理意思の要件を当初から要求する点が挙げうると思われるが，これは，第3節II末尾，第6節II2で見たように，かなり規範的なものであり，事後的判断をも含む柔軟なものであった。そうすると，この要件は，転用物訴権の限界づけの基準として，代替不可能なものではなく，別の要件設定（例えば，より客観性のある）の可能性をも認めるものであろう。

---

(141)　磯村哲「直接利得の要求に就いて」法学論叢47巻5号639頁以下，「不当利得・事務管理・転用物訴権の関連と分化」(1) 50巻4号328頁以下，(2) 50巻5-6号456頁以下に詳細な検討があるが，本稿に十分生かすことができなかったのが残念である。

あるいは，この点は「他人の事務」と「事務処理意思」という要件によって，事実を抽象するというローマ法以来の思考方法の問題性を示唆するのかもしれない。

転用物訴権の消滅原因のところで述べたように（第6節Ⅲ2），転用物訴権は，主人の支払，あるいは相殺などによって消滅するが，逆に，主人あるいは奴隷の主観的態様によって，免責求償が消滅しない場合を承認している。M－Y間の関係が無償である場合としては，トゥールは贈与の場合（求償の免除をふくめて）しか扱っていないが，当初よりの贈与意思の場合と後発的贈与意思の場合を区別し，前者では，転用物訴権は成立せず，後者の場合には，注文を根拠に，成立を妨げないとする。前者については，利得説の立場からは，転用物訴権の成立が肯定されるが，この点は，現代法でも周知のように，判断の分かれるところである。後者の場合，準転用物訴権においては，債権者取消権の可能性をも示唆している（第7節Ⅱ3）。結局，トゥールは後発的贈与の場合に，奴隷の詐害行為を見ているように思われる。

以上のように，トゥールは，M－Y間での免責求償の成立・存続という要件のもとでの本人の客観的利益享受を基本としつつ，たとえ免責求償が消滅する場合でも中間者や本人の主観的態様によるその一定限度での修正をはかっている。この枠組みは今日でも一応妥当すると言えるのではないか（第1節Ⅰの諸学説を参照）。

なお，トゥールが「転用物訴権」論で扱ったのは，①広義の事務処理関係のみであって，②2つの債権が独立して連鎖する場合は，考察の範囲外であった。しかし，M－Y間の契約に，トゥールのいう非独立的事務処理関係（第3節Ⅰ2）を見いだしうる場合には，②は①へ移行することになる。この点につき，賃借人の費用償還請求権と修理請負代金債権の関係について，日民608条1項の解釈として代金債務負担の段階では，費用償還請求権は成立せず，650条2項の準用により，代弁済請求権のみを有するとする見解[142]が示唆的である（第1節Ⅰ②参照）。

19世紀のパンデクテン法学においては，直接代理の理論構成，法律的把握に多くの努力が払われ，付帯性訴権の多くは，直接代理法理に寄与し，民法典成立によって最終的に消滅したが，転用物訴権のみは，かようなモメントを欠いていた。民法典制定後は，間接代理の効果を解釈論として直接代理に近づけて論じようとする者[143]にその傍証を与えるものとして継承されていっ

---

[142] 鈴木禄弥『債権法講義（改訂版）』530頁。

た(144)(145)。

　最高裁は，平成7年判決において，前述したように，加藤(雅)説の批判を意識しつつ，昭和45年判決の枠組みを変更した。被告の経済的二重負担を回避するために，中間者と被告の関係から見て当該受益が無償と評価できるものである必要があるとの理由づけによって。これは，ブディエ判決の定式をその後の一連の判決で修正したフランス判例の経緯と照応するかのごとくである。このような制約は，トゥール説では，出発点(第1節Ⅱ)から意識されていたことであるし，転用物訴権，準転用物訴権の効果において(第6節，第7節)，議論されていたことと照応している。そこで中間者と被告の間の詐害の行為(悪意での弁済)については悪意訴権で別途救済し，無償免除は求償権の不消滅で対応していた点は，日本法の文脈では，いずれも詐害行為取消権で対応されるものと解される。

　トゥールの判断枠組の基本は免責求償であった。しかし，この成立の基盤は，ローマ法の段階から，事務処理者の費用求償にとどまらず，損害賠償など多様な基礎を考慮していた。だから，トゥールが「転用物訴権論」公表後ほどなくして，第三者損害賠償を素材として補正をしたことは，必然であった。そして，そこにおいて，免責請求権の形式的成否ではなく，二債権間の強度・緊密性の

---

(143) S. Schloßmann, Die Lehre von der Stellvertretung. Teil 2. 1902. S. 413; R. Müller-Erzbach, Die Grundsätze der mittelbaren Stellvertretung aus der Interessenlage entwickelt. 1905. S. 51.
(144) 普通法，ローマ法の知識に乏しいため，トゥールの法源理解を含め，細かい問題点に言及・検討しえなかった点が多いことを付記する。
(145) 間接代理については，以下のような興味ぶかい叙述がある。
　「……しかしながら，再びラーバントの分離論の厳格な精神を最後まで徹底して貫くことによって，民法典は，急進的にも，「間接的」代理を代理の規律から追放してしまった。ただ，顕名された，直接的な代理という明確な，型にはまった構成要件形成だけを民法典の立法者は受け入れただけであった。民法典においては，「間接的な，非顕名の」代理は，全く受け入れられなかった。このことでもって，しかしながら，民法典において規律された代理の領域から，生活に即した，古くから知られた，法的取引においてよく慣用された，利益状態からも非常に望ましい法制度が，教義学上の理由から奪い取られたのである。たとえ，それを法典編纂上克服するには，さまざまの利益状況に基づいた，種々異なる，より複雑な構成要件形成が必要不可欠であったであろうことが認められなければならないとしても，である。……このような一面性を取り払い，それとは反対の判断へと急転回させるには，かなりの年月を経たのち，ミュラー・エルツバッハの詳細な教示をまたねばならなかった。彼は，とりわけその主張する，全く別方向をめざす利益法学を基礎として，英法をさし示した。」(ヴォルフラム・ミュラーフライエンフェルス(奥田昌道訳)「英米の代理法とヨーロッパ代理法の乖離と接近の諸相」(1) 法学論叢121巻1号(1987) 8-9頁)

個別的利益考量が最終的決め手となることに行き着いた。言い換えれば，そのような個別的利益考量が救済の必要を是とする場合に，ひるがえって，免責請求権を肯定し，それを活用した直接請求の道を開くべきだとするのである。事実，このような場合に直接請求権を付与する試みが債権法改正の過程で議論されたし，今後も議論されるだろう。例を挙げれば，改正前からあったものとしては，復代理人の義務（新106条，新644条の2），転借人の義務（新613条第1項）があり，改正時に新たに議論となったものとしては，債権者代位権における転用型の規定の仕方（新423条の7，423条の4），詐害行為取消権における転得者の権利（新425条の4），下請負人の直接請求権（中間的論点整理第48の8の(2)），取次契約の効力（中間的論点整理第49の6(2)）などがある。

◆3◆ ドイツ法における請負人修理事例が日本法に与える示唆──転用物訴権の可否

◆はじめに◆

　転用物訴権をめぐる議論は，周知のように，請負人の動産もしくは不動産の修理・改良にもとづき取得した請負代金回収に関する2件の最高裁判決[1]を中心としてなされている。ドイツにおいても，法的文脈や事実関係[2]の差はかなり大きいが，第2節で紹介するように，類似の判例があり，そこでの結論は，占有を保持する限りでの費用償還請求権付与，契約質権の善意取得の可能性を別途付与である。日本における議論[3]は，ドイツにおける議論から示唆を受ける形で進められている側面が大きい。

　とりわけ，請負人に注文者ではない所有者との関係で何らかの救済を与えるべきか，どのような形で与えるかをめぐって，争いがある。請負人は注文者に対して契約関係に立っていること，さらには注文者と所有者の間の契約関係の帰趨などをどう位置づけるかがからんでくる。

---

(1) 最判昭和45年7月16日民集24巻7号909頁，最判平成7年9月19日民集49巻8号2805頁。結論としては，不当利得を請負人と注文者，注文者と所有者の関係を考慮して肯定する，すなわち本来の注文者からの未回収部分を注文者所有者間の契約合意のフィルタが許す限りで所有者に転嫁可能とする。

(2) 日本では最高裁の2件とも賃貸借における賃借人が注文者であるが，東地判昭和59年12月27日判時1172号74頁は所有権留保の事案である。ドイツでは譲渡担保や所有権留保などの信用取引における債務者が注文者の事案が多い。

(3) 藤原正則氏の一連の業績（「多当事者間における不当利得法の一考察 ── 注文主が動産所有者でない場合の請負人の法的地位」北大法学論集36巻5・6号（1986），「わが国における「転用物訴権」のあり方 ── 東京地判昭和59年12月27日を契機として」北海学園大学法学研究24巻1号，2号（1990），「建築請負人の債権担保に関する考察 ── スイス法，ドイツ法を手掛りに，転用物（versio in rem）の視角から」（1996），以上の三編をまとめた『不当利得法と担保物権法の交錯』（1997）［書評として，拙稿・民商117巻2号（1997）148頁以下］)，清水元氏の一連の業績（「費用償還請求権についての基礎的考察 ── 三者関係を中心として」民商97巻6号（1988）1頁以下，98巻1号（1988）49頁以下，「わが国における「転用物訴権」論の現状と課題」高島古稀『民法学の新たな展開』（1993）625頁以下，関武志氏の一連の業績（「動産修理の請負人と留置権」判評365号，366号，367号（1989），『留置権の研究』（2001）の第二編))。

以下では，まず第1節で，ドイツの判例学説がこの問題領域に最も関係する規律として論じる，所有者が占有者に物の返還請求をした場合の費用償還請求権の立法過程を検討する。次いで，第2節で請負人修理事例に関するドイツ判例を概観する。最後の第3節で，ドイツ法の議論を参照しつつ論ずる日本法学説を検討する。

◆ 第1節 ◆ ドイツ民法の所有物返還請求における占有者の（いわゆる所有者占有者関係における）費用償還請求権関連規定の立法過程[4]

I 前史──部分草案

占有者の費用償還に関する部分草案全体の内容は以下の通りである（丸括弧内は対応する第一草案）。部分草案には各条を解説した理由書があり，通称第一委員会がこの部分草案を素材に審議し，第一草案を作成した。

185条
占有者には以下の限りで物に対して出捐された費用について反対請求権が与えられる，すなわち費用が必要的かもしくは所有者の個人的事情に従い判断されるべき利益に合致していること，費用により物の価値が上昇していること，その価値上昇が返還時になお存続していること。（→ 936条1項）

反対請求権は，費用の償還，費用のために引き受けた債務からの解放，占有者が支払われるのが通常であるような行為の補償に及ぶ。

182条[5]の場合においては，この反対請求権は必要費に限定される。

善意者によって訴訟提起前に出捐された費用については，占有者が訴訟提起前に物から収取した利益が控除される。（→ 936条2項）

186条（→ 939条，940条）
動産の所持者［他主占有者のこと──筆者］の反対請求権は，所持者が物を

---

[4] ドイツ民法編纂に関する各資料については，石部雅亮編『ドイツ民法典の編纂と法学』（1999）（以下「前掲石部」で引用）末尾の「ドイツ民法典編纂資料一覧」（児玉寛，大中有信）における解題が貴重である。前掲石部 ix 頁によると，理由書（いわゆるMotive）の作成は，各編担当助手の手になり，部分草案理由書と第一委員会の議事録から抜粋要約されたものであり，第一委員会総会の校閲と承認を得ていないという事情がある。

[5] 占有者が悪意の場合。

◇第1節◇　ドイツ民法の所有物返還請求における占有者の(いわゆる所有者占有者関係における)費用償還請求権関連規定の立法過程

譲渡者の所有権について善意で，その他の点では有効に取得した場合には，物の取得のために与えもしくは給付したものの償還にも拡張され，所持者が物を善意で質にとった場合には，所持者が物の受領と引換に質債務者に与えもしくは給付したものの償還に拡張される。

187条
　物が所有者によって回復された占有者は，前主の費用を，前主が物をなお占有していれば，償還請求できたであろう態様で，主張することができる。
（→937条）
　趣旨：費用償還の要件は前主の占有の態様を基準とすること。一般原則から導き出せるかもしれないが，疑いを残さないために明文を置く。ここで移転されるものが物権か債権かは学説にゆだねる（後掲注(20)）。

188条（→941条）
　所有者は，物を提供する所持者に対して，その引取を義務づけられるが，物の所有権を所持者に移転することによって所持者の反対請求権から解放される。

189条（→938条）
　所有者は，物の引取によって，それまでの所持者に対して，所持者が所有者に対して返還の際に示した反対請求権について義務づけられる。
　動産の善意占有者，善意取得者，善意質権者は，動産の返還について，反対請求権の償還もしくは担保提供と引換にのみ義務づけられる。所有者の財産について破産が開始した場合には，物は管財人に返還されねばならないが，物の換価から反対請求権の優先弁済を受ける。（→942条）

190条
　占有者の物と所有権変更なくして付合，混和した動産の返還請求権は，占有者の物から当該動産の分離を求めることに同時に向けられる。
　分離の費用は，善意占有者に対しては，所有者の負担とする。

191条
　占有者が自己から回復された物とともに，これと有体的には結合しているが所有権変更がないか，もしくは従物として結合している自己の物を，引渡の際にその所有権を留保せずして，引き渡した場合には，この物の所有権は，引渡とともに，占有者がこれにつき費用についての反対請求権にもとづき償還を得るか否かと無関係に，通常の移転と同様に，回復された物の所有者に移転する。
　占有者が，引渡の際に，回復を求められた物と結合しており，償還を得ていない物について所有権を留保した場合には，その物を回復された物から分離し，

分離によって回復された物に生じた損傷についての償還ののちに，収去する権利を有する。占有者は，所有者の要求により，結合している物が分離後に占有者にとって有する価値の償還と引換に，結合している物を所有者のもとにとどめる義務を負う。(→ 936 条 3 項)

　現行ドイツ民法の関連規定は，994 条から 1003 条までであるが，大別すると，占有者の費用償還請求権の実体的要件を定めた規定とその行使方法を定めた規定に分かれる。この点については，現行法そのものではないが，それに近い段階である，当時のライヒ議会において法案(6)審議の参考に供されたと推測される覚え書き（Denkschrift）(7)があり，立法者の考えのこの段階での要約として参照できる内容を有している（以下，条数には，現行法のものも併記した。矢印が付いているものは，関連するが内容がかなり変更されている場合を指す）。
　すなわち，占有者が物に対して出捐した費用の償還を求める権利については，978 条［現行法 994 条］は，現行法の多数と同様に（プロイセンラント法第一部第 7 章 240 条以下，ザクセン民法 312 条以下）善意占有者と悪意占有者，必要費とその他の費用を区別する。善意占有者は訴訟係属前に出捐した必要費について，所有者から常に償還請求できる。しかし，公平と合目的性の理由から，通常の保存費用の償還は，占有者に収益がとどまる期間については否定される（978 条 1 項 2 文［現行法 994 条 1 項 2 文］）。必要費以外については，本草案は，善意占有者には，訴訟係属までは，費用出捐が，所有者が物を再取得する時点でなおその費用によって物の価値が高められている限りで償還請求権を与える（980 条［現行法 996 条］）。悪意占有者（善意占有者も訴訟係属後は同視されるが）には，これに対して，必要費についてのみ償還請求権が与えられ，しかも，事務管理の規定にもとづいてのみ与えられる（978 条第 2 項［現行法 994 条第 2 項］）。したがって，悪意占有者は，必要費について，それが所有者の現実のもしくは推定的意思に一致し，または所有者によって追認される場合にのみ償還請求できる。そうでなければ，所有者は，自己が費用の結果として取得したものを，不当利得の規定に従って返還する義務のみを負う（670 条，671 条［現行法 683 条，684 条］参照）。

---

　(6)　ライヒ議会提出案（Reichstagsvorlage［Mugdan でいう R.］）。
　(7)　Mugdan, Bd. III S. 979. 前掲石部 xi 頁によれば，帝国議会での審議が多岐にわたって停滞するのを回避するため，意識的に簡単にまとめた趣旨説明書を付するにとどめることを連邦参議院司法委員会が承認したことにより作成されたのがこの「帝国司法庁覚書」である。

◇第1節◇　ドイツ民法の所有物返還請求における占有者の(いわゆる所有者占有者関係における)費用償還請求権関連規定の立法過程

　占有者は自ら出捐した費用の償還を請求しうるのみならず，自己がその権利承継者となった前占有者の費用についても，しかも，前占有者が物を返還したとすれば償還請求できたはずの範囲で，請求できる（983条1項［現行法999条1項］）。前占有者が所有者であったとすれば，占有者は前占有者から所有権を取得したであろうような要件が与えられれば，少なくとも，前占有者の償還請求権が占有者に移行することが正当化されるように思われる。他方では，983条2項［現行法999条2項］は占有者のために，所有者の償還義務を彼が所有権を取得する前に出捐された費用に拡張している。
　所有者への考慮は，以下のことを要求する，すなわち，占有者には，自己の費用償還請求権の行使は，所有者が物を再取得するか又は費用出捐を追認するかした場合にのみ許されることである（985条1文［1001条1文］）。しかし，物の再取得後も，無条件な償還義務，特に現存価値上昇の考慮なく認められる必要費については，場合によっては，所有者に過度の負担を課することになろう。そのような無条件な義務が正当化されるのは，所有者が占有者によって償還請求権の留保のもとに提供された物を受領したか，又は他の方法で費用出捐を承認（追認）した場合である。これに対し，占有者が物を留保なく返還した場合，又は所有者がそれ以外の方法で物を再取得した場合には，所有者は費用の承認までは，知らなかったかもしれない償還請求権から，物の返却によって解放される権限が与えられることが公平に合致する（985条2文3文［現行法1001条2文3文］）。所有者の利益のために，さらに，占有者には，彼が物を返還した場合には，償還請求権の行使は，所有者が請求権の留保のもとで提供された物を受領するかその他の方法で費用を承認したのではない限り，短期除斥期間の間でのみ許される（986条［現行法1002条］）。

　以上のように，実体面では，償還ルールは，善意悪意での区別を基礎に置きつつ，費用の分類，不当利得，事務管理が参照されている。また，費用出捐後の当事者の交代に対処するルールがある。手続面では，償還請求権の行使は所有者保護のために，所有者の物の再取得もしくは追認に依存させられていること，さらに，所有者による費用の広義での追認がない限り，物を再取得しても償還請求権の行使は短期除斥期間に服することや返還権による解放により所有者が保護されていることが重要である。
　このように，占有者の費用償還請求権は，物の引渡前は留置権により消極的に保護されるが，返還した場合には，費用追認を得ない限り，短期除斥期間や所有者の返還権の制約を受ける。占有者からは，費用追認の可否を問う形で，

物からの満足権を得る道が開かれているというのが，最終的な現民法の見取り図と言ってよい。

II　実体的内容

1　第一草案（第一委員会における第一読会草案）の段階[8]

EI 936 条

（TE 185 条 1 項→）占有者もしくは（他主）占有者[9]は，自己が物に対して出捐した費用について，所有者が物の再取得の結果として，費用により，前者の財産から利得した限りで，所有者から償還を請求できる。

（TE 185 条 4 項→）930 条［現行法 993 条］によれば，返還義務が生じない限りでの，収取収益の純益が償還額から控除される。

（新設）費用が，返還すべき物と別の物が本質的構成部分として結合している形をとる場合で，占有者もしくは他主占有者が所有者から少なくとも別の物が分離後に有するであろう価値の償還を受けない場合には，占有者等は，この別の物を収去する権利を有する。しかし占有者等は返還すべき物を自己の負担で原状回復せねばならない。

まず，費用について，その経済的効果が何らかの形で物的権利者の利益となるものと述べたあとで，定義規定がなくとも法適用における誤解はないと述べる。また，物の結合はそれが主物の本質的構成部分とならない限り，出捐者の権利が存続しているため，ここでいう費用には含まれないと説明する。

当時の現行諸法が概観されたあとで，本草案は，不当利得の観点で費用償還を扱うフランス法の原則に従うと述べる。財産変更が損失者の意思なくして生ずるという第一草案における不当利得規定の末尾に置かれた condictio sine causa（748 条 1 項）の要件は満たされていると。ここでは，占有者の行為によるが，それは利益享受者の財産に何かが与えられた（zugewendet）ものではな

---

(8) Mugdan, Bd. III S. 229. 第一委員会から現行法に至る審議の過程は，Jakobs/Schubert, Beratung, Sachenrecht I (1983), S. 811-847. に詳しいが，やや煩瑣となるので，基本は Mugdan で引用し，特に言及すべき箇所で補充的に Jakobs/Schubert から引用する。

(9) 第一草案に存在した自主占有者（Besitzer）と他主占有者（Inhaber）の用語上の区別は，占有概念の抽象化（Mugdan, Bd. III, S. 962 (Denkschrift S. 106)）により第二草案以降はなくなる。

◇ 第 1 節 ◇ ドイツ民法の所有物返還請求における占有者の(いわゆる所有者占有者関係における)費用償還請求権関連規定の立法過程

いからと。ここでは，占有者による費用出捐という事実によって，利益を得ている所有者に対する占有者の完全な請求権が根拠づけられており，(普通法のように)所有者の返還請求権の単なる制約・条件づけではなく，返還請求する者と占有者の特別な関係により必要となる，condictio sine causa の補完と修正のみが規定さるべきであると。普通法では，償還義務を例外的優遇と見たため，悪意占有者や不法行為占有者に対して否定ないし制限することができたが，本草案の立場からは，かような制限は占有者に対する私的刑罰（Privatstrafe）であると(10)。

普通法は，裁判官に義務者の個人的事情を考慮して償還義務を軽減もしくは排除する権限を与えていたが，そのような考慮は不当利得一般についても本事例についても本草案の立場からは正当化されない(11)。それは，利得が存在するか否かについて，個別利得者の全財産状態が考慮されるという形で正当化される。

物の返還によって受領者に帰する利得額に着目する点は，なんら一般不当利得法からの離脱を含んでいない。利得はなるほど費用出捐の時点で生じているが，所有者にとって経済的意味を獲得するのは，所有者が物を再取得した時点であるから，この時点で費用の効果が存在しなければ，利得は消滅していることになると。ただ，利得者が利得の消滅を立証するのではなく，償還請求者が利得の存続を立証せねばならない点で異なる(12)。

物を再取得する前に償還請求権を行使することの困難，すなわち判決時に償還額は確定していない点は，判決を制限的かつ条件付で書くことで解消されると。

---

(10) 部分草案185条3項が悪意占有者に有益費償還を否定していたが，第一委員会の審議において，この項の削除がされたことを受ける（Jakobs/Schubert, Beratung, S. 813.）。

(11) 部分草案185条1項は，有益費償還の一要件として，所有者の個人的事情に応じて判断されるべき所有者の利益にかなっていることという制約を課していたが，第一委員会の審議において Planck の提案を受けて修正された（Jakobs/Schubert, Beratung, S. 813.）なお，部分草案理由書には，必要費の理解に二説あることを紹介した上で，必要費の場合にも成果存続が所有者に物が返還された時点を基準に判断され，補強された建物が焼失したことや，他人の占有下で死んだ馬がそれ以前に治療行為を受けたことは問題とならないと述べる（Jakobs/Schubert, Vorlagen Sachenrecht I, S. 1056f.）。

(12) Mugdan, Bd. III, S. 230 に見えるこの立証責任に言及したくだりは，Jakobs/Schubert, Beratung, S. 813 には存在しない。他方，Jakobs/Schubert, Beratung, Schuldrecht III S. 781 は，第一委員会議事録において，受領者が利得消滅の立証義務を負うことを確認した点を紹介する。

149

本草案は、普通法に従い、善意占有者が果実返還義務を負わない場合には、その限りで償還額から控除される立場を採る。収益返還義務免除は公平に由来する例外規定だが、償還義務が成立する場合には不公平となるし、面倒な争いを切断する意味ももつ。

占有者の物の結合が本質的構成部分[13]となる場合には、附合により所有権は移転し、利得償還義務が生ずるが、上記のルールの結果として、償還額は、結合物が分離後に有する価値の額にすら至らない場合がありうる。このような場合のために、附合の効果を制限し、占有者の原状回復義務を伴って、所有権の再変更をもたらす分離と収去が許されることが公平であると[14]。

費用償還請求権は、（自主）占有者（Besitzer）と並んで、他主占有者（Inhaber）にも与えられるが、後者については、個々の債権関係の特則が考慮されねばならない。

以上の説明をさらに要約しておく。

・費用の定義

ここでは、一応の説明が与えられた上で定義規定は誤解がないから不要とする。附合との関連では、主物の本質的構成部分化を前提として費用に含まれるとする。

・不当利得との関連

まず、草案は費用償還を不当利得の観点から扱うフランス法に従うことを宣言する。第一草案段階では、非債弁済規定から始まる構成であり、費用償還はそのような観点から、不当利得の節の末尾の938条が規定する、損失者の意思に基づかない利得を扱う condictio sine causa の一種と位置づけられる。占有者の行為にもとづくが、それは損失者の財産に出捐する（zuwenden）ものではないと説明される。それは、普通法と異なり、単なる返還請求権の制約や条件づけではなく、完全な請求権が与えられるとする。ただ、返還請求者と占有者の特別な関係から必要となる補完と修正が規定される必要があるとする。

---

(13) 収去権を本質的構成部分に限り、所有権移転した物に限定する方針確認（Jakobs/Schubert, Beratung, S. 814）に関する。この方針は、総則の物の規定での方針決定（Jakobs/Schubert, Beratung, Allgemeiner Teil, Teilband 1, S. 436）に由来する。

(14) 第一草案936条3項は、第一委員会における v.Weber の提案が修正を伴い承認されたことを受ける（Jakobs/Schubert, Beratung, S. 814f.）。他方、所有権変更のない場合を扱う部分草案190条、191条は削除された（Jakobs/Schubert, Beratung, S. 836f.）。この変更については、拙稿「物の結合体についての規律とその分類基準(2)」民商104巻3号16頁以下参照。

・占有者の種類と保護

普通法は償還を例外的保護と理解したので，悪意占有者や不法行為占有者に対して制限や否定ができたが，本草案の不当利得の立場からはそのような制限は私法的制裁となるので許されないとする。

・償還義務者の事情の考慮

普通法では裁判官の権限があったが，このような考慮は利得の存否判断においてなされるので，必要がないとする。

・利得の算定

費用償還は完全な請求権であるが，利得は所有者の再取得時が基準であるから，それ以前での費用の効果消滅は利得も消滅させる。ただ，償還請求者が利得の存続を立証する必要があるとする。この要件からすると，所有者が再取得する前には利得額は確定しておらず，占有者が権利行使する困難が生ずるが，判決を条件的に書くことで解消される。

・果実返還との関係

普通法に従い，善意占有者が果実返還義務を負わない場合にはその限りで償還額が控除される。公平と争いの回避がその趣旨である。

・附合との関係

償還額が占有者の保護にならない場合に例外的に附合の効果を制限し，収去を認めることが公平である。

・他主占有者

他主占有者にもここでの請求権が与えられるが，個々の債権関係における特則が考慮されねばならない。

2　第一草案以降における実体的内容[15]

936条に関し，第一読会（第二委員会）において，以下の3つの提案がなされた。

・**第一提案**（2条文にする，収去権の部分を別条にして詳細化）（Achilles）[16]

936条（→ EⅡ 908条）

占有者の費用を所有者は以下の限りで償還せねばならない。すなわち，それ

---

(15) Mugdan, Bd. Ⅲ S. 680ff.; Jakobs/Schubert, Beratung, S. 822ff.

(16) 帝国司法庁準備委員会決議草案（EI-RJA）（この位置づけについては，前掲石部 ix-x 頁，42頁以下）936条，936a条を受ける（Jakobs/Schubert, Beratung, S. 820）。Achilles はその構成メンバーの一人とされている。

が必要的であったか，又は物の価値が物の返還時になお費用によって高められていた場合に。

物をその経済的現状において保持するために通常必要な費用については，占有者は，費用が必要であった時点において，占有者に収益がとどまる場合には，償還を請求できない。

悪意占有者は必要費のみを償還請求できる。同様の制限は，[930条について1で提案されたもの] C条により収益返還義務を負う占有者の請求権について，費用が前記義務が生じたのちに出捐された場合についても妥当する。

936a条（→ EⅡ 910条）

占有者が物と別の物を本質的構成部分として結合させた場合，占有者はその構成部分を分離し，自己の物とすることができる。514条2項2文3文（編集者案）の規定は準用される。

分離権は以下の場合に排除される。

1．結合が936条2項によれば償還が与えられない費用を含む場合
2．分離が占有者にとって何ら利益（Nutzen）を有しない場合
3．所有者が，構成部分が分離後，占有者にとって有するであろう価値を償還する場合

・第二提案（Jacubezky）

第一提案の936条3項を以下のようにすること

費用が出捐された時点において，占有権原の欠缺が占有者に知られていたか，又は占有者に対する所有物返還請求が訴訟係属していた場合には，所有者は，価値増加が自己にとって利益がない限りで，価値増加償還の義務を負わない（又は償還義務の必要費への制限が維持される場合には，「…，費用が必要的であった限りで，償還が請求されうる。」）。

（のちに，提案した規定を第一草案の1項に付加することに変更した）

・第三提案

第一提案の936条1項における「必要的であったか，又は」の語句を削除すること

本草案は，善意，悪意，必要費，それ以外の費用の間で区別をつけないが，第一提案は，必要費に関してのみ無制限な請求権を与え，悪意占有者には必要費についてのみ償還を認める。第三提案は，必要費についても物の返還時の価値増加に依存させようとする。第二提案は，悪意占有者にも，返還時の価値増加が所有者に利益となる場合には，必要費以外についても承認する。

◇ 第1節 ◇ ドイツ民法の所有物返還請求における占有者の(いわゆる所有者占有者関係における)費用償還請求権関連規定の立法過程

　第三提案は，家が返還時に倒壊していた場合にもそれが必要費に当たる場合には償還義務があるのは不公平だという考えにもとづく。第二提案は，悪意占有者の償還を必要費に限定することが妥当でないと考える。所有者が個々の費用についてもし問われたら承認しただろうかが問題で，価値増加の現存や費用の種類は問題ではないと。また，必要費への限定は，債権法の個別特則と調和しないと。
　委員会の多数意見は，以下の理由から，中間決議において，第二提案，第三提案を否決し，第一提案の936条1項と3項を採用した（936a条については後出）。すなわち，善意占有者に関しては，草案と第一提案の間に実際上の相違はないが，必要費は出費の節約による利得という観点で常に償還義務を負うことを第一提案は表現しており，第三提案が意図するような，返還時に価値増加が存しない場合に必要費償還が否定されるような誤解(17)が排除される点で長所を有する。
　悪意占有者については，第一提案のように，必要費のみを与えるのが正しい。もし，草案や第二提案のように，利得の観点に立つならば，所有者は悪意占有者の恣意にさらされるだろう。法の帰結は，悪意占有者にすべての償還を否定することだが，ただ公平の理由から，必要費についてのみ償還が与えられる。このように考えても，独自の規律である債権関係上の償還規定との不調和は生じない。
　936条2項について検討された。草案は，収益の純益の控除であるが，第一提案は，通常の必要費である。草案の立場は，計算上の困難や実際の結果の不当さが指摘され，第一提案に沿って修正することが決議された。
　第二読会（第二委員会）において，EⅡ908条［現行法994条］について，1項に以下を付加する提案がなされた。

　占有者が訴訟係属後又は904条［現行法990条］において定められている責任開始後に，出捐した必要費については，その償還請求権は，事務管理規定に従って定められる。

　悪意の時点から事務管理規定に服する点には異議がなかったが，訴訟係属後も同様とする点については，返還訴訟提起後も自己の占有の善意性についての

---

(17)　おそらく，部分草案理由書が述べるところはこの誤解に対応し，そうだとすれば，この時点で，必要費理解の転換が生じたと言わざるを得ない。事務管理における費用償還規定との関連で興味ある論点を提供する。

153

信頼が揺るがない場合も多いから，他人の事務の処理者として扱う理由がないという意見があった。

多数意見は，この提案を承認した。占有者が自己に占有権原がないことを知った時から，用益権者や質権者より広い範囲で償還請求はできない。同様のことが訴訟係属後にも妥当するのは，訴状送達によって占有者は自己に占有権原がないという可能性を考慮せねばならない。それにもかかわらず，占有を継続する場合，それは自己の危険でなすものであり，のちに返還の判決を受けた場合には，訴状送達の時点から他人の物を占有する者と同様に扱うのが公平にかなうと(18)。

収益との差引計算に関する936条2項について，以下の提案があった。

所有者は占有者に対して，占有者が物の負担の支弁のために出捐した費用の償還をせねばならない。しかし，善意の占有者は，自己に収益がとどまる期間については，物の基本価値（Stammwert）に対して課せられたと見うる特別な負担を支弁した限りでのみ償還を請求できる。

同時に，あとで出てくる937条，938条についての提案のうち，937条から938a条をこの費用に拡張することも依頼された。

委員会はこの提案を承認した。この出費が必要的か，費用の概念に包摂できるか，などで疑いがありうるので，明示の規定を置く必要があると。

占有者の収去権に関する，前掲第一提案の936a条について，以下の諸提案が出された。

2．3号の例外を削除し，2号を以下のようにする：

　分離が占有者にとって何ら利益（Interesse）を有さない場合

3．2号の例外を以下のようにする：

　分離が占有者にとって何ら利益のない場合，但し占有者が収去について別

---

(18) Mugdan, Bd. Ⅲ S. 682. ちなみに，部分草案は，悪意占有者と訴訟係属後の占有者の物の保管責任について，事務管理規定に依拠させ（181条，182条），他方では，費用償還については，占有者の事務管理意思の充足性を検討した上で依拠を断念している（Schubert, Vorlagen S. 1032ff.; 1051ff.）。このような規律の基礎にある，当時の事務管理法の二元的把握（事務管理直接訴権と反対訴権の非対称的構成）については，拙稿「求償利得における，他人の事務処理活動に対するコントロール原理としての事務管理法理の位置づけ」阪大法学57巻4号64頁以下参照。事務管理依拠の規定は，第一委員会の審議において，訴訟の帰趨の不確かさなどの理由で拒否され（Jakobs/Schubert, Beratung, S. 782），客観的注意義務に置き換えられ，現在の989条，990条に至る。

◇ 第1節 ◇ ドイツ民法の所有物返還請求における占有者の(いわゆる所有者占有者関係における)費用償還請求権関連規定の立法過程

の利益を有する場合を除く
4．936a条に以下を付加する（v.Mandry）：
返還すべき土地の本質的構成部分となった植栽や樹木には，本規定は適用されない
5．4.は植栽や樹木は土地の価値の一部であり，所有者はそれらの除去から保護される必要があるという考慮にもとづくが，この考えを以下のように一般化する：
　3号を，所有者に，償還の基準として，結合時の価値と分離時の価値の間で選択権を認める

審議は，936a条の変更なしの承認に至った。この提案は，草案と同様に占有者の権利を拡張しているが，514条の修正を考慮して，再取得した所有者は分離によって生じうる損害の担保が提供されるまでは，分離を拒否できる。

提案の1項は満場一致で認められた。他方では，2項は長い検討を要した。

2項は3つの場合に収去権を制限するものであるが，3号の例外が提案2.により争われた。すなわち，収去権は善意占有者のために与えられているのであり，占有者に自己利益がある限り収去権の制限はできるだけ少ない方がよい。2号の制約も，占有者に効用（Nutzen）がなくとも，何らかの利害（Interesse）があるならば，収去を許してよい。立像などでは，しばしば占有者の愛好価値（Affektionsinteresse）が問題となる。別の者によっても，3号の削除は支持された。すなわち，分離後の価値の計算は困難をもたらすこと，もし無制約の収去権を与えるならば，若木（わかぎ）の場合に，将来価値について交渉がもたらされるようになる。

4．の提案者は，逆に，植栽樹木の場合には，若木の植栽で出費以上の償還を得ることになり，収去は制限すべきであるという立場であり，提案5.は，この考えを一般化して，所有者に選択権を与えるものである。この選択権に対しては，不当に善意占有者に不利益を与えるもので，適用は悪意占有者に限定されるべきだと反論された。

多数意見は提案2.に説得されなかった。これらの制限は現行法に対応するものであり，変更の必要は明らかではないと。又，これらの規定は所有物返還訴訟ではまれではないシカーネから所有者を守る意義を有する。国民経済的考慮からも収去はできるだけ宣言すべきで，それに配慮することは立法の課題であり，占有者の利益は劣後すべきである。賃貸借における収去権の拡大は，契約関係を考慮せねばならないと。

以上によって，第一草案の構想は個々の点でかなりの変更をこうむった。それを列挙すれば以下の点になる。

利得一般から費用の区別と占有者の態様の区別の組み合わせへ変更された。これによって，悪意占有者は必要費のみが償還される。控除される果実（収益）の範囲の変更。純益から通常の必要費へ。悪意占有者と訴訟係属占有者の必要費償還基準の事務管理への依拠。訴訟係属の場合に占有者の主観的態様が事務管理の要件を満たすか疑問が出されたが，訴状送達時から自己に占有権限がないかもしれないリスクを考慮しつつ行動すべきだという規範的観点から正当化された。物の負担を必要費とみなす規定の追加。収去権が排除される場合の詳細規定化。

III 権利行使方法

1 第一草案段階[19]

EI 937 条

（TE 187 条→）占有者は，前占有者によって出捐された費用について，占有者が前占有者の権利承継人となった限りで，前占有者が物の返還をせねばならなかったならば償還を請求しえたであろうと同じ範囲で，償還を所有者から請求できる。

EI 938 条

（TE 189 条→）占有者又は他主占有者に，936 条，937 条に従い，与えられる請求権は，所有者が物を再取得することに条件づけられている。

占有者又は他主占有者は，この請求権について，留置権を有する。

返還が，同時のもしくは予めの，請求権の告知なくしてなされた場合には，所有者の利得の有無・程度の判断については，所有者が請求権について認識した時又は請求権が訴訟係属した時が基準となる。告知の有効性のためには，請求権の範囲の挙示は必要ではない。

---

(19) Mugdan, Bd. III S. 231ff. 部分草案 188 条，189 条から，第一草案 938 条，941 条への転換は連続していない。部分草案 188 条，189 条の改正提案（v. Mandry, Planck, Kurlbaum）が出され，それに続き，まず改正の方針が5つにまとめられた（Jakobs/Schubert, Beratung, S. 831-835）。この方針を反映した編集暫定原案（VorlZust）（この草案の位置づけについては，前掲石部 viii 頁参照）10 条，11 条が出され，ここでも若干の原則の確認をしている（Jakobs/Schubert, Beratung, S. 838.）。この 2 条文がそれぞれ，第一草案 938 条，941 条［後者は後に削除］のルーツであり，この段階で既に表現等もほぼ対応している。

◇第1節◇ ドイツ民法の所有物返還請求における占有者の(いわゆる所有者占有者関係における)費用償還請求権関連規定の立法過程

　費用償還請求権の対象は，物の再取得の結果生じる利得であるから，938条1項［→現行法1001条］において，償還請求権は条件付のものとして示されている。本草案は，普通法と異なり，占有者による物の返還の結果としての再取得のみならず，それ以外の方法で所有者の占有に至った場合にも償還請求権を発生させる。もっとも，所有者が費用出捐の事実を知らないことから生ずる問題はのちに述べる規定で解消される。

　この請求権は法定条件に結びつけられており，浮動期間中は条件付権利が与えられる。占有者はその期間中，償還についての攻撃的手段を有しないが，物を権原に基づき占有でき，また提供は所有者を受領遅滞に陥らしめる（941条［現行法なし］）。

　現在の占有者が，単に前占有者が所有者でなかったがゆえに，所有者とならなかった場合，費用出捐にもとづく請求権が移転する（937条［現行法999条1項］）ことが正当化される[20]。

　これに対して，物が再取得される前に所有者が変更した場合，これは不動産の場合に考えうるが，この場合に償還義務の移転は不動産登記簿の公示性原則と調和しない。しかし，承継されないという明示規定を採用する必要はない。出捐時に所有者であった者に対するという費用償還請求権の人的方向は，本草案から十分明瞭だから[21]。

　占有者が留置権の要件を満たしていることは，占有者に完全な請求権を付与することで肯定されるが，疑いを除くために規定を置く[22]（938条2項［現行法1000条］）。本草案は，占有者に法定質権を与えるものではない。

---

(20) この規定の前身である部分草案187条について，部分草案理由書は，費用償還の要件は前主の占有の態様を基準とすること，一般原則から導き出せるかもしれないが，疑いを残さないために明文を置くこと，ここで移転されるものが物権か債権かは学説にゆだねる，と述べる（Schubert, Vorlagen Sachenrecht I, S. 1065.）。物の所有権譲渡において所有権が移転しなかった場合を念頭に置く（Jakobs/Schubert, Beratung, S. 828f.）。

(21) Mugdan, Bd. III S. 232; Jakobs/Schubert, Beratung, S. 829. この点は，部分草案から第一草案への移行に際して，転用物訴権拒否の立場に転換した点と関連づけて理解されるべきだろう。

(22) Mugdan, Bd. III S. 232; Jakobs/Schubert, Beratung, S. 834. 部分草案189条2項1文が動産の善意占有者に限定していた点を変更した旨確認している。部分草案理由書では，ここで留置者に物権（ein dingliches Recht）が与えられるのではないが，物に対する権利（ein Recht an der Sache）が与えられると述べている（Schubert, Vorlagen Sachenrecht I, S. 1071.）。なお，部分草案は，包括的かつ適用の際に疑いを残さないような関連性の要件を定立することが困難として，留置権の一般的規定を断念していたが，第一委員会において異議が出され，現行の273条，274条につながった（Jakobs/Schubert, Beratung, Recht der Schuldverhältnisse I (1978), S. 201.）。

所有者が償還請求権の発生を知らないで物を再取得した場合には，不当利得規定の類推適用により，非債弁済の善意受領者と同様の責めを負う[23]。すなわち，後発的悪意もしくは訴訟係属までは，（所有者によって立証されるべき）利得の消滅によって解放される[24]。これに対し，償還請求権の存在について占有者が所有者に対して指示するか，所有者が再取得後その存在について認識したのちは，返還されるべき利得の対象は固定され，その後の消滅は考慮されない。

ここも箇条書きにまとめておく。
・再取得の方法
　普通法と異なり，占有者からの引渡による場合のみならず，それ以外の方法での所有者の占有取得も含む。
・費用出捐時から所有者の再取得時までの状態
　条件付権利。占有権原の取得。提供による所有者の受領遅滞化[25]。
・前占有者の費用償還権の承継
　理由書の説明によれば，前占有者と現占有者の間に所有権移転が意図されていたが，何らかの理由で前占有者が所有者ではなかった場合を想定する。その場合に，所有権は移転しないものの，少なくとも費用償還権を移転させることが妥当という。
・所有者の変更
　この場合に承継されるとすると不動産の公示性と矛盾するが，わざわざ不承継の注意規定を置く必要はない。出捐時に所有者であった者が償還義務者であるという人的性格は明瞭だからとする。
・留　置　権
　占有者には完全な請求権が与えられており，留置権の要件充足は明らかだが，疑いを避けるために規定を置く。
・費用出捐を知らない所有者の保護[26]
　再取得時に善意の所有者は非債弁済の善意受領者と同様の責めを負うことで

---

(23) Mugdan, Bd. Ⅲ S. 233. 部分草案理由書は，通常の場合と並んで，占有者が費用償還を告知しなかった場合，占有者の意思なくして占有が失われ所有者のもとに至った場合について，それぞれ，非債弁済と不当利得を示唆している（Schubert, Vorlagen Sachenrecht I, S. 1068f.）。
(24) Mugdan, Bd. Ⅲ S. 233; Jakobs/Schubert, Beratung, S. 835.
(25) Jakobs/Schubert, Beratung, S. 834.
(26) Jakobs/Schubert, Beratung, S. 835.

保護。悪意もしくは訴訟係属時から利得は固定される。

2　第一草案以降における権利行使方法[27]

以下の第一提案（Achilles[28]）が提出された。

938条

占有者は，936条，936b条，937条により自己に与えられる請求権を，物が占有者から所有者によって引き取られた場合にのみ行使できる。しかし，占有者には，この請求権について留置権が与えられる。

所有者に対する請求権は，この所有者が所有権を費用出捐後に取得したことによって排除されない。

この請求権は，占有者が物の所有者への返還後1ヶ月を経過する前に訴訟提起しない場合には，消滅する。但し，占有者が返還の際に請求権を留保した場合を除く。かような留保がない場合には，所有者は物の返還によって占有者に対する義務から解放されうる。

938a条

所有者が，占有者の936条，936b条，937条により与えられる請求権の満足と引換での物の引取を拒んだ場合，又は所有者が物を938条3項2文により返還した場合には，物の所有権は占有者に移転する。

所有者が，占有者により，償還額の提示のもと，設定されたしかるべき期間内に占有者の満足と引換に物の引取をしない場合，又は所有者が請求権を争い，占有者に対して物の引渡を求める訴訟を提起した場合には，引取の拒否と等しく扱われる。

まず，第一提案の938条2項が検討された。本草案によれば，占有者の費用償還請求権は，出捐時に所有者であった者に対してのみ妥当する。これに対して，第一提案によれば，出捐後に所有権を取得した者も償還義務を負う。本草案の立場の例外は，強制競売の場合のみである。また，別の者によって，第一提案の2項を以下のように補完する提案が出された。

但し，取得が837条1項［土地登記簿の公信力］の基準によってなされ，かつ取得者が取得時に占有者による出捐を知らなかった場合を除く。

---

(27)　Mugdan, Bd. Ⅲ S. 685ff.; Jakobs/Schubert, Beratung, S. 841ff.
(28)　帝国司法庁準備委員会での議論を受ける（Jakobs/Schubert, Beratung, S. 839f.）。

委員会は，この補完提案を拒否し，第一提案を採用した。以下の考慮がなされた。すなわち，草案によれば，所有者は所有権を他人に譲渡することによって，占有者から償還請求権の物的担保を奪い，しかもその他人は所有者として償還義務を負わない。第一提案は，償還請求権をいわば物に書き込まれた訴権とするわけだが，登記簿から明らかではない不動産の負担となるという問題がある。しかし，賃貸借でも同様であり，ここで不動産登記簿法の一般原則から離れることは可能である。補完提案のような制限は必要とは思われない。これに対して，強制競売の場合には，草案とともに，例外(29)を設ける必要がある。

1項については異議がなかったが，ある者によって所有者が物を偶然再取得した場合には償還請求権は消滅するかが問われた。草案の立場によれば，その場合には占有者は所有者に対して占有の返還を求める利得返還請求権を行使でき，次に，留置権を行使することになりそうである。所有者が自己の所有権を根拠として物を再取得することが重要だという点で委員会の一致を見たが，実際の処理は編集委員会にゆだねることとなった。

3項の除斥期間について，不動産については6ヶ月に伸張する修正提案が承認された。最終編集において，除斥期間について，時効の進行停止に関する規定の準用規定［現行法1002条2項］が置かれた。

草案938条3項については，おおよそ9つの提案が提出された。
1．先の第一提案の938条3項と938a条
2．a) 第一提案の2項を認めない，場合によっては以下を付加：
　　取得が837条1項の基準に従いなされ，取得者が取得時に占有者の出捐について知らなかった場合を除く。
　　b) 938条3項2文と938a条を削除，場合によっては，938a条1項末尾を以下のようにする：
所有者の，返還を求める請求権は消滅する。
3．(Wolffson) 938a条を削除，その代わりに
　　a) 939条2項を以下のように，938a条2項と同様にする
　　　所有者が1項で言及された請求権の満足を拒否する場合には，物の所有権は占有者に移転する。……以下は満足の拒否に等しい。
　　b) 940条［他主占有者の質権取得］に以下を付加：

---

(29) 不動産強制競売法に，占有者は物的債権者や競落人に対しては自己の費用償還請求を行使できない旨の規定が設けられたことを指す (Mugdan, Bd. III S. 686; Jakobs/Schubert, Beratung, S. 830.)。

◇第1節◇　ドイツ民法の所有物返還請求における占有者の（いわゆる所有者占有者関係における）費用償還請求権関連規定の立法過程

　　かつ，所有者がこの請求権について占有者の満足を拒否した場合には，質権が正当に存在するものとみなされる。
　c）941条［所有者の遅滞］を以下のように置き換える：
　　所有者が占有者に936条，936b条，937条により与えられた請求権について占有者の満足を拒否する場合，占有者には1170条から1176条の規定により物を売却することで自己の請求権について弁済させる権利が与えられる。939条3項が適用される。
4．(Jacubezky)　a）938条1項を以下のように定める：
　　936条，936b条，937条により占有者に与えられる請求権は，以下の点に条件づけられている。すなわち，所有者が占有を取得するか，物の引取について遅滞にあること。所有者は936条において示された費用の償還について，物が占有の取得時，又は遅滞開始時に有する価値の限度で責めを負う（物が出捐がなされた時点で，占有権原のない第三者の権利の負担があった場合，負担の価値は控除される。そのような権利がのちに生じた場合には，所有者はそのような権利の設定で得たものを占有者の請求権の満足に必要な限りで，不当利得返還規定に従い，返還せねばならない）。
　b）938条3項を以下の規定で置きかえる：
　　占有者の請求権は，占有者が，所有者が物の占有を取得してのち1ヶ月以内に，不動産の場合には6ヶ月以内に，訴訟提起しない場合には，消滅する。但し，占有者が物の引渡の際に請求権を留保した場合を除く。
　　所有者は自己の債務から以下によって解放されうる，所有権を占有者に移転することによって，占有を取得した場合には，占有者にその物を返還することによって。このように解放される権利は以下の場合には排除される，すなわち，所有者が占有者の請求権の留保のもとに物を受領した場合又は占有者が所有者の給付又は強制執行の方法で自己の請求権の一部満足を得た場合。
　この提案は，のちに最後の項を以下のもので置きかえた：
　　所有者は自己の債務から以下のように解放されうる。すなわち，占有者の満足のために物を売却することを要求し，占有を取得している場合には，その物を占有者に返還することによって。売却は，動産の場合には動産質売却の規定により，不動産の場合には強制競売の規定により，なされるべきである。物が売却不可能と判明した場合には，占有者に落札すべきであり，占有者の請求権は消滅する。
　　このように解放される所有者の権利は，以下の場合に排除される，すなわわち

161

第2章 ◆3◆ ドイツ法における請負人修理事例が日本法に与える示唆

所有者が物を占有者の請求権の留保のもとに受領した場合。

5．（Planck）a）938条の最後の文を以下のようにする

かような留保がない場合には，所有者は，物の返還によって，物の受領前の法的状態を回復することができる。

b）938a条：

占有者は，所有者に対して，費用償還額を示した上で，自ら設定した適当な期間内に，費用償還請求権の支払と引換に物を受領するか，物の公的競売を認めるよう要求できる。この期間内にいずれも起こらない場合には，物の所有権は占有者に移転し，占有者の費用償還請求権は消滅する。

所有者が競売の認容を選択した場合，占有者に，占有者の要求に従い，競売費用について担保を供さねばならない。このことが，占有者によって設定された適当な期間内になされない場合には，競売の許可は与えられなかったものとみなされる。

競売は，権限ある公務員又は公法上の競売人により実施されねばならない。売却金は物に代わる。

所有者が，1項の期間内に占有者の費用償還請求権を争う場合，2項の効果は，請求権の既判力を伴う確定ののちに，1項の要求が繰り返され，功を奏しなかった場合にはじめて生ずる。

提案者はこの提案をのちに以下のように変更した：

6．（Planck）a）938a条：

占有者は，所有者に対して，自ら償還額を提示した上で，自ら設定した適当な期間内に，物を償還と引換に引き取るよう要求できる。この期間内に支払がなされない場合には，占有者は自己の請求権について，物からの満足を請求する権限を有する。物が動産の場合には，動産質権の規定，物が不動産の場合には，不動産強制執行の規定が準用される。

所有者が1項において設定された期間内に占有者の請求権を争う場合には，占有者は物からの満足を請求できる権限を，請求権の既判力ある確定後，1項の要求を繰り返し，効がなかった場合にはじめて取得する。

b）あるいは，938条，938a条を以下の規定に代える：

占有者に936条，936b条，937条により与えられる請求権の額が，物が所有者への引渡時に有する価値を上回る場合には，後者の価値のみが占有者に償還されるにすぎない（所有者には，自己の物の引渡請求権について，占有者には，自己の費用償還請求権について，留置権が与えられる）。所有者は，占有者の請求

162

権から，物の所有権の占有者への移転によって，解放されうる。占有者の請求権は，費用出捐された物が，動産であれば引渡後1ヶ月以内に，不動産であれば，6ヶ月以内に，行使されなければ，消滅する。但し，占有者が引渡の際に請求権を留保した場合を除く。

結局，5．6．の提案は撤回され，その代わりに以下が提案された：
7．（Planck）a）938条（編集委員会）1文の最後を以下のようにする：
所有者が物の占有を再取得した場合に
b）提案1の938条の最後の文を以下の項で置きかえる：
所有者は，物が，（付着している権利を考慮して，）占有再取得の時点において有する価値を越えて責めを負わない（所有者が出捐後，物に付着させた負担は考慮されない）。所有者が占有再取得前に，遅滞に陥った場合には，遅滞に陥った時点が占有再取得の時点に代わる。
c）提案1の938a条は，以下の規定を含むべきである：
所有者が物の引取を936条，936a条，937条により与えられる請求権について占有者を満足させることと引換にすることを拒否した場合には，占有者はこの請求権のために，動産の場合には，物の質権を取得し，不動産の場合には，不動産強制執行の規定により，物から請求権の満足を請求しうる。
所有者が占有者により償還額の提示の下設定された適当な期間内に，物を占有者の満足と引換に引き取らない場合は引取の拒否と等しい（本規定は，占有者が遅滞にある場合には適用されない）。
所有者が，2項により設定された期間の経過前に占有者の請求権を争う場合，2項の効果は，所有者が，占有者の請求権の既判力ある確定ののちに，占有者によって新たに設定された期間内に物を引き取らない場合にはじめて生ずる。
8．結局，6．主提案が5．a）の付加とともに，会議において，再び採用された。
9．提案6．，7．について，提案4．の提案者は提案4．から取り出した以下の付加を提案した。すなわち，所有者にも占有者の権利の負担のある物の売却をする権利が与えられる。

提案3．，4．は投票前に撤回された。最終投票は，以下の結果となった。提案8．に従い，938条についての提案6．が5．a）の付加とともに，9．で提案された付加の拒否の下で，採用された。

草案の立場では，占有者は留置権を有し，物を返還した場合には無制限に利得返還請求権を行使できる。返還の際の留保は，所有者の利得算定の基準時の意味しかない。しかし，所有者が物の引取を拒否する場合には，浮動状態が生じ，占有者は満足のための強制手段を有しない。提案2．は，ほぼこの草案の立場を維持しようとするものである。

それ以外の提案は，草案の立場を放棄し，この関係の終局的解決を可能にしようとするものである。第1提案は，遺失物発見の規定をモデルとし，引取拒否の場合に直ちに所有権が占有者に移転するものとした。これに対し，3．，4．，6．，7．の提案は，詳細では異なるものの，引取拒否の場合に，物の強制的売却によって解決を生み出そうとする。

審議では以下の点が強調された。この問題は比較的実際上の意義が小さく，できるだけ単純かつ率直な規定ぶりにするよう努力すべきであると。他方では，法の規律が，所有者に対してであれ，占有者に対してであれ，不当な過酷さに導いてはならないと。提案すべてに対して，この2つの観点から疑問が出され，ある提案は撤回に，ある提案は拒否に導いた。最終的に，提案6が5a）の付加とともに，相対的に最善の解決として決定された。提案2．に対して，草案と同様に，所有者の引取拒否の際に生ずる浮動状態は，非常に困ったものであり，善意占有者に対する大きな過酷さを含んでいると。また，必要費について無条件に責めを負うというのも，所有者にとって過酷となりうると。

提案1．に対しては，遺失物発見とここでは全く状況が異なること，引取拒否が必ずしも償還拒否を意味しないから，それだけで所有権の移転（喪失）を生じさせるのは行き過ぎであると。提案3．，4．，6．，7．の基礎にある考え，すなわち，償還について物からの満足を求めねばならないことは一致を見た。

所有者にも売却請求権を与えようとする提案9．に対しては，質権の原則に反すると批判された。委員会の多数は，所有者の利害は返却権で考慮されているとして，採用しなかった。

物権を有する第三者に対しても，占有者は留置権を行使できるという考えが出され，多くの者によって支持されたが，特別規定が必要とまでは考えられなかった(30)。

提案4．の付加に対しては，質物売却と異なるルールを導入する必要はない

---

(30) 現在の解釈では，留置権が債権的請求権のみならず，物権的請求権に対しても行使できることは異論がない（RG, JW 19, 242; BGHZ 64, 122）。ただ，その作用を占有権原と見るか（判例と多数説），単なる抗弁（少数説）と見るかで争いがある。

◇第1節◇　ドイツ民法の所有物返還請求における占有者の(いわゆる所有者占有者関係における)費用償還請求権関連規定の立法過程

として，拒否された。

編集委員会の若干のメンバーによって，以下の提案がなされ，承認がなされた[31]。すなわち，938条と938a条について，今までの議論で修正されたものについて，さらに考えとその表現とのそごを緩和する試みである。

まず，留保の下で引き取られた場合には占有者に完全な請求権を与えるが，これは，結局当事者の合意にもとづくのであり，一般化するとすれば，所有者による費用の承認とし，留保の下での引取は，その一例と位置づけるべきであると。次に，検討を依頼されていた，物を偶然再取得した場合の法的状態という論点については，物を留保なくして返還した場合と同じであると。すなわち，占有者は償還請求できるが，物の返還によってその義務から解放される。但し，留保なく返還した場合に結びつけられている短期除斥期間は，偶然の再取得の場合には及ばない。そうすると，2項において，除斥期間内に行使されねばならないのは，留保なく返還した場合と，返還されたが所有者が費用を承認しない場合である。同様に，938a条は，所有者への要求は，費用の承認の可否の意味にせねばならない。

以下に要約する。
・費用出捐後の所有者交代における義務承継の規定新設
　所有権を譲渡することで償還義務を免れる不当性に対する対処。不動産登記の原則からはずれることは意識されるが，賃貸借の場合と対比し，例外を正当化する。
・物を偶然再取得した場合の状態
　占有者から再取得した場合との相違が意識され，最終的に，占有者が留保なく物を引き渡した場合の扱いと同視される。
・請求権の短期除斥期間の規定新設
　さらに，不動産については区別して伸張された。
・所有者が物の引取を拒否した場合の処理
　第一草案の立場では，浮動的状態は解消されないことになるが，物の強制的売却を通じての終局的解決が目指された。
・占有者が償還請求を留保したか否かでの効果の差異

---

[31]　これにより，第二委員会決議（EI-VorlZust）938条，938a条が，編集会議決議（EI-ZustlRedKom）938条，938a条に再編成され，第二草案913条，914条につながる（Jakobs/Schubert, Beratung, S. 845f.）。各決議の一般的位置づけについては，前掲石部 x-xi頁参照。

165

留保のもとで引き取られた場合には，除斥期間の適用なく無制限な償還請求権を取得する。これは，費用の承認の一場合と位置づけされた。他方，留保がなかった場合には，除斥期間の適用があり，又所有者の再度の返還による償還義務からの解放もある。

Ⅳ 小 括

以上の事実から，おおよそ立法審議過程における態度の変化として，3つの点が指摘できよう[32]。

第一に，第一草案における利得の観点からの一元的把握から，費用の種類（必要費とその他の費用の区別）と占有者の主観的態様（善意，悪意，不法行為的）の組み合わせと，実際的考慮による多元化へ変化した。これによって，利得の観点が放棄されたというよりも，精緻化されたと評価すべきであろうか。部分草案段階から見ると，元に戻ったという側面もある。

第二に，当事者の変更規定の充実。当初は，前占有者の権利承継の規定のみであったが，実際的考慮から所有者交代の場合の規定が導入された。いずれも例外的規定であること，不動産法の原則に反することなどが意識されており，ここから全体の態度を逆推することや一般化には慎重であるべきだろう[33]。第一草案理由書における費用償還請求権の人的性質の強調を考慮すると，出捐時所有者を被告適格者とする原則的立場が放棄されたと考えるべきではないだろう。のちに問題となる三当事者関係の規律は意識外であった。

第三に，所有者占有者間の償還をめぐる利害調整の精緻化。費用承認の可否の催告，換価権，除斥期間，返還権などの制度により所有者占有者の利益は巧みに調整されたように見えるが，実際の運用上の重さ，複雑さは否めないようである。他方，このような交渉の諸段階で両者の行動に応じて変化するミクロ的動態的制度化により，費用償還における所有者占有者がそれぞれ本来有する実体権とはそもそも何かがとらえにくくなっているのではないか。すなわち，第一草案の段階では，償還請求権は，所有者の再取得という条件付であったが，

---

(32) 全体としての素描として，拙稿「所有者・占有者関係における他主占有者の位置づけ」阪大法学53巻3・4号824頁以下も参照［→本書10］。

(33) ちなみに，部分草案の段階で事務管理の節の末尾（245条）に存在し，第一草案理由書では不採用の理由のみが付されている転用物訴権は，部分草案理由書では，事務管理者の本人のためにする意思が契約相手方に認識可能であり，そのような状況の下での契約給付の本人の利益のための利用を本人の利得責任の根拠と説明する。

他方では完全な請求権と説明された。ところが，所有者が引取拒否の場合に浮動的状態が生ずるところから，強制的解決の方法が種々提案された。その結果，返還前は留置権のみであり，返還後は，所有者による費用承認がない限り，短期除斥期間と返還権に服するため，そのような限界を伴うのでは，完全な請求権とはいえないこととなった。所有者の承認があってはじめて完全な請求権といえるのである。このような処理の分化は，事実上，占有者の費用償還に関する実体権を分断してしまったといえる。また，費用の種類がこのような分化に調整されているのか，審議の過程での微調整によって生じた潜在的な不整合が最終的な全体調整によって均されているか，という疑問（必要費が所有者の承認に依存してよいのか）も出しうるだろう(34)。

◆第2節◆　ドイツ判例における展開

　以下に，問題に関連する主要な判例の内容を要約紹介しつつ，重要性に応じてコメントを付ける。
　① ライヒ最高裁判所 1933 年 12 月 19 日判決（RGZ 142, 417）
　オランダロッテルダムの被告Y会社はライプチヒの訴外A会社に毛皮を所有権留保で売却。Aは，原告X会社などに毛皮の加工を委託し，毛皮はAに加工賃未払いのままで返却された。その後，A会社は倒産し，Xら加工会社は加工賃をAから得ることはできなくなった。Yは，Aが支払い停止をした直後に，所有権留保にもとづき，毛皮を回収した。そこで，Xは，Yに対して，（Aが同様に委託した他の会社の加工賃債権の譲渡も受けて）加工賃支払いを求めて提訴した。その根拠は，民法 994 条，996 条，YがAX間の委託に与えた承認，事務管理，不当利得であった。LGは約 2 万 6200 ライヒスマルクを認容。OLGは減額して認容。Yが上告したが棄却。
　〔判決理由〕
　1．民法 1002 条（占有者から所有者へ返還した場合の短期除斥期間）の適用の可否

---

(34)　以上の点については，Dimopoulos-Vosikis, Die bereicherungs- und deliktsrechtlichen Elemente der §§ 987-1003 BGB (1966) S. 192ff. と問題意識を共有する。彼の分析はやや歴史性を無視する部分もあるが，999 条以下の手続的規定が 996 条の有益費とは整合するが，994 条の必要費とは整合しないこと，その不整合は第一委員会から第二委員会への移行の際の規定の新設や改変により生じたが，その不整合が意識され，解消されなかったことを指摘する。

第2章 ◆3◆ ドイツ法における請負人修理事例が日本法に与える示唆

上告理由は、控訴審が1002条を適用しなかった点を非難する。控訴審は、1002条は所有者への引渡を前提とするが、本事案では、Xは、所有者Yではなく、Aに引き渡している。所有者の再取得は、占有者から所有者への引渡以外の態様で生じているから、1002条の適用はないと。上告理由は、さらに、占有者が、所有者と信じて結果的に非所有者に引き渡した場合も同視されるべきであると主張する。

しかし、控訴審の考えは支持されるべきである。1002条は立法過程から見ると1001条と緊密な関連に立っている。従って、解釈は関連づけてなされるべきである。1001条で真の所有者のみを念頭に置いていることは明らかである。もし、1001条に非所有者を読み込むとすれば、そこで規定されている、所有者の追認権や2文の返還権を非所有者に与えることになり、真の所有者の権利は害され、収拾がつかなくなろう。1002条も同様であり、非所有者との関係で、短期除斥期間が開始したり、償還義務が成立するのはおかしい。

2．占有者が第三者との請負契約にもとづいて費用出捐したことが、所有者に対する費用償還請求権を排除するか

上告理由はさらに、本事案では、そもそも994条、996条にもとづく請求権は成立し得ないと主張する。なぜならば、占有者が何らかの契約上の請求権を有する場合には、それが弁済されたか否かを問わず、この規定は適用されないと。994条以下は、占有者が所有者に対しても、自己に占有を与えた者に対しても、契約上の請求権を有しない場合にはじめて成立するからと。

確かに、占有者と所有者の間に契約があれば、994条以下は排除される。しかし、この考えを、占有者Xと第三者Aの間の契約に当てはめることはできない。そのような関係は所有者Yに対する994条以下の成立を妨げえない。もっとも、占有者が第三者から弁済を受けていれば、所有者から悪意の抗弁を出すことができるが、弁済されていない請負債権の存在は、その限りで意味がない。従って、控訴審が、占有者が第三者からすでに弁済を受けている限りで請求額を減額したことは正しい。

〔要　点〕占有者の注文者に対する請求と所有者に対する請求の並存を認め、注文者からの救済が望めない場合に、所有者から請求する道を認めた。1001条と1002条の関連性にもとづき、両条での所有者は、真の所有者を指すと述べている。しかし、立法過程からは、「占有者から所有者への引渡」以外の占有取得の場合でも、1002条の除斥期間が妥当するとされているから、この点からXの請求は消滅していたといえなかったか。もっとも、法の文言上は、再

168

取得（1001条）と返還（引渡）（1002条）が区別されている。立法者の意図と条文の文言の間のそごが生じていると言うべきか。

② 連邦通常裁判所 1958年5月23日判決（BGHZ 27, 317）
　被告会社Yは自己が所有するディーゼル機関車をH会社に賃貸した。両者間では賃貸中の修理費用はHが負担するものと合意された。Hは蒸気機関車を使用可能にさせるため原告Xに修理させたが，部品の交換が何度も必要であった。修理が終わる都度，蒸気機関車はHに返還された。Hは支払のためにXに手形を手交したが，最初の手形が満期になる前に，Hは破産した。Hの破産管財人によって機関車はYに返還された。Hの破産手続には参加しなかったXは，Yに対して2通の請求書の支払を求めて提訴した。LGは認容。OLGは棄却。上告は棄却された。

　〔判決理由〕従来の判例学説は，RGZ 142, 417［前掲①判決］に依拠して，占有者の第三者との契約は994条以下の適用を妨げないという考えであった。しかし，この考えは，近時の学説において異論を生じさせている。本件控訴審以外にも，それに従う下級審判決がある。当［第8］部もすでに傍論として同旨を語っていたが，ここに新たな検討の下で新たな考えに従うことにする。
　987条以下は原則として所有者と不適法占有者の間に適用される。本件での請負人は，第三者との関係のみならず，所有者との関係でも，適法占有者であり，しかも適法他主占有者である。請負人として有効な契約に基づき物を修理した者は，その注文者からのみ反対給付を請求できるだけであり，それと並んでさらに，その者が所有者でないからといって，所有者に対する費用償還請求権が与えられる理由がない。もしできるとすれば，請負人は，注文者が所有者である場合よりも，有利な地位に置かれることになろう。請負代金よりも費用額が大きい場合はなおさらである。
　請負人が任意に注文者に物を返却した場合に，質権もしくは留置権を所有者に対して主張できるかも（上記の理由により棄却される以上）判断する必要がない。質権についていえば，注文者への任意の返却で消滅するし，留置権も同様である。報酬支払前に物を注文者に引き渡すことは，経済的には，注文者に対する信用付与であり，この危険は，信用を与えた者が負わねばならない。

　〔要　点〕所有者占有者関係が不適法占有者に関するものであることが確認され，本件ではいずれの者に対しても，適法占有者であり，従って所有者に対してそもそも償還請求権を有しないとする。また，注文者が所有者である場合と対比し，たまたま所有者でなかったから，契約債権に加えて，所有者に対す

る請求ができるとすれば，より有利な地位に置かれるがそれは不当とする。質権，留置権については，いずれにせよ，返還で消滅していることを確認している。

③ 連邦通常裁判所1960年12月21日判決（BGHZ 34, 122）

運送業者Bは被告Yから中古の小型バスを購入し，決済のために手形を手交した。Yは所有権留保を設定し，そのため自動車登録証をBに渡さなかった。両者の契約の基礎には中古車売買約款があり，「買主は，所有権留保が継続する間，目的物を整備し，必要な修理を直ちに実行する義務を負う。」とあった。先の手形はBによって支払われなかった。Bは事故を起こし，原告Xに修理を依頼した。原告の請求書はBにより支払われなかった。Bが破産してから，XはYに対して，車から満足を受けるために，自動車登録証の引渡を請求したが，Yは拒否した。Xが提訴。Yもバスの返還を求めて反訴提起。LGは本訴を認容，反訴を棄却。Yの控訴，上告ともに効なし。

〔判決理由〕
反訴について

1．Yの反訴請求は，985条［物権的返還請求権］にもとづくが，Yが任意に車をBに引き渡し，BがさらにXに引き渡したとしても，妨げとはならない。占有者が所有者に対して占有権原を取得するところの契約関係にもとづく返還請求権に対して，所有権にもとづく返還請求権は劣後するとするライザの見解には当［第8］部は従わない。985条により請求された占有者に，契約に基づく返還請求の場合と同様の法的地位を与える986条［占有者の抗弁］からは，両返還請求権は並存することが明らかである。Yは，Xに対して請求するために，BのXに対する請負契約にもとづく返還請求権を譲渡させ，Yが譲受人としてその返還請求権を申し立てる場合に，Xがこれに対してBとの請負契約における自己の抗弁権を対抗できると（ライザのように）言う必要はなく，Yには，Xに対する985条にもとづく物権的返還請求権が直接与えられる。

BはYに対する義務を履行していないため，YはBから車の返還請求ができる以上，反訴は，間接占有者としてのBに権原が失われているにもかかわらず，XがYに対して占有権原を有するかにかかっている。

2．控訴審は，原告が，占有取得の際に注文者が所有者と信じたか否かにかかわらず，請負人の法定質権を取得するとした。しかし，647条は，質権成立の要件として，注文者の所有物であることを要求しているため，控訴審の考え

は根拠を有しない。

所有権取得の期待権も物の修理に関する義務授権も本件事案には適さない。又，647条を民法典施行後の状況の変化に対応させ，非所有者の場合をも含め広く解釈する考えも適さない。647条では，あくまで契約債権の債務者に対する作用が考えられており，しかも意思ではなく法規自体からその根拠を取り出している。

3．所有者の授権や同意は，法定質権の成立には導かず，せいぜい契約上の質権設定権限を注文者に与える基礎となり得るが，本件の事案がそこまでの内容を有したとの立証はない。

4．当部が同日付の別判決 BGHZ 34, 153 ［後掲④判決］で述べたように，法定質権の善意取得は不可能である。

5．しかし，控訴審判決は別の理由から正しい。すなわち，Xは994条以下の請求権を有し，この根拠ゆえに返還請求に応ずる義務を負わないからである。

a) 994条以下でいう費用に，損傷した自動車の回復に必要な修理も含まれる。

b) BGHZ 27, 317［前掲②判決］の事案は，占有者が所有者に対しても注文者に対しても，占有権原を有する場合に，注文者に任意に物を返還した場合に，所有者に対して費用償還請求権を有しないとするものであった。この判決では，本件事案のように，占有者がなお直接占有を有し，所有者が物の返還請求をする場合について判断するものではなかった。

c) 前記の判決の核心思想は，987条以下は，不適法占有者と所有者の間にのみ適用されるというものであった。前記の事案では，占有者は物の返還時までずっと適法他主占有者であり，ヴィンディカチオ状態は一度も成立しなかった。

d) 本件では，事態は全く異なる。BはXの占有中に破産に陥り，XYそれぞれに対する義務を履行できる状態ではなくなり，Yは所有権留保を行使した。これによって買主としてのBはYに対する占有権原を失い，Xも失うことになる。Xは所有者としてのYに対して不適法他主占有者となり，Yの所有物返還請求権にさらされる。そこで，Xが不適法他主占有者として994条以下により費用償還請求をなしうるかが問題となる。

e) Xが請負契約に基づいて修理代金債権を有することは，かような請求の妨げとならない。占有者が第三者に対する債権を有する場合には，所有者の責任を認めないミュンツェルの見解には従えない。この見解は，占有者と所有者の法定債権関係だけが存在する場合には認めるが，請負人が他人との債権的義務にもとづいて修理した場合には否定するのであるが，上記の法規の文言や意

味と調和しない。

f）また，シェーンフェルトの見解と異なり，Xがなお占有権原を有していた時点で費用出捐したことは，妨げとならない。占有者が適法時に出捐したか，不適法占有者となったのちに出捐したかは重要ではない。適法他主占有者は善意不適法他主占有者よりも同様の状況下で，不利な地位に置かれてはならない。重要なのは，占有者が費用償還請求権を行使する時点で，ヴィンディカチオ状態が存在することである。このような法規の実質的正当化は，所有者が物を回復することにより，占有者が占有中に出捐した費用を享受することにある。

g）Xは1000条の留置権を行使できる。

h）さらに，Yは費用の承認を拒絶しているから，Xは1003条にもとづく満足権を行使でき，この権利はXに質権者と同様の地位を与え，占有権原となるから，判決は引換給付ではなく，棄却となる。

本訴について

Xは満足権を取得し，換価権限を取得するから，952条［債務証書の所有権］の意味での書面と見うる自動車登録証の引渡を請求できる。

〔要　点〕所有権留保が行使された（売買契約の解除）のちの占有者を不適法他主占有者と性質づけ，所有者に対する占有者の償還請求権を肯定した。さらに，適法占有期間中に出捐した費用についても，請求時に不適法化していれば，行使可能とする。また，所有者の引取拒絶によって1003条の満足権を取得し，その限りで占有権原を取得する。

このような構成によって，BGHは，譲渡担保や所有権留保などの担保権が実行されたために占有権原を喪失した他主占有者（請負人）の請負代金債権回収を994条以下を適用することで保護することに決断した。確かに，このような占有者に994条以下の費用償還請求権を与えるためには，その要件を，償還請求ないし返還請求時の無権原に緩和せざるを得ないだろう。しかし，所有者占有者関係（EBV）の典型的事態が，所有者と無権原自主占有者が対峙する二当事者間でのそれであることは立法過程上否定しがたい。BGHは，一定の文脈での救済目的のために，すなわち注文者の物に所有権移転ないし留保形式をとる担保権が設定されており，その後結局その担保権実行の結果，注文者の所有から完全に離れてしまった場合の請負人の未回収リスクの担保権者への転嫁(35)のために，一般的制度の要件を緩和した。その目的は確かに信用取引の普及に対応した請負人の救済であり，それなりに肯定できるものであるが，そ

の副作用（EBV適用要件の一般的弛緩，転用物訴権の一般的承認の恐れ(36)）を十分意識していたとは言えない。つまり，救済の方法を誤っていた。むしろ，学説は，本判決が否定した諸構成（物権的請求権の補充性(37)，請負人の法定質権の善意取得(38)，期待権(39)，義務授権ないし同意(40)）ないし評価（契約債権の優先(41)，出捐時の不適法性）の中に，より妥当なものがあると議論した。

注文者に対して有する請負代金債権のみに限定する方向と，請負人を保護する方向とがあり得る。後者には，質権の善意取得を介して所有者にも請求できるとするものから，所有者自身の意思から負担の根拠を導くもの，などがある。

---

(35) Köbl, Das Eigentümer-Besitzer-Verhältnis im Anspruchssystem des BGB, (1971), S. 342 は，利得の調整ではなく，中間者の破産リスクの配分問題と見るべきだとする。Jakobs, JurA 1970, 713f. は，請負人の先給付義務にふさわしい構成として，質権による解決は一方では強力すぎ，他方では弱すぎるとして採らず，また費用償還はあくまで注文者や所有者に返還した場合の問題として採らず，ここでの問題は，所有者の利得回避ではなく，請負人の請負契約と結合している先給付義務のリスクをできるだけ低減させることであり，民法1003条の満足権に類似したものを，注文者の権原に関する善意の要件の下で成立し，物に付加された価値についてのみ担保し，注文者か所有者への返還によって消滅するようなものとして提案する。言い換えれば，非常に制約された担保として構成するのである。Verse, Verwendungen im Eigentümer-Besitzer-Verhältnis (1999) S. 142 は，非占有者や返還後の元占有者には転用物訴権排除の評価が妥当するとしつつ，例外的な占有者の保護として，学説の，請負人の法定質権の善意取得による解決を，フランス法の物権的留置権による解決に類似するものとして支持する。

(36) 転用物訴権は，部分草案が事務管理の節の末尾で承認していたが，第一草案はその理由書において，不当利得，事務管理，代理制度などとの関連を意識しつつ，それらとの並存の必要性や構成の複雑性を考慮し，不採用に踏み切る（審議内容は，Jakobs/Schubert, Die Beratung des Bürgerlichen Gesetzbuchs, Recht der Schuldverhältnisse III（1983）S. 162f.）。部分草案が想定する場面は，中間者が間接代理人である場合であるが，転用物訴権の本来の範囲は，契約給付の，「本人の一般財産」（res）への利益としての流入（versio in rem）に根拠を求めるものであり，その契約給付の形態が，物への価値付加の場合にも先の否定的評価が同様に妥当するかは1つの問題である。本稿が扱う請負人の修理事例はまさにそのような場面であるが，仮にその点（否定的評価の例外的扱い）を認めても，例外的扱いをどのように実現するかはまた別の問題である。

(37) ライザの見解の本稿とのかかわりでの重要な点は，契約無効の場合と異なり，約定期間の満了や解除の場合には，巻き戻し関係に入り，ヴィンディカチオは相変わらず排除されたままで，所有者の保護は契約上の返還請求権が奉仕すると主張することにあり（Raiser, FS für M. Wolff（1952）S. 121（140）），そのことは，直接占有者が間接占有者から権原を得ている場合も含む（Raiser, JZ 1958, 681（683 l. Spalte）; JZ 1961, 529（531）.）。

(38) 多くの学説。

(39) Raiser, Dingliche Anwartschaften, 1961.

(40) Medicus, Bürgerliches Recht, 17.Aufl.（1996）S. 421.

(41) 給付と費用の概念的区別に依拠するものなど構成は多様。

前者の構成も多様である。転用物訴権排除の評価を明示に出すか否かはともかく，注文者との契約関係に限定しようとする思考，契約関係の優先思考は多かれ少なかれ，この評価を前提とするだろう。その方法は，物権的請求権の補充性，不当利得類型論における給付利得の優先性（侵害利得の補充性），給付と費用概念の操作的峻別(42)などがある。

④ 連邦通常裁判所1960年12月21日判決（BGHZ 34, 153）

〔判決理由〕法定質権の善意取得の問題は，判例学説において肯定説が優勢であるが，当［第8］部はライヒ最高裁判所の判例に従う。

1207条［動産質権の善意取得］と1257条［約定質権規定の法定質権への準用］の直接適用にはその文言が反対する。法は，法定質権の成立には，もっぱら債権編の規定を基準とするからである。すなわち，法定質権は，通常，債務者，具体的には，賃借人や注文者が所有する物に関してのみ成立することは理由書が語るところである。1257条は，法定質権の成立には関わらない。商法366条3項もその根拠とならない。商法の特則から民法の質権への推論は許されない。

〔要　点〕請負人の法定質権規定は注文者が非所有者である場合には適用されず，その善意取得も認められない。

⑤ 連邦通常裁判所1968年12月18日判決（BGHZ 51, 250）

原告Xは運送業者Aにトラック調達の資金として約5万1000マルクの消費貸借を分割払い手形と引換に与えた。Aはその担保としてトラックをXに譲渡担保に供した。契約において，Aは車の保守の義務を負った。Aは被告Yに何度か修理をさせ，その未払い代金がかさんでいた。AY間の紛争によりYはAから車を回収した。XはYに対して譲渡担保にもとづき引渡を訴求した。LGは請求を認容。Yは控訴審ではAに対する代金債権にもとづく物権的留置権の

---

(42) Manfred Wolf, AcP 166 (1966), 188（費用出捐の目的を問い，財産犠牲が物の占有ゆえにのみなされたといえる場合にのみ真の費用（Verwendung）が存在，したがって給付関係が並存する場合には財産犠牲の目的は契約相手方に向けられ，そちらが優先する）。Kaysers, Der Verwendungsanspruch des Besitzers bei vertraglichen Leistungen (1968) S. 117ff. は，占有補助者，間接占有者，加工者などの例から，費用出捐における帰責原理を導出し，費用出捐実行者ではなく費用出捐をコントロールする者に当該費用は帰責され，請負契約がある場合には，費用は，請負人ではなく，注文者に帰責され，従って請負人は法的意味において費用出捐者ではないとする。だから，所有者に対して費用償還請求権を有しえないというのが結論である。このような操作を通じて契約関係の優先を図るわけである。

みを援用した。OLGは，原判決を変更して，残債権の支払との引換給付判決を出した。Xの上告はLG判決の回復となった。

　〔**判決理由**〕留保買主もしくは賃借人の注文により車を修理した請負人が修理代金について所有者に向かえるかが争われてきた。当［第8］部は，BGHZ 34, 153［前掲④判決］において，注文者の所有物ではない場合には，請負人は法定質権を善意取得しないとしたが，BGHZ 34, 122［前掲③判決］ではそのような場合に，994条以下にもとづく償還請求権と留置権を認め，しかも請負人の費用出捐時に権原を有していても，のちにヴィンディカチオ状態が生ずれば，このような権利が認められるとした。

　本件でのOLG判決は，これをさらに推し進めて，所有者が注文者を介して再取得していたかにも依存しないとした。

　しかし，1000条の留置権は債権的な給付拒絶権であり，Yが修理時もしくは修理後にXの返還請求権にさらされた場合，この請求権は，Yが間接占有者としてのAに返還することでその都度消滅する。同時にその都度Yの留置権も消滅する。Yが修理のために物を再取得した場合には，Xのために新たに返還請求権が生ずるが，これは以前のものとは同一ではなく，従って，これに対して以前の留置権が復活するわけではない。控訴審は正当にも，Xの新たな返還請求権に対して新たな留置権を取得するかの観点で検討しているが，それは以前の占有期間に由来する費用償還請求権を含んでいた。この点は否定されねばならない。

　その理由は1002条から出てくる。この規定は，提訴もしくは承認がない限り，所有者への返還後一箇月で費用償還請求権は消滅するという内容であるが，YはAへの返還により，Xへの返還もしたことになり，最後の修理についてもすでに請求権は消滅している。したがって，費用償還請求権がない以上，1000条の留置権も成立しない。　その点を措くとしても，Yには1000条にもとづく留置権は与えられない。法典全体からすると，占有者には，留置権もしくは完全な請求権が与えられるが，両者が並存することはない。占有者がすでに1001条により完全な請求権を有するところの，以前の費用についても留置権を認めることは，これに矛盾することになろう。さらに，1001条から1003条の関連から見ると，立法者は占有関係終了後の費用償還請求権は迅速に処理されるものとしている。占有者が以前の占有期間に由来する費用にもとづき新たに留置権に依拠できるとすれば，この点にも矛盾する。

　もし，請負人が質権を有する場合には，1253条，1257条により物の注文者への返還により質権は消滅する。このことは，1000条にもとづく債権的留置

175

権について一層妥当せねばならない。このことだけが経済的にも理屈に合う。報酬支払前に請負人が注文者に車を返還する場合，彼は注文者にこれにより信用を与える。しかも自己の危険において。それゆえに，物が別の理由で再取得されても，この信用ゆえに，注文者に属さない物に再びかかることはできない。

〔要　点〕1002条の返還が間接占有の取得で足りるか否かは立法過程からは明らかではないが（おそらく否定的か），本判決は，請負人から注文者への返還で同時に所有者への返還が成立したと見た（前掲①判決で再取得と返還を区別したから，このような解釈が必要となった。両者を同視していれば，この問題は生じない）。占有者が占有を再取得した場合に，被担保債権がどこまで及ぶかも立法過程では明らかではないが，本判決は，以前の占有期間に由来する費用については含まれないとした。いずれも占有者の費用償還を制約する方向での解釈である。傍証として，民法の規定が占有終了後の償還について迅速処理を意図していることも挙げる。付随的に，物の返還に信用の供与を見る。

⑥　連邦通常裁判所1977年5月4日判決（BGHZ 68, 323）[43]
　Fは自己の自家用車に交換用モータを取り付けることを原告Xに委託したが，その車は，被告銀行Yに譲渡担保に供されており，自動車登録証も引き渡されていた。委託用紙の表面には，裏面の約款に対して指示があり，そこには，請負人には請負代金債権について自己の占有下の物について留置権と約定質権が与えられることが明記されていた。Xは修理を完了したが，Fは車を引き取らず，代金約5317マルクも支払わなかった。申告された住所による所在の確認もできなかった。Xは交換用モータを再び取り外した。設置と取り外しの費用は約1126マルクであった。XはYに対して自動車登録証の引渡と自動車の換価の忍容を求めて提訴。予備的に，車の引渡と引換に約1126マルクの支払を求めた。LG，OLGはともに請求を棄却したが，上告は効を奏した。

〔判決理由〕控訴審は以下のように判断した。XはFが車の所有者であることを確認すべきであった，特に自動車登録証の提示を求めるべきであったのに，していないから，善意とはいえ，約定質権を取得しえない。予備的請求についても，いったん出捐された費用が元に戻されたのだから，そもそも支払請求ができないと。

　上告は，Xが車の占有取得の際に自動車登録証の提示を求めなかったとして

---

[43]　これ以後の連邦通常裁判所の判決として，1983年5月18日判決（BGHZ 87, 274），1987年2月25日（BGHZ 100, 95）がある。

◇第2節◇　ドイツ判例における展開

も，善意であると主張した。

　控訴審は，重過失の存在について一般的に語っているのみであるから，上告審は本事案における存在について検討する。

　当［第8］部は繰り返し，中古車購入について，買主は少なくとも自動車登録証の交付をさせた場合にのみ善意であると見なせると判断してきた。疑いがある場合には，さらに最終保有者として記載されている者への問いあわせ義務が生ずると。

　自動車の約定質権について同様の原則が妥当するか否かについては，まだ最高裁レベルでは判断がない。

　ライヒ最高裁判所は2件でこの問題を扱っている。すなわち，所有権留保された車を買主に引き渡すことから生ずるリスクは売主が負担すべきであり，請負人の善意は肯定される。他方，新車の場合には，請負人は所有権留保の可能性を考慮すべきであり，所有権関係や売買契約書の調査をすべきである。

　しかし，1934年に自動車登録証が導入されてのちは，これがもっぱらの基準となる。

　自動車登録証の検査なくして請負人が質権を善意取得できるかについては，近時争いがある。一方では，自動車登録証もしくはその他の方法で注文者の所有を確認すべきとする考え，他方では，特別の事情がある場合にのみそのような確認が必要となるとする考えがある。

　控訴審は，Xが自動車登録証を提示させねばならなかったかどうかで，善意性を決定する。しかし，これには従えない。

　自動車登録証には，所有者ではなく，保有者が記載されるのであり，所有権関係の推論を許さないが，他方では，所有権留保ないし譲渡担保の場合に，証書を保持するか交付させるのが常であり，証券の占有は，所有権の法的確認ではないが，事実上の推定は働く。

　しかし，連邦裁判所が中古車売買について設定する善意性の基準をここでそのまま採用することはできない。両者では効果の点で大きな相違がある。売買では所有権を失うが，質権の場合にはその負担のみであり，しかも所有者はそこから利益を受けることで調整される。従って，質権の場合には善意性についてより低い基準が妥当である。

　さらに，約定質権を善意取得するために，自動車登録証の提示が必要だと考えると，それは実務上ほとんど実行不可能な事情が加わる。

　自動車登録証の提示が注文の際に常に必要だとすれば，事故を想定していつも携帯せざるをえなくなり，置き忘れることも生じよう。その結果，不誠実な

177

請負人が証書とともに処分してしまうリスクも生ずる。このようなことは，修理作業の麻痺をもたらす。

利益状況も，不審な点がない限り，提示させなくとも，請負人は善意たりうると考えることを支持する。

〔要　点〕約定質権の善意取得における善意要件の判断方法が問題となり，多様な考慮の上，不審な点がない限り，注文者に自動車登録証を提示させなくても，請負人は善意たりうるとした。

◆ 第3節 ◆　日本法における議論

　日本での議論は，最高裁の二判決を中心として論じられている。すなわち，最判昭和45年7月16日が当時の学説の影響を受けて，原告である請負人と注文者，注文者と所有者それぞれの関係に対する考慮なくして，単純に請負人から所有者に対する不当利得返還請求を認めたが，それに対する学説の批判に応じる形で，最判平成7年9月19日は，注文者と所有者の間の契約関係を考慮して上で，その可否を判断する，より制限的立場に転じた。

　これらは，それぞれ，動産修理，不動産改修という事案であったが，いずれも対象であるものは，所有者が回収したのちの紛争であり，請負人がなお占有をしていれば，請負代金債権について，留置権が問題となるところであった。

　第2節で見た，ドイツの判例は，当初は，所有者が修理動産を回収した事案で，単純に請負人から所有者に対して，994条以下の費用償還請求を認めたが（①判決），戦後，まず，その立場を否定した上で（②判決）（傍論で，注文者への返却は，質権や留置権の消滅をもたらすが，同時に信用の付与であると説明された），なお請負人が動産を占有している事案で，994条以下の費用償還請求を認め（③判決），返却が繰り返された場合にはその都度消滅するとされた（⑤判決）。他方では，請負人の「法定」質権の善意取得を否定した（④判決）が，のちに，「契約」（約定）質権の善意取得は認めた（⑥判決）。

　このように，ドイツの判例では，これらが民法諸規定の妥当な解釈であるか，結論は妥当か，をめぐって学説が多々批判するところではあるが，それはともかく判例の結論としては，占有の保持の有無が994条以下の費用償還請求についても，（契約ないし法定）質権についても，重要な基準であり，ドイツ民法典に内在する評価の反映だと理解していると一応言える。

　すなわち，994条以下の費用償還請求が認められるとしても，任意の返還は

◇ 第3節 ◇ 日本法における議論

請求権自体の短期除斥期間の進行を開始させ（1002条），質権では，任意の返却は質権を消滅させる（1253条）からである。

このようなドイツの判例を参照して，議論する日本の学説を見てみよう。

まず，藤原説[44]である。彼は，ドイツ判例を以下のようにまとめる。ヤコブスの分析を参照しつつ，請負人の保護の基礎を，請負契約における請負人の先履行義務に求める。所有者の返還請求権の行使によって，請負人の出捐は，給付関係と費用支出関係に分裂し，後者との関係では，第三者たる所有者にも主張さるべき一種の物権的権利としてあらわれると。しかし，それは無制限ではなく，動産取引における物権取引に即して制限され，占有の放棄によって失われると。さらに，この点は以下のようにも表現される。このような請負人の保護は，不当利得法のルートを通じてではなく，他の法形式，すなわち占有と結びついた「法定質権」として実現された。しかし，日本法では，このような占有による制限は，少なくとも法定担保権一般のあり方からは与えられないとする。そこで，第三者が受領者に対価を支払っていても，積極的に給付者・受領者間の権利移転の不完全さについて知っていれば，請負人は不当利得返還請求を第三者に対しても主張できると結論づける。

これに対して，疑問を呈したのが清水説[45]である。彼は，ドイツ法とりわけ学説を参照した上で，請負人の保護は信用危険の観点から否定されるべきとする。占有していることから，担保権付与を越えて，償還義務を肯定することは飛躍があるとする。日本法の文脈では，留置権の善意取得を肯定することで対処すべきとする。

これに対して，藤原氏は，ドイツ判例・学説における994条以下の費用償還請求の適用は，不当利得の構造による制約，法定質権の評価ののちの窮余の一策であり，不当利得請求を否定する理由とはならないと述べる[46]。

これに対して，清水氏[47]は，ドイツ法が不当利得ではなく費用償還として扱ってきたのは，一定の合理性ある解決の契機（たとえば利得債務の債権者の側の善意悪意による区別，増加分における利得の推定）がそこに含まれていたからではないかと再反論する。

議論がややかみ合っていないようにも思えるが，そのずれを解きほぐすことに一定の意味がありそうである。藤原氏が，ドイツ法の帰結を占有による制限

---

(44) 「交錯」125, 137頁。
(45) 「基礎(2)」59頁以下。
(46) 「交錯」191頁注13。
(47) 「高島古稀」665頁注5。

下での保護とまとめつつも，日本法ではそのような契機がないから一般化できる⁽⁴⁸⁾という論理をたどるのに対し，清水氏は，ドイツ法学説から信用危険，転用物訴権否定の評価を引き出し，占有の例外的扱いを日本法では留置権の善意取得の提唱に結びつける。

　既に見てきたように，ドイツ判例の態度は，基本的に，994条以下の費用償還請求権制度に含まれる規範的評価を，それが歴史的解釈としてすみずみまで正当かどうかはともかく，体現している。さらに，それは，他主占有者の，所有者の返還請求下での，保護のあり方，ヤコブス流に表現すれば，質権でも費用償還でもなくその結合としての保護（請負人の善意，効果としての増加価値，占有が保持されるかぎりでの保護存続）である。すなわち，単なる請求権付与ではなく，かなり弱められた保護である。

　藤原氏は，請負人の保護を占有の存続に依存させるドイツ法判例の解決はドイツ法特有の事情ゆえであり，むしろ占有の有無を問わない，新規の請求権付与があるべき方向だとされるようである。しかし，清水氏が示唆するように，学説も判例も，法定質権の善意取得のように本来の代金債権への担保付与であれ，994条以下の費用償還請求の新規付与によるのであれ，いずれも制度上，占有の存続に権利行使を，担保権（対抗力）の即時喪失か権利自体の行使期間の経過による消滅により，多かれ少なかれ依存させており，その程度に薄められた保護で（契約質権や債務負担授権などの，関係当事者の自律に還元できる解決が尽きる場面では）よしとする評価が基礎にあるからではないだろうか。清水氏は不当利得と費用償還の差を強調するが，それのみならず，いやそれ以上に（ドイツ法の）費用償還請求権制度あるいは質権制度が内在させる，占有保持からの制限づけが「一定の合理性ある解決の契機」として最も重要な観点ではないだろうか。ケメラー⁽⁴⁹⁾がこの点に転用物訴権排除の例外扱いの契機を見たように。この評価を日本法の文脈に移し替えれば，清水氏のように留置権の善意取得のような，既存債権への担保権付与か，判例のように，注文者所有者間の事情を取り込む形で新規請求権の効力を制約するという方向になるのではあるまいか。所有者の主観的態様は詐害行為取消権などの別の制度で考慮すればよい。結局，藤原氏の主張は，ドイツ法の判例にも学説にも存在しない評価を，一見それらに依拠する形で引き出しているという批判が可能である。また，法

---

　(48)　「交錯」182頁（「Xの目的物の占有放棄というXの請求の制限を捨象すれば」「法定質権制度の要求する公示の要請を別とすれば」）

　(49)　v. Caemmerer, Bereicherung und unerlaubte Handlung, FS für Rabel, Bd. 1 (1954) S. 371.

◇第3節◇　日本法における議論

定担保権の機能的構造（占有保持による公示の要請）が日独で根本的に異なるとはとうてい思えない(50)。

　清水説も藤原説と同様にドイツにおける請負人の修理事例の議論を参照して，自説を展開している。もっとも，そこから導き出す結論は異なり，藤原説が請負人の所有者に対する侵害利得請求を認めるのに対して，清水説はそのような結論に抑制的である。彼の出発点は，留置権の視角である。1988年の論文では，この問題を一般不当利得法における転用物訴権排除の評価から判断し，信用危険の負担の観点から，原則として否定すべきであるとし，仮に認められるとしても，所有者の第三者への対価負担は利得の縮減事由として働くべきとする。占有に対する信頼保護は請求権付与ではなく，担保（日本法では留置権）付与で十分とする。結論として，日本法の民法196条は費用償還が不当利得法の一般原則に従って正当化される場合にのみ与えられると。続く1993年の論文では，この点を藤原説からの批判も踏まえ敷衍する。

　関説(51)は，物の負担という発想から逆に，日本民法典は，費用償還請求権と留置権をセットで承認したものだととらえるが，清水説からは，無媒介の利得調整を認める危険が指摘される(52)。

　なお，ドイツ法の立法過程から示唆されるように，占有者の費用償還請求権は，基本的には不当利得の性質を有し，ただ具体的な実定化された文脈では，それに個々の法秩序の文脈から由来する修正と変容が加えられていると理解すべきである。同様に，転用物訴権も，契約にもとづく利益が第三者に事実上流入していると評価される場合にそれを法的にも救済の根拠として考慮するか否

---

(50)　以上の点は，既に藤原正則『不当利得法と担保物権法の交錯』(1997)の書評（民商法雑誌117巻2号148頁以下，特に152頁上段）で述べたこととほぼ対応するが，そこでの検討をドイツ法の素材に即してさらに敷衍したものが本稿といえる。この点に関する反論は，藤原『不当利得法』403頁注109の指摘にもかかわらず，未だなされていないと思われる。転用物訴権に関する私見は，民商115巻6号128頁以下，奥田ほか編『判例講義民法Ⅱ　債権（補訂版）』180頁以下，遠藤ほか編『ロースクール演習講座①民事法Ⅰ』137頁以下，特に147頁，千葉ほか編『Law Practice 民法Ⅱ　債権編』227頁以下を参照。
　　藤原説は，さらに，契約関係が当初より無効もしくは存在しない場合（金銭騙取の場合も含む），取消し・解除による場合と転用物訴権の場合の合わせて3つの場合に連続性を見る一般法理へと展開され，カナーリスの信頼保護と接合されていくのであるが，カナーリス説は転用物訴権排除の評価を前提としているから（Larenz/Canaris, S. 136, 140.），その限りで異なる。

(51)　「研究」328頁，333頁。
(52)　「高島古稀」665頁以下。

かの視点が重要であり、既存の契約関係を考慮しつつなされる多当事者間での利益調整において必須の視点であるが、「第三者の一般財産に流入している」という事実自体がそれだけで何らかの法的評価をもたらすわけではない。契約的保護の延長をそこに見うるか、逆に限界を見うるかをめぐって、判例学説が種々考察してきたわけである。あくまで一「視点」と見るべきである。いずれも一般不当利得法の観点から制御されると考えるのが、法体系の評価矛盾を生み出さないためにも必要である。それらの用語や制度はそれぞれの法的文脈において展開過程も歴史も異なるため、一見相互排斥的な制度と映る場合があるが、一般不当利得法の観点から整序されるべきものであろう。

　最後に、無償取得者への例外的追及の規定としての、ドイツ民法816条1項2文（非権利者の有効な処分による無償取得者）[53]、822条（不当利得債務者からの無償取得者）[54]について言及したい。前者は、もともと物権法で、登記の公信力、動産の善意取得による取得者の保護とそれらに対応する原所有者の所有権喪失の場面で、無償取得者に対する不当利得請求権の原所有者への付与という形で原所有者を保護する規定がのちに同趣旨のものとして統合され不当利得に編入されたものである。注目すべきこととして、無償取得者の不当利得責任は第一委員会における部分草案審議の段階で、不動産[55]についても、動産[56]についても否定されていながら、第二委員会における第一草案審議の段階で、まず不動産について、公信力による保護は有償取得に限定する提案、さらに無償取得者の不当利得責任を規定する提案がなされた。これに対して、委員会は、

---

(53) 不動産については、TE-SachR §195 → EI §839 → EII §812，動産については、TE-SachR §196 → EI §880 → EII §850 と推移する。いずれも、第二草案の段階で、無償取得者への不当利得追及が付加され、第二草案の修正段階で、この二規定が統合される。ちなみに、盗難等の場合には動産の善意取得は成立しないが、その場合の善意買受者に買受代金返還について留置権を与え保護する買受請求権（Lösungsanspruch）は、TE-SachR §186 → EI §939 に存在したが、第二委員会で削除された。買受請求権自体は、元々、善意取得一般が否定されていた際の買受人の次善の保護の制度であったが、部分草案から第一草案への移行段階で、善意取得の成立が、金銭や有価証券などの場合の例外的な位置づけから、一般化されたため、例外的不成立の場合の次善の保護へと意味合いが変化した（この経緯について、Schubert, Die Entstehung der Vorschriften des BGB über Besitz und Eigentumsübertragung, 1966, S. 149.）。所有者の放棄権を定めた部分草案188条の後の削除はこの点と関係する。

(54) 第二委員会における第二草案の修正の段階で提案され、承認された（Jakobs/Schubert, Beratung Schuldrecht III (1983) §822 S. 871f.）。

(55) Jakobs/Schubert, Beratung Schuldrecht III (1983) §816 S. 861 (I2).

(56) Jakobs/Schubert, Beratung Schuldrecht III (1983) §816 S. 863 (3.). 無償取得がいつどの程度生じたか、基準時の現存利得をどう判定するか、について疑問が出された。

最初の提案を可否同数，議長決定で否決し，後者を採用した[57]。のちに，動産についても同様の規定を置くことが提案され，採用された[58]。これらの判断がいかに微妙なものであったかを物語る。

---

(57) Jakobs/Schubert, Beratung Schuldrecht Ⅲ (1983) §816 S. 869.
(58) Jakobs/Schubert, Beratung Schuldrecht Ⅲ (1983) §816 S. 870.

◆4◆ 〔判例研究〕建物賃借人から請け負って修繕工事をした者が賃借人の無資力を理由に建物所有者に対し不当利得の返還を請求することができる場合

平成7年9月19日最高裁第三小法廷判決（平成4年（オ）第524号不当利得金請求事件）民集49巻8号2805頁 ― 棄却

〔判決要旨〕

甲が建物賃借人乙との間の請負契約に基づき建物の修繕工事をしたところ，その後乙が無資力になったため，甲の乙に対する請負代金債権の全部又は一部が無価値である場合において，右建物の所有者丙が法律上の原因なくして右修繕工事に要した財産及び労務の提供に相当する利益を受けたということができるのは，丙と乙との間の賃貸借契約を全体としてみて，丙が対価関係なしに右利益を受けたときに限られる。

〔事　実〕

Y（被告・控訴人・被上告人）は，本件建物（地下一階，地上三階の四階建）の所有者であるが，Aに対し，昭和57年2月1日，賃料月額50万円，期間3年の約で本件建物を賃貸した。Aは，改修，改装工事を施して，本件建物をレストラン，ブティック等の営業施設を有するビルにすることを計画しており，YとAは，本件賃貸借契約において，Aが権利金を支払わないことの代償として，本件建物に対してする修繕，造作の新設・変更等の工事はすべてAの負担とし，Aは本件建物返還時に金銭的請求を一切しないとの特約を結んだ。X（原告・被控訴人・上告人）は，本件建物の賃借人であったAとの間で，昭和57年11月4日，本件建物の改修，改装工事を代金合計5180万円で施工する旨の請負契約を締結し，大部分の工事を下請業者を使用して施工し，同年12月初旬，上記工事を完成してAに引き渡した。AがYの承諾を受けずに本件建物中の店舗を転貸したため，Yは，Aに対し，昭和57年12月24日，本件賃貸借契約を解除する旨の意思表示をした上，本件建物の明渡し及び同月25日から本件建物の明渡し済みまで月額50万円の賃料相当損害金の支払を求める訴訟を提起し，昭和59年5月28日，勝訴判決を得，同判決はそのころ確定した。Aは，

Xに対し，本件工事代金中2430万円を支払ったが，残代金2750万円を支払っていないところ，昭和58年3月ころ以来所在不明であり，同人の財産も判明せず，上記残代金は回収不能の状態にある。また，Xは，昭和57年12月末ころ，事実上倒産した。

そこで，本件工事はXにこれに要した財産及び労務の提供に相当する損失を生ぜしめ，他方，Yに上に相当する利益を生ぜしめたとして，Xは，Yに対し，昭和59年3月，不当利得返還請求権に基づき，残代金相当額と遅延損害賠償金の支払を求めて本件訴訟を提起した。

第一審（京都地判平2・2・28）において，Xは主位的に不当利得，予備的にAの必要費償還請求権の代位行使を主張した。判決は，Xは下請業者に下請代金を支払っていないからXに損失はないというYの主張に対し，Xの下請業者に対する下請代金債務が法律上消滅したとか事実上履行しなくてよいことになったとか認むべき証拠はないから損失がないとはいえないとし，また，費用償還請求権放棄の特約を援用し利得は存在しないとするYの抗弁を排するに際し，Aが本件工事費用支出に見合うだけの営業収益を本件建物の賃借利用により得るだけの期間本件建物をYは賃貸していないとしYは無償で本件建物の価値の増加という利益を得ているとした。このような場合，Xの損失とYの利得との間には直接の因果関係があり，公平の理念からすれば，Yの利得には，法律上の原因がないといえるとし，原価法により，建物の価格増加から損耗減価を控除した現存利得の支払をYに命じた。Yが控訴。

第二審（大阪高判平3・12・17）は，第一審の判断と異なり，Xに損失があったというためには，本件工事のうち下請業者を使用した部分については，Xにおいて現実に下請業者に対して下請代金を支払ったことが必要であると解すべきとし，証拠上，下請代金完済の事実，一部支払の額，自己による施工部分の割合などが明らかでないとした上で，本件工事に関してXは自らの財産を出捐して損失を被ったとは認められないとして不当利得の主位的請求を排斥した。予備的請求に関しても，特約は借家法に反せず有効で，Aは必要費償還請求権を有せず，代位行使もできないとした。Xが上告。

上告理由は，民法703条にいう「損失」には債務負担が含まれるのは当然であって，原審は，債務負担だけでは足りないという特段の事情について言及するところがない。原審のように仮に下請業者が損失者であるとすると，元請業者と下請業者の二つの請負代金債権のいずれも無価値であることを介して初めて利得と損失の因果関係が認められることになるが，下請業者の因果関係立証は認められない危険が残る，と述べた。

〔研究〕

〔判決理由〕「二　甲が建物賃借人乙との間の請負契約に基づき右建物の修繕工事をしたところ，その後乙が無資力になったため，甲の乙に対する請負代金債権の全部又は一部が無価値である場合において，右建物の所有者丙が法律上の原因なくして右修繕工事に要した財産及び労務の提供に相当する利益を受けたということができるのは，丙と乙との間の賃貸借契約を全体としてみて，丙が対価関係なしに右利益を受けたときに限られるものと解するのが相当である。けだし，丙が乙との間の賃貸借契約において何らかの形で右利益に相応する出捐ないし負担をしたときは，丙の受けた右利益は法律上の原因に基づくものというべきであり，甲が丙に対して右利益につき不当利得としてその返還を請求することができるとするのは，丙に二重の負担を強いる結果となるからである。

　前記一の2によれば，本件建物の所有者であるYがXのした本件工事により受けた利益は，本件建物を営業用建物として賃貸するに際し通常であれば賃借人であるAから得ることができた権利金の支払を免除したという負担に相応するものというべきであって，法律上の原因なくして受けたものということはできず，これは，前記一の3のように本件賃貸借契約がAの債務不履行を理由に解除されたことによっても異なるものではない。

　そうすると，Xに損失が発生したことを認めるに足りないとした原審の判断は相当ではないが，Xの不当利得返還請求を棄却すべきものとした原審の判断は，結論において是認することができる。」

　裁判官全員一致の意見で棄却（大野正男，園部逸夫，可部恒雄，千種秀夫，尾崎行信）。

　参照条文　民法703条

〔研　究〕

1　本判決の事案は，建物の改修工事に関して，本来の契約相手方に対する請負代金請求ではなく，建物の所有者に対する不当利得請求が問題とされたものである（以下，請求者，中間者，被請求者をそれぞれX，M，Yとする）。このように，Xのなす契約上の給付が契約相手方Mのみならず，第三者Yの利益となった場合に，この第三者に対してなされる不当利得返還請求は，従来，転用物訴権と呼ばれ，その可否，成立範囲が議論されてきた。この問題について，最高裁は，すでにブルドーザーの修理請負に関して，昭和45年7月16日第1小法廷判決（民集24巻7号909頁）において，Xの損失とYの利得の間の直接の因果関係を肯定しつつ，ただXの修理はMの依頼によるものであり，XはMに対して修理代金を取得するから，この修理によりYの受ける利得はいちおう

Mの財産に由来することとなり，XはYに対しこの利得の返還請求権を有しないのを原則とするが，Mの無資力のため，修理代金債権の全部または一部が無価値であるときは，その限度において，Yの受けた利得はXの財産および労務に由来したものということができ，Xは，利得を，Mに対する代金債権が無価値である限度において，不当利得として，Yに返還請求することができるとし，括弧書きで，修理費用をMにおいて負担する旨の特約がMY間にあったとしても，XからYに対する不当利得返還請求の妨げとならないとしていた。

　本判決は，前記昭和45年最判が括弧書きで示した，MY間の特約を考慮しない点が，学説（特に加藤（雅）説）で批判されたため，それに対応した修正を加え，転用物訴権の成立範囲を限定したものと理解できる[1]。また，構成の面では，前記判決は因果関係の問題として解決したが，本判決は因果関係の存在を前提として，法律上の原因の問題として論じている。ここにも学説の批判の影響がうかがえる。結局，最高裁は，転用物訴権における法律上の原因の存否を，X—M債権の実質的無価値化（Mの無資力）とM—Y債権の対価関係のアンバランスにより判断するといえようが，なぜこれらの要件がXY間での法律上の原因存否の根拠となるかはなお十分な説明が与えられていない。

　2　学説のこの問題に対する対応は，肯定説[2]，限定的肯定説[3]，否定説[4]に分類できるが，本判決による最高裁の立場の修正に影響を与えたと考えられる加藤（雅）説[5]が重要である。この説は，まず，利益状況を以下のように三

---

(1) 本判決のやや異なる理解として，田中豊・ジュリスト1085号73頁以下。
(2) 我妻栄『債権各論　下巻一』1065頁，松坂佐一『事務管理・不当利得（新版）』98頁。
(3) 加藤説のほかに，鈴木禄弥『債権法講義（3訂版）』731頁以下，澤井裕『事務管理・不当利得・不法行為（第2版）』77頁以下。なお，後述する類型［Ⅰ］において，代弁済請求権の代位行使によって，二重払いの危険を回避し，Xを保護できるとする提案（鈴木，澤井）は，債務負担の段階で費用償還請求権が成立するか否かの解釈，賃貸借関係に事務処理法規範を準用することの可否，最終的には，このような構成で，二債権の関連性を根拠に，実定法の枠（先取特権の要件）を超えて保護する必要性があるかどうかの判断に依存する。事務処理関係の内部関係を反映した規範である代弁済請求権を転用物訴権の事案に一般化して適用することには慎重であるべきである。この点につき，拙稿「フォン・トゥールの『転用物訴権』論について」(1) 法政理論20巻3号30頁，39頁以下，(2) 20巻4号130頁以下［→本書2］。
(4) 四宮和夫『事務管理・不当利得』242頁以下，北川善太郎『債権各論（第2版）』218頁以下，広中俊雄『債権各論講義（第6版）』405頁以下。本件判批である，磯村保・平成7年度重要判例解説（ジュリスト臨時増刊1091号）70頁は，後述する類型［Ⅲ］の状況を，善意取得の無償取得者に取得物の価額支払い義務を負わせるべきかどうかという問題と比較し，もし［Ⅲ］で認めれば無償取得者に売買契約を締結させるのと等しい結果となるとし，全面的否定説を支持する。

〔研　究〕

つに分けて考える。すなわち，[Ⅰ]MがYの利得保有に対応する反対債権をもっている場合，[Ⅱ]Mがこのような反対債権をもたない場合で，Yの利得保有がMY間の関係全体からみて有償と認められる場合，[Ⅲ]同様にMがこのような反対債権をもたない場合で，Yの利得保有がMY間の関係全体からみて無償と認められる場合に分け，請求を認めた場合にどういう不都合が生じるかを個別に検討する。そこで，[Ⅰ]では，Yの二重払いの危険に配慮すれば，X・M・Yの利害については，問題は少ないが，Mの一般債権者に対する関係では，XにMY債権について優先的立場を与えることを意味し，破産法秩序の潜脱となるとして，否定する。[Ⅱ]では，Yは修繕費に関して，二重の経済的負担をこうむることになるとして，否定する。[Ⅲ]では，利害はXと無償で利益を得たYとの要保護性の比較であり，無償契約の保護の弱さから，無償契約に基づくところの財貨取得を契約当事者以外の第三者に主張することを一定の場合に制限する観点から，Xを保護すべきとする。かくして，加藤説は限定的肯定説の立場に立つ。

　本判決は，YがXとの関係で法律上原因なく利益を得たといえるのは，MYの賃貸借契約を全体としてみて，Yが対価関係なしに利益を受けたときに限られるとし，逆に，YがMとの間で利益に相応する出捐等をしている場合にはYの利益は法律上の原因に基づき，この場合に請求を認めるとYに二重の負担を強いることになるとした上で，本件事案でのMY間の，修繕等の工事費用のM負担，建物返還時の金銭的請求の一切の放棄を，Yが権利金を免除したことと相応するものとして，請求を否定した。加藤説の前記[Ⅱ]類型にあたるものとされたわけである。

　ただ，第一審が，Aが本件工事費用支出に見合うだけの営業収益を本件建物の賃借利用により得るだけの期間本件建物をYは賃貸していないからYは無償で本件建物の価値の増加という利益を得ていると判断して請求を認めていることと比較すると，最高裁は，無断譲渡により工事完成・引渡直後に解除されている事実は特約の効果に影響しないとしているので，対価関係の相応性について，かなり寛大に認定する立場であり，言いかえれば請求を認めるのにかなり厳格であると推測される[6]。当事者の対価性に関する契約締結時の合意をできるだけ尊重しようとする方向には賛成できるが，本件では，この対価性のバ

---

(5)　加藤雅信『財産法の体系と不当利得法の構造』703頁以下。本件判批として，同・法学教室184号98頁以下。

(6)　前記昭和45年判決が不当利得請求を認めた結論を支持する根拠として，本件第一審のような理由を挙げる学説（岩城謙二・ジュリスト707号216頁）があった。

ランスが，工事完成・引渡直後の解除で実現されていないと見うるため（対価性の後発的アンバランス），問題が残るように思われる。この状況は，特殊な改良なのでMの負担（償還放棄）が合意されていた場合のように，無償性が合意で根拠づけられている場合とも，Mが出捐後に求償権を放棄した場合のように，後発的アンバランスがM自身の行為により生じ，詐害行為に近い場合とも，異なる。賃貸借契約が予定された期間以前に解消される場合に，賃借人の費用償還請求が問題となることは，比較法上明らかであるが，解消の原因が賃借人に由来するものでもよいかは争いがある(7)。本件の場合は，賃借人の無断転貸が解除原因であるため，このような場合での建物買取請求権に関する最高裁の否定的立場と歩調を合わせたともみうる。しかし，本件では，賃貸人との関係ではなく，第三者との関係であるという特殊性があるが，これも，賃貸借当事者の関係が基礎であり，それが第三者（ここでの請負人）に及ぼされるという理解をするべきであろうか(8)。私見はむしろ，この点では，第一審の立場を支持したく，賃借人の原因による解除の事実は，利得計算において考慮することで十分ではないかと考える。ただ，転用物訴権否定の立場から，Xは，訴訟手続上の困難はともかく，かようなM→Yの利益調整請求を，Mの他の一般債権者との競合において，代位行使という迂路においてなすべきと考える。すなわち，本件を類型［Ⅰ］にあたるものと解するわけである。

なお，加藤説は，類型［Ⅲ］において，Xの転用物訴権を承認するのであるが，これは，MY間の対価関係のアンバランスを利益調整する資格をXに限定するものであるが，類型［Ⅰ］で転用物訴権を否定した理由が，XにMの他の一般債権者との関係での優先的地位を与えないことであったことを考えると，［Ⅲ］においても，同様の考慮が働いて，否定に導くのではないかという疑問(9)が出されている。

加藤説における類型［Ⅲ］の意味をこの点に焦点を当て，もう少し立ち入って考えると，この場合に，MがYに対して利得調整を求めることは，その利益について有償化させる合意（対価性の外形）が存在するか，あるいは求償権を

---

(7) 拙稿「ドイツ法における賃借人の費用償還請求権」(3) 法学論叢111巻1号60頁以下［→本書1］。

(8) ちなみに，上告人Xは，上告理由（民集49巻8号2811頁）において，無断転貸はXの関与しない事由であるのに対して，解除はYが自らの意思によりなしたことであり，公平の観点から，Yの利得は法律上の原因を欠いていると主張した。

(9) 藤原正則「建築請負人の債権担保に関する考察」(3) 小樽商科大学商学討究47巻1号187頁注(18)。

〔研　究〕

権利者自身が出捐後に放棄している（詐害行為的場合）からできず，したがってMの一般債権者も代位によって行使することもできないと解されよう。この点に，すでにM→Y債権が存在し，代位行使も問題のない類型［Ⅰ］の場合との差がある。しかし，それならば［Ⅲ］でMの一般債権者のうちでXならば利益調整を求めうるという論理あるいは評価はどこに求められるのか。ここには，ドイツ民法822条が予定するような状況，すなわち，利得返還義務者が無償で第三者に出捐し，その結果善意により利得返還義務を免れる場合に，第三者に返還義務を認めるような状況はない。結局，Mの無資力を事実上の要件としつつ，M—Yの対価性バランスの再検討をXのみが申し立てうるという意味で，Xのみが行使しうるという特殊性をともなう，Xの損失とYの利益の「事実上の」関連性を加味した追及効を与えられることになるのではなかろうか。

しかし，対価性バランスの再検討資格をXに限定する理由が結局，損失と利益の関連性に求められる以上，［Ⅰ］と異なる評価をここで与えることは困難であり，前記の疑問を支持したい。すなわち，仮に追及可能としても，その利益はMの一般債権者に等しく与えられるべきであり，Xの独占行使とする必要はない。構成上では，［Ⅲ］にあたると考えられるものは，詐害行為を除けば，［Ⅰ］か［Ⅱ］に分類されると考えるべきことになる。

さらに，あとで示すように，現実の紛争のほとんどは，他人の物に対する契約関係に基づく費用投下として現れるから，Xから受けた給付(物)をMがそのままYに無償贈与する場合ではなく，加藤説の定式化が示すように，むしろMY間には有償契約関係があり，その中での双方が負担する給付の等価関係・対価関係のアンバランスを問題とするものである。ここでの無償性判断は，無償贈与の場合とは異なったより厳しい判断に服してもよいのではないかと考える(10)。以上の意味で，最高裁の転用物訴権に対する態度は，そこでの無償性の判断，請負プラス賃貸借ケース以外での処理を含め，なお未解決の部分を残している。

3　以上のように，最高裁は，類型化による利益衡量とその結果に関し，加藤説を採用したのであるが，加藤説自体は，転用物訴権を，最高裁のように因果関係と法律上の原因すなわち民法703条の解釈問題として構成しておらず，まさに有効な法律関係すなわち法律上の原因が連鎖している場合において，法律

---

(10)　なお，否定説である前記四宮説は，ドイツ民法822条を参照しつつ，Mが無効の契約に基づいてXから取得したものをYに贈与した場合に，例外的にMが善意で利得の消滅が認められる場合にYに対して請求を認める（前記『事務管理・不当利得』121頁以下）。

関係の脆弱さという実質的判断に立ち入った利益較量の問題であり、法の欠缺の場合としていることに注意が必要である。すなわち民法 703 条で基礎づけるとすれば、「法律上ノ原因」の判断に、一般的形式的なものと相対的実質的なものを混在させることになるとして、転用物訴権の問題を民法 703 条の枠外で承認する立場である(11)。

さらに、この問題に関する他の判決や学説を検討すると、なお未解決の問題が多いことに気がつく。

転用物訴権は、XM間、MY間にそれぞれ法律関係が存在する場合に、それと並んで、XY間に直接の返還関係を設定するものであるから、すでに存在する二つの契約関係の機能を阻害することになる（Mについての債権者平等の原則の破壊、XがYの債権者として思いがけなく加わることによるYの他の一般債権者の不利益(12)）。すなわち、契約関係自律の原則とそこに含まれる当事者間での抗弁や無資力ないし破産リスクの保持、それらを前提とした担保法（留置権や先取特権の成立範囲・追及効の限度・破産の影響など）の評価、無償関係であれば、その基礎に当事者が置いた社会関係、を破壊する。以上の意味で、転用物訴権は、原則的には否定さるべきで、個別的な救済の要請が実定法上の救済手段の枠（法典が、他の一般債権者と競合しつつ、第三者に関与する手段を与えた代位権・取消権）を越えてまで強い場合に例外的に認められうると考えるべきである。これは、機能的には、特定債権保全のための代位権行使が個別的にかつ立法の手当までの過渡的救済として認められるのと同様である。立法による是正は、二重払いの危険回避や公示性に関しても考慮しやすく、したがって取引界の混乱が少なく、単に直接の債権的請求を承認することによる救済は謙抑的であるべきであるという考慮が基本である。

判決に現れる事案は、以下の通りである。①東京地判昭 30・10・18（下民集 6-10-2194）（キャバレー営業用建物の内部・外部の改装工事に基づく請負人から賃貸人への不当利得請求を、Xの損失はMの支払無能力または債務不履行により生じたにすぎないとして否定）、②東京簡判昭 33・6・30（判時 161-22）（変電所工事の一部下請としてのブロック積建築に基づく、下請人から注文者への附合による償金請求を肯定）、③東京地判昭 45・6・15（判時 610-62）（ビル建築の一部下請としての骨組み工事に基づく不当利得請求。YのMに対する代金支払いは附合による築造物の取得と関連がないとし請求を肯定）、④福岡高判昭 47・6・15（判時 692-

---

(11) 加藤雅信・前掲『構造』731 頁。
(12) 広中俊雄・法学セミナー 1973 年 10 月号 85 頁。

〔研　究〕

52）（前記最判昭45判決の差戻審。Xが修理完了後Mに引き渡した当時，修理代金債権の弁済期は到来しておらず留置権は成立していなかったこと，修理代金回収不能の主要な原因がMの倒産にあり，X側には特に責められるべき不注意な点がないことなどを挙げ，請求を肯定），⑤東京地判52・7・25（判時881-128），東京高判昭55・11・13（判時989-51）（抵当権に基づく建物競売実行手続開始後，抵当債務者から貸金の担保として建物の譲渡・引渡をうけ，改修工事を実行後，競落人に対して196条の必要費または有益費にあたるとして償還請求。第一審は，YはMから占有を取得したから，196条でいう占有者・回復者に当たらないとし，競落代金に工事による価値増加が反映していなくとも，それはYのMに対する債務とはなりえても，Xに対して直接負う理由とならないとして，請求否定。第二審でXは不当利得も請求原因に追加。判決は，Mは競落代金以上のものを取得することはできず，競落許可決定後の価値増加は，Mの所有権の介在によって中断されることなく，Yに帰属したとして，不当利得請求を肯定），⑥大阪高判昭52・7・29（判時878-76）（MがYから購入した土地の造成工事を請け負ったXが，Mの代金不払いによってMYの土地売買契約が解約されたのちに，Yに対して施工による利得の返還を請求。解除された場合に工事により土地に生じた利益が無償でYに帰属するという特約はそれだけでは，Xとの関係で法律上の原因とならないが，Mの事業経営の実態，それに対するXの認識，過去におけるMとXとのかかわり合い，工事の着手から完成に至るまでの経緯を考慮すると，工事代金債権の回収不能は，Xが自らの不注意によって招いたものであり，危険を引き受けたものとみるべきで，Yに転嫁することは公平の原則にもとる。前記特約についてもXはMと同一の立場に立つとみるのが相当で，Xに対しても，法律上の原因となるとして，請求否定），⑦東京地判昭56・4・8（判時1019-101）（建物賃借人が発注した店舗改装工事について，店舗所有者に対して請負人が不当利得請求。工事の内容を，(1) 構成部分，(2) 分離復旧が事実上不可能なもの，(3) それ以外のものと分け，Yは，(1)は附合により，(2)(3)は工事における所有権留保特約によりXに帰属したが新賃借人への転売によって善意取得され，それぞれ利益を得ているとして，請求肯定），⑧東京高決昭56・4・28（判時1004-62）（MがXに建物売却後，所有権移転登記を経由しないうちに売主Mが建物に抵当権設定登記をし，Yが競落。XがYに対して自ら施した造作について，費用償還とそれに基づく留置権を主張。自己所有の建物に施したものであって，Mに対して契約不履行等に基づく損害賠償はできるとしても，償還やそれに基づく留置はできないとした。仮に直接Yに対して196条2項を問題とするとしても，造作を含む最低競売価額の範囲内で競落しているから，Mに不当利得が生ずる余地はあるが，Yにはないとした），⑨東京地判昭59・12・27（判時1172-74）（所有権留保の下

193

で売却された建設機械を買主の依頼で修理した請負人が売主かつ所有者に対して不当利得請求。因果関係を肯定し，利得の算定において，Mが修理後使用していた事実を考慮し，Yが機械の引き揚げ時に残存している付加価値を利得額とした），⑩大阪地判昭 61・4・22（判タ 629-156）（抵当権の実行による建物の競落人 Y に対抗し得ない建物転借人 X が，抵当権実行前になしたガレージ建築費用について，608条に基づく償還請求は，転貸借が競落人に対抗し得ない以上，Y は賃貸人の地位を承継するものではなく請求できないとしたが，196 条による請求を認め，これに基づく留置権も認めた），⑪大阪高判昭 63・11・29（判タ 695-219），最判平 5・10・19（民集 47-8-1）（建物建築請負で注文者 Y と元請負人 M の間に，請負契約が中途解除された際に出来形部分の所有権は注文者に帰属する旨の約定がある場合に，自ら材料を提供して工事全体の一部を築造した一括下請人 X から償金請求。第二審は MY 間の特約は X を拘束せず，Y が M に支払った請負代金も本件建前分を除外しているので，X の損失と Y の利得の間に因果関係があるとして請求肯定。最高裁は，第一審と同様に，X は下請負人として，注文者 Y との関係では，元請人 M の履行補助者的立場に立ち，元請人と異なる権利関係を主張しうる立場にないとして，請求を否定）。

　以上の事案を分類すると（番号の後の括弧書きは請求の肯定・否定を示す），Ⅰ他人の物の修理・改装・その上での建築などの請負（①（否），②（肯），③（肯），④（肯），⑥（否），⑦（肯），⑨（肯），⑪（肯，否）），Ⅱ　競売手続中におけるあるいは対抗し得ない権限に基づく改修（⑤（否，肯），⑧（否），⑩（肯））に分けられる。④では，請負代金弁済期未到来で留置権を行使する前提がなかったことなど，X 側に回収不能となった点につき，特に責められるべき点がないことが考慮されている。⑤では，競落許可決定後の価値増加に対する解釈の差が第一審と第二審の結論を分けている。⑥では，MY 間の特約と，特に XM の一体的関係を考慮して，Y を保護している。⑧では，最低競売価額が問題の造作を含んで算定されていることが決めてとなっている。⑨では，修理代金と割賦売買という信用供与者同士の利害を調整する手段として不当利得が用いられているという指摘[13]がある。⑪は，MY 間での特約の効力が下請負人 X に及ぶかの理解（下請負人は注文者との関係で独立性を有すると解すべきか否か）が，第二審と第一審・最高裁の結論の差を導いている。

　なお，以上の判決中，Ⅰ（そのうち，下請にかかわるものは，②，③，⑪，そして，訴訟当事者となってはいないものの本件判決もそうである）では，請負人あ

---

(13) 本件判批である。山本和彦・ジュリスト 899 号 103 頁。

〔研　究〕

るいは下請負人の債権担保という問題(14)(特に建築請負では，建物の帰属の問題とかかわる)がある。Ⅱでは，ＭＹ間の財貨移転の原因が公的競売手続であることによる問題（契約の場合と同様の無償性判断でよいかどうかなど）がある。

　以上のように，転用物訴権が本来有する補充的救済手段という性質から，個々の事案で考慮される要素は多様である。

　元来，転用物訴権は，ローマ法において，奴隷ないし家子と主人との支配服従関係を前提としたものであるから，この関係は現代法では事務処理関係に相応し，その規律（委任法，事務処理法）で処理されるため(15)，物に関する費用償還が適用対象として残されたといえる。したがって，現在では，契約利益の中間者を介しての移転は，物に対する費用投下が事実上紛争事案の中心であるため誤解されやすいが，元来は，転用物訴権 actio de in rem verso における res は主人の総財産あるいは一般財産を指し(16)，in rem versum は，総財産に流入した利益一般を指し，有体物に対する費用投下に限定されていたのでないから，転用「物」訴権と表現するのは誤解を招く訳語である。むしろ転用「利益」訴権というべきである(17)。

　体系的問題としては，二つ挙げられる。一つは，費用償還法あるいは附合に基づく償金請求との関係である。特に，民法196条の費用償還請求権は，占有者と回復者の関係であれば，直ちにこの請求権が成立しそうであるが，転用物訴権との関連では，上記の多様な考慮がここでも基本的に妥当すべきであるから，同様の制約に服するというべきである(18)。確かに，所有者占有者関係は，相続回復請求権と同様に，ドイツ法では，事務管理，不当利得，不法行為，一般債権法への指示規定と同時にそれぞれの固有の規律が存在するが，個々の制

---

(14)　藤原正則「建築下請負人の注文主に対する請求」北大法学論集38巻5・6号1571頁以下，同「建築請負人の債権担保に関する考察」(1)-(3) 小樽商科大学商学討究46巻2・3号95頁以下，46巻4号19頁以下，47巻1号137頁以下。

(15)　加藤雅信・前掲『構造』796頁以下。

(16)　Heumann-Seckel, Handlexikon zu den Quellen des römischen Rechts, 11. Aufl. (unveränderter Abdruck der 1907) (1971) S. 511f. このことは，ディゲスタ第15巻第3章に収められた諸法文を読めば，明らかである。

(17)　訳し方の提案自体はすでに，谷口知平「不当利得に関する一般原則」別冊ジュリスト25号フランス判例百選112頁でなされている。

(18)　同様の指摘をつとにするものとして，清水元「費用償還請求権についての基礎的考察」(1)(2・完)民商97巻6号1頁以下，98巻1号49頁以下（事案類型として，転用物訴権類型のほかに，承継類型，賃貸借類型，他人の物の売買類型を検討する），同「わが国における『転用物訴権』論の現状と課題」『民法学の新たな展開』（高島平蔵先生古稀記念）625頁以下。

度固有の要請が，転用物訴権問題における考慮と矛盾する場合に，それぞれの分野が要求する特殊性と，転用物訴権の原則的排除の要請が，相互に慎重に調整されるべきである。したがって，訴訟における当事者の構成如何で異なる結論が不用意に導かれてはならない[19]。

二つ目は，私見は，基本的に，第三者に対する追及は，既存の制度である代位権，詐害行為取消権，あるいは留置権，先取特権の範囲内で処理さるべきと考えた。加藤説も，取消権や金銭騙取事例との限界付け[20]に注意を払っている。しかし，他方では，これらの事例を共通に扱う理論を志向する必要がないかが問題となる。先に，現行法の前提とする評価を尊重するために，現行法が用意している救済手段の枠内で処理すべきだとしたが，取消権にせよ，代位権にせよ，一般債権者が平等に行使しうるものであり，特定の債権者と特定の利益の結びつきが他の債権者よりも明らかに強く，優先して利益回収を認めるべき場合には，反対に，既存の制度あるいはそこに含まれる評価を墨守することは，妥当でないことになる。個別的救済の評価を現行法が制度的拘束等により十分反映していない場合に，より基本的な法理に立ち戻り，そこから批判的視座を得る方法が有効である。価値のレイヴィンディカチオ[21]や価値追跡[22]などの法理，第三者への追及一般を侵害利得としてとらえ善意有償の抗弁とあわせて考える提案[23]などは不都合をこのように解消していこうとする点で共通する試みであり，これらを統合する法理を探っていくべきだと考えられる。

4　本件第二審は，Xの損失発生につき，現実に下請負人に下請代金を支払ったことを要件としたが，上告理由で説得的に反論されており，最高裁もこの点を否定したように解される。

---

(19)　大阪地判昭 61・4・22（判タ 629 号 156 頁）（前掲⑩判決）は，608 条（否定）と 196 条（肯定）の間で評価矛盾が生じている疑いがある。
(20)　加藤雅信・前掲『構造』725 頁以下。
(21)　磯村保「騙取金銭による弁済と不当利得」『金融法の課題と展望』（石田・西原・高木先生還暦記念論文集　下）251 頁以下。
(22)　松岡久和「『価値追跡』説の展開と限界」『法と民主主義の現代的課題』（龍谷大学法学部創立二十周年記念論文集）322 頁以下。
(23)　藤原正則「わが国における「転用物訴権」のあり方」(1)(2) 北海学園大学法学研究 24 巻 1 号 27 頁以下，2 号 27 頁以下。

第3章

多当事者をめぐる利得調整の諸問題

◆5◆ ドイツにおける三当事者不当利得論の近時の展開——判例における給付概念の意義の相対化

◆第1節◆ はじめに

　不当利得の関係が二当事者の場合には，請求者・被請求者，返還の対象・方法を定めることはそれほど困難ではない。しかし，三当事者の関係になると，そもそも返還の当事者が誰であるか（これは同時に利得調整の経路を決定する意味ももつ），返還すべき内容は何か，などの決定には，この関係の多様性を反映して，多くの困難がある。ドイツ民法学はこの問題を類型論における給付利得の枠組の中で解決しようとしてきた。三当事者関係における典型とされたのは指図であるが，これは，三当事者A（被指図人），B（指図人），C（受領者）において，A－B，B－Cの各債権内容が同一の場合に（B，Cが債権者），三当事者の合意により，本来ならば2つの各債務の履行がなされるべきはずにもかかわらず，A→Cという1つの給付で，一挙に決済する法技術である。具体的には，手形・小切手などの有価証券から，動産の短縮給付まで多様である。ここで，ドイツ不当利得類型論は，不当利得の要件の中心概念をなす給付（Leistung）を出捐（Zuwendung）と区別し，前者を「他人の財産の意識的かつ目的的増加」と定義し，当事者の目的規定（出捐と債務＝原因関係との関係づけ）を伴わない，単なる財産移動である後者と異なるものとした。指図の場合でいえば，A→Cが出捐，A→B，B→Cが給付となると解した。従って，A－B，B－Cの原因関係（例えば，売買，消費貸借など）に何らかの理由で瑕疵がある場合には，その瑕疵ある原因関係の当事者において，その給付の法律上の原因が欠けることになり，給付者は被給付者から，給付したものを給付利得によって返還請求できることになる。2つの原因関係がどちらも無効でも，先の原則からは，利得調整は，A－B，B－Cという給付関係（原因関係）に沿ってなされるのである。これは，ドイツ民法812条1項が給付受領者に給付者に対する返還義務を課していることと対応する。ドイツの判例もこの類型論を採用した。

　しかし，以上の出発点は，三当事者関係の分析の進展（例えば，利得内容の

分析），判例が対処せざるを得ない事象（瑕疵の多様性，特に指図自体の撤回・指図者の無能力，指図以外の三当事者関係）の複雑化によって，多くの疑問にさらされた。ここにおいて，一方では，「給付」概念を中心的基準とする発想に対する批判が加えられた。他方では，三当事者関係に不当利得の要件・効果をそのまま適用することに対する疑問も現れてきた。前者は，三当事者関係での給付概念の基準性を批判するものであるが，近時，給付概念を採用しつつも返還関係の決定に多様な要素を当初より考慮していた判例が，給付概念からの演繹を相対化するに至った。これは，多様な三当事者関係における利益分析そのものに，よりアクセントを置く意味で，正当かつ必然的なものといえるが，他方，多様な考慮要因の利益衡量に没してしまう危険も内蔵されている。この危険に対しては，指図の法的構造分析を瑕疵の多様性に応じた処理に生かそうとする試み，判断モデルの分化の試みが注目に値する。このことは，同時に三当事者不当利得における問題が伝統的な二当事者での問題と質的に異なるものを提供しており，異なった対処を要求していると見ることもできよう。

ドイツ不当利得理論[1]がわが国に紹介されてすでに久しい。一部の精力的な紹介・検討[2]にもかかわらず，その，功罪を含めた，全体像は未だ明らかではないように思われる。その原因は多様であるが，1つには，給付利得理論を中核とする，不当利得類型論がその背景に本来有していた課題とその主張との間の，構造的関連性が，我々にとって未だ十分明らかではないことが考えられる。ドグマティクは，判例等が不断に提供する社会事象の法的解決をより体系的に構成しようとする努力であるから，この関連性が不断に変化している以上，その分析も動的になされる必要がある。

以下では，まず今日までに至る給付不当利得論の変遷を概観し，三当事者関係との関連性を確定する（第2節Ⅱ）。さらに，BGH判例の変化の兆しを招い

---

(1) 最近のドイツ不当利得法の概観として，『新版注釈民法(18)』(1991) 14頁以下（磯村保）。

(2) 川村（泰）による判例評論連載に代表される一連の業績（「返還さるべき利得の範囲」（判例評論55，57，64，65，67），「1つの中間的考察 ── 『返還さるべき利得の範囲』の「むすび」および類型論の具体的展開の「序」に代えて」（判例評論72），「不当利得返還請求権の諸類型」（判例評論76-78），「『所有』関係の場で機能する不当利得制度」（判例評論117，120，123-126，128，129，137，138，140，142，144），「給付利得制度 ── 契約関係の場で固有に機能する不当利得制度」（判例評論143），「契約の無効・取消と不当利得」「契約法大系Ⅶ」所収。なお，「個人史としての民法学」(1995) 39頁参照），加藤（雅）の『財産法の体系と不当利得法の構造』(1986) に代表される一連の業績。筆者自身の不当利得法概説として，乾昭三他編「債権各論」（青林法学双書）(1994) 218頁以下。

たと見られる，カナーリスの見解をその変遷も考慮しながら，検討する（第2節Ⅲ）。次に，効果帰属論の展開を検討する（第2節Ⅳ）。今日までの判例の流れと近時の BGH の四判例を以上の問題状況との関連で紹介・検討する（第3，4節）。最後に，「給付」概念の現在での問題状況をまとめつつ，日本法での受容の可否を含めて，展望する（第5節）。

多くの点で法的文脈の異なる日本法にとって，これらの議論は直接的に解釈上の基準を提供するものではないが，なお三当事者関係における問題性とそれに対する判断基準がドイツ法ほど検討され，蓄積されてはいない現状において，参考となるべきものと考える。

◆ 第2節 ◆　学説の今日までの流れの概観

Ⅰ　は じ め に

まず，ここで，現在の問題状況に至るまでの，学説の変遷を概観してみよう。給付概念を核とする給付不当利得理論の成立後の展開は，通説的類型論のほかに，一方では，指図制度に依拠した効果転帰モデルの構造分析の精緻化の流れ[3]（後述Ⅳ），他方では，カナーリスを主唱者とする，リスク帰責・信頼保護に利得当事者決定をゆだねる流れ（後述Ⅲ）にまとめられる。どちらも，判例・学説（通説）に対する批判を通して，影響を与えつつ展開をしており，通説化していると考えられる部分も多い。通説自体が批判を考慮して，進化しているということもできよう。後述する，リスク配分・信頼保護というカナーリスによる判断基準の定式化，クピッシュ等の効果帰属論，指図の瑕疵の分類，指図の構造分析（指図とその基礎にある弁済決定の区別）など，すべてにわたって，このことが言える。従って，また，この流れ相互も現在では截然と区別できるわけではない。

以下では，類型論自体を三当事者関係に着目して，叙述を進めたい。なぜならば，給付利得類型の発見が類型論の主要な功績であり，そこから最も複雑な三当事者関係問題[4]が生じているからである。

---

[3]　後掲する Wilhelm, Kupisch, Hassold, Reuter/Martinek など。

II　通説的類型論の成立まで

1　はじめに

現在のドイツ不当利得類型論はいうまでもなく，一朝にして出来上がったものではない。それは次第に分化し，精緻化されつつある現象である。一般的にこの理論の創始者とされる３人の論者，ヴィルブルク，フォン・ケメラー，ケッターのそれぞれの説く命題を，三当事者関係の規律にアクセントをおいて分析する時，この三者間ですでに，類型論に対する理解がかなり隔たっていることに気づかされる。

2　BGB 施行後のドグマティク

BGB 施行後しばらくは，指図事例において，単一の直接的給付による２つの間接的給付[5]，すなわち合計３つの給付を肯定する見解[6]が支配した。この場合，被指図人の受領者に対する給付によって，法的には，２つの出捐（被

---

[4]　ドイツ法における三当事者関係の不当利得を紹介・分析するものとして，すでに多くのものがあるが，特に以下の４つを挙げておきたい。①四宮和夫「給付利得の当事者決定基準 —— 三者不当利得の場合 (1)(2)(3・完)」成城法学 8 号（1980）1 頁以下，9 号（1981）1 頁以下，10 号（1981）1 頁以下（その要約として，『事務管理・不当利得・不法行為　上巻』（現代法律学全集 10）（1981）209 頁以下），②廣瀬克巨「三角関係における給付利得 —— ドイツ類型論の一断面(1)(2)」比較法雑誌 15 巻 1 号（1981）1 頁以下，2 号（1982）1 頁以下，③和田隆夫「ドイツにおける不当利得法上の給付概念」判例タイムズ 551 号（1985）160 頁以下，④松坂佐一『最近のドイツ不当利得法の概観』（1992）。①は，当時のドイツ給付不当利得論の成果を広く批判的に検討し，我が国のこの分野でのドグマティク構築に寄与したものとして重要であり（当事者決定の基礎理論として，給付関係理論プラス客観的帰属理論を採る），②は未完で惜しまれるものの，給付不当利得論が抱える問題状況を詳密にフォローしており，問題構造の複雑さ・深さを認識させ，③は「給付」概念に的を絞り，多面的に分析しており，④は紹介が主眼であるが，最近の学説上の議論を，各々の見解の批判も含めて，詳細に取り上げている。
　　給付不当利得の要件の１つである，法原因（Rechtsgrund）の理解の仕方について，客観説（履行としての給付と関係する債権関係と理解）と主観説（給付によって追求された目的の到達と理解）の対立があるが，この点には，意識的に立ち入らないことにし，さしあたり前者に依拠する。やや付随的な問題であり，また現在の筆者自身の手に余るという理由からである。将来に期したい。vgl. Larenz/Canaris, S. 137 Anm. 18, 19 und 20.
　　原論文公表後の関連業績として，瀧久範「三角関係型不当利得における事実上の受領者の保護」(1)(2)(3・完) 法学論叢 163 巻 4 号（2008）104 頁以下，165 巻 4 号（2009）117 頁以下，166 巻 1 号（2009）146 頁以下がある。

[5]　その先駆としての，Salpius, Windscheid. Vgl. Hassold, Zur Leistung im Dreipersonenverhältnis (1981), S. 29 ff.

指図人の指図人に対する出捐と指図人の受領者に対する出捐）が実行されたと解する。ここでは，「出捐」と「給付」の区別はまだ明瞭ではない。むしろ，同義語として混用されている。そして，この場合のように，当初から他人の利益においてなされる，第三者給付における財産移動の直接性要件は，当事者間に存する原因関係を考慮してのみ正しく判断されるものとされた。

3 類型論の登場

概括的に類型論の功績をまとめれば，以下のようになろう。まず，一般的不当利得からの給付利得の抽出（契約関係清算において契約規範の間接的作用の肯定，双務契約における両給付の関連性考慮の精緻化[7]），その侵害利得との対置（財貨運動と財貨保護の対置）である。「給付」概念の精緻化が，（実質的には三当事者関係に関してのみ），意味するところは，直接の財産移動を裸の「出捐」とすることで，「給付」関係を当事者の原因関係に還元し，それを利得返還関係と直結させることであった[8]。なぜならば，ドイツ民法812条1項1文は，「他人のその給付」（die Leistung eines anderen）という文言で，給付者自身が被給付者に対して返還請求権者となるという実定法上の枠を置いており，これに対応する必要があったからである。

4 通説の原型である代表的三論者

(1) ヴィルブルク（Wilburg[9]）

ヴィルブルクはまず，給付なき利得に基づく請求権を不当利得一般から抽出した。彼によれば，この請求権の基礎は，法的原因の欠缺ではなく，絶対権であり，その有機的展開にある。彼はこれを権利継続請求権と名付け，給付利得と対比させた。これは，当時支配的であった，法律上の原因の統一的理解への批判であった。

もっとも，彼は後にこの命題を変更し，給付利得も権利継続請求権と把握し，給付利得の場合には，第一次力としての権利継続効が第二次力としての失敗した給付に対する保護と競合すると説いた[10]から，このかぎりで彼を典型的類

---

[6] 代表的なものとして，Enneccerus/Lehmann, Lehrbuch des Bürgerlichen Rechts, 15. Bearbeitung (1958), S. 880 f.

[7] v. Caemmerer, Leser.

[8] 「損失」要件のそのかぎりでの放棄，直接の因果関係の要件放棄。

[9] Die Lehre von der ungerechtfertigten Bereicherung nach österreichischem und deutschem Recht (1934). 以下の記述は，S. 108 ff.; 113 f. による。

型論者と呼ぶことはできない[11]。

　彼の給付利得に関する立場は，まだ，のちに成立する通説的理解には至っていない。すなわち，給付概念を精密に規定し，例えば，指図における直接の給付を単に「事実上の」出捐とし，給付をその都度の原因関係に沿ってのみ肯定し，「給付関係」を返還関係の一要件とすることをしていない。指図に関しては，旧説と同様に，3つの給付を肯定し，利得請求は，原因関係の瑕疵が存在するところで常に考慮されるとする。彼は，単に，給付者が給付受領者に請求権を有し，誰が給付受領者かは，給付の内容と目的から明らかとなると，述べるのみである。

　(2) フォン・ケメラー（v. Caemmerer[12]）

　彼は，それぞれの類型に特有の法律効果を対応させる。彼の列挙する類型は相互に排斥的ではなく，評価観点の自由な列挙という印象を与える[13]。もっとも，彼が体系化を放棄しているというのではない。彼の思考方法の独自性は，比較法的・機能的考察方法[14]にある。従って，実質問題の解決を最重要と考え，そのためには，しばしば，法的構成を軽視する[15]。同様に，不必要な法史上の残滓を排除する。まきもどしの真の根拠は，技術的不当利得法の外にあると言う。債務の成立，実行や行為基礎などのドグマティクがそのような基礎

---

(10)　Zusammenspiel der Kräfte im Aufbau des Schuldrechts, AcP 163 (1963), 346 (349, 353)。

(11)　このような理解は，加藤(雅)説における，財貨移転の矯正という機能と同時に財貨帰属の確保という機能をあわせもつ両性的不当利得の構成（前掲『構造』311頁以下，480頁以下）を想起させる。これは，ヴィルブルクの活躍の場であるオーストリア法が物権変動につき，有因主義を採用していることとも関連していよう。

(12)　Bereicherung und unerlaubte Handlung, in: Festschrift für E. Rabel Bd. 1 (1953) S. 333ff. (=Gesammelte Schriften Bd. 1 (1968) (S. 209 ff.)

(13)　加藤(雅)・前掲『構造』178頁はケメラーの類型を事案並列的な類型と呼ぶ。

(14)　彼の方法論の評価については，Coing, Ernst v. Caemmerer und die Wissenschaft von Privatrecht, in : Festschrift fur v. Caemmerer (1978), S. 1-9. 例えば，彼の考察は，常に我々を一般的な原理の解釈から離れて，考察さるべき事案の注意深い分析と，その典型的事例へのグループ化へと導く (S. 5)。彼の分析は，一定の事案グループについての，一定の法原理を考慮して，妥当であるような，法的諸観点の作出に向けられている (S. 7)。

(15)　例えば，無権利者の処分が物権法上有効だが，債権法上の原因を欠く場合，譲渡契約のまきもどしによって，譲渡者に完全な所有権が逆譲渡されることによって，譲渡者の債権者の地位が改善されるとすれば，それは法概念の許されない実体化である (Leistungsrückgewähr bei gutgläubigem Erwerb, Festschrift für Boehmer (1954), S. 145 ff. (159) (=Gesammelte Schriften Bd. 1 S. 295 ff. (314)) と述べ，原所有者への所有権の自動復帰を主張する。

の有無を決定すると。こうすることによって，不当利得法自体に荷を積みすぎることを回避できるとする(16)。

彼の給付に対するとらえ方は以下のようなものである。当事者の意思が彼らの間で何を給付とするかを決定する。いわゆる間接出捐（mittelbare Zuwendungen）でこのことは特に意味をもつ。履行補助者，例えば徒弟を利用する職人は自ら給付し，賃借人の委託で修理する職人の給付は住居所有者に向けられているのではなく，振替者は振替委託により，自己の受領者への給付をなす(17)。

第三者関係とかかわる給付においては(18)，給付と義務は，第三者との権利関係の存在に，多様な態様と段階付けにおいて，依存させられることがあり，又は，逆にこの関係から抽象されることがある。従って図式的解決はできず，むしろ，何が事態に即した解決かが，当事者の具体的又は平均的意思により，彼らによって追求され，表現された目的，彼らの利益の布置（Lagerung）により，検討されねばならないと。

そこで，先駆者ウルマー(19)の類型をさらに展開し，①他人のための支払，②補償関係に従属している給付，③指図給付と手形交換（Clearing）給付，④第三者に対する反射効を伴う給付などの事案類型を提案した。以下，その内容を要約する。

①には，保証，担保契約，責任引受，免責的債務引受が含まれるが，これらは，指図と異なり，他人の債務を支払う者はその債務が存在する限りでそうしようとするのであるから（債務の存在は支払者の給付のcausaであり，行為基礎である），もし債務が不存在であれば，受領者から直接返還請求できると考える。②の例は，第三者に対する保険金の支払である。もし，保険金額の誤算定とか被保険者の死因が自殺であったというように，補償関係（ここでは保険金支払債権）が有効に存在しなかった場合には，保険会社は受領者から返還請求できる。③には，振替，手形，小切手，多数当事者間での決済（Skontration），信用状，短縮給付，など広義の指図が含まれ，受領者も，支払人もその給付の

---

(16) 以上について，Bereicherung und unerlaubte Handlung, in: Festschrift für E. Rabel Bd. 1 (1953) S. 343. (=Gesammelte Schriften Bd. 1 (1968), S. 219 f.)

(17) 以上について，Bereicherung und unerlaubte Handlung, in: Festschrift für E. Rabel Bd. 1 (1953) S. 350. (=Gesammelte Schriften Bd. 1 (1968), S. 227.)

(18) 以下について，Bereicherungsansprüche und Drittbeziehungen, JZ 1962, 385 (386). (=Gesammelte Schriften Bd. 1 S. 321 ff. (325).)

(19) Ulmer, AcP 126 (1926), 129 ff., 257 ff.

きっかけを与えた第三者とのみ決済するような場合である。銀行による支払の行為基礎は，指図が有効に存在したことであって，それが欠ける場合には，受領者から直接返還請求できる。例えば，二重の振替，委託額以上の振替，振替委託や小切手の偽造，精神病者による振替委託などがこれにあたる。これらの事例と単なる補償関係の瑕疵との限界付けは争いがあり，困難であるが，委託者の錯誤取消や撤回は，銀行と顧客との直接の関係に根ざしており（wurzeln），この後者の場合にあたり，銀行は受領者に直接請求できない。また，指図給付に基づく義務は多様であり，状況に応じた分化が必要である。④は，契約相手方に対する給付が同時に第三者財産に対する出捐となる場合である。ここでは，転用物訴権拒否の評価が重要である。

　以上のような，彼の三当事者関係に対するアプローチの定式は，のちにBGHに継承されるが（図式的解決の排除，当事者の追求した目的を基準とすること，給付の補償関係・対価関係への依存又は抽象の組み合わせによる類型化），その本来の趣旨，すなわち事案類型を当事者の目的・利益から形成し，それにより解決する姿勢は，換骨奪胎されてしまうことは，のちに見るとおりである。

　(3) ケッター (Kötter)[20]

　私見によれば，ケッターは，類型論の最も重要な主張者であると考えられる[21]。

　彼は，明確に不当利得類型論ドグマテイクを，特に給付利得のそれを体系化したと言えるからである。彼は，不当利得法冒頭の812条の給付概念を，債権総則の241条[22]の給付概念とも，出捐概念とも，区別しようとする。812条の給付概念は，出捐概念と以下の点で区別される。前者は，受領者財産の増加に尽きない，同方向に向けられた目的追求を伴っていなければならないからである。そうでなければ，その失敗や挫折に法律効果を結びつけることは意味がないと。給付と，目的を伴わない出捐との限界付けは，履行効果の発生が決定される場合と同様の方法でなされねばならないと。すなわち，民法総則意思表示の箇所にある133条[23]を類推して，その出捐から，受領者が取引一般的に，それに関わる目的追求を推論できるかが基準とならねばならない[24]。

---

(20) Zur Rechtsnatur der Leistungskondiktion, AcP 153 (1954), 193-239.
(21) 同旨，Schlechtriem, JZ 1984, 510 Anm. 7.
(22) 債務関係に基づき，債権者は債務者から給付を請求できる。この給付は不作為の形でも存在しうる。[現在は同条1項]
(23) 意思表示の解釈において，真の意思が探求されねばならず，その表現の文言上の意味に拘泥してはならない。

以上のような意味において，彼の諸命題は，後の判例・学説の議論を，良かれ悪しかれ，規定するものとなった。そこにはすでに，のちに支配的見解となったが，同時に思考の硬直の兆しでもある，給付概念の絶対的基準性と，あらゆる場合において，給付利得を侵害利得に優先させることが要請されるとする評価に対する確信，が現れているからである。

　彼は以下のように言う(25)。給付関係はそこで追求された目的設定が失敗した場合には，有効な債権関係ではない，しかし，それは，それゆえに，その相対的性格を保持する。如何なる第三者もその存在を無視し得ず，債権法上の取得原因は給付者に対してのみ作用するだけだという理由で，第三者が給付受領者が取得したものにかかることはできない。

　彼は以上の内容を以下のように定式化する。利得対象が給付に基づいて，受領者財産に至った場合，給付者以外の第三者が，法律上の原因の欠ける，その他の利得に基づいて，この取得されたものを請求することはできない(26)と。彼は，この定式を用いて，無権利者からの善意取得においてその取得に法律上の原因が欠ける場合に，無権利者の受領者に対する給付利得請求を肯定し，原所有者からの利得請求の排除の根拠付けとした。指図事例においても，同様である(27)。すなわち法律上の原因なくして給付されたものに対して，その給付関係の外にある者からの利得請求は許されないとして，二重欠缺の場合の直接請求を否定する。

5　小　括

　かくして，三当事者関係のドグマティク形成には，通常類型論の創始者とされるヴィルブルク，フォン・ケメラーよりも，ケメラーと同時期に給付利得論を展開したケッターが大きく寄与しており，エッサーの教科書を介して，BGH判例に受け入れられることになる。例えば，給付関係の侵害利得に対する優先性の定式は，初期のエッサーの債権法教科書の立場(28)に継承される。ただし，のちにみるように，判例では，給付利得論に含まれた，当事者意思が給付あるいは給付関係を決定するという正当な指針が，いわゆる錯誤事例（出

---

(24)　以上，S. 195-199.
(25)　S. 207.
(26)　S. 207 f.
(27)　以上，S. 208 ff.
(28)　Esser, Fälle und Lösungen zum Schuldrecht（1963）S. 127 f. が BGH（Ⅶ）1963. 10. 31（BGHZ 40, 272（278））で引用され，影響を与える。

捐者と受領者の両当事者が出捐に与える意味・理解が異なる場合）にまで関連づけられたこと（目的決定における受領者視界説），他方，ケッターの定式化した，三当事者関係における給付利得の侵害利得に対する優先性は，ヴィルブルク，フォン・ケメラーの主張しなかったことであることに注意を要する。

III 三当事者関係における給付概念の機能（カナーリスによる通説批判）

1 カナーリス（Canaris）は1973年に以下のような考えにより，給付概念を解決基準とする通説を批判した[29]。

要約すれば，瑕疵ある原因関係を起点としつつ，従来の通説が暗黙に，あるいは散在的に援用してきた評価，例えば，無因性原理に含まれている評価，の自覚化のうえに，帰責，信頼責任，リスク帰責等，多様な修正要因を抽出し，これを考慮した後，返還関係を評価決定するという立場である。

彼は，②論文[30]において，当時の通説全体が，給付概念からの導出に固執することから生じる混乱を克明に分析し，それに代わる方法を，結論の相違というよりは，方法論上のアプローチの差であることを認めつつ，提案した。すなわち，通説の，給付・給付関係という概念による論証ではなく，師ラレンツ（Larenz）が債権法教科書で示唆した帰責思想，機縁原理（Veranlassungsprinzip）の活用を参考にした，リスク帰責・無因性原理という一般的法原理による解決である。前者の方法の欠陥として，基準となるべき評価がおおいかくされたり，それを逃してしまう危険が指摘され，概念と評価が無媒介に並存していること，評価要素に依拠する場合でも，トポス的に扱うのみで，観点相互の関係，他の

---

(29) Canarisが三者関係の不当利得調整を扱ったものとして（判例批評を除けば），①Einwendungsausschluß und Bereicherungsausgleich im Girovertragsrecht, BB 1972, 774；②Der bereicherungsausgleich im Dreipersonenverhältnis, in: Festschrift für Karl Larenz zum 70. Geburtstag (1973), S. 799-865.；③Der Bereicherungsausgleich im bargeldlosen Zahlungsverkehr, WM 1980, 354.；④Larenz/Canaris, Lehrbuch des Schuldrechts, Band.II Halbband 2, Besonderer Teil, 13. Aufl. (1994)（§70. Der Bereicherungsausgleich im Mehrpersonenverhältnis. S. 157-253）がある。このほかに，⑤Bankvertragsrecht, 2. Aufl. (1981)（未見）；3.Aufl. (1988)も部分的に関係する叙述がある。

(30) この論文に言及する文献は多い。特に，以下のものを挙げておく。山田幸二「日独における「不当利得法における三角関係」論の近況について ―― カナリス論文『三者間における利得の調整』の紹介をかねて」商学論集（福島大学経済学会）46巻4号（1978）82頁以下（『現代不当利得法の研究』（1989）323頁以下所収），四宮和夫「給付利得の当事者決定基準 ―― 三者不当利得の場合(2)」成城法学9号（1981）1頁以下，松坂佐一『最近のドイツ不当利得法の概観』（1992）157頁以下。

◇第2節◇　学説の今日までの流れの概観

領域での評価との関連性を明確化できないことが挙げられた。このように概念法学とトピクが並存していること自体を給付概念で克服しようとしても，給付者が同時に二方向に給付する場合，給付受領者と契約相手方とが分離する場合，給付利得と侵害利得の順位関係が問題となる場合に役立たないと論じ，給付概念からの決別を主張した。

　それに代えて，評価観点を明確に作出し，それを単なるトポイを越えて，体系を支える原理へと展開することを主張した。その際の，支配的基準は，(i)リスク帰責の思想であり，無因性原理の特殊な形成である(ii)取引保護・信頼保護の原則であった。具体的には，単なる原因関係における瑕疵の場合に，リスク設定行為（指図人では指図付与，被指図人では指図の実行，受領者では被指図人を介しての給付についての同意）を介しての，当事者へのリスク・抗弁の配分・拘束づけ（自己答責の原理に対応するリスク帰責[31]），例外的にリスク帰責が働かない場合（有効な指図の不存在，物権行為の瑕疵）の第三者への貫徹請求許容プラス受領者の民法818条3項[32]による信頼保護であった。

　もっとも，通説においても，給付関係・給付は，効果帰属あるいは，評価を介することによって，現実の出捐ではないところに給付を認めたり，複数あると一見見える給付関係からの選択を構成できるから，彼が言うほどの決定的欠陥が通説にあるわけではない[33]。

　2　彼の構想は，③論文で，貫徹請求を認めるか否かの基準として，②論文とは異なり，有価証券法における抗弁の分類，善意取得における例外を傍証として挙げつつ，瑕疵を3つに分類し，原因関係の瑕疵と帰責可能性瑕疵（Zurechenbarkeitsmängel）の間に，一応貫徹請求を根拠づけても，相手方の善意によって，権利外観原理による保護を介して，排除されるような瑕疵（有効性瑕疵 Gültigkeitsmängel）を付加[34]することによって，より緻密な評価を可能にした[35]。なお，ここでは，②論文での方法に対する批判への反論[36]と，自己の

---

(31) いわゆる「法と経済学」学派の発想と類似するものがあるが，彼の叙述の表面からは，その影響はうかがわれない。

(32) 返還あるいは価値の償還の義務は，受領者がもはや利得していない限りで，排除される。

(33) このような意味で，Canaris の通説批判を考慮した上での通説擁護を目指す Köndgen, Wandlungen im Bereicherungsrecht, in: Dogmatik und Methode (Festgabe für Josef Esser) (1975), S. 55 (66 ff.).

(34) ③論文，WM 1980, 355 ff.

(35) 例えば，①BB 1972, 774 (779) では，撤回の場合に，直接請求を受領者に対して認めていたが，この瑕疵導入後は，受領者善意の場合には，否定する（④S. 229.）。

209

立場の明確化(37)，例えば，後述するクピッシュ（Kupisch）説のように，給付概念の定義を変更し，それを被指図人と受領者の間にのみ認めるのではなく，給付概念の機能のみを変更し，当事者決定の基準を，通説のように給付に求めるのではなく，利得を生じさせる瑕疵に求める見解であることの明確化がなされた。

　3　以上の展開が，個々の論点での微妙な見解修正を伴いつつ，最近の業績である，ラレンツ（Larenz）債権法教科書の補訂版(38)の叙述に反映・集大成されている。以下，個別問題の検討部分は最大限省略しつつ，彼の体系的構造の紹介を試みる。

　まず，多当事者関係の利得調整に関して給付利得理論を採用する通説・判例の試みは混乱するほどの複雑さあるいは個別事例の特殊性への埋没に至っていると指摘し，合理的にコントロール可能な評価観点・正義観点，他方では，使いやすい解決定式を作成する必要があると言う。その際，物権法上の規範と評価に依拠することが非常に有用であると考えられるので，まず，物権法的指図事例（有体物の所有権譲渡の短縮給付が典型）を検討した後，債権法上の指図事例（現金を用いない支払が典型）を検討する手順を採る。

　まず，転々譲渡（Leistungskette）を出発点にとり，原因関係の瑕疵はその当事者間での利得調整に導くという規則を立て，それに対して，瑕疵が物権的平面の場合（例えば譲渡者の無能力）には，原則として，貫徹請求が許されるとする。

　物権的指図として，短縮給付（abgekürzte Lieferung）が扱われ，ここでも，角を曲がっての給付（給付連鎖）と直接の貫徹給付（短縮給付）を利得調整上できるだけ同一に扱うという努力方針の下で，指図行為自体の瑕疵，所有権譲渡の瑕疵の場合には，直接利得請求，所有物返還請求が認められる。善意取得の原則・例外規定との同期化が他の物権法上の多数当事者関係を処理する指針となる。

　債権法上の指図事例での努力は，現金を用いない支払（bargeldloser Zahlungsverkehr）と現金支払の，できるだけ広い並行処理である。ここでも，瑕疵ある原因関係の当事者間で利得調整がなさるべきことが原則である。指図が不存在又は無効の場合の処理に関して，①支払が表見的指図者に（偽造，変造，

---

(36)　③論文，WM 1980, 367 ff.
(37)　③論文，WM 1980, 370.
(38)　前記文献④，叙述は，不当利得法のみで222頁をあてる。

◇第2節◇　学説の今日までの流れの概観

行為無能力，二重振替などにより）帰責できない場合（帰責性瑕疵）には，出捐者は貫徹請求を受領者に対して許され，受領者は818条3項の限度で保護される。②瑕疵が指図と，弁済決定（Tilgungsbestimmug）に及ぶが，帰責性を排除しない場合（有効性瑕疵）には，表見代理規定類推を用い，権利外観法理を借りて，貫徹請求禁止がなされる。指図と弁済決定の両者が無効な場合に限り，直接利得が許され，片方が有効な場合には（例，指図撤回の場合には，弁済決定は有効），許されない。

　まとめとして，今までの方法を振り返って，このような，比較と類似性に基づく論証方法は，厳密な利益分析と利益評価による担保を必要とするが，その基準として，以下の4つを挙げる。①瑕疵ある原因関係の当事者に，相手方に対する抗弁が維持されるべきこと，②逆に，第三者との契約関係に基づく抗弁から当事者は守られるべきこと，③当事者は原因関係の相手方の破産リスク(39)のみを負担すればよいこと。さらに，④訴訟における正当な役割配分として，原因関係の有効性について，できるだけ，第三者とではなく，相手方と対決すべきことである。

　以上の評価観点は，先の類似性推論とは，解釈論的循環（hermeneutischer Zirkel(40)）の関係にある。評価観点は，一部では，コントロール機能と確認機能を有するにとどまるが，一部では，それを越え，結論を直接に根拠づけている。

　後述第4節③判決の批評で，自説（原因関係に沿っての調整）を根拠づけるに際し，まず，指図給付との類似性を確認した上で，保険者，保険契約者，被害者である受領者の三当事者の利益状況を4つの評価観点に基づき分析し，この仮定を支持することを確認するのが前者の例である(41)。

　後者について挙げる例は，①短縮給付で二重欠缺の場合に，二重利得を根拠

---

(39)　破産リスクの考慮に対しては，破産法研究者からの興味深い批判があるが，本稿では立ち入る余裕がない。vgl. Häsemeyer, Die »Verteilung des lnsolvenzrisikos«: Verselbständigung eines heuristischen Hilfsmittels zum Schaden des Schuldrechts und des Insolvenzrechts, KTS 1982, 9 ff（実体法である債権法において無資力リスクの公平な配分を考慮することは，無意識のうちに，倒産法の予定する債権者平等の原則あるいは倒産法上の評価を不当に修正しているのではないかという批判）。これに対するCanarisの反論は，④ S. 247 Anm. 115.

(40)　Larenz, Methodenlehre der Rechtswissenschaft, 5. Aufl. (1983), S. 198 によれば，一者の他者による相互的解明を目的とする相互の歩みとある（米山隆訳『法学方法論』(1991) 309頁）。ここでは，類似性推論と4つの評価観点が相互に補い合いつつ，当事者決定のプロセスに寄与する現象を指すと思われる。

(41)　第4節Ⅲ1参照。

づけるためには，給付連鎖との類似性の指摘のみでは不十分で，抗弁・破産リスクの補充的分析を必要とすること，②他人の所有権の処分の場合では，給付連鎖との類似は，論証価値を失い，抗弁リスクの配分（買主に非権利者である売主に対しての抗弁を保持させること）が決定的理由であること，③不存在債権の譲渡の場合，指図との類似性では十分ではなく，抗弁・破産リスクを本来の契約当事者に固定させておくという評価が決定的であることである[42]。

かくして，②論文におけると同様に，彼は三当事者関係での給付概念にその意義を否定し，ドグマ上の略語（dogmatisches Kürzel）の意味しかないと断定し，さらに，クピッシュ（Kupisch），リープ（Lieb）の規範のあたかも（Als-ob）思考にも反対する。ただし，前者に関していえば，学生に対するアドバイスとして，行為無能力や撤回の場合に，給付としての帰責を考えることは助けとなるとしているし[43]，後者についても，この思考方法が構成の複雑さを軽減してくれる場合があることを承認しているので[44]，当初の一見ラディカルな決別の呼びかけは教育的価値の観点からややトーンダウンされている。

4　カナーリスが，文献④において，新しく導入した視点は，類似性推論という発想である。②においては，リスク設定行為に基づくリスク帰責と信頼保護，原因関係説の組み合わせであったが，ここでは，類似性推論と評価観点が解釈論的循環にあるという指摘がなされた。この作業の実際は，彼の近時の判例批評からもうかがわれるが，まず，前者の推論で，依拠すべきモデル（例えば，指図モデル）選択を試み（このモデルが予定し，そこにすでに内包されている実定法的評価を転用する試み），それがある場合には，評価観点に基づく利益評価がその結論を修正あるいは確認をする。モデルがない場合には，後者の利益評価が，独自に決定するというものである。このような作業自体は，当初よりある程度なされていたが，このように定式化することにより，まず第一のモデル選択の段階で，既存の実定法が予定する評価との調和が最大限試みられるという点が強調され，彼の立場に対する非難に共通する，評価観点の自由な並存という誤解を除去しようとする試みと理解できよう。

また，基準となるモデル作成の努力としては，善意取得の原則・例外規定との同期化，現金を用いない支払と現金支払の，できるだけ広い並行処理の努力があげられる。

---

(42)　Larenz/Canaris, S. 247.
(43)　Larenz/Canaris, S. 252.
(44)　Larenz/Canaris, S. 239 Anm. 92.

◇第2節◇　学説の今日までの流れの概観

　また，④においては，体系書の叙述であることとも関連するが，彼の通説批判がどこまで及んでいるか，給付利得・給付概念に対する距離がより明確になった。すなわち，類型論の中での給付利得を構成するメルクマールとしての給付概念は維持するが，給付概念からの法律効果の導出可能性を限定するのである(45)。彼は，給付からの演繹，特に，給付関係特定と法律効果の直結という発想を否定するが，原因関係説を基礎に個々の契約関係清算を相互に独立して処理させる視点は尊重する。その限りで類型論の発想を放棄していないのである。

　なお，②において用いられていた無因性原理の援用は，批判(46)を考慮したためか，後退している。

5　給付概念を不適当としながらなお維持することが，概念（構成要件）と評価の無結合の並存という従来の批判(47)を完全に払拭できたかは，なお問題であるが，他方では，給付目的の一義的確定が困難な場合，個々の目的設定（私的自治）から直接に説得的結論を引き出すことはできず（できたとしても擬制の危険がある），客観的規定要素の探求が必要であるとして，ドグマ体系上の首尾一貫性，個別的信頼保護，社会的 policy の考慮による補完を認める観点から，彼の方法を積極的に支持する見解(48)がある。

　彼の大著『信頼責任論』(49)の手法が彼の不当利得論に大きく影響しており，そのため，伝統的不当利得法の体系との整合性，すなわち812条以下が予定する規範構造から離れるあるいは無視することが問題とされることになる(50)。また，結論の導き方が，この立場の方法から予想されるごとく，単純ではなく，

---

(45)　④ S. 133.
(46)　Medicus, NJW 1974, 538 (541 f.); Weitnauer, Die Leistung, Festschrift für v. Caemmerer (1978), S. 255 (275 f.); Wolf, Joachim, Der Stand der Bereicherungslehre und ihre Neubegründung (1980), S. 80 f.
(47)　Kupisch, Gesetzespositivismus, S. 42 ff.
(48)　Esser/Weyers, Schuldrecht, Bd. 2, 7. Aufl. (1991), S. 420, 436.
(49)　Die Vertrauenshaftung im deutschen Privatrecht (1971). 例えば，②論文で引用されている箇所を挙げれば，帰責思想は利得債務者に抗弁排除の不利益が課せられることのみを説明し，なぜ利得債権者がこれに対応する利益を取得するのかは，独自の根拠付けを必要とし，それは無因性原理とその基礎にある取引保護・信頼保護だとする場合（② S. 817 Anm. 52 が S. 469 ff. を引用），いわゆる錯誤事例の解決において，貫徹請求禁止の抽象的信頼保護ではなく，818条3項の具体的信頼保護が問題となり，信頼責任に特徴的な，消極的信頼保護と積極的信頼保護の区別との対応が生ずると指摘する場合（② S. 826 Anm. 71 が S. 5f. 等を引用），など。
(50)　抗弁リスク・無資力リスクの指摘がいかに正しくとも，利得調整は，リスク配分という，いわばフリーハンドの行為に移行してはならない（Reuter/Martinek, S. 426.）。

原則・例外の幾重にも枝分かれした複雑さは，概観不可能という非難[51]を招くことになる。

　6　しかし，筆者には，カナーリスの方法は，一面では試行錯誤的であるがそれだからこそ，無限の複雑さを生み出しうる現代契約やそれらが結合した契約関係の後始末を担う不当利得法が，その法的関係の基礎にある複雑さを不当に単純化しないで，しかも彼自身強調するように他の領域における評価とできるだけ矛盾しないで[52]，利得法上の評価にも反映させる唯一の方法ではないかという印象を受ける。その意味で，BGH 判例がおおむね，給付概念の意義を相対化しつつも維持しながら，評価観点を前面に押し出す，彼の方法に著しく近いことはうなずけよう。

　ただ，カナーリスの説く，瑕疵ある原因関係を基準とする立場は本当に従来の，給付概念を核とする立場と相いれないものなのだろうか。その点を，以下で探って見ることにする。

Ⅳ　三当事者関係における要件・効果の観念化，効果転帰の構造

1　はじめに

　通説のように，「給付」(Leistung) を「出捐」(Zuwendung) と分離し，観念化するとしても，「給付する」(leisten) ということばは，本来履行法上，二当事者関係上，事実関係的・関連的要素[53]を有している。二当事者関係においては履行法上も不当利得法上も出捐＝給付であり同方向を指している。三当事者関係では，「指図」の有効，無効により，その財産移動の最終的効果帰属は，出捐方向と給付方向のどちらにもかかわりえ，効果帰属が，当事者の契約（合意）規範を介して，うまく行った場合でも，その基礎には，現実の財産移動

---

(51)　Medicus, NJW 1974, 538 (541 f.)（②論文に対する批評で，それ以外に，812条は，給付利得の要件として「他人の給付」(Leistung eines anderen) を要求しており，この制約を無視できないこと，無因性原則の過大評価があること，原因関係を基準としても判断に迷う場合があること，利得責任が818条3項の空洞化をともなって，多くの箇所で過度に強化されていることなどを疑問点として挙げる）。

(52)　日本法において，つとに，法体系全体の評価と矛盾しない解釈を強調したものとして，好美清光「不当利得法の新しい動向について（上）・（下）」判夕386, 387号 (1979)。なお，カナーリスの欠缺補充論 (Die Feststellung von Lücken im Gesetz, 1. Aufl. (1964); 2. Aufl. (1983)) がこのような叙述の基礎にあることについて，中村哲也教授（新潟大学）より教示を受けた。

(53)　§812 : Leistung eines anderen.

(＝出捐）が有効に存在することを前提としている。法的構成は，このような動的二元性を反映できるものでなければならない。この点では，効果帰属先としての原因関係と，効果帰属の出発点でありかつ効果帰属挫折の場合の戻り場所としての出捐関係という構図は，いかなる立場であっても無視できない共通の基礎である。四宮説[54]は，出捐関係を基礎として効果帰属等を加味する給付関係説プラス客観的帰属理論であった。カナーリスは原因関係を出発点としつつも，必要な場合には出捐関係での貫徹請求を認めた。彼によれば，権利外観保護規定でも克服できないような瑕疵，すなわち帰責性瑕疵の場合には，原因関係に沿ってのリスク配分は挫折し，財産移動が直接なされた当事者間での直接利得請求のみが残ることになり，ここでは，直接的財産追求・価値追求の思想が基準となるのである[55]。しかも，これらの中間に瑕疵の性質に応じた多様な（不完全な）帰属態様を考える必要がでてきた[56]。

　実は，給付利得の観念化によって，通説はこの必要に彼らなりに対処していたのであるが，それが不徹底であったがため，法律要件の上では法律規定（812条）を一見排除しつつ，実は，法律効果の点では，なお法律規定に混乱した形で依拠しながら，判断していた。しかも，彼らの構成からは，指図自体が存在しなかった場合のように，効果帰属が失敗に終った場合に，その法律効果，すなわち如何なる当事者間で如何なる内容の利得返還がなされるべきかの積極的基準をもたらすことができないという不都合[57]が指摘された。

　この点の克服の試みが，先駆者としてのヴィルヘルム（Wilhelm）の影響を批判的に摂取した，クピッシュ（Kupisch）であった。彼は，後述のように，現実の財産移動を類推（Analogie）に基づき，当事者の原因関係における給付へと効果帰属させるメカニズムそのものを直視することを説き，本来二当事者関係に適合的な法律規定を，三当事者関係に類推という方法を介して自覚的に対応させることを主張したのである（後述）。

　ただ，効果帰属をいかに構成するかは，多様である。

　まず，あくまで原因関係に沿った財産移動・権利変動に固執して構成した者として，ヴィルヘルム（Wilhelm）[58]とハソルト（Hassold）[59]がいる。ハソルトによれば，被指図人の1つの出捐が，被指図人の指図人への，指図人の受領

---

(54) 四宮和夫「給付利得の当事者決定基準 ―― 三者不当利得の場合(2)」成城法学9号 (1981) 1頁以下。
(55) 以上，Larenz/Canaris, S. 248.
(56) 前述のカナーリスの瑕疵分類の精緻化（Ⅲ 2, 3）を参照。
(57) リープの分析（MünchnerKomm-Lieb, 2. Aufl. (1986) §812, Rdn. 45 ff.）。

者への2つの直接的出捐という効果を有するとする。出捐の間接性は，法律行為としての構成要件の次元でのみであって，指図給付の法律効果の次元ではない(60)とする。彼は，擬制（Fiktion）ではない実在としての通過取得（realer Durchgangserwerb）をあらゆる出捐効果の基礎に置く。これは，判例が動産物権変動について認める命令取得（Geheißerwerb）［動産買主の命令で直接転買主に売主が引き渡し，これによって転々譲渡の要件である引渡も具備される］の一般化である。彼らは，812条の法律要件に三当事者関係においてもあくまで固執したわけであるが，他の説と結論における評価は同じでも，財産法上の基本的制約（不動産物権変動における登記法等）を無視する点に彼らの構成の決定的難点がある。

2 三当事者関係についての法欠缺・二当事者関係からの類推（クピッシュ説）

(1) これに対して，現実の出捐（reale Zuwendung）を起点として，類推を活用したのがクピッシュ(61)であった。彼の批判的検討の出発点は，現在の通説の給付概念がもたらす困難であり，また，その解決を目指したカナーリスの提

---

(58) 代表的なものとして，Rechtsverletzung und Vermögensentscheidung als Grundlagen und Grenzen des Anspruchs aus ungerechtfertigter Bereicherung. (1973); Das Merkmal „auf Kosten" als notwendiges Kriterium der Leistungskondiktion, JuS 1973, 1. ヴィルヘルムの主張をどう理解するかに関する困難（彼が物権の通過取得［指図者が実際上も物権を取得したとする構成］を肯定しているのか否かが明確でないこと）については，Hassold, a. a. O., S. 235 Anm. 30.
(59) Hassold, Zur Leistung im Dreipersonenverhältnis (1981). ハソルト説の問題点について，廣瀬克巨「通過取得論序説(1)」法学新報91巻8＝9＝10号（1985）169頁以下。なお，ハソルトの具体的問題についての見解について，藤田寿夫『表示責任と契約法理』（1994）267頁以下。
(60) Hassold, a. a. O., S. 69 f.
(61) 彼の不当利得に関する論考は，広い意味では，博士論文である，Die Versionsklage, (1965) Diss. Heidelberg 以来，多数あるが，ここでは，多当事者関係を扱ったものに限定する。① Gesetzespositivismus im Bereicherungsrecht. Zur Leistungskondiktion im Drei-Personen-Verhältnis. (Schriften zum Bürgerlichen Recht Bd. 45) 1978. (書評として，Peters, AcP 179, 289; Harder, JZ 1979, 76; Prütting, WM 1978, 859), ② Bankanweisung und Bereicherungsanspruch, WM Sonderbeilage Nr. 3 1979, 1ff., ③ Einheitliche Voraussetzungen des Bereicherungsanpruchs - ein Mißgriff des Gesetzgebers ? in : Festgabe für U. v. Lübtow (1980), S. 501-545., ④ „Normative Betrachtungsweise, als ob..." Zur dogmatischen Fiktion im Kondiktionsrecht. in: Festschrift für Helmut Coing zum 70. Geburtstag, Bd. II (1982), S. 239-255.; ⑤ Der Bereicherungsanspruch der Bank bei irrtümlicher Durchführung, ZIP 1983, 1412.

案も給付概念による論証を放棄し評価観点による論証によるという意味で，方法論と事物正当性が結合していない欠陥があると考える。すなわち，彼は新しい給付概念を採用し，指図の規律を譲渡連鎖の規律と評価上関連づけることによって，前記の結合をはかれると考える。彼は，不当利得の基礎に関する統一説も分離説（類型論）も，無反省に，812条を三当事者関係に直接適用できると考えていることを批判する。批判は結論というより，理由付けに向けられているが，従来の誤りの原因は，ここで気づかれずに放置されてきた法の欠缺であるとする(62)。彼は，欠缺の存在が今まで見過ごされてきた理由を2つ挙げる。

1つは，BGB立法時の事情(63)にある。ローマ法は債務者の解放（liberatio）（履行〔solutio〕）を，負担した金額の，債権者への支払によって定義していたので，第三者に対する支払による解放は常に特別な考慮を必要とし，法源では，債権者に対する支払に還元するために，「債務者が債権者に支払ったかのように」という表現が用いられている。このことはBGB立法時にも，規律を要する点として意識され，現在362条2項（第三者への給付による弁済）として結実している。これに対して，指図に関する法源の状況は異なり，ここでは譲渡連鎖との関係付けはなく，単に補償関係に瑕疵がある場合，被指図人は指図人から利得請求できると言うのみである。また，不当利得（condictio）の構成要件は現代よりもより柔軟であった。ここから，ドイツ民法部分草案において存在した指図に関する利得法規定(64)は第一委員会で削除された。この判断に主要な影響力を持ったヴィントシャイト（Windscheid）は，普通法カズイスティクの削減に功績があるとされるが，この点に関しては，その後の展開に不利に作用した。812条1項1文のように定式化された給付利得の構成要件によって，ローマ人が寛大に不当利得の構成要件をもとに行った諸前提は，失われてしまったのである。

2つ目の理由は，彼の著作①の書名「利得法における法規実証主義」にもあ

---

(62) ① S. 6.
(63) ① S. 29 ff.
(64) ① S. 54 Anm. 167での引用（フォン・キューベル（v. Kübel）作成の部分草案第4条に対するヴィントシャイトの修正提案）「表見債務者が表見債権者の指図に基づき第三者に給付する場合，表見債務者の返還請求権は第三者に対してではなく，表見債権者に向けられる。第三者が表見債務者の指図に基づき表見債権者に給付する場合，返還請求権は，第三者ではなく，表見債務者に与えられる。……表見債務者が表見債権者の指図にもとづき，指図者の表見債権者に給付する場合，表見債務者は給付したものを後者から返還請求できる。」。すなわち，この立場は，補償関係の瑕疵，対価関係の瑕疵はそれぞれの当事者間で調整され，二重欠缺では直接請求を認めるというものであった。

らわれている，学説における法規実証主義（Gesetzespositivismus）と彼が呼ぶものである。

指図において補償関係が無効の場合の被指図人A→指図者Bの利得請求を考えるにあたって，Bは実際にはAから何も得ておらず，現実の財産移動はAと受領者Cの間で生じているのであるから，そこで多くの困難が生じた[65]。

例えば，給付利得理論からは，補償関係が無効の場合のA－Bの利得返還関係において，Bによって取得された利得は，第三者（C）との関係で，対価関係におけるBのCに対する債務からの解放というように規定されざるを得ない[66]。対価関係も無効の場合には，Bの利得はCに対する利得請求権となる。すなわち，A－Bの利得関係において，Bにおいて取得されたものの決定は，BのCとの関係，すなわち，補償関係からみれば，第三者との関係に依存していることになる。これは，債権関係の相対性に反するのではないか。ここでは補償関係の法律効果の根拠付け（A→Bの利得請求）に対価関係の法律効果（BのCに対する債務からの解放）が指示されている。

また，給付利得理論が構成する理論からは，給付は，他人の財産の意識的目的的増加と定義される。この場合には，一方では，目的規定と給付関係は，A－Bから引き出され，他方，財産増加は，B－Cの関係から引き出される。そして，この両者が結合されるが，A－B，B－Cのそれぞれの利得構成要件から，A－Cの財産移動は追放されている。しかし，この点こそ，A－B，B－Cの給付を生じさせているものであり，必要とされねばならない。

実は，このような欠陥は，類型論以前の旧説の遺産の一部なのである。すなわち，間接的出捐による財産移動の直接性である。補償関係が無効の場合，A→Cの支払によりAが損失を受け，同時にBが利得する（BのCに対する解放）。しかし，この点は新説と同様であるが，旧説は，利得債権者の損失を要求する。従って，対価関係も無効である二重欠缺の場合，循環論法となる。BがAからの利得請求にさらされる場合（Bの損失）に，BはCから利得請求できる。しかし，BがCに対する利得請求を有する場合（Bの利得）に，BはAの利得請求にさらされる。以上，旧説は，A－B，B－Cの財産移動が実は，言葉上のものにすぎないことについて無自覚なのである。

類型論は，財産移動をA－Cの支払においてのみ見ることは，妥当であるが，A－Bの財産移動を否定しながら，Bの財産増加を否定しなかったこと，しか

---

(65)　① S. 14 ff.; 32 ff.
(66)　① S. 16.

もそれがA－Bの給付によって生ずるものとしたこと，Cの財産増加をB－Cの給付に還元したことで旧説の欠陥を克服していない。

また，途中までは類推をある程度意識しながら，最後に，A→Cの間接的出捐によるA→Bの直接的財産移動（旧説）やBにおける財産増加（新説＝類型論）という存在と同一視してしまうという意味で，類推と存在が混在している。

これらは，指図における類推の意義を認識せずして，法律効果に対応する法律要件事実を素朴に法規定にそのまま依拠して探し求める態度，彼が言う法規実証主義なのである。

彼は，このような態度に替えて，指図とその本質を正しく定式化することで，かような困難は克服されるとする。指図の本質とは，彼によれば，(1) Bの有効な指図と (2) AからCへの有効な給付が存在することを前提として，AとB，BとCの間に，法律効果が，その効果に対応する構成要件が存在しないにもかかわらず，妥当すること，すなわち給付連鎖と同じ法律効果（A→B，B→C）を類推(67)によって結びつけること(68)とする。

類推とは，ある構成要件のために与えられている法律効果を，（同一の構成要件メルクマールは有さないが，同一の法律効果を正当化するような）別の法律要件に移行させることであり，債権者自身に給付（履行）がなされる本来の場合（§362 Abs. 1）と第三者に対してなされる場合（第三者への給付）（§362 Abs. 2）を対比し，後者は前者の実定法化された類推（positivierte Analogie）の例だとする。そこでの移行の正当化根拠は，債務者は債権者に負担した給付を用立てねばならないが，その際，直接債権者に給付するか，その同意を得て第三者に給付するかで相違はないからとする。従って，A→Cの給付で，A－B間でAの債務解放が生じる。同様に，A→Cの給付で，B－C間でBの債務解放が生じるのは，債権者が請求できる給付を得る際，債務者自身からか，第三者からかは，一身専属的給付を除いて，重要ではないからとする。

以上によって，指図事例は，A→B，B→Cと支払があったかのように，法的に判断されねばならない。利得請求では，これに対応して，A→Bの利得請求は818条2項類推(69)により，同じことが，B→Cの利得請求にも812条1項1文類推(70)により妥当する。

BはAからCに給付されたものを一度も取得していないから，818条2項の類推適用のみが可能であり，利得債務者が返還不能な理由が，受領した給付を第三者に引き渡したか，又は帰責可能な形で，給付が自己（B）の手中にあらか

---

(67) ① S. 20.

じめ入ることなくして、第三者(C)が給付を得ることを惹起せしめたかで、相違は生じないはずとする。

(2) 彼は812条の本来の適用領域を二当事者に限定することで、三当事者関係に関して構成の自由を得たといえる。彼の通説批判は、ここで真に欠缺が存在したか否かの点を措いても、二当事者を主として念頭においたと考えられる実定法規定を用いて、この枠組みに三当事者関係を苦労してはめ込もうとする通説の努力に対して、その構成上の矛盾をあばき、根本的な発想の転換を迫ったといえる。通説の給付構成の基礎にある効果帰属という評価作業を明らかにし、その前提となる要件の析出、この作業が挫折する場合には出発点の出捐関係に戻らざるをえないという仕組みを明らかにした点で功績があるといえよう。

しかし、彼自身の作業自体、三当事者関係を独自の対象として分離した後は、

---

(68) ①S. 55ff. ちなみに、指図の効果を給付連鎖の類推で考えるという、この端緒はすでに Westermann, H. P., JuS 1968, 17 (19 ff.) にみられる。

　この思考方法は、もっとも、多当事者関係で、特に銀行取引等において、複雑な給付連鎖をしかも、現金を介さない口座上のみの取引では、従来のように、現実の財産移動は当初から観念的なものであるにもかかわらず、構想せざるを得ない。このような場面で、この類推作業を常に貫くのは、かなり複雑な思考作業を強いられる。

　彼は、帳簿上の金銭（Buchgeld）が対象となる預金振込においても、二当事者関係の連鎖に還元でき、金銭の払出・払込手続の合理的短縮という観点から、二当事者関係や現金給付を評価上基準とすることができるとし、ただ、ここでは、可視的財産移動がないにもかかわらず、法律効果を定めねばならない特殊性を意識する必要があるとする（②論文 S. 13 ff.）。振込者Bと受領者Cが同一銀行Aに口座を有している同行間での振込（Hausgiro）では、B、Cは、Aが彼らに支払い、彼らによって再びAに払い込まれたかのように扱われねばならない。つまり、A→B（これによるBに対するAの免責）、B→A（C口座への振込の趣旨での払込）、次に、A→C、C→A（これによるCの預金債権の取得）である。そして、A→Cの部分について、さらに、通常の指図における評価（A→B、B→C［これによるCに対するBの免責］）が介入する。以上の効果が、Bが、Cの口座を指定して、振込をAに指示し、Aが振込を実行するということに結びつけられる。

　ただ、このような構成が、彼においては以下のような評価と結びつけられている。A銀行がはたす他人の金銭管理という経済的機能、払い込みの受益者であるCも同じ銀行の顧客であることから、Bに由来する振込資金はCの口座への貸方記入以前に経済的にはすでにCのものとなっているとし、貸方記入は真実の口座の状態に基づく訂正の一種と考える。彼は、B口座での借方記入ですでにA、Bは免責され、BはCに対して履行したことになるとするのである。この通説と異なる評価の批判として、Canaris, WM 1980, 354 (371)。

　この類推作業を基礎にした、他行間での振込（die sog. außerbetriebliche Überweisung）の四段階の類推構成については、②論文 S. 19 ff.

(69) ①S. 22 f.
(70) ①S. 24 f.

潮見佳男
新債権総論

2017年改正・2020年施行の改正法を解説

法律学の森

新法ベースのプロ向け債権総論体系書

2017年（平成29年）5月成立の債権法改正の立案にも参画した著者による体系書。旧著である『債権総論Ⅰ（第2版）』『債権総論Ⅱ（第3版）』を全面的に見直し、旧法の下での理論と関連させつつ、新法の下での解釈論を掘り下げ、提示する。新法をもとに法律問題を処理していくプロフェッショナル（研究者・実務家）のための理論と体系を示す。

Ⅰ巻では、第1編・契約と債権関係から第4編・債権の保全までを収録。

A5変・上製・906頁
ISBN978-4-7972-8022-7
定価：**本体7,000円**+税

A5変・上製・864頁
ISBN978-4-7972-8023-4
定価：**本体6,600円**+税

Ⅱ巻では、第5編・債権の消滅から第7編・多数当事者の債権関係までを収録。

〒113-0033　東京都文京区本郷6-2-9-102　東大正門前
TEL：03(3818)1019　FAX：03(3811)3580　E-mail：order@shinzansha.co.jp

信山社
http://www.shinzansha.co.jp

潮見佳男

プラクティス民法
債権総論
〔第5版〕

2017年改正・2020年施行の改正法を解説

改正法の体系を念頭において、CASEを整理、改正民法の理論がどのような場面に対応しているのかの理解を促し、「制度・概念の正確な理解」「要件・効果の的確な把握」「推論のための基本的手法の理解」へと導く。

全面的に改正法に対応した信頼の債権総論テキスト第5版。

信頼の債権総論テキスト　第5版

CASE を駆使して、民法理論がどのような場面で使われるのかの理解を促し、原理・制度・概念といった骨格部分の正確な理解を促す。2017年（平成29年）5月に可決・成立し、6月に公布された民法（債権法）改正対応版。

A5変・上製・720頁
ISBN978-4-7972-2782-6 C3332
定価：本体5,000円+税

CASE 1　AとBは、Aが所有している絵画（甲）を1200万円でBに売却する契約を締結した。両者の合意では、絵画（甲）と代金1200万円は、1週間後、Aの娘宅で引き換えられることとされた。（売買契約）

CASE 2　隣家のAの所有の建物の屋根が、Aの海外旅行中に台風で破損したので、Bは、工務店に依頼して屋根の修理をし、50万円を支払った（事務管理）。

CASE 3　Aが所有する甲土地に、Bが、3か月前から、無断で建築資材を置いている。このことを知らされたAは、Bに対して、3か月分の地代相当額の支払を求めた（不当利得）。

CASE 4　AがBの運転する自動車にはねられ、腰の骨を折るけがをした（不法行為）。

---

memo 39
〔消費者信用と利息超過損害〕

金銭債務の不履行の場合に利息超過損害の賠償を認めたのでは、金融業者が返済を怠った債務者に対し、利息損害を超える賠償を請求することができることとなり、不当であるとする見解がある。

しかし、利息超過損害の賠償可能性を認めたところで、こうした懸念は当たらない。というのは、利息超過損害であっても、416条のもとで賠償されるべきものとされるものかが賠償の対象となるところ、消費者信用の場合には、貸金の利息・金利を決定するなかで債務者の損害リスクが完結的に考慮に入れられているから、利息超過損害を請求することは特段の事情がなければ認められるべきでないと考えられるからである。さらに、債権者（貸主）には損害軽減義務も課されているし、賠償額予定条項のなかで利息超過損害が含まれているときには、不当条項として無効とされる余地が大きいことも考慮したとき、消費者信用における借主の不履行事例を持ち出して利息超過損害の賠償可能性を否定するのは、適切でない。

CASE

★ 約800もの豊富なCASEを駆使して、その民法理論が、どのような場面で使われるのかを的確に説明！

★ 実際に使える知識の深化と応用力を養う

memo

★ 先端的・発展的項目は、memoで解説

★ 最先端の知識を的確に把握

信山社

〒113-0033
東京都文京区本郷6-2-9
TEL：03-3818-1019
FAX：03-3811-3580
e-mail：order@shinzansha.co.jp

◇第2節◇　学説の今日までの流れの概観

やはり，これを実定法規定の類推・修正によって規律しようとする努力[71]であるから，その限りでは大差がないといえる。むしろ，異なるものという意識ゆえに，常に類推の方法を前面化させねばならないとすれば，法的思考として，かなりの迂回的構成を採らざるを得ず，法的諸概念はそもそもそのような作業を含んだものとして用いられていることからすると，法律家の法概念を用いての日常的評価作業をかえって混乱させる行き過ぎという批判を受けることになる[72]。むしろ，彼の分析を自覚する限り，通説の給付概念を維持する方が，思考経済的であるといえる。

　また，従来の学説が指図人の利得の構成のために同じ構成要件の法律効果を用いているという彼の非難に対しては，三当事者関係に限れば別に矛盾はなく，逆にかような操作が必然的なこと，より根本的な批判として，彼が指図人における財産増加がないことを強調する点は，すでに利得概念の中に，彼が最終的に類型論批判として，再復活を強調する損失要件を持ち込んでいると指摘されている[73]。

　確かに，三当事者関係で，二当事者と同様の損失を要求すれば，類推に依拠せざるを得ない。しかし，362条2項の第三者への給付規定自体，類推ではなく，法的次元で，すでに規範的存在だと言ってなぜ悪いのであろうかと筆者も考える。

　彼の方法論は，本人が述べるとおり，ドグマテイクの透明さを求める努力，ローマ法を法比較の手段として用い，現行法の諸命題を批判的に，その体系の外の視点から熟考し，再検討することにある[74]。しかし，彼の現代ドグマテイクを扱う作品の多くは，しばしば，ローマ法の道具の現代的応用，ある概念の歴史的展開を追跡することから得られる示唆の活用を越えて，逆に，豊富なローマ法あるいはドグマの知識に災いされて，現代の問題そのものの構造の直視・分析から出発するというよりも，ローマ法あるいは歴史の被制約性[75]を現代の問題に押しつけ，不必要に問題の構造を複雑にしている嫌いがあると思われる[76]。例えば，本稿が扱う三者関係における指図給付の類推の問題，特に他行間の銀行取引の類推操作以外に，給付不当利得のcausa理解についての

---

(71)　彼自身，自己の方法を類推による812条の適用領域の拡張と呼ぶ（①S. 28.）。
(72)　Larenz/Canaris, S. 251 und Anm. 122.
(73)　Wolf, Joachim, Der Stand der Bereicherungslehre und ihre Neubegründung（1980），S. 97.
(74)　①S. 5.
(75)　例えば，第三者への給付を本来の弁済形態との関連で類推ととらえる発想。

一連の作品(77)にこのことが妥当する。法解釈学に対する法史の貢献は，その説得力を増すためにも，もう少し簡明な叙述と謙抑的な姿勢が要求されるのではなかろうか(78)。

3 リープ説

「あたかも給付」（Als-ob-Leistung）として，法律要件の段階ですでに類推（Analogie［Fiktion］）を用い，クピッシュの発想を起点としつつ，より柔軟に解釈論を展開したものと思われるのが，リープ（Lieb）(79)である。彼の発想の基調は，類型論あるいは給付利得論がもたらした類型相互の区別の絶対化の緩和である。すなわち，損失要件や法律上の原因欠缺要件はすべての類型で重要であり，財産移動要件，さらには財産移動の直接性要件にさえ，損失要件の具体化の際に補助的に参照できるとする。例えば，指図不存在の場合に貫徹請求を排除するための理由付けは，財産移動の直接性原則によるものとし，クピッシュ説と同様に，被指図者Aが指図者Bに給付したかのように扱われねばならないとすれば，まきもどしは，Bが取得したものを受領者Cに再譲渡したことを前提とせねばならない。この場合には，貫徹請求を許さない利得連鎖が存在することになり，CはAの損失ではなく，Bの損失で取得したことになると(80)。

彼によって，クピッシュ説の端緒は，本人の意図には反するが(81)，単なる通説批判にとどまらず，通説を発展的に鍛え上げたと評価できる。通説の基礎にある評価をより自覚的に，かつ，説得的に提示することができた(82)。これに対して，クピッシュ説は，効果論に不透明な部分が残る。リープのように，効果論において，例えば，補償関係が無効の場合に，指図人が取得するものを，被指図人から受領者に出捐されたもの自体とみなすように，規範的「損失」理

---

(76) 逆に，彼の現行法の解釈に対する問題意識がローマ法の法文解釈に不用意に持ち込まれたとする指摘（廣瀬克巨「通過取得論序説(1)」法学新報91巻8＝9＝10号（1985）217頁注(35)）がある。

(77) Leistungskondiktion bei Zweckfehlung, JZ 1985, 101; 1985, 163; Zum Rechtsgrund im Sinne des §812 BGB bei der Erfüllung, NJW 1985, 2370; Der BGH und die Lehre vom subjektiven Rechtsgrund, NJW 1987, 2494. vgl. Larenz/Canaris, S. 137 Anm. 20.

(78) 田中実「法制史の法解釈学への貢献について」法制史研究40号（1990）153頁以下参照。

(79) MünchnerKomm-Lieb, §812 Rdn. 25 (1. Aufl. (1980); 2. Aufl. (1986)).

(80) MünchnerKomm-Lieb, §812 Rdn. 32 (1. Aufl. (1980); 2. Aufl. (1986)).

(81) Kupisch ④論文は，自説（Analogie）とリープ説（Fiktion）との相違を強調し，後者を批判する。

(82) MünchnerKomm-Lieb, §812 Rdn. 30ff. (1. Aufl. (1980); 2. Aufl. (1986)).

◇第2節◇　学説の今日までの流れの概観

解をすれば⁽⁸³⁾，構成上の煩雑さは避けられたであろう。

4　指図の構造分析を瑕疵に応じた処理に生かす試み

(1) ドイツ民法で実定法化されている指図（783条以下）（いわゆる狭義の指図）は，証書の交付，指図給付の対象の限定など，制約が多く，この規定に直接依拠する指図は実社会上ほとんどないが，いわゆる広義の指図のあり方を考えるに際して，参照されてきた。民法の指図は，法の文言によれば，証書保有者に，被指図人から自己の名で給付を徴収する権限を与え，被指図人に，指図人の計算で証書保有者に給付する権限を与える。民法がいわゆる二重授権説を法的構成として採用したと言われるゆえんである[84]。

しかし，この構成のみでは，被指図人の1つの出捐で，補償関係・対価関係が一挙に決済されるメカニズム，さらに，法律行為論一般で考えられるさまざまな場面・次元での瑕疵が，指図に基づく給付にいかなる影響を与えるかは明らかではなく，これらを考える際に導きとなる構成を考える必要に迫られることになる。

(2) まず，注目されるのが，ヴィルヘルム（Wilhelm）の考えである。彼は，サヴィニー（Savigny）のTraditio論（「Traditionが実際，私に対してなされ，そののちに私から第三者になされたかのように」）に依拠して，被指図人は指図人に，給付対象に関する指図人の処分の実行という形で，その給付対象をもたらすと説明した[85]。

これに対して，クピッシュは，当初は彼の作品中に私の類推形式がすでに知られているように思ったが，実は非常に混乱したものであり，私の構想の展開には用いられなかったと辛らつに批判するが，実質的には，ヴィルヘルムの考えは，クピッシュの類推構想に大きな貢献をしたと思われる[86]。

クピッシュは，結局，ヴィルヘルムも，通説と同様に，被指図人から指図人への利得請求を根拠づけるために，その前提として，この当事者間での給付，財産移動を構成しようとしているとし，法定の構成要件を一般的に適用可能な

---

(83) MünchnerKomm-Lieb, §812 Rdn. 34 (1. Aufl. (1980); 2. Aufl. (1986)).
(84) Soergel-Mühl, 11. Aufl. (1985), §812 Rdn. 50.
(85) Wilhelm, a. a. O., Rechtsverletzung, S. 117.
(86) 事実，彼の後の論文②S. 9 Anm. 39では，812条の給付を，債権者の自由に供する（zur Verfügung stellen）という形で理解するヴィルヘルムの見解を過小評価していたと語っている。Schnauder, Grundfragen zur Leistungskondiktion bei Drittbeziehungen (1981) S. 80も給付の迂回の説明に彼の発想を援用する。

ものとする努力はどれも成功していないとして，前述のような類推構成を採用した。

クピッシュは，第三者への給付（§362 Abs. 2），第三者給付（§267）それぞれについて言及はしたが，これらの実定法上の制度を用いて，指図の構造分析全般に生かすことまではしなかった。

(3) これを試みたのが，ロイター・マルティネク（Reuter/Martinek）である。彼らは履行法と利得法をできるだけ対応させて考える必要を説いた[87]。このような分析に至らせたのは，一方では，偽造[88]や行為無能力[89]のように，処理が比較的簡明な場合（カナーリスの帰責性瑕疵）ではなく，指図撤回の場合[90]（カナーリスの有効性瑕疵）に，どう処理するかの評価自体に争いがあり，指図自体は後発的とはいえ無効となっているにもかかわらず受領者を保護するとすればどう構成するかの問題であり，他方では，受領者の主観的態様を考慮して保護した判例[91]の出現であった。

彼は，指図には，2つの異なる法的行為が含まれるとした[92]。まず，第三者への給付規定による，受領者Cへの，Aの出捐の受領権限付与行為。これが，A→Cの出捐を，AによるBに対する弁済決定（このA–C出捐でA–B債務の弁済をするという決定）と相まって，法的に，A→Bの給付とする。次に，第三者弁済規定による，（使者Aによって伝達された）BのCに対する弁済決定行為（BはA–C出捐でB–C債務の弁済にあてるという決定）。これが，A→Cの出捐を法的に，B→Cの給付とすると。

そして，個々の瑕疵の，この2つの法的行為に対する影響を考えねばならないとした。例えば，撤回の場合[93]，Aの使者権限の喪失にもかかわらず，Cの善意を要件とする，権利外観法理[94]による，Cの保護（§818Ⅲ）が可能と

―――――――――

(87) Reuter/Martinek, Ungerechtfertigte Bereicherung (Handbuch des Schuldrechts Bd. 4) (1983), S. 388.
　　なお，第4章（三角関係）は，Reuterの分担執筆部分である。
(88) BGH WM 1990, 1280=ZIP 1990, 1126（振替委託の偽造，善意の受領者に対して直接請求可）．
(89) BGHZ 111, 382.
(90) BGHZ 61, 289.
(91) 後掲，第3節。
(92) 以下，被指図人，指図人，受領者を順にA，B，Cとする。なお，指図と弁済決定が異なる法的運命をもちうることの指摘はすでに，カナーリスにおいてなされており（③ WM 1980, 354 (366)），Reuter/Martinek自身，重要な準備作業として評価している（Reuter/Martinek, S. 395）。
(93) Reuter/Martinek (Reuter), S. 432 ff.

する。

　より詳しくは，Cの受領権限は，Bの撤回によって消滅する（§183［同意の撤回］）。また，BのCに対する弁済決定は，使者としてのAに対する伝達委託で与えられているが，撤回によって，使者権限が消滅する（§168 S. 1［代理権の消滅］類推）ため，弁済決定がCに到達しても，Aに対する効力を有しない。しかし，Cは，使者権限の存在を過失なくして信頼した場合には，保護されるべきである。この場合には，A→Cの出捐は，B→Cの給付となる。他方，受領権限が無効であるため，それに対応するA→Bの給付は存在しない。

　なお，小切手の支払委託の撤回については，Aは，Cに対する小切手交付により，受領授権のみならず，Cのための弁済決定も表示しているので，BのAに対する撤回は，第三者への給付の授権のみを除去しうるのみで，Cの善意・悪意に関係なく，A→Cの出捐は，給付A→Bとはならないが，給付B→Cをもたらすとする(95)。

　彼の構成は，概念的にすぎるという批判(96)はあるが，効果帰属が挫折する場合の受領者保護の構成をなお指図の構造分析と結びつけたことに功績を認めうる。

◆ 第3節 ◆　判例の今日までの流れの概観

　1　当初の類型論は，自らの給付概念あるいは給付利得理論の効用を主として，短縮給付や指図において，その原因関係に瑕疵があった場合に，出捐者（被指図者）から受領者に直接請求できず，原因関係に沿って利得調整をさせることができる点に求めていた。その法律効果に関しては，本来の法律規定や損失要件がここでは排除されるという理由付けで，素朴に構成していた。しかし，中間者（指図者）の利得あるいは損失を出捐者あるいは受領者との関係を考慮して構成することと，その前提との関係は不明瞭であった。

　以下の判例において，給付目的を中心とする給付利得理論が初めて採用された。

　① BGH（Ⅶ）1963. 10. 31（BGHZ 40, 272）（いわゆる電気器具（Elektrogeräte）事件(97)）

---

(94)　表見代理規定の類推の詳細は，Hassold, S. 131 ff.
(95)　Reuter/Martinek（Reuter），S. 450. 同旨，Larenz/Canaris, S. 231 u. Anm. 74.
(96)　Larenz/Canaris, S. 236 Anm. 83.
(97)　判批として，Berg, NJW 1964, 720 など。

原告Xは，被告Yに温水器，電子レンジを，自己のYに対する直接の売買に基づく債務の履行と考えて，供給したが，Yは，それを中間者Mとの供給・設置契約に基づくものと理解した。Xは売買契約に基づく代金請求，そうでなくとも，不当利得に基づいて請求。Yは，Mとの契約を援用し，すでにMに代金を支払ったこと，さらに器具を善意取得しており，不当利得にもならないと主張。控訴審は，X・Y間の売買契約成立を否定したが，Yの附合に基づく不当利得を肯定。BGHは，建築現場でのM会社の組立工によるXからの送付器具の受領とYの建物への作りつけは，Yの視点からは，MからYへの給付であるとし，契約相手方によって当該給付実行のために招致された者は，受領者に対して，給付利得もその他の方法による利得も有しないとし，Xの不当利得請求を否定。

これに先立って，BGHは，請負給付の当事者が誰かが問題となった同種の事件について，以下のように判示していた。

② BGH（Ⅶ）1961. 10. 5（BGHZ 36, 30）（いわゆる理想住宅（Idealheim）事件[98]）

原告Xは，被告Yとの直接の契約成立，それに基づく請負報酬を請求したが，Yは，中間者Mとの建築契約成立を主張。控訴審は，X・Yの契約成立を不合意によって否定し，不当利得を肯定。BGHは，X・Mの契約が有効に成立していれば，X・Yの間には，直接の財産移動が欠け，YはXの損失で利得していないことになるとし，他方，MのXに対する行動が，Xにどう理解されるかの検討が必要で，X・Mの契約が成立すれば当然，XはYに請求できない。MがYの代理人と解釈される場合，表見代理の成否が検討さるべきで，これが否定される場合には，Mは無権代理人の責任を負う。その際，XはYに対する利得請求を否定されないが，X・Mの契約が有効に成立していれば，YはXの損失において利得しておらず，利得請求は否定される。以上の点の検討をさせるために破棄差戻。

この判決は，不当利得の要件について，財産移動の直接性に言及する点で，旧説の地盤上になおあるが，受領者視界説（後述）の兆しを示している。

前記①判例[99]は，給付利得理論を採用したものの[100]，同時にその補充理

---

(98) 判批は Berg, NJW 1962, 101; Zeiss, JZ 1963, 7 など。
(99) 判例の展開全般については，Mühl, Wandlungen im Bereicherungsrecht und die Rechtsprechung des Bundesgerichtshofs, Festgabe von Lübtow (De iustitia et iure) (1980), S. 547 ff.
(100) BGHZ 40, 272 (277)。

論として，(1) 侵害利得の給付利得に対する補充性理論（給付されたものは，決して侵害利得によって返還請求されない。侵害利得は，利得対象が何人によっても給付されていない場合にのみ成立可能），受領者視界（Empfängershorizont）理論（給付の目的設定を受領者の視点からの客観的解釈で決定すること）をうちたてた(101)。

補充性の法理は，契約当事者間での処理を侵害利得の肯定によって無に帰せしめないという意味で，貫徹請求禁止を間接的にサポートする役割を果たした(102)。侵害利得の給付利得に対する補充性原則は，受領者視界説を補充する原則として理解できる。というのは，補充性原則は，給付利得と非給付利得の関係を，受領者の視界から規定しているからである。

補充性の法理は，短縮給付，無権利者の処分(103)に関して，言及されたが，より基本的な評価とのバランス（善意取得の成立要件との整合性）を考慮する必要が明らかとなった(104)。すなわち，善意取得の成立が例外的に否定されるような場合には，侵害利得が優先されるべきだからである。事実，のちの判例においてもこの点を示唆するものがある(105)。

受領者視界の法理は，他人の債務の錯誤給付(106)において，給付目的の決定基準を受領者の理解においたものであった。すなわち，出捐者の自己給付の意

---

(101) どちらも，BGHZ 40, 272 (278)。

(102) 広瀬克巨「三角関係における給付利得(1)」比較法雑誌15巻1号（1981）42頁注(48)。

(103) BGHZ 56, 228（所有権留保された建築材料の付加）。

(104) Larenz/Canaris, S. 213 ff. なお，カナーリスは，補充性理論に代わる構成として，法律上の原因欠缺メルクマールを活用することを提案し，瑕疵なき所有権譲渡はその中に非給付利得の法律原因を含んでいるとし，例えば，買主の指図で，第三者に所有権譲渡する売主は，たとえ買主との契約が無効でも，第三者に対して非給付利得を有し得ないとする。瑕疵が物権法上のものである場合には，第三者は少なくとも善意取得の規定の基準（これも非給付利得についての法律原因を含む）で，売主の非給付利得から守られねばならない。有効な権利の譲渡が欠け，かつ善意取得も不可能な場合には，逆に，非給付利得が許されねばならないとする（S. 144 f.）。そして，物権法と法律行為論の評価を用いて問題解決を試みる点で，ヴィルブルクの（死後弟子によってまとめられ公表された）講演録（Juristische Blätter 1992, 545）と同旨であるとする（S. 145 Anm. 36.）。

(105) BGH (VIII) 1971. 1. 11. (BGHZ 55, 176) いわゆる若雄牛 (Jungbullen) 事件。事案は，盗品である雄牛を善意で購入し，それを自己の食肉工場で加工した者が，雄牛の原所有者から価値償還請求され，BGHは，前二審と同様に，窃盗者に対する売買代金支払を控除できずに，添付に基づく価値償還の義務を負うとした。

なお，判例は，先の判決を含めて，BGHZ 56, 131; 56, 228で，補充性原則を放棄したかにみえたが，BGHZ 69, 186 (89) で再びこの原則を用いた。vgl. Schnauder, JuS 1994, 537 (539 rechte Spalte Anm. 16 f.)。

図と受領者の第三者給付としての理解がずれる場合に後者を受領者の善意を要件として，保護し優先させたものである。根本的には，錯誤による意思表示（厳密には履行行為において表現されたそれ）の問題であり，そこから生ずる目的設定の取消の問題であった(107)。

 2 判例はこの法理により，出捐者と受領者の理解がずれる場合に，後者に重点を置いて解決し，さらに，受領者の，原因関係の瑕疵についての知，指図者の誘因（Veranlassung）の有無(108)，瑕疵がどの関係に根ざしているか（wurzeln）(109)等の帰責要件を加味していった。

これに加えて，判例は当初より，三当事者関係の解決について，フォン・ケメラーの定式化(110)に依拠して，三当事者以上がかかわる事象の利得法上の処理では，図式的解決は禁ぜられ，常に，正当な巻き戻しのために考慮さるべき，個別事例の特殊性が問題となると説いた(111)。しかし，ケメラーは，事案類型を当事者の目的・利益分析から形成し，それにより解決することを提案したのであって，裸の特殊性を強調したのでないことがここでは忘れられており，個々の事案の特殊性から直接結論を導くのではなく，事案類型を媒介として判断を方向付けるという貴重な定式は実質的に無視されてしまった。

全体としていえば，判例理論は，給付の目的規定によって給付関係を規定するという発想をとるものの，実質的には，その規制力は弱いものであり，後になる程弱まっていったと評価できる(112)。

 3 以下では，三当事者判例の大部分を占める広義の指図事例(113)を，その法的構成の紹介に重点を置きつつ，若干例を要約して紹介してみよう。

---

(106) ①②判決以外に，BGH（Ⅶ）1974. 3. 14.（BGH NJW 1974, 1132）（いわゆるシャツ（Hemden）事件）．シャツ供給に関し，原告Xは，自己の給付と考えたが，受領者Yは，第三者給付と考えた事件．Yの善意取得の可能性を検討するために破棄差戻．
(107) Larenz/Canaris, S. 217 ff（カナーリスは受領者視説を基本的に支持，ただし物権法上の評価との調整を要求）．
(108) ラレンツの表現の援用．BGHZ 66, 362 (365); 66, 372 (375); 69, 186 (190).
(109) ケメラーの表現の援用（前記第2節Ⅱ4(2)参照）．指図撤回に関する判例の多くはこの点に触れる．例えば，BGHZ 61, 289 (293).
(110) Bereicherungsansprüche und Drittbeziehungen, JZ 1962, 385 (386)（=Gesammelte Schriften Bd. 1 S. 321 ff. (325)）．
(111) BGHZ 50, 227 (229); 58, 184 (187); 61, 289 (292); 72, 246 (250); 87, 393 (396); 88, 232 (235) など．のちに紹介する四判決（第4節）でも，①（BGH NJW 1989, 161 (162 linke Spalte)），②（BGHZ 105, 365 (369)），④（BGHZ 122, 46 (52 f.)）でこの定式に言及がある．
(112) Schnauder, JuS 1994, 537.

◇ 第3節 ◇ 判例の今日までの流れの概観

③ 小切手の支払停止（指図撤回）を看過して支払われた場合に，通説に従い単なる補償関係の瑕疵として，この原因関係における利得調整を，少なくとも受領者が撤回の事実について善意であった場合に，支持。振出人はすでに小切手交付の際に目的設定をなし，受領者の視点からもそう理解する。銀行の過誤は銀行と顧客の権利関係に根ざしており（wurzeln），現金を用いない取引の円滑な運用という公益，無資力リスクの配分もこれを支持すると理由づける[114]。

④ 振出人の署名のない小切手の支払の場合，受領者が小切手上に署名のないことを知っていれば，当然無効な指図であることを知っているので，直接請求可。受領者は信頼保護に値しないし，銀行の出捐は，顧客の給付として帰責できず，顧客は誘因も与えていない。この結論が唯一利益適合的である。公益や信頼保護もこのような場合までカバーしないとする[115]。

⑤ 誤った受領者への振替で受領者悪意の場合，直接請求可。当初より存在しない指図の一下位事例。誘因も帰責可能性も存在しない。利益状況も署名のない小切手の場合と同様[116]。

⑥ 顧客の財産について破産手続開始後の銀行のこの点の看過による手形支払。破産手続で当該手形債権額も含めて自己の債権を裁判所に申告していたので，受領者悪意で直接請求可。被告は悪意であるから，この事案が，撤回の場合か当初より不存在の場合に依拠すべきかは不問に付し得る[117]。

⑦ 取立授権のないラストシュリフト（Lastschrift）[118]手続は，有効な振替委託がない場合と同様。顧客は誘因を与えていないから，銀行の支払は帰責されえない[119]。

⑧ 振替委託撤回後の実行で受領者善意の場合，直接請求不可。事案は受領者の管財人による否認権行使事件[120]。

⑨ 振出日の欠けた計算小切手の支払停止を銀行が看過して振替。受領者悪

---

(113) これらの判例の概観について，Medicus, Bürgerliches Recht, 17. Aufl.（1996）Rdnr. 676; Esser/Weyers, Schuldrecht Bd. II, 7. Aufl.（1991）, S. 441; Larenz/Canaris, S. 228 ff.
(114) 1973. 10. 18. BGHZ 61, 289. 判批，Wilhelm, AcP 175（1975）, 304.
(115) 1976. 5. 31. BGHZ 66, 362.
(116) 1976. 5. 31. BGHZ 66, 372.
(117) 1976. 6. 1. BGHZ 67, 75.
(118) 債権者がイニシアティブをとり，債務者の口座から引き落とす手続。
(119) 1977. 6. 20. BGHZ 69, 186. 判批，Kupisch, WM 1979 Sonderbeilage Nr. 3, S. 1-24.
(120) 1983. 5. 9. BGHZ 87, 246. 判批，Lieb, JZ 1983, 956; Kupisch ZIP 1983, 1412.

意ならば，直接請求可。立証責任の点で，破棄差戻(121)。

⑩ 継続委任撤回後に誤って振替実行。受領者善意の場合，直接請求不可。振替と小切手交付で扱いに差を設ける説を否定(122)。

⑪ 行為無能力者による指図は，指図が存在しない場合と同じであり，被指図人は，指図人に対して利得請求不可。指図の法律行為的性格と目的決定の法律行為類似の性格より，指図人の行為能力は必要。それが欠ければ，被指図人の第三者への支払は，指図者の給付とならない(123)。

③，⑧，⑩が，広義の指図撤回の事例で，判例は受領者の善意・悪意という主観的態様を直接利得請求成否の鍵としているがすべて善意の場合で直接請求は排除されている。これに対して，それ以外の瑕疵の場合（④，⑤，⑥，⑨）でも，判例は受領者の主観的態様を考慮しているようにみえるが，すべて悪意の場合であり，直接請求を認めている。⑦のラストシュリフトの場合のみ，顧客の誘因の不存在を唯一の理由とする。⑪は，指図人の行為無能力の場合に，指図人の目的決定の無効から，直接請求を根拠づける。

4　第4節で検討される，近時のBGH判決を分析したシュナウダーは，判例の給付概念の特徴，三当事者問題に対する態度を以下のように分析する。

判例の給付概念の特徴は，ある点では目的の要素を強調しすぎ，他方では，その機能を削減していることである。すなわち，前者の点では，給付関係がもっぱら給付意思のみによって定められ，特に，出捐者と受領者の観念が一致しない場合に，受領者の目的観念により定められる（受領者視界説）。後者の点では，目的設定は給付者によってその出捐に与えられるはずであるのに，先の受領者視界説によれば，限定的ではあるものの，受領者側にこの権限が移ってしまう。目的設定が受領を要する意思表示であることは判例(124)も承認しており，受領者視界説との整合性は明らかではない。判例では，当事者意思が弱められる範囲で，客観的帰責基準が優位に立っている。BGHの四判決はこのことをはっきりと示している。給付概念と評価はもはや一致せず，個別事例の特殊性が重視される。しかし，これは単にプログラム的原則が与えられているにすぎず，具体的問題についての，方向付け・秩序付けを得られる基準は存在し

---

(121)　1983. 6. 16. BGHZ 87, 393. 判批，Lieb, JZ 1983, 956; Kupisch ZIP 1983, 1412.
(122)　1984. 1. 19. BGHZ 89, 376. 判批，Canaris, JZ 1984, 627.
(123)　1990. 6. 20. BGHZ 111, 382.
(124)　BGHZ 106, 163（AがXから自分宛に来た請求書につき，YをだましてY自身に対する請求書と誤信させ，署名させ，振り替えさせた。Yは錯誤による弁済決定の取消を主張して，認められた。BGHは119条［錯誤］の準用を根拠とした); 111, 382.

ない。判例は，基本的に，先例比較という方法(125)で，この藪を切り開いていこうとしている。まず，あらゆる三角事例を指図状況に向けて調整されている原則・例外図式という荒い網(126)に服させる。すなわち，基本原則は，指図状況に従い，利得調整はその都度の給付関係の内部で実行されるべきものとされる。例外として，出捐者は，直接利得請求により，直接，出捐受領者に向かえる。しかし，判例は，先の図式で，いつ例外が成立するのかを明確にしていない。従って，判例は，有効な指図が欠ける場合に，事案を比較しつつ考察・評価する手法で，模索的に結論への道を探している。例えば，指図が当初から存在しなかったか，あるいはあとから撤回などでそうなったのか，不存在の事実につき受領者が知っていたかどうかを基準とする。判例は，ますます存在論的区別メルクマールで検討せざるを得なくなっている。例えば，BGHZ 89, 376 (前掲⑩) では，そこで問題となった，撤回された継続委任を，小切手の撤回(127)，委託なき振替(128)，誤った二重の貸方記入(129)と比較し，どれと同様に処理できるかを検討している。ついには，判例は，当初より有効な指図が存在せず，受領者も指図者も法的な保護地位を援用できる場合（指図者には，指図の権利外観が帰責できず，受領者は指図の瑕疵を知らなかった場合），結局は衡平判断に行き着いている(130)とする。

5 しかし，このような模索的手法を，単に衡平判断として断罪するよりも，紛争の複雑さに対応した判断基準の分化・精密化という観点から，意味ある判例の態度変化として積極的に評価することもできよう(131)。

学説は，以上のような判例上，広義の指図に関する複雑な事例が増えることに対応し，指図そのものの効果を否定し直接請求を認めざるを得ない事例を意識するにいたる。直接請求を給付概念で積極的に根拠付けることはできず，むしろ，指図給付のような技術的決済を可能とする法制度の効果・帰属メカニズムの分析に一旦戻り，当事者意思を起点としつつ，多様なリスク配分を極力，当事者の範囲にとどめる事後的補充の解釈論を展開する必要が意識されることになり，関心が移行していったことは前述したとおりである(132)。給付利得理

---

(125) Schnauder, JuS 1994, 537 (540 rechte Spalte).
(126) Schnauder, JuS 1994, 537 (541 linke Spalte).
(127) BGHZ 89, 380.
(128) BGHZ 89, 381.
(129) BGHZ 89, 382.
(130) BGH NJW 1987, 185 (186).
(131) 前掲 Mühl, S. 554, 563 f. (注(99))．

論は，実は，このような決済の不当利得処理の構成に関して，十分対処できない「部分理論」であることが判明した。

　6　以上を要約するならば，BGH判例が，類型論の給付概念を採用した背景は，具体的紛争，すなわち理想住宅事件（BGHZ 36, 30）（前掲②），電気器具事件（BGHZ 40, 272）（前掲①）という，いわゆる錯誤事例と総称される類型において，受領者視界説と学説によってのちに名付けられる立場を補強するものであった。本来の給付利得理論が理解するような給付概念そのものではなく，解決を迫られる紛争との関連で，受領者の立場から見て，供給者の出捐に，望ましい目的設定を与え，受領者を出捐者からの利得請求から解放することを目的とした受領者視界説と結合したそれであった。錯誤事例では，目的設定自体に瑕疵がある以上，原因関係での返還という給付目的論が前提とする基準は役立たないのである。判例が処理しようとする事案との関連で，給付不当利得理論と，それを補充する諸テクニック・諸観点が変化し，また混在していくことになった。広義の指図事例でも，受領者の視界を考慮しつつ，自由に目的設定を名宛できる(133)判例の立場は方向付けを失っているようにも解される。

　このような変化は，給付目的・給付方向・当事者意思といった概念のみからの解決が無理であることがBGHにも意識され，ケメラーの定式の本来の趣旨，すなわち事案類型を媒介として判断を方向付けること，を生かす方向に少しずつ向かっていたと評価できる。そして，一連の指図事例判決での個々の事案にふさわしい評価観点の模索過程ののちに，明らかに出捐（給付）と原因関係がずれるとされてきた債権譲渡事例で，ついに，判例理論の中での給付概念の意義の相対化，実質的には放棄を導いたのは，象徴的である。この点を次節で検討することにする。

◆第4節◆　近時のBGH四判決の紹介と分析

I　はじめに

　本節は，最近のドイツ不当利得判例を素材に，給付概念を中核とする給付利得理論の現状を批判的に考察しようとするものである。その主たる素材は，債

---

(132)　前述，第2節Ⅳ4参照。判例においても，このような兆しが，学説の影響のもとに，現れていることは，第4節で紹介する四判決が示すとおりである。
(133)　Schnauder, JuS 1994, 537 (542).

◇第4節◇　近時の BGH 四判決の紹介と分析

権が譲渡され，譲受人が債務者から弁済を受けたのちに，その債権が実は不存在と判明した場合に，債務者は誰に不当利得返還請求できるか，すなわち，不当利得債務者は譲渡人か譲受人かが問題となった一連の判決である(134)。

　それぞれの判決は，一口に債権譲渡が関わるといっても，その債権は，順に，①建築プロジェクトの利益請求債権（過払い），②火災保険金，③職業上の責任保険，④リース車の車両保険と多彩である。問題は，これらの判決のうち，①，③判決が，譲受人を，②，④判決が譲渡人を債務者の利得調整の相手方としており（以下，それぞれの立場を譲受人説，譲渡人説と略称する），一見，この四判決は判例法上一貫性がないように見え，学説はその整合的理解の仕方をめぐって争っている。

　そして，より重要なことは，②，④判決は同様のスタイルにおいて，従来の，（受領者視界理論と侵害利得の補充性論に補われた）給付関係の確定を中心とするBGH 自らの論証方法を相対化し，それと並んで，信頼保護・リスク配分(135)，当事者の利益適合性(136)，給付関係の経済的重点(137)などを，理由付けに含んでいることである。このような多面的理由付けは，以前から BGH の一連の三当事者判例に見られたところであるが（特に，信頼・リスク配分，結論についての各当事者の利益適合性），それがより鮮明に出てきたといえる。これは，明らかにカナーリスを主唱者とする，評価観点を重視する不当利得方法論が，その相互の同一性の程度はさておき，実務に浸透したことを示す。その反面として，論理的には当然のことながら，給付概念のみからの導出には必ずしも説得力がないことが④判決で初めて承認される(138)。これによって，学説の通説とされる給付不当利得論とは完全には同視できないものの，それに依拠したとされるBGH の給付不当利得理論が今後どう展開していくかが，注目され，また，学説においてこのような方針変更に至った経緯を今の時点で再検討する契機(139)ともなったのである。

---

(134)　① BGH（IV b）1988. 6. 8（NJW 1989, 161），② BGH（IV b）1988. 11. 2（BGHZ 105, 365），③ BGH（XII）1990. 11. 28（BGHZ 113, 62），④ BGH（XII）1993. 3. 10（BGHZ 122, 46）。以下，上記の判決は，この番号で引用する。

(135)　②判決 I．2．b），④判決 3．d）。

(136)　②判決 I．2．d），④判決 3．f）。

(137)　④判決 3．f）。

(138)　④判決 3．d）。

(139)　Schnauder, Der Stand der Rechtsprechung zur Leistungskondiktion, JuS 1994, 537-545; Wilhelm, „Upon the cases " bei der Leistungskondiktion in Dreiecksverhältnissen？JZ 1994, 585-596.

また，③判決では，譲受人に対する請求を認めるに際して，従来，広義の指図事例に関して，解決モデルとされてきた指図（巻き戻しは給付連鎖と同様に処理すべしという評価を含む）ではなく，第三者給付をこの事案においてよるべきモデル（通説が債務不存在の場合，第三者（出捐者）は表見債権者（受領者）から直接に利得返還請求できるとする立場にこの判決も従う）とした(140)。改めて，学説は，この２つの解決モデル相互の限界付けを問題とし始めている。

　以上で，この四判決は，現在までのドイツ給付不当利得理論の問題性を集中的に反映していると評価できよう。以下でこれを検討の出発点とするゆえんである。

II　事案内容の紹介

　以下では，すでに簡単に紹介した四判決を，以下の叙述（Ⅲ）との関連で必要な限りでやや詳しく（要約しつつ）紹介し，若干の検討を加える。

　① BGH（Ⅳ b）1988・6・8（NJW 1989, 161）
　〔事実関係〕投資・金融会社である原告XはLと契約を締結し，その内容はLは30戸のマイホーム建築計画に「匿名の参加者」として参加し，一定の利益をそこから得るという趣旨であった。Lはこの参加契約から生ずる請求権を被告Yに譲渡した。YはLが業務執行者である有限会社に対して債務名義のある債権を有しており，この譲渡債権から得られる給付と清算するつもりであった。XはYの強い要請により，「暫定的な最終計算書」に基づき，Lの利益持分を振り替えたが，あとからこの支払が全部または一部につき債務解放効を生じないことがわかった場合にはいつでも返還請求できるという留保を付した。のちに，XはYに第三工期の計算書について，費用増加が生じ，Lの利益持分がそれに対応して減少したことを伝えた。Xは新しい計算書を提示して，過払い額の返還を請求した。Yがこれに応じなかったので，Xは本訴を提起した。

　前二審は，この請求を不当利得の観点で認容した。被告Yの上告は，効を奏しなかった。

　〔判決理由〕2．a）譲渡されたが，実は存在しなかった債権の支払の事例は，学説上争いがある。すなわち，譲受人に直接，利得請求が向かうのか，または，

---

(140) ③判決3．これに対して，②判決2．d），④判決3．f）は，指図における補償関係の瑕疵を援用している。

◇第4節◇　近時のBGH四判決の紹介と分析

このまきもどしは，債務者が譲渡人に支払い，譲渡人が譲受人にさらに与えたかのように扱われるべきか，すなわち，角を曲がっての巻き戻しとなるのかである。上告も従っているところの，通説は後者の立場である。その理由は，債務者の法的地位は債権譲渡によって悪化してはならないこと，従って債務者は契約当事者として選び出したのでもなく，その資力についても判断し得なかった者の無資力リスクを負担する必要はないことである。反対意見は，債務者は債権者交代に対して防御することはできず，せいぜい，債権者との合意による譲渡排除[141]に依拠できるにすぎず，それ以外の通説の論拠も受け入れがたいとする。ある見解[142]では，以下のように区別されるべきとする。すなわち，債務者が，譲渡担保の場合のように，自己の給付を譲渡人との債務関係に関連づけた場合と，譲渡人が，当事者の意図によれば，給付によってその履行がもたらされるところの権利関係から完全に排除される場合である。

　b) 本件は，Xは既存のLの利益請求権に基づいて支払っており，ただその過払い分の返還請求である。通説が主として念頭におく，不存在債権に基づく給付ではない。債務者の錯誤または過誤が主たる事例であるこの場合については，通説も例外を設けている。すなわち，債務者と譲渡人の権利関係や，そこから生じるリスク配分と関係がない瑕疵が問題となっているから[143]とか，譲渡人はそのかぎりで，その支払に機縁を与えていない[144]ことを理由とする。RG[145]も過払いについて譲受人に対する直接請求を認めている。

　c) 既存の債権の過払いが債務者の錯誤または過誤に基づく場合のみならず，本件のように，それがもっぱら譲受人の行動に還元される場合にも，本民事部の見解によれば，債務者は，利得調整に関して，譲受人に頼らねばならない。a)で示された見解の対立に対してここで原則的立場を示す必要はない。Xの過払いは，XとLとの権利関係に帰責することはできない。Yは，支払期限設定と訴訟提起の脅しの下で，支払を迫った。建築会社であるYにとって，大規模な建築計画では，予期せざるコスト上昇が生じうることは明らかであった。従って，Yは，自己の債権額が，暫定的計算書に基づく利益持分より少なくなるかもしれないというリスクを引き受けた。Xは，留保の下で支払をなし，こ

---

(141) BGB399条　債権は，当初の債権者以外の者への給付がその内容を変ぜずにはなしえない場合または譲渡が債務者との合意で排除されている場合には，譲渡できない。
(142) Jauernig-Schlechtriem, BGB, 4. Aufl., §812 Anm. 15c ee を引用する。
(143) Canaris, in: Festschr. f. Larenz I, S. 836.
(144) König, S. 1587 f.
(145) JW 1938, 1329 [1331].

の留保は，支払の債務解放効に関してのみならず，計算書の暫定性にも関連していた。譲受人がこのように譲渡債権の先払いを強要し，それによって（譲渡人が関与することなく）過払いに至った場合，この過払いは，債務者を通じての，譲渡人の譲受人に対する給付とみなすことはできない。

　すでに，かつて不当利得の争いについて管轄を有した第七民事部は，確定判例として，三当事者以上が関わる事案の不当利得に関しては，図式的解決は役立たず，個別事案の特殊性が考慮されねばならないと指摘していた。本件では，YはXの支払を全額において保持できると信頼することはできなかったこと，むしろ，Yは，計算書の暫定的性格と，支払の際の留保に基づき，Lの最終的利益割合について，Xとさらに交渉せばならないことが明らかであった。

② BGH（Ⅳb）1988・11・2（BGHZ 105, 365）

　〔事実関係〕原告である保険会社Xは，A会社所有者であるMと火災保険契約を締結した。Aの工場と倉庫を滅失させた火災損害について，MはXに保険金支払を請求。Xは，当初この火災がM自身によって引き起こされたのではないかと考え，支払を拒否。Mは一部支払を求める訴訟を提起。同じ月に，被告Yは，自分から定期的に商品を購入していたMに，Mの融通手形の引受という形で信用を与え，その担保として，Xに対する保険金債権を譲渡させた。この譲渡はXに通知された。Xは，自己に給付義務がないことを援用し，Mによって提起されている支払訴訟を引用し，もし判決が出れば支払う用意があることを示した。

　Mの訴えが認容されたのちに，Xは，控訴手続きをとらず，目下の事情の下では，自己の負担する立証責任を満たし得ないからだと，Y宛の手紙の中で理由づけた。この手紙には，あらゆる将来の抗弁[146]（§404）を留保するとあり，Xは，判決を受けた限りで，Yに支払った。同時に，Mの弁護士との合意に従い，残損害額を予告し，後に支払った。ここでも，先の書面での留保が援用された。Yは，手形債務と清算した後，残額をMに転送した。

　のちにM会社の破産手続きが開始された。検察庁の調査ののち，Mは，故意の放火，保険詐欺に基づく刑に服した。

　Xは，Yに対して，振り替えられた保険金額について，不当利得に基づく返還を請求。前二審は，この訴えを棄却。原告Xの上告も効を奏しなかった。

---

(146)　BGB404条　債務者は，債権譲渡時までに前債権者に対して根拠づけられていた抗弁を新債権者に対抗できる。

〔**判決理由**〕Ⅰ．（判決で支払を言い渡された部分ではない支払についての判示）

1．存在しない債権を譲渡し，債務者が譲受人に支払った場合，誰から返還請求できるかで争いがある。

a）控訴審判決は以下の見解に従っている，すなわち，債務者が譲渡人に支払い，譲渡人がさらに譲受人に引き渡した場合と同様に，巻き戻しが行われるべきだとする。これに対して，他の論者は，（これは原告Xの採用する見解でもあるが）譲渡によって完全に債権者の地位についた，給付受領者である譲受人に向かえるとする。

b）BGHはいままで譲渡担保の場合の利得調整について判断をしていない。しかし，利得法は，特に，形式的ではなく，経済的考察法を命ずることを，原則として考慮すべきことを何度も強調してきた。本民事部も同じ見解であり，かつて不当利得法に管轄を有した第七民事部の見解，三当事者以上のかかわる事案の利得法的処理においてあらゆる図式的処理は禁ぜられること，にも従う。むしろ個別事例の特殊性が考慮されねばならない。決定的なことは，当事者が，彼らの表現された意思によれば，いかなる目的を追求したかである。出捐に与えられた目的決定はそれに従い，この目的決定は，さらに，給付関係の基準となり，この中に利得法上の調整が求められねばならない。

2．このような基礎付けの下で，Xが契約当事者としての譲渡人Mに請求せねばならないとしたことは同意できる。例外的に譲受人に向かえることを正当化できる理由は存在しない。

a）多数当事者が関わる事案で，利得法上，誰が給付者で，誰が給付受領者かの判断には，給付と結合した目的決定が重要である。確定判例によれば，給付は意識的，目的志向的，他人の財産増加であり，その際，目的方向は，当事者意思により定まるからである。受領者と出捐者の目的観念が一致しない場合には，受領者の視点からの客観的観察法が要請される。

Yの視点からは，Xは，疑いなく，自己の支払によって，保険契約者Mに対する保険給付をもたらしており，Mは同時に，Yによって与えられた信用を返済している。Xのこれと異なる考えは明らかではない。Mは，譲渡後も，保険契約者の資格を失ってはいない。保険法上，譲受人に対する保険給付の支払は，保険契約者に対する支払とみなされる。従って，給付免責事由の不存在を知らずに譲受人に支払った保険者は，通常，保険契約者からのみ返還請求できる。

b）リスク配分と信頼保護の観点も，この結論を支持する。なるほど，Xは無資力な譲渡人への請求に指示されることで，経済的には何も得るものはないが，法的評価はこの点に関わるべきではない。考慮される複数の返還債務者の

うちで，誰が無資力かは偶然に基づくから。

そのかぎりで，保険者としてのXが，保険契約者の無資力リスクを負うべきかという点のみが問題となる。そして，この問いは肯定されるべきである。本件での火災保険の引受は，日常的大量取引ではなく，保険事故の一般的リスクの評価と並んで，契約相手方の信頼性の検討も要求する。また，保険者は保険給付の支払によって，保険契約者に，債権は正当に行使されており，保険保護を否定できるような事実も存在しないという信頼を与える。このことが，この信頼が実は正当ではなかったことが判明した場合に，保険者に，保険契約者の無資力リスクを負担させることを正当化する。

このリスク帰属は，債権譲渡によって変更されない。保険者の法的地位は，これによって悪化もせず(147)，また良くもならない。

c) もっとも，譲渡事例では，個別事例における特別の事情が，譲受人に対する利得請求を導きうることがある。この意味で，当民事部は，1988・6・8判決(148)で，主として譲受人の行動が，譲渡された利益請求権の過払いに導いたという特殊性のある事案を判断した。本件では，これと比較できる事情は存在しない。

d) この結論は利益適合的でもある。信用担保のためになされた債権譲渡は，経済的には，指図に近い。指図については，確定判例で，利得調整は原則として，その都度の給付関係内でなされ，ただ，補償関係の瑕疵を受領者が知っていた場合，補償関係がそもそも存在していなかった場合にのみ，例外を設けている。本件ではどちらの例外も当てはまらない。

③ BGH（Ⅻ）1990・11・28（BGHZ 113, 62）

〔事実関係〕前第二被告であった技師Mの職業責任保険者である原告Xは，被告Yから，保険給付の返済を求める。Xは，保険契約者Mの表見的責任に基づく債務を弁済するためこれをYに支払ったものである。Yも社員であったW有限会社は，A建築事務所に比較的大きな住宅の設備近代化のための設計給付を委託した。A事務所は，W有限会社の名で，L有限会社に，このために必要となる職人作業の実行を委託した。職人作業の労賃支払は，できあがるごとに，分割支払されていったが，A事務所の技師が，前任者によってすでに承認されていた，L会社からの請求書を再検討した際，算定の基礎となる仕事量が，実

---

(147) 前掲BGB404条。
(148) NJW 1989, 161（前掲①判決）。

◇第4節◇　近時のBGH四判決の紹介と分析

際より多く記載されており，その限りで，W会社は過払いしていたとして，改めて，請求書の額を減額した。しかし，この返済はなされないうちに，L会社は破産した。

W会社も同様に，支払能力を失った。Yは，W会社の（社員としての有限責任とは別に）個人的に無限責任を負う社員として，すでにA事務所を退社していたMに対して，彼の建築士としての活動によって，前記の過払い分の損害が生じたとして，賠償するよう要求した。Mは，この支払を求める書簡をXに引き渡し，損害賠償債権は正当に存在し，訴訟になれば責任は回避できないと述べた。XはYに対して，要求額の受領権限を示すよう求めた。Yは，W会社に損害賠償額を立て替え払いしたと主張し，Xに対して，支払期限を設定し，Mに対する法的手段行使をほのめかした。この回答文書に添付されていたW会社の取引銀行の書面において，YがW会社の信用返済の共同義務者として請求されたことが確認されたので，XはYに支払った。

のちに，過払いはなかったことが判明し，Xは，MとYに，両者が保険事故を仮装し，詐欺を行ったとして，保険給付返済を請求した。W会社は請求権を譲渡しておらず，受領権限を有していなかったとして，Yに対しては，不当利得に基づく返済をも要求した。

第一審は，Yは，請求書が恣意的に減額されたことを知らなかったとして，詐欺に基づく賠償は否定。Xは，Yが受領権限の根拠付けのために持ち出した諸事情を知っていたとして，不当利得も否定。第二審は，Mに対する請求否定，Yに対する請求をそのまま認容した。Yの上告は効を奏しなかった。

〔判決理由〕Ⅰ．控訴審は，結果的に，正当にも，XのYに対する利得請求権を認めた。

1　控訴審は，Xではなく，MがXを自己の指図受領者として利用したのだから，Mが給付者とみなされるとした(149)。しかし，いわゆる指図事例は本件では存在せず，この見解には従えない。

控訴審の正当な認定によれば，Xは，支払によって，MのW会社に対する責任債務を履行しようとした。Xは，瑕疵なき補償関係（Mとの保険契約）に基づいて，Mをこの債務から免責させる義務を負うと考えた。Xは，責任保険者が債権者に対して支払う場合通常そうであるように，自己債務ではなく，保険契約者の債務に基づき，給付している。自己の債務に対する責任保険者の給付

---

(149)　後掲，I. 3（保険契約法67条（§67VVG）［法定債権移転］によるXへの利得請求権の移転）。

は，義務保険法に基づく場合や，保険者自身を義務づける和解の場合のように，例外的にのみ生ずる。かような例外事例は，本件では存在しない。このことは，控訴審のように，Xが，Mの指図で支払ったことを意味しない。Mは，Xに，Yから損害賠償を請求されたこと，すなわち保険事故を告知し，この請求が正当であるという見解を述べたにすぎない。ここには，指図（Anweisung）は存在せず，広義の指示（Weisung）すら存在しない。むしろ，保険者は支払う前に，補償関係のほかに，債権者の保険契約者に対する損害賠償請求権（対価関係）の正当性を検査し，それが肯定される場合に初めて，自己の保険契約者の債務に対して支払う。本件の場合も同様な処理がなされている。Xは当初Yの権限を疑ったが，Yの説明の後，この疑いは晴れたと考え，支払ったのである。

2　控訴審が，W会社がMに対して損害賠償請求権を有していたかの点を未決定としているが，これは正当である。いずれにせよ，Yは，Xに対して，法律上の原因なく，給付を取得しているから。すなわち，損害賠償請求権が不成立ならば，責任債務の履行は生ぜず，成立していたとしても，履行が生ずるのは，Yにこの債権が（1）移転したかまたは（2）受領権限があった場合に限られるが，(1)(2)の事実はいずれも存在しないから[150]。

3　以上により，利得請求権がMにおいて成立したという控訴審の見解には従えない。従って，この請求権が，保険契約法67条[151]により，Xに移転したという見解にも立ち入る必要はない。

指図が欠ける以上，利得法上の巻き戻しは，指図事例で展開された諸原則によるのではなく，第三者弁済という，別種の事案類型のための諸原則に従う。被指図人による給付の場合には，この給付が債権者・債務者間に存する債権を消滅させるという弁済決定は，指図する債務者から発するのに対して，第三者弁済の場合には，支払をなす第三者がこの弁済決定をなす。第三者自身が給付するのである。

法規において267条で規律されている第三者弁済は，他人の義務に対して給付する者が，債務者に対してそうすることを義務づけられていると考えていた場合でも成立する。この場合でも，本件では責任保険者によって，弁済目的で対価債務に対して給付される。責任保険者は，債権者に対する支払によって，たとえ保険契約者に対する自己の免責義務の履行においてであれ（補償関係），

---

(150) 以下の，この点をめぐる会社法上の争点は省略。
(151) 保険者が保険契約者に損害を賠償した場合に，保険契約者の第三者に対する賠償請求権がその限りで移転することを規定する。

通常，他人の債務，すなわち，保険契約者が賠償債権者に対して負担している責任債務を弁済する。ここに，実務上重要な，他人の債務に対する第三者支払という事例が問題となっている(152)。

第三者弁済の場合に，弁済さるべき債務（対価関係）が存在しなかった場合，弁済者は表見債権者から直接返還請求できるというのが，今日の通説の見解である。このことは，いずれにせよ，表見債務者が，弁済者に給付の機縁を与えていないか，帰責可能な形では与えていないという（本件で存在する）要件の下で妥当する。

本民事部もこの判断に従う。表見的債務者の指図に基づかない給付の場合には，債務者を，弁済者の代わりに，給付者とみなす十分な帰責根拠は，明らかではない。従って，債務者を巻き戻しにかかわらしめる理由は存しない。よって，もしXがW会社に給付していれば，Wから直接返還請求できるであろう。

しかし，Xは，Wではなく，Yに，請求権が移転したと考えて，給付している。誤って想定された譲渡の場合には，表見譲受人になされた給付はこの者から返還請求できる。

④ BGH（Ⅻ）1993・3・10（BGHZ 122, 46）

〔**事実関係**〕原告Xは，保険契約者Eが被告Yからリースした乗用車の車両保険者として，Yに対して支払われた保険給付の返済を請求する。

EとYの間に締結されたリース契約の一般取引約款によると，リース借主は，過失の有無に関わらず，車両とその備品について，あらゆる種類の滅失・損傷について責を負い，また，車両全部保険（Fahrzeugvollversicherung）を締結し，この保険に基づくすべての権利をリース業者に譲渡する義務を負った。

EがXと保険契約を締結した後に，Xは，Yに保険証書（Sicherungsschein）を手渡した。

証書には，賠償額が500マルクを越える場合には，あなたの書面による同意がなければ，保険契約者ではなく，あなたに支払いますという趣旨の条項があった。

Eは，Xに，車両の盗難を告知した。Yは書面によって，車両の賠償をXに要求した。この盗難は後に仮装されたものであることが判明した。車両はXによって保全され，換価された。Xは，換価代金とその費用を控除し，不当利得額を算出し，本訴ではその一部額を請求した。

---

(152) Lorenz, JuS 1968, 441 (446 f.) を引用（BGHZ 113, 62 (69)）。

三審とも，原告Xの請求を認めなかった。

〔**判決理由**〕1．控訴審は，Xの利得請求権は，Eに向けられるという結論に達した。保険給付の支払は，Xが保険契約に従ってEに給付し，Eがリース契約に従ってYに給付したとみなされる。瑕疵があるのは，XとEの間の補償関係のみで，XはEに頼らねばならない。

2　上告は，保険契約法74条以下に規定のある他人保険(153)の枠内では，利得調整は，他人保険の被保険者である受領者から返還請求できると主張する。すなわち，なるほど保険者の給付意思は，契約者との保険契約に基づく自己の義務の履行に向けられている。しかし，この給付の目的は，最終的には，他人である被保険者の固有の請求権の履行である。従って，この者への保険金支払は，利得法上，XのYへの給付とみなされるべきである。保険契約者Eは，この支払で，何ら義務から解放されていないから，利得していないと。

3　a）しかし，他人のための保険で，被保険者は第二の保険契約者となるわけではない。というのは，契約関係から生ずる義務，特に保険料支払義務は本来の契約者にとどまるから。保険事故において成立する，保険者の被保険者に対する保険金支払義務は，独立したものではなく，あいかわらず，保険契約者との補償関係と，この枠内で支払われた保険料に基づいている。従って，法的には，2つの，独立した，相互に並存する保険関係を前提とすることはできず，保険契約者と被保険者との結合が存在し，これが，利得法上の巻き戻しにおいて，被保険者と保険者の権利関係を切り離して注目することを排除する。被保険者の，保険給付を求める請求権についていえば，彼の法的地位は，債権譲受人のそれと本質的に区別されえず，経済的にも相違がない。

b）本民事部は，かつて，保険者が保険給付を給付免責的構成要件を知らずに，譲受人に支払った場合でも，通常，利得請求権は，保険契約者に向けられると判示した(154)。この判決は広く学説において支持を得た。この判断を維持することができる。

c）他人保険における支払に関して，利得法上の意味における給付目的として，被保険者固有の，実体法上の請求権の履行を見ようとするのは，あまりに，形式的な考察法である。重要なのは，給付時における，受領者と出捐者の目的

---

(153) ちなみに，保険契約法75条1項1文は，他人のための契約において保険契約に基づく権利は被保険者に帰属すると定め，同条2項は，被保険者は，保険証券を占有している限りで，保険契約者の同意なくして，自己の権利を処分し，裁判上行使できると定める。

(154) BGHZ 105, 365（②判決）。

◇第4節◇　近時のBGH四判決の紹介と分析

観念である。これらが一致していない限りで，受領者の観点からの客観的考察法が要求される。

　控訴審は，この点につき，以下のように述べている。XとYは，一致して，この支払によって，Xの，Eとの保険契約に基づく債務が履行されるものと前提していた。当民事部もこの見解に与する。支払過程に関与した当事者は，明らかに，車両盗難についてのEの申告が妥当であり，保険金給付の支払は，Eをリース契約に基づくYの賠償請求権から解放する目的を有していることを前提としていたから。

　d）利得債務者が，YではなくEであることは，合わせ考慮さるべき，信頼保護とリスク配分という観点によって確認される。給付概念のみからの導出は，必ずしも説得的ではないからである(155)。XはEの申告の正しさを信頼して，支払をした。このことは，後に，この信頼が正当でなかったことがわかった場合に，契約者の無資力リスクをXに負担させることを正当化する。譲受人(156)かつ他人保険の被保険者は，通常，より給付能力を有するから，この者に向かうことができるとすれば，Xは不当な利益を得ることになろう。三角を曲がっての利得調整の必要性は，保険典型的リスクをそれらが当初からあった場所に置くものであり，瑕疵が生じた権利関係へと，その利得調整を指示する。

　e）Eは利得していないという上告の主張も支持できない。Eの利得は，Eが対応する額において，リース契約約款に基づく，Yに対する自己の損害賠償義務から解放される点にある。

　f）Eに対する利得請求に，Xを指示することは，利益適合的でもある。本件と経済的に近い指図の場合には，補償関係における瑕疵の場合には，利得調整は，この関係において実行されねばならない。本件で，保険証書がYに手交されたかぎりで，これは，引受のある指図(157)と比較しうる。このような受益者の法的地位の強化によっても，給付の利得法上の帰責可能性，利得調整の種類・方法には変更がない。学説の一部が，他人保険を独自の（eigene Art），第三者のためにする契約と把握していることも，同様に変更を迫るものではない。

　第三者のためにする契約も，多様な関係で生ずるから，正当な利得調整は，場合を分けた評価の方法でのみなしうる。三当事者以上の事案の利得法上の処理において，図式的解決が禁ぜられ，まず第一に個別事案の特殊性が考慮され

---

(155)　例として，④判決は Henke, Die Leistung (1991) S. 104 を引用する（BGHZ 122, 46 (51)）。
(156)　前記約款による，保険契約に基づくすべての権利の譲渡義務。
(157)　指図の引受の要件・効果を規定したBGB784条。

243

ねばならないことと同様である。諾約者の第三者に対する直接請求を認めた事情(158)は，本件では存しない。

給付関係の経済的重点を形成するのは，訴訟当事者間の権利関係ではなく，XとEとの保険関係であった。

III　判決の分析

1　個々の判決の分析

(1) 以上の要約を前提にこの四判決を簡単に分析してみる。

①判決（譲受人説）の骨子は，こうである。BGHは，この事案をまず，有効に存在する債権が譲渡され，ただ額についてのみ過払いされた事例と性格付け，存在しない債権の譲渡事例と区別する。そのうえで，通説も，債務者の錯誤・過誤による過払いの場合に受領者に直接請求を認めており，その立場を本件のように，過払いが譲受人の執拗な要求に還元される場合にも及ぼす。さらに，債務者が留保をなし，また，譲受人自身も債権の性質上その額の暫定性を十分認識していたことも重要な要素であった(159)。

(2) ②判決（譲渡人説）は，債権譲渡が譲渡担保の目的でなされた場合の利得調整如何についての判断は，初めてと前置きしつつ，当事者意思による給付目的の決定，リスク配分・信頼保護の観点，利益適合性，指図との経済的類似性の指摘などによるこの結論の補強，①判決の特殊性（譲受人の行動が過払いに導いたこと）の強調によるそれとの限界付けが特徴である。

この問題に関し，譲渡人説が通説とされるが(160)，数の上からは必ずしもそう言い切れないようである。むしろ，本判決の判例批評では，譲受人説の方が多い。

譲受人説の挙げる理由を列挙すると，譲受人は債権譲渡により，その限りでこの契約関係から排除された保険契約者に完全に代わり，保険者は自己債務の履行をなすこと(161)，当事者の合意で，譲受人に対する出捐で当初の債権者に

---

(158) BGHZ 58, 184.（不動産購入候補者契約の締結交渉に際して，施工者団体の副支配人として応接した被告が，原告に架空の会社名義の口座に仲介手数料を振り込ませた。原告は詐欺として仲介合意を取り消し，被告に対して不当利得の返還請求をした。原告は諾約者，施工者団体が要約者，副支配人が第三者とする第三者のための契約とされたが，手数料条項は本来の契約に盛り込まれず，独立しているという事情から，諾約者は第三者に直接請求できるとされた）。

(159) Larenz/Canaris, S. 239 はこの点を決定的なものとする。

(160) Larenz/Canaris, S. 237.

給付する，従って譲受人の無資力リスクを負担しないという例外的な目的設定は可能であり，本事案はかような例外的事案にあたると理解すべきとする原則的譲受人説[162]，債権譲渡によって，すでに二当事者関係になっていること，譲渡人説は，譲受人の財産利益，譲渡人に対する給付などを構成する上での困難があり，過払いや譲受人の行動の強調は区別の根拠付けとならないとするもの[163]，などがある[164]。

　逆に，譲渡人説に立ち，判決の立場を支持する批評としては，原則的譲渡人説をとり，①②判決の区別を支持し，譲渡債権が双務契約から由来する場合の複雑さを回避できるとし，例外は，過払いのように，双務的結合に基づいて生ずる困難な問題と対決する必要がない場合，あるいは債務者の過失に由来し，譲渡人に誘因がなく帰責不可能な場合であるとする[165]。

　譲渡担保においては，譲受人に対する完全な債権帰属が観念しにくいことが，通常の債権譲渡と異なる事情を与え，より譲渡人説を支持するように思われる。

　(3) ③判決（譲受人説）はやや複雑な事案である。責任保険の対象である損害賠償請求権の成否が未決とされており，ただ，被告にその債権が移転もせず，受領権限もなかったことのみが判断されている。従って，判決要旨とされている，(1) 不存在債権の第三者弁済における債権者説（責任保険者が「被害者である債権者」の「加害者である保険契約者」に対する表見損害賠償債権を支払った場合に債権者から利得請求できる）と，(2) 表見譲渡における譲受人説のうち，前者の判断は，厳密には，傍論ということになる。判決理由に関しては，本事案を，広義の指示（Weisung）すら存在しないとし，第三者弁済の事案類型に編入する。第三者弁済の場合には，第三者が弁済決定をなし，自ら受領者に対して給付をなす。第三者弁済は，補償関係において自己の義務の履行が問題となっていても可能とした。第三者弁済で，通説は，債務不存在の場合，表見債権者から直接請求できるとしているとし，BGHもこの見解に従った。債務者の機縁あるいは帰責可能性を指図と第三者弁済の限界付けに用いる学説にも言及し，本件では機縁等は存在しないとして，この学説の限界づけにも反しないとしている。

---

(161) Koch, VersR 1989, 891.
(162) Schubert, JR 1989, 371.
(163) Dörner, NJW 1990, 473.
(164) このほかに，Mankowski, ZIP 1993, 1214（譲受人説。最も包括的に問題点を検討する）がある。
(165) Lorenz, AcP 191 (1991), 279.

判例批評は，存在しなかった損害賠償債権に基づく責任保険金支払という，本件では実は傍論的(166)問題を論じるにあたって，第三者給付と指図給付の限界付け，第三者給付を債務者の誘因・機縁のある場合とない場合に分けることの可否，前者の場合を指図給付と同様に扱うことの可否などの従来の論争を扱った。

　ほとんどが利得請求の相手方について，債権者説であるが，保険給付は第三者弁済としての自己給付とするもの(167)，責任保険一般約款（AHB）を見ると，保険契約者と被害者の対価関係が退化し，保険者に権限が吸収されており，保険者が給付関係の支配者といえるほどであるから，このような責任保険契約上の法的構成が，直接利得請求の論拠として，理由付けに際して注目されるべきであったとするもの(168)，判決の結論〔債権者説〕には賛成するが，構成を不十分とし，第三者給付と債務者による機縁付与は両立でき，誘因のある第三者給付の場合にも，弁済者は表見債権者に利得請求できるという自説を実は判決が採用したのだとするもの(169)がある(170)。

　(4) ここで唯一判例の結論に反対し，債務者説を採るカナーリスの見解(171)をやや詳しく見てみよう。

　(i) 彼は，判決要旨1についての，判例の結論，すなわち，表見債権者に対する責任保険者の支払における利得債務者を債権者とする立場に反対する。

　(a) まず，債務者からの誘因のある第三者給付を，はじめから，ドグマ上，指図の下位類型のように扱う立場(172)が，BGHも認めるように，弁済決定者の相違（被指図人は指図人の弁済決定を伝達，第三者は自ら弁済決定）から，否定される。しかしそう理解することは，誘因のある第三者給付が，利得法上指図と同様に扱われるべきかの問題を否定することにはならず，独自に検討すべき問題とし，また，誘因ありと判断されるための要件はいかにあるべきか，

---

(166) 同旨，Canaris, NJW 1992, 868 (871 rechte Spalte)（判決要旨1．に挙げられるこの部分の判例の判断は，従って，表面的意義しかなく，なぜBGHが必要もなく，この厄介な問題にかかわったのかは不明とする）。

(167) Flume, NJW 1991, 2521.（不存在債権の譲渡事例はまったく別の問題で，ここでは，指図との同視に基づき譲渡人説が採られる。過払いはその例外として譲受人説）。

(168) Wertheimer, JuS 1992, 284.

(169) Martinek, JZ 1991, 399.

(170) このほかに，Jakobs, NJW 1992, 2524.（判決［債権者説］支持。Canaris, Martinekの判例批評に対する批評（Rezensionsrezensent））。これに対して，Canaris, 1992, 3143; Martinek, NJW 1992, 3141 の反論がある。

(171) Canaris, NJW 1992, 868.

(172) Kupisch, Lieb.

◇第4節◇　近時のBGH四判決の紹介と分析

BGHはこの判決の事案で誘因の存在を否定したことは正当かどうかを問題とする。

　(b)　先の, 誘因のある第三者給付を指図とドグマ上同視する見解や, また指図無効でも, 対価関係の存在を前提として, 被指図人の対価関係に対する弁済決定に基づき, 第三者弁済を成立させる見解(173)の存在は, いかに被指図人の給付と第三者の給付が近いものかを示すものであり, 従って, いかにドグマ上は, 明確な限界付け基準があろうとも, 実際上の問題の判断をこの区別に依存させることはできないとする。受領者からは, 法律家が微妙な解釈技術を用いて, 支払人が自己の弁済決定をしたか, 他人のそれを媒介したかを区別したとしても, それに利得債務者の成否が依存することは理解できないからである。

　(c)　誘因のない第三者給付を出発点にとり, そこで直接利得請求のために持ち出される論拠が, 誘因のある第三者給付の場合にも適合するか否かを問う(174)のは, 誤ったアプローチである。誘因のない第三者給付において, 直接利得の決定的理由は, まさにそこでの状況が, 指図不存在の状況に対応していることによるからであると考える。

　(ⅱ)　次に, 利益状況も角を回っての調整すなわち債務者説を支持することを確認する。

　まず, 債権者の視点からは, 彼は, 金銭を債務者としての保険契約者から得ねばならなかったのだから, 保険者の給付は短縮弁済に近づく。また, 法律上, 保険者は, 契約者の免責請求権に基づいて, 契約者に給付している。

　契約者が自己に責任がないことを知りながら支払ったり, 保険者に支払わせた場合, 受領者は非債弁済の抗弁が保険契約者に対して成立するが, 直接利得請求を認めると, この抗弁は個別的なものだから, 保険者に主張できなくなる。また, 表見債務者に対する, 債権者の相殺の可能性も封じられることになる。保険契約者の破産は, 受領者にとって不利益で, 他方, 保険者は, 契約者の破産リスクを回避できることになる。すなわち, 直接請求の肯定は, 破産リスクの, 保険者から受領者への転嫁を招く。まず, 加害者が被害者に支払い, その後に保険者が契約者に填補した場合に自明のことが, 保険者が直接被害者に支払った場合になぜ変更されるのかは理解できないとする。

　契約者は保険事故の正当な存在を前提としており, 保険者がこの問題を契約者と議論せねばならないことに正当な利害を有する。直接請求で, このような

---

(173)　Flume.
(174)　Martinek.

247

議論，契約者に対する訴訟をせずして，既払保険金を回収できることになる。

　以上で，三者のどの視点からも，加害者が被害者に支払い，その後に保険者が契約者に填補した場合と異なる説得的理由は見いだせない。逆に，直接請求を認めると，受領者，契約者のそれぞれの正当な利害を侵害し，保険者から契約者に対する請求貫徹リスク（無資力，行方不明など）を正当な理由なく，除去することになる。

　(iii) BGH は，債務者の指示（Weisung）に由来しない給付では，債務者を給付者と見ることはできないとしたが，これは，逆に言えば，それに由来する場合は，給付者となることを示唆している。ところで，BGH が本事案で，契約者の行動に誘因（Veranlassung）を認めなかったのは不当と考える。判決要旨1は，以下のように読むべきと考える。債務者によって誘因を与えられた第三者給付では，債権者に対する利得請求は，債務者に与えられる。誘因があるというのは，第三者が債務者の指示（Weisung）に基づいて行動した場合である。

　以上が，カナーリスの立場である。ドグマ上の構成にできるだけ結論を依存させない姿勢に特徴があり，彼の方法論（前述，第2節Ⅲ）を用いた実作であるが，結論には異論があろう(175)。

　結局，③判決は責任保険における債権者（受領者）説と表見譲渡における譲受人説を示したのであって，不存在債権の譲渡の系列に含めることは無理と考えられる。

(5) ④判決（譲渡人説）は，リース車両の他人のための保険の事例である。判決要旨では，②判決の継続と括弧書きされている。すでに指摘したように，②判決の書法ときわめて類似していて，給付目的による給付方向の決定を，信頼保護・リスク配分の観点，利益適合性，給付関係の経済的重点等により補強している。すでに，言及したように，給付概念の重要性の相対化についてこの判決が初めて言及したことに意義がある。なお，本件では約款により保険契約に基づく権利の譲渡が義務づけられており，他人保険の被保険者の地位の問題と債権譲渡の問題が重畳しているといえよう。

　この判決を支持する見解としては，債権譲渡によって，債務者と譲渡人の間の結びつきは断ち切られるのではなく，ゆるめられるにすぎないこと，また，二当事者関係である車両保険と三当事者関係である責任保険の構造上の相違も利得法上の処理を異ならせる理由とならないとし，これと矛盾する③判決を批

---

(175)　判例の理解として Weisung と Veranlassung を同視するような叙述があるが，この点は，判例理解として，やや問題と考える。

判するもの(176), ③判決と異なる理由が判決理由上明らかではないが，これを，保険者による車両の換価に求め，この事実により，保険事故発生と同様の法律効果維持を保険者が選択したとするもの(177)がある。

　反対説として，他人のための保険の特殊性に立ち入っておらず，債権譲渡や指図などの他の制度に逃げ場を求めていると指摘するものがある(178)。

　(6) 以上の四判決とその判例批評を概観する限り，譲渡人説（角を曲がっての原因関係に沿っての調整）と譲受人説（出捐当事者間での直接的請求）の対立の優劣判断は，それぞれの事案が，判決自体しばしば当該事案を他の事案と異なるものとして限界づけているように，すべてを不存在債権の譲渡事案として一括しがたい分布（特に③判決）を示しているだけに，容易ではない。不存在債権譲渡に関しては，②④により，BGHは角を曲がっての調整に傾いているようであるが，これは，債権譲渡を利得法上どうとらえるかの問題が基礎にあり，②は保険金請求権の譲渡担保という特殊性，④では他人のための保険に基づく権利の譲渡という特殊性がある。これらの問題が，利得調整の当事者決定の問題と重畳して論じられており，わかりにくいものとなっている。

2　総合判例分析

　(1) これら四判決をまとめて考察した者として，まず，シュナウダー (Schnauder) の見解(179)を見てみよう。彼の見解は，出捐者による目的設定行為を重視する主観的給付目的説を前提としており，彼の判例に対する批判は，おおむね，個々の判決がいかに給付目的の確定作業につき，混乱しているかに向けられている。

　前記四判決についていえば，ここでは，経済的全体評価が，経済的メルクマールの評価が，法律効果を規定し，出捐者の目的表示が決定するのでない。ますます，当事者意思を排除し，規範的考慮が支配している。給付概念とそこでの目的要素を維持しているが，真の根拠づけは，客観的評価基準・帰責基準であり，表向きだけ給付概念から導き出された結論の再検討のために引用するという形をとっている。このずれは，④判決でBGH自身が給付概念のみからの論証を放棄し，その重要性を法的構成上も相対化したことによって，はっき

---

(176)　Nicolai, JZ 1993, 1118.
(177)　Jakobs, ZIP 1994, 9.
(178)　Sieg, VersR 1994, 210.
(179)　Schnauder, Der Stand der Rechtsprechung zur Leistungskondiktion, JuS 1994, 542 ff.

りと現れた。そして，ここに至る判例の展開は，錯誤事例（第3節①判決［電気器具事件］）で，給付概念を真の意味では採用せず，受領者視界説の分だけ，無価値とさせていたことに由来すると述べる。

　彼は，前記③判決をこの一連の系列に入れず，第三者弁済の問題とし，残りの三判決を対象としている。前記③判決は債権譲渡の事案というよりは，責任保険の問題であったので，このような範囲限定は妥当というべきだろう。

　従って，まず，譲受人説を採る①判決と，譲渡人説を採る②，④判決が対比される。まず，②判決において，①判決が譲受人説を採る理由として，債権者の執拗な支払要求を事案の特殊事情として挙げ，原則は，経済的に近い指図のようにその都度の給付関係内部で調整されるとして譲渡人説を支持するBGHの立場に批判が向けられる。すなわち，債権者の行動が目的方向の判断に影響を与えるべきでないし，かように心理的な動機によって，給付関係を決定することは，コントロールのきかない衡平判断に至るとし，例外を認めることを拒否する。

　指図のように，出捐者（被指図者）は受領者との関係では目的のない出捐をすることで，指図人に対して給付をなす場合と，267条の第三者給付のように，受領者との関係で自己の契約相手方の債務履行を目的として決定する場合では，大きな相違がある。指図と債権譲渡はそれぞれ，判決の見地からは，受領者に，対価関係において請求権を有するものを与えるという同一目的を持った出捐テクニックの種類にすぎなくなり，それら相互の相違を均してしまうと非難する。②，④判決において，債権譲渡後に，譲渡人への給付を語ることはできず，従って第三者給付は語りえず，受領者に対する自己債務の履行のみが語りえ，譲受人説を支持すべきと結論づける。

　(2)　次に，ヴィルヘルム（Wilhelm）[180]の見解である。

　彼は四判決の整合性については，以下のように解決する。④判決（譲渡人説）において，③判決（譲受人説）に言及がないのは，すでに，②判決（譲渡人説）において，①判決（譲受人説）では債権者の強い支払要求という特殊事情が譲受人説を導いたとして，原則・例外の限界付けをしており，④判決において，改めてその必要がなかったからだとする。この理解からは，③判決は，債権者の執拗な要求が例外的処理を導いたことになる[181]。④判決の理由付けが，一

---

(180)　Wilhelm, „Upon the cases" bei der Leistungskondiktion in Dreiecksverhältnissen？JZ 1994, 585-596.

(181)　確かに，③判決の事実関係において，それに対応する記述がある。

◇第4節◇　近時のBGH四判決の紹介と分析

見方法混淆的であるとする非難に対しては，給付概念の目的方向はしばしば多面的であり，その中からの選択をさらに別の考慮の助けを借りて根拠づけることは，必要なことであり，正当とする。しかし，それは，英米法的ケースローではあっても，民法規範812条というまさに基準たるべきものからは遠ざかってしまっている。この規範は，彼の理解によれば，以下のことを意味する。自己の財産から受領者に有意的に利得させた場合に，これらの者の間に法原因が欠ける場合に，給付が由来するところの者に利得請求権を与えることである。BGHは，このような，与え，回復するという要件を無視し，このような拘束のなさから，給付目的の多様性の中でただようことになると。

判例が区別の基準として用いる債権者の執拗な要求は，債権行使における関与の態様は無限の多様性を持ちうるから，判断基準たり得ない。BGHが用いる信頼保護基準も，損害賠償の根拠となることはあっても，利得方向の判断，リスク引受の基準にはならない。

判例はさらに，指図給付と第三者給付の給付帰責の相違を明白にしていないとする。指図給付の場合には，彼の従来からの提唱に従い，被指図者が，指図者に，受領者に対する給付対象を処分させた（disponiert）こと，このような指図者の処分に被指図人が服従していることが必要であるとする。第三者給付の場合には，第三者は，債務者に利得対象を自分の出捐を通して，処分させていない。ここから，前者で譲渡人説，後者で譲受人説を導く。債権譲渡では，債権を従前の債権者から切り離し，その財産対象は譲受人に帰属する。ここでは，すでに指図給付の基礎は欠けており，譲受人説が支持されるとする。

(3)　両者の見解は，判例に対する批判の視点（シュナウダーは主観的給付目的説，ヴィルヘルムは損失要件を強調する統一説）は異なるものの，共通して指摘された点がある。まず，債権者の行動，信頼保護などが利得方向の基準を与え得ないこと，指図と第三者給付の構造の差を判決が無視しているように見えることである。さらに，判例の判断基準の非一貫性（給付概念における当事者意思の後退，経済的評価の優越，規範的基準からの逸脱などの傾向）である。

Ⅳ　判断モデル相互の限界づけ

1　ここで，四判決，特に③判決の検討の過程で問題となった，判断モデル相互の限界づけについて考えてみよう。モデルとして，指図と第三者給付が考えられる[(182)]。判決①，②，④で問題となったのは，債権譲渡が，指図給付と同様の処理を要求するか，従って，最終的には，利得法上，給付連鎖と同様に

扱うべきかの問題であった。また，③判決では，責任保険者の被害者への保険金給付が第三者弁済として扱われたが，その際，指図（Anweisung）あるいは指示（Weisung）の不存在が強調され，また，誘因（veranlaßt）あるいは帰責可能な誘因の不存在も指摘された。

　指図は，そもそも本来ならばなされるべき給付連鎖を一気に決済する法技術で，その利得法上の処理が，給付連鎖と同様の原因関係に沿っての処理を要求することはわかりやすいであろう。そして，そのような処理を支持するのは，最終的には，三当事者の合意である。構成に差はあるものの，被指図人から受領者への出捐は，補償関係については，本来の債権者である指図人ではなく，そのさらに別の債権者である受領者への，第三者への給付（§362 Abs. 2）として評価され，対価関係では，本来の債務者の給付ではなく，受領者から見れば，第三者である，被指図人の第三者給付（§267）として評価され，それぞれの債権関係がこの1つの出捐で，一気に決済されるのである。ただし，ここで，被指図人は，単純に第三者給付をするのでなく，指図人の弁済決定を媒介するにすぎない。他方，受領者は，被指図人の債権者でもないのに，受領できる権限を付与されている。

　これに対して，第三者給付は，第三者が他人の債務を債務者に代わって自ら弁済するという意味で，第三者自身が弁済決定をしている。第三者と債務者の補償関係があるかどうかは問われない。そして，この補償関係がまったく存在しない場合は，まれであって，実際上は，この補償関係が存在することが多い。そうすると，ここでも補償関係と対価関係が存在し，多くの場合は，第三者は補償関係を考慮して，弁済することになる。その際，債務者が，③判決でも出てきたように，指図，指示，誘因を与えていた場合には，指図給付と接近する[(183)]。指図があれば，指図給付であるから，後二者の場合が実際上問題であるが。

　学説は，(1) 第三者給付と指図の関係について，最初から，誘因があれば，指図の下位事例と扱う説[(184)]から，(2) 利得法の評価上，指図と同様に角を曲がって調整させる説[(185)]，(3) 誘因があっても，直接請求を認める説[(186)]がある。

---

(182)　補償関係・対価関係に依存しない指図に対して，対価関係に依存する第三者給付，補償関係に依存する「第三者のためにする契約」が，多くの三当事者関係を扱う論考でモデルとして同時に扱われてきた。

(183)　Thielmann, AcP 187, 51 は，この場合を不均整な指図（hinkende Anweisung）と呼ぶ。

(184)　Kupisch, ① S. 71; MünchKomm-Lieb, §812 Rdn. 97.

◇第4節◇　近時のBGH四判決の紹介と分析

　前二者の見解は，債務者の誘因を指図者の指図と同等視し，最後の説は，あくまで弁済決定の当事者が第三者である点に指図との差異を見いだす。

　カナーリスの指摘にあったように(187)，誘因のある第三者給付と指図給付の差は社会事実として，微妙である。③判決で示された基準に従い，事案の，この2つのモデルへの振り分けが機械的になされると，望ましい結論から逆行して，債務者としたい者に対する弁済決定を推論し，それを支えてくれるモデルに依拠するという転倒した方法に陥る危険があるのではないかと思われる。ここでも，それぞれが予定する効果帰属構造をまず確定しておく必要がある。

　債権譲渡の場合(188)は，債権譲渡によって，なお補償関係と対価関係の連鎖を観念できると考えるかあるいは観念すべきと考えるか（譲渡人説(189)），それとも，すでに，譲渡人から譲受人に債務者との関係での権利帰属は，余すところなく移転して二当事者関係となったと考えるか（譲受人説(190)）の相違に還元できる。

　ここでも，社会事象そのものの観察・分析が先行すべきで，それは一般的に

---

(185) Larenz/Canaris, S. 242 f. und NJW 1992, 868（前掲③判決判批）；Staudinger-Lorenz, §812 Rdn. 44; Thielmann, AcP 187 (1987), 23 (51 f.).
　　なお，四宮和夫『事務管理・不当利得・不法行為　上巻』（現代法律学全集10）(1981) 219-220頁は，委託のある第三者弁済を指図と同様に処理する。

(186) Meyer, Udo, Der Bereicherungsausgleich in Dreiecksverhältnissen, S. 147; Reuter/Martinek, S. 467 ff.; Martinek, 1991, 399（前掲③判決判批）; Staudinger-Lorenz, 13. Bearbeitung (1994) §812 Rdn. 44 (S. 95 ff.).

(187) 第4節Ⅲ1(4)。

(188) 日本法について，安達三季生「存在しない債権の譲受人への弁済と所謂三者不当利得」（内山＝黒木＝石川古稀記念『続現代民法学の基本問題』(1993) 所収171頁以下）。

(189) Larenz/Canaris, S. 237f.; Kupisch, S. 83ff.; Esser/Weyers, Schuldrecht, Bd. 2, 7. Aufl. (1991) S. 446（通常の場合は，二当事者関係となるが，譲渡担保の場合には，完全にそうなるとは言えない。最終的に，404条による債務者保護の観点が優先，しかし，この利益を債務者は放棄できる）; Staudinger-Lorenz, 13. Bearbeitung (1994) Rdn. 41 (S. 91 f.)（基準は，保険契約者の無資力リスクを保険者が負うことが正当であることで，双務契約に譲渡債権が含まれる場合にこの結論はその正しさを実証される，解除（Rücktritt）や瑕疵担保解除（Wandlung）の場合と異なる道をたどる理由がない）。

(190) Köndgen, Wandlungen im Bereicherungsrecht, Dogmatik und Methode (Festgabe für J. Esser) (1975) S. 66 f.; Medicus, BR Rdn. 685; Dörner, NJW 1990, 473（前掲②判決判批）。なお，四宮『事務管理・不当利得・不法行為　上巻』226-227頁は譲受人説で，債務者に譲渡人からの請求に対して筋違い抗弁を許容する。また，受領権を与えられた第三者弁済について，事務処理型と固有利益型（担保のための受領権付与を例として挙げる）を区別し，後者については，受領権者への利得請求を認める (224-226頁)。

どちらかの説を支持することにならないであろうし，そこから出てくる事案類型（保険の種類，譲渡担保の評価）に応じた分化が要請されるだろう。

2　(i) 近時，弁済決定，受領権限付与をリスク設定行為として，弁済構造分析とカナーリスの不当利得論を結びつけ，第三者給付（誘因のある場合とない場合を区別）と指図（給付媒介の下位概念と理解）のそれぞれにつき，しかも，錯誤事例の信頼保護（錯誤第三者給付とは，第三者は自己債務に基づく給付，受領者は第三者給付（弁済）を想定した場合，錯誤給付媒介とは，被指図人は自己債務に基づく給付，受領者は指図に基づく給付を想定した場合）を利得法的保護と，信頼損害賠償の保護に分化させつつ，論じる者[191]が出た。

ヴォルフ（Wolf）は，前掲③判決で注目を浴びた第三者給付を，指図と並ぶ，履行過程に他人を関係づける基本形式と理解し，従って，利得法上の多数当事者関係の基本形式とする。そして，ロイター・マルティネクが試みた，履行法と利得法の首尾一貫した対照による，利得法の問題解決の試みを継続しようとする[192]（以下，被指図人（第三者），指図人（債務者），受領者（債権者）をA，B，Cとする）。

その際，指図ではなく，それを一下位事例として含む，給付媒介（Leistungsmittlung）という概念を第三者給付と対照させる。そして，両者を区別するメルクマールは，給付の債務者への帰責可能性であり，帰責される場合には給付媒介が存在し[193]，帰責されない場合に第三者給付が存在するとする。そして，帰責の根拠として，債務者が給付に誘因を与えたか否かではなく，その給付行為が債務者の意思にかなうことを挙げる[194]。従って，債務者の誘因なき給付媒介，誘因ある第三者給付が可能である。ただ，例外的に，債務者の意思にかなっていなくても，債務者が，他人を自己の履行補助者として利用しているという外観（表見履行補助者）を不当に惹起し，権利外観法理によって帰責される場合には，給付媒介が成立する。

給付媒介の場合には，債務者Bの1つの意思表示によって，以下のことが表現される[195]。すなわち，①対価関係において，履行補助者Aによる給付行為

---

(191) Wolf, Christina, Drittleistung und Leistungsmittlung, (1995) (=Diss. München 1994, Canaris の弟子).
(192) Wolf, S. 14.
(193) BGB278条（履行補助者の過失）により，債務者の意思にかなった履行補助者の給付行為と意思に反する誤った行為が，帰責統一体を形成し，債務者はこの両者を自己に妥当させねばならない。Wolf, S. 18 Anm. 17.
(194) Wolf, S. 17.
(195) Wolf, S. 41f.

の実行を自己の行為として帰責させようとすること，②履行補助者に，自己の対価関係に関係づけられた弁済決定の表示のために必要な代理権等を付与すること，③補償関係において，債権者Cによる給付行為の受領を自己に帰責させようとすること，④債権者に，補償関係に関係づけられた，履行補助者の弁済決定到達に必要な受領権限等を付与するか，この弁済決定到達を放棄すること。

　この事情から，補償関係の履行要件と対価関係の履行要件が連動するという特徴が生ずる。

　これに対し，第三者給付では，前記のような連動は存在せず，債権者Cによる給付受領は債務者Bに常に帰責されるわけではないので，対価関係（B‐C）は消滅するが，補償関係（A‐B）は存続するという事態が生じうる。

　給付利得の調整の目的は，基礎にある権利関係の瑕疵にもかかわらず，当事者によって作り出されたリスク秩序にこの当事者を固定させることにある[(196)]。もっとも，このリスク秩序を生み出す行為は，基礎にある契約締結行為とは同一ではなく，履行のために必要な，当事者の意思表示からのみ生ずる。対価関係におけるそれは，給付媒介者としての履行補助者Aを用いて，発せられる，または，媒介される，債務者Bの弁済決定，ないしは第三者Aの弁済決定であり，補償関係でのそれは，給付媒介者または第三者Aの，債務者Bに対する弁済決定である。また，債務者Bによって，給付媒介者Aに与えられる，債務者の弁済決定を媒介するための使者または代理権限，債務者の意思行為に由来する，補償関係に関連づけられている，第三者または給付媒介者の給付行為受領についての，債権者Cの受領権限も，これに含められる。

　これらの要件が，原因関係の瑕疵によっては原則として影響を受けない抽象的表示であるため，リスク規定的基準として現れる。

　原因関係の瑕疵の場合，瑕疵ある関係の当事者間で利得調整がなされるということができる給付媒介の場合と異なり，第三者給付では，対価関係の不存在または瑕疵の場合，第三者Aは債権者Cに直接利得調整ができる。

　債務者の誘因のない，通常の第三者給付の場合，補償関係を検討する必要はなく，リスク秩序は，対価関係における第三者の弁済決定によって規定される。対価関係が無効の場合，第三者は表見債権者に利得請求できる。従って，第三者が債権者の無資力リスクを負担することは，第一に，第三者の弁済決定，第二に，債務者の自己に対する帰責意思が不存在であることから生ずるリスク秩

[(196)] Wolf, S. 45 f.

序に基づいて説明される(197)。

誘因のある第三者給付の場合には，以下の2つが含まれる。第一に，第三者が，第三者給付により，債務者に対する自己の義務をも履行しようとし，債権者にこの受領権限がある場合，第二に，第三者が債務者の意思にかなった給付を債権者にもたらす場合である。

第一の場合には，補償関係が少なくとも表見的に存在する場合であり，利得調整は，給付媒介の場合と類似する。すなわち，それぞれの瑕疵ある原因関係の当事者間で調整がなされる(198)。

これに対して，第二の場合には，補償関係が存在しない。ここでのリスク秩序は，典型的第三者給付と，給付媒介に接近した第三者給付の中間に成立する。この場合には，債権者は，債務者の異議がないので，そもそも給付を拒絶することができない(199)。債務者は第三者給付が自己の意思に一致すると表現することによって，帰責可能な形で，抗弁喪失リスク，債権者の無資力リスクを引き受けている。従って，債務者は第三者の利得請求にさらされる(200)。

以上によって，利得調整の当事者決定は，対価関係における弁済決定の存在や，この弁済決定が誰の名で表示されたかのみで決まるのではなく，当事者すべてによって作り出されたリスク秩序による。補償関係・対価関係における履行要件が存在する限り，利得調整は契約関係の当事者間でなされる(201)。

それでは，リスク秩序を生み出す行為の1つに瑕疵がある場合はどうなるか。この場合には，原因関係の瑕疵から生ずるリスクのみならず，弁済決定または受領権限の瑕疵から生ずるリスクが，しかも後者が第一に，分配されねばならない。

第三者給付におけるリスク秩序を形成する行為は，①対価関係に関係づけら

---

(197) Wolf, S. 62 ff.
(198) Wolf, S. 68 ff.
(199) BGB267条第2項は，債権者は，債務者が異議を申し立てる場合に，その給付［第三者給付］を拒絶できる，と定める。
(200) Wolf, S. 73 ff.
(201) Wolf, S. 76 ff. 当事者すべてにとって，第三者給付よりも給付媒介の方が利益適合的であることをヴォルフは以下のように説明する。債権者は，給付媒介の場合には，受領したものについて債務者とのみ対決すればよいし，債務者に対する抗弁を保持できるという意味で，有利である。債務者にとっては，彼が給付媒介者に使者権限ないしは代理権限を付与することによって指示した場合にのみ，利得調整を請求されるという意味で，有利である。求償が押しつけられることはあり得ない。給付媒介者にとっても，対価関係に基づく抗弁を対抗されることなく，債務者に求償できるという意味で，有利である。

◇第4節◇　近時のBGH四判決の紹介と分析

れた，第三者の弁済決定，②補償関係に関係づけられた，第三者の弁済決定，③債権者の受領権限を根拠づける，債務者の意思表示ないしは第三者給付についての，債務者の同意，である。

②の瑕疵は，補償関係に瑕疵ある場合に，第三者の債務者への利得請求が，給付利得ではなく，求償利得となる限りで影響する。

③の瑕疵は，債務者が第三者の求償から守られねばならないため，利得法上の基本モデルと異なるリスク配分に導く。すなわち，第三者は，対価関係に瑕疵があれば，債権者に利得調整できる。

①の瑕疵が，リスク秩序にどう影響するかは未定である。

給付媒介では，①対価関係に関係づけられた，債務者の弁済決定（給付媒介者に対する使者権限または代理権限付与を前提），②補償関係に関係づけられた，給付媒介者の弁済決定，③債権者の受領権限を根拠づける，債務者の意思表示である。

②の瑕疵は，第三者給付の場合と同様，補償関係に瑕疵ある場合には，給付媒介者は債務者に求償利得を有するという限りで，リスク秩序に影響を与える。

①，③の瑕疵がどう作用するかは未定である。

以下では，それぞれの①の瑕疵がどうリスク配分に影響するかを錯誤事例を用いて，示す[202]。

錯誤事例は以下の場合に存在する。すなわち，給付行為をなす者が，給付受領者に対して，自己の債務を履行しようとしたが，受領者は，この給付行為が，行為者以外の者の債務履行であると考えた場合である。

この場合には，給付行為の帰属，帰責について誤解が存在し，弁済決定は，さしあたり，給付行為を特定の債権関係に帰属させ，給付行為をある債務者に帰責するという機能を果たすことができない。

まず，解釈の結果，有効となるところの，弁済決定の内容が確定されねばならない。

(ア)　表見第三者給付とは，行為者は，受領者に対する自己債務の履行目的のつもりで給付するが，受領者は，行為者は他人の債務を第三者弁済するものと考えた場合である[203]。

弁済決定の解釈規則として，以下の点が挙げうる[204]。まず，受領者は，認

---

(202)　Wolf, S. 79 ff.
(203)　Wolf, S. 87 ff.
(204)　Wolf, S. 87 ff.

識可能な事情がその可能性を排除しない限り，自己債務を前提とすべきである。なぜならば，第一に，自己債務の方が，給付媒介や第三者給付よりも，行為者をより確実に免責できる。後二者の場合には，補償関係での免責は，受領者の受領権限の存在に依存するからである。第二に，弁済の目的が達成できなかった場合に，自己の関与しない権利関係からの抗弁にわずらわされずに受領者に直接利得請求できるからである。自己債務弁済の可能性が排除される場合には，第三者給付と給付媒介の可能性が残るが，疑わしい場合には，給付媒介を想定すべきである。後者の方が，抗弁保持，無資力リスクの妥当な配分の確保により，関係者のすべての利害に一致するからである(205)。第三者給付は，所有権留保買主の債権者が強制執行を避けるために残代金を支払う場合のように，他人の債務を支払うことの利益が自己債務支払の利益を越える場合に例外的に認められるにすぎない。

　表示受領者に，表示意味が，知りまたは知りうべきであった事情をもとに，予期しえた場合にのみ，帰責されるように，表示者には，同様に，知りまたは知りうべきであった事情をもとに，予期しえたような表示意味のみが帰責される。第三者給付としての，表示意味の帰責は，行為者が，受領者が彼の弁済決定を，何らかの，いずれにせよ他人の債務に対する給付行為の帰属として理解することを予期し得たことで十分である。

　帰責が不可能な場合に，両者の利害は，非給付利得とそれに対する利得消滅の抗弁では，十分考慮されない。むしろ，122条(206)の類推適用が個別事例の正義を最大限に実現可能とさせる(207)。すなわち，この構成によれば，債務者への反対給付，担保の放棄が考慮されうるし，賠償額は給付価値の上限まで至りうるし，受領者が利得していない場合や損害が利得を越える場合でも，カバーできる。その反面，この請求は，受領者が有過失の場合に成立せず，他方では過失相殺原則が適用可能である。

　行為者のこのような，無過失の信頼損害賠償責任は，行為者が受領者よりも，危険を支配していること，行為者のみが誤解の回避可能性を有することによる。BGBで冗談表示者に信頼損害賠償が課せられていること（118条）もこれを傍証する。

　解釈によって，表示意味が行為者に帰責され，弁済決定が有効の場合，行為

---

(205)　Wolf, S. 78, 88.
(206)　錯誤等により意思表示を取り消した者に課せられる信頼利益の賠償責任。
(207)　Wolf, S. 95 ff.

者はこの弁済決定を取り消すことができる(208)。ここで受領者の保護は，122条による。

　以上の準備のもとに，以下のような場合分けがなされる(209)。

　(a) 受領者が，行為者が自己債務の履行をしていると認識可能な場合，弁済決定はこの意味で有効となる。
　行為者の受領者に対する債務が存在する場合には，この債務は消滅する。第三者給付の存在を信頼し，これによって損害を被った受領者は，行為者が有責に義務違反をした場合にのみ，積極的債権侵害の枠内で賠償請求が可能であるが，過失相殺が考慮される。
　自己債務が存在しない場合には，受領者に対する給付利得が成立する。ここで，受領者が利得消滅を援用できるのは，債務者への反対給付ののちに債務者が破産または支払不能となった場合に限られる。
　(b) 受領者が十分注意を払っても，行為者の行為を自己債務とも，他人の債務履行とも，判断できない場合は，その弁済決定は，多義的であり，無効である。行為者は，非給付利得として，受領者から返還請求できる。受領者は，利得消滅を援用できる。
　(c) 受領者が認識可能な事情の下で十分注意を払えば，行為者が第三者給付をしていると想定できた場合，この弁済決定の有効性は，行為者が，受領者がそう理解すると予期し得たかに依存する。以下の2つの場合に区別される。
　(aa) 行為者に認識可能な事情の下でそのことが予期できなかった場合，弁済決定は無効である。行為者は，122条類推の損害賠償義務を負う。
　(bb) 行為者が，彼に期待される注意を払えば，受領者の理解を予期できたはずの場合，第三者給付が存在する。債務者の債務が存在する場合，この債務は消滅し，行為者は債務者に求償利得請求ができる。存在しない場合は，債務者の同意がない場合は，受領者に対して給付利得が成立し，受領者は利得消滅を援用できる。
　(d) (c)(bb)の場合，行為者が弁済決定を取り消さない限りで，第三者給付が存在するが，取消権行使によって，この弁済決定は無効となり，非給付利得が成立する。ここでも，行為者は，受領者に対して，信頼損害賠償をせねばならない。

---

(208)　BGHZ 106, 163 を引用する。
(209)　Wolf, S. 102 ff.

(イ) 表見給付媒介とは，以下の場合である。すなわち，行為者は，受領者への給付によって，受領者に対する自己の債務を履行するつもりであったが，受領者は，行為者は別の債務者の履行補助者として活動していると考えていた場合である(210)。

(a) ①行為者が自己債務の履行をしたということを，受領者が注意を払えば認識できた場合，②受領者が，行為者が自己債務の履行とも他人債務の履行とも想定できなかった場合（弁済決定の多義性の場合），③受領者が自己を給付媒介者とみなすであろうことを，行為者が認識可能な事情の下で，予期できなかった場合（表示意味の帰責不可能），以上については，前記の表見第三者給付の場合と同様である。

(b) 受領者が認識可能な事情の下で十分注意を払えば，行為者が債務者の履行補助者として，給付をしたと想定できる場合，この弁済決定の有効性は，行為者が，受領者がそう理解することを予期できたかに依存する。行為者が予期できた場合には，かれはこのリスク秩序にひとまず拘束されるが，まだ給付媒介は存在しない。債務者にもこの表示が帰責可能かの点が残っている。

(aa) 債務者にこの表示が，使者法・代理法によっても，権利外観責任の原則によっても，帰責されえない場合には，関与していない債務者の保護が受領者の保護に優先し，自己給付も給付媒介も成立しない。行為者は受領者から，非給付利得を請求する。行為者は，179条2項(211)類推で，信頼損害賠償責任を負う。

(bb) 債務者に表示が帰責しうる場合には，さし当たり，給付媒介が存在する。

(c) (b)(bb)の場合に，行為者が弁済決定を取り消した場合には，弁済決定は無効となり，行為者は受領者に非給付利得を返還請求できる。しかし，行為者は122条類推による信頼損害賠償責任を負う。

(ⅱ) 以上が，ヴォルフの主張の骨子である。給付媒介と第三者給付の履行構造分析から，弁済決定の有効・無効，債務者への帰責可能性と連動させ，給付行為者の責任を，利得消滅抗弁対抗と無過失信頼賠償責任に分化させた手法，錯誤事例で，行為者・受領者相互に予測可能性を組み合わせ，弁済決定の有効

---

(210) Wolf, S. 108 f. (BGH WM 1978, 1053; BGHZ 40, 272; BGH NJW 1974, 1132 を引用する)．

(211) 代理権欠缺について善意の無権代理人の相手方に対する賠償義務を信頼利益に制限する規定。

性を決定する場合の区別，は緻密かつ説得的である。当事者それぞれの利益分析が，カナーリスの手法に従い，結論を補強するために，随所でなされている。ただ，第三者給付と給付媒介の限界付けメルクマールとして，給付結果が債務者に帰責されるか否かを冒頭に挙げ，帰責の根拠を債務者の意思との一致とするが，この基準は，ヴォルフ説の全体の趣旨から理解するかぎり，やや誤解を招く表現である。第三者給付の場合でも，ヴォルフの説くとおり[(212)]，正当な事務管理が成立する場合や，債務者の誘因がある場合には，債務者の明示あるいは黙示の意思適合表示があるからである。従って，ヴォルフの第三者給付の定義は，最終的には，通常の第三者弁済より狭く，債務者への帰責可能性のない場合と理解すべきなのであろう。

いずれにせよ，ヴォルフは，師カナーリスの立場とロイター・マルティネクに代表される履行法と利得法の構造上の対応性の努力を接合した立場と理解できる。リスク分配の中心的要素である弁済決定の瑕疵を従来の撤回の場合から錯誤の場合（弁済さるべき債務についての出捐者と受領者の理解の食い違い）に分析を進め，判例の受領者視界説（判例では当事者の給付目的の探求という構成をまとっているが）を理論上洗練させたものと評価しうる。

◆第5節◆　まとめ

以上の検討から，BGHによる給付概念による利得当事者決定の比重の相対化は，判例による，類型論の給付概念採用の出発点から今までのその展開を内在的に見る限り，突然の態度変更と理解するべきではないことは明らかである。受領者視界説をはじめとする帰責観点を重畳的に理由付けに用いてきた経緯からすれば，当初から，当事者の目的設定を基礎とする給付の方向付けは希薄であった。ただ，④判決（第4節）でこの点を明言したことで，給付概念を放棄したのではないにしても，利得当事者決定において，多様な帰責観点・評価観点を前面に出すことが容易になるであろう。このことは，反面，カナーリスの見解に対して向けられている非難，例えば，自由に考案された帰責諸観点の，決断主義的（dezisionistisch）な体系という非難[(213)]が，判例にも，給付概念の位置づけの相違を別とすれば，妥当することを意味し，この非難をどう回避す

---

(212) Wolf, S. 64, 73.
(213) Weitnauer, Die Leistung, Festschrift für v. Caemmerer (1978) S. 255ff. (275). 現在のカナーリス説については，このような批判があてはまらないことを示すものとして，Canaris, FS für Kitagawa (1992) S. 82.

るかが問題となる。カナーリスの見解は，少しずつ変化してきているが，その変化は，既存の実定法の制度あるいはそこで予定されている評価との最大限の同期化の試みと要約できよう。判例は，③判決（第4節）で，第三者給付と指図給付という2つのモデルを利得当事者決定のための限界付けとして用いたが，すでにこの2つのモデル相互の，実際の紛争事案における，限界付けの困難が示された。

　むしろ，指図給付の効果帰属の分析から始まり，指図と弁済決定の区別を基礎とする履行の構造分析を，履行法と利得法の照応に生かす一連の試みが評価されるべきであり，単なる帰責観点の並存という非難から救うものである。もっとも，このアプローチが予定調和的に，常に，カナーリス流の抗弁・無資力リスクの適正な配分と一致するわけではない。彼がいう，類推モデルがない場合にこの可能性が大きいと思われる。ロイター・マルティネク自身，法秩序はリスク配分を常に，債権関係とそれに基づく履行を基準に試みるわけではないので，必要な場合には，その修正が必要で，それは，複雑さの削減をキャンセルすることを意味し，高度に複雑な，法律上の諸評価の拘束を考慮することだとする[214]。

　ドイツの給付不当利得理論，特に三当事者間利得調整問題は，現在の時点では，判例特有の，受領者視界説と侵害利得の補充性による修正を除けば，判例と学説はそのよるべき基準を共有しつつあるということができる。もちろん，判例は，個別事例の特殊性に対する配慮に基づく個別的正義の実現を使命とする以上，表面的な混乱があり，また，特殊性の考慮が必ずしも，判決理由に反映されていないことが問題とされるとしてもである。

　また，一見，伝統的かつ民法典自体が予定する不当利得の構造（給付を与えた者が利得債権者の資格を与えられること）を無視するかにみえたカナーリス説も，リスク設定行為を効果帰属の構造分析（弁済決定に基づく履行構造）と結合させるロイター・マルティネク，ヴォルフなどの試みが示すように，当事者自治からの根拠付けに可能な限り接合させることも可能と思われる[215]。

---

[214] Reuter/Martinek, S. 398 f. その例として，提携ローン契約において，買主保護の観点から，金融機関が消費貸借契約と売買契約とから生ずる抗弁リスクの両者を負担する場合と，不存在債権の譲渡において404条以下の評価が利得法上にも移される場合を挙げる（S. 397f.）。

[215] すでに，四宮「決定基準(2)」成城法学9号32頁以下が，カナーリス説を評して，リスク配分に終始して，肝心の出発点である給付関係を忘れている，と述べていた。

◇第5節◇　まとめ

　だとすれば，このような流れは，基本的に日本法における多当事者関係の処理，特に最近実務上多くなりつつある銀行取引上での利得調整問題(216)にも有益な観点と基準を示唆していると考えられる。例えば，原因関係とリスク形成行為（弁済決定，受領権限）の区別，後者の瑕疵がその種類（撤回，錯誤）に応じて，どう利得請求権の効果に影響するか，その解釈上の基準などである。もっとも，ヴォルフの錯誤事例における行為者の責任の二分構成に最も明白に示されるように，信頼損害賠償責任を不当利得法との関係で，どう位置づけるか（内在的なものとするか，外在的なものとするか）という体系上の問題が未解決である。これは，錯誤事例のような場合に限らず，利得返還債務者の返還義務内容をリスク配分に対応させようとする場合に出てくる問題である。

　日本法の解釈に関しては，以下の見解が，とりわけ注目される。

　加藤(雅)は，ドイツ類型論を検討する過程で，日本法の特殊性としての有因主義の原則を重視し，他方「給付」概念のドイツ的特殊性を強調し，むしろ，「給付」概念を用いず，財貨運動法・帰属法を対比させた。多当事者の処理としては，クニシュ（Kunisch）(217)に示唆を得て，瑕疵ある原因関係を基準とする立場を一貫する(218)。ただ，そこで扱われている事例は，本稿が主として対象とした広義の指図給付を含まない(219)。しかし，他方では，ドイツ類型論の成果を実質的に継承する努力を，連鎖的抗弁(220)，両性的不当利得などの提案(221)で示していることが注目される。

　四宮は，当時のドイツの議論の到達点を集約しつつ，日本法に導入した。

---

(216)　ドイツの銀行取引については，すでにかなりの紹介・分析がある。特に，後藤紀一『振込・振替の法理と支払取引』(1986)（特に，第3章振込取引における過誤入金記帳と不当利得），岩原紳作「資金移動取引の瑕疵と金融機関」（国家学会百年記念『国家と市民第3巻』(1987) 169頁以下所収) 201頁以下（ドイツの小切手と振込の規制について），同「電子資金移動（EFT）および振込・振替取引に関する立法の必要性」ジュリスト連載(1)(1083号)～(10・完)(1094号)，特に，(6)(1089号)，(7)(1090号)，(8)(1092号)（意思表示の瑕疵等，撤回，行為能力）。アメリカ法については，今井克典「振込システムの法的構成」(1)-(5)，法政論集（名古屋大学）160号以下に詳しい。

(217)　Kunisch, Die Voraussetzungen für Bereicherungsansprüche in Dreiecksverhältnissen (1968).

(218)　加藤(雅)『体系』241頁以下，487頁以下。

(219)　リース，ローン提携販売をはじめとする，多面的法律関係における紛争解決は，特殊不当利得の問題としてではなく，多当事者間の法律関係一般として考えるべきとする（加藤(雅)『体系』501頁以下（＝注3））。

(220)　加藤(雅)『体系』493頁以下。

(221)　ほかに，転用物訴権の原則的拒否，貫徹請求の例外的許容としての，§§816, 822 BGBの法政策的評価（無償取得に対する例外的追及効）の導入が挙げられる。

「給付」概念を用いつつ，その内容をクピッシュ説等による効果転帰論により鍛え，基本的には給付関係基準説(222)を採用した。

　日独双方の財産法上の基本原則の違いは議論を参考にする場合に十分注意されねばならない。例えば，物権変動における無因性・有因性，善意取得の要件としての取引自体の有効性の要否(223)，銀行取引での入金記帳（Gutschrift）の無因性の有無(224)などである。

　このような差異を自覚するかぎり，給付者が返還請求者となるという文言（§812 BGB）による拘束が日本民法では存在しないにもかかわらず，一般的・比較法的示唆が得られると考える。その際，出捐者がなす出捐行為を給付と呼ぶかあるいは例えば財産移動と呼ぶかどうかは，効果帰属の法的メカニズムを自覚している限り，重要ではないと考えられる。重要なのは，当事者関係の分析を出発点として，その出捐を起点とする効果帰属を当事者意思にできるだけ対応させる努力であり，他方では客観的帰責要素によりリスク配分する作業の両方であり，この点で本稿がたどったドイツ法における議論は参考に値するといえる。

　ここで，独仏の民法上に制度として規定のある指図と，本稿で議論した対象として前提とされた指図の関係について一言したい(225)。

　前者は，いわば制度化された指図であり，ドイツであれば，ド民783条から792条に典型契約の一種として規定（Anweisung）があるが，学説は，書面と授権による特化がされていない，いわゆる広義の指図を考え，議論をしている(226)。他方，フランスでは，近時の改正によって，債権債務に関する取引の章下にフ民1336条から1340条として規定（délégation）があるが，沿革より，更改と債務負担が意識されている。このような制度の基礎には，ローマ法の指図（jussum, delegatio）があるが，独仏ともに，中世以降のそれぞれの展開を

---

(222)　四宮「決定基準(2)」成城法学9号1頁以下。なお，ここで，「給付」は，効果転帰以前の出捐関係を指している。

(223)　ドイツ法では，取引の債権法上の瑕疵は，善意取得に影響しない。

(224)　ドイツでは，判例・通説によって，入金記帳が受領銀行の振替受領者に対する抽象的債務約束と解されている（Canaris, Bankvertragsrecht, 3. Aufl. (1988) Rdn. 415.）が，これに対して，日本では，最判（2小）平8・4・26（判時1567号89頁）が，それまでの下級審の判断と異なって，預金振込の無因性を肯定し，話題を呼んでいる。なお，この判決に対する評釈は多数あるが，最も詳細かつ徹底的な分析を加えたものとして，前田達明・判評456号30頁（判時1585号）参照。

(225)　制度の沿革という観点からのものとして，隅谷史人『独仏指図の法理論』（2016年）がある。商法研究者であるためか，手形などの制度の観点からの問題意識に重点があり，本稿の視角とはかみあわない。

◇第5節◇ まとめ

前提として立法化されている。

ところが，本稿が対象としていわゆる広義の指図は，必ずしもこのような制度化された指図を前提とするわけではない。それはなぜか。三当事者が自発的に短縮給付の合意あるいは，第三者による弁済ないし第三者への弁済の合意をする際に，あるいはそこでも，二当事者の合意が基礎で，第三者がその合意を伝えられるにすぎない場合もあるだろう。このような，無限のバリエーションを伴う日常の，本来の指図から見れば薄められた関係は，既存の制度を提供された任意規定メニューとして利用しつつ，指図制度という任意規定の，合意による修正ととらえることができる場合が多いだろう。つまり，利用された制度で問題となる箇所が強行法か任意法か，そもそも規定のない箇所か否か，合意による修正が可能かなどで異なるが，決め手は，三当事者間の意思ないし合意を基礎とする関係分析にあり，それが，清算の場面での基準の基本となる。制度に埋め込まれた無因性は，その制度に依拠した場合でも，当事者の関係，行動如何で破られうる（制度と合意の相克）。合意過程や履行過程での様々な事情や瑕疵は，その基本を修正する要素として解釈時に考慮される。このような現象全体の分析が本稿の対象であった[227]。

---

(226) 立法時，不当利得の非債弁済の箇所に，対価関係不存在の場合の直接請求の原則的禁止が提案されたが，規定内容はは自明であり，二重欠缺の場合も含め，詳細は判例学説の展開にゆだねるものとして，削除された。vgl. Schubert, SZ 22 (1975), 202. ヴィントシャイトは，普通法での法源による制約下で，以下のように場面を分類して，分析している（Windscheid, Festgabe der Leipziger Juristenfakultät (1892), S. 1-26.）。すなわち，原因関係と履行が関連づけられている場合，関連づけられていない場合。後者はさらに，補償関係が存在しなかった場合，対価関係が存在しなかった場合，両関係が存在しなかった場合。原因関係の瑕疵が，錯誤の場合，詐欺強迫の場合，方式違反無効の場合，指図人の行為無能力の場合。

(227) 近時のドイツの議論状況を概観するものとして，Schäfer, HKK-BGB Bd.III/2 (2013), S. 2653-2677 を挙げておく。大きな流れを，私的自治原則の，権利継続作用による法益保護原則による例外的修正，さらには信頼原則により補完されるとまとめている。

◆6◆ 第三者与信型割賦販売契約の解消と清算方法——割販法改正による清算規定の位置づけ

◆はじめに◆

　近時，割販法の改正により，個別信用購入あっせんにおける購入者は，販売契約について，トラブルが生じた時に，抗弁の対抗により，信用業者への返済を停止できるのみならず，信用契約を解消することで，既払金の返還等[1]をも実現できるようになった。

　その方法は，個別クレジット契約のクーリングオフ[2]，解除，取消しであるが，最初の場合にのみ，法は，販売契約の，みなしクーリングオフ連動を規定し，それ以外の場合には，販売契約の解消は購入者の任意に委ねられている。そのため，上記三例の場合について，ほぼ共通の消費者の保護を意識した清算方法は，最初の場合以外では，その実現は要件に制約される規定ぶりとなっている。

　学説は，この欠缺を問題視し，より一般的に，割販法の清算ルールを適用しようと努力する方向が目立つ。この問題の基礎には，消費者複合契約の一種といえる個別信用購入あっせん，より一般化すれば，販売契約とその対価支払いのための信用供与契約の関係をどう規律すべきかという問題が潜んでいる。例

---

[1] 産業構造審議会割賦販売分科会基本問題小委員会第三回議事録（船矢発言）の要旨。既払金の返還を認めるべきケース，その理由，今の民法体系の中でそれを崩さない形でどういう法律論を展開していけばいいのか。現在は，自社割賦との対比で，未払金については信販会社がリスク負担，既払金については消費者負担であるが，改正で信販会社が100％リスク負担することになるが，その範囲と理屈が必要。同第八回議事録（船矢発言）の要旨。個品割賦で特定商取引であるものを対象。被害実態として，クレジットの相談件数のうち約八割が個品，そのうち九割弱くらいが店舗外取引。だから，このような場合には，あっせん業者に抗弁の接続を越えた損失負担，すなわち既払金の返還を負わせる正当化ができる。

[2] いわゆる訪問販売による場合については規定があったが，訪問販売法（特定商取引法）の成立とクーリングオフ規定の導入により，適用が劣後するため，実質上，有名無実化していた（クレジット研究40号別冊19頁）。割販法のクーリングオフは，売買契約が訪問販売で，かつ支払は割賦でという場合に，売買契約をクーリングオフできるというもの。

えば，どのような要件の下で，この2つの契約の相互影響を肯定するか。影響の方向は，単方向か，双方向か。解消原因でどのように異なる規律とすべきかなどである。これは，日本法においても，抗弁の接続規定のみの時代において，2つの契約の一体性を根拠に，解消の効果を連動させようとする学説が存在したこととともかかわる。

さらに，この問題を複雑化させるのは，このような清算方法をどのように法的構成するかの問題である。ドイツ法であれば，多当事者の不当利得調整問題として，議論される場面であり，どの当事者間でどのような内容の不当利得が生ずると理解するかで議論がなされてきた。

以上のような複合的問題を，現在の日本法の位相の下で，位置づけるというのが，本稿の課題である。

◆第1節◆ 2008年割販法改正に至るまでの状況

1984（昭59）年改正，1999（平11）年改正で，（当時の）割賦購入あっせん類型，ローン提携販売類型について，いわゆる抗弁の接続を認める規定が順次導入された。これは，販売契約でのトラブルの存在を，信用契約での返済にも反映できるようにする工夫であり，従来実務上存在した抗弁切断条項を強行法により無効とするものであった。

そこでさらに問題となったのは，販売契約が何らかの原因で解消された場合に，信用契約の効力がどうなるかであった。抗弁接続の効果として，信用契約の解消も導くことができるかが問題となった。実務上は，信用契約，分割返済合意は解消されないとするものがあったが，学説では，購入者の保護を理由に，信用契約効力消滅説が有力であった。ただ，その立場においても，さらに清算の方法をどうするかが議論された。

ある説によれば，販売契約と信用契約の一体性から，両契約の牽連関係が延長され，購入者から信用会社への既払金返還請求，信用会社から販売業者への立替金返還請求を認めるべきとされた。

◆第2節◆ 2008年改正の概要

従来から，民法，消費者契約法，特定商取引法などで，販売契約の解消原因は多様なものが認められていた。これらの解消原因により販売契約が解消された場合，信用契約は，販売代金の支払を立替払[3]等で分割返済に変換する目

的の手段として機能しているから，その目的が挫折した場合には，手段がその目的を失い，宙に浮く形になる。従来の有力説が，このような場合に，信用契約をも失効させる理解を提案していたのは，このような事情による[4]。

そのような目で，割販法改正を見ると，個別クレジット契約のクーリングオフは，販売契約が訪問販売等に該当する場合の信用契約であり，クーリングオフ連動は信用契約から販売契約の方向にのみ働くものとして設計された[5]。そして，そのように両契約が解消された場合の三当事者間の清算の方法を法定した。

過量販売に関係する信用契約の解除権も同様だが，ここでは，クーリングオフの場合と異なり，要件が類似するので事実上連動するが，規定上は別個の解除権と構成され，連動規定はないので，販売契約が先に解消されていた場合の規律も併せて規定している。

販売業者が訪問販売等に関係する信用契約の締結勧誘に際し不実告知をした場合には，購入者に信用契約の取消権を与えている。このような場合には，購入者は，多くの場合に，販売契約についても，取消権を行使することができ，実際行使されることが多いと考えられるが，法は，販売契約も何らかの無効・取消原因により解消されている場合一般をここでの一挙的清算方法の対象として規定する。

◆第3節◆ 2008年改正内容の検討

1 販売契約が<u>訪問販売等</u>[6]に該当する場合の<u>個別クレジット契約</u>[7]の<u>クーリングオフ</u>（申込みの撤回又は契約の解除）（35条の3の10, 11[8], 以下の項

---

(3) 前掲小委員会第一回議事録の船矢課長説明や同回配付資料5によると，フランス，イギリス，ドイツ，米国では，販売信用は，金銭消費貸借契約の形態が一般で，日本とは異なる。
(4) 消費者信用契約に関するEC指令15条は，消費者が販売契約をクーリングオフした場合には，それと結合した信用契約（linked credit agreement）に拘束されないと規定する。他方，最判平23・10・25（民集65-7-3114）は，個品割賦購入あっせんにおいて，売買契約が公序良俗により無効でも，立替払契約は原則として無効とならないとした。
(5) 消費者の連動させない意思の留保は可能であるから，完全に自動であるわけではない。すなわち，35条の3の10第5項但書は，消費者がクーリングオフ書面において反対の意思を表示している場合を除外する。
(6) 訪問販売を含む五類型であり，その根拠は，不意打ち以外にも，取引の誘引性，複雑性など，多様化している。
(7) 販売契約，信用契約がともに訪問販売等に該当する場合。

数は前者）

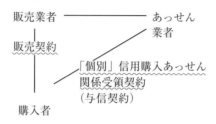

　従来，販売契約をクーリングオフしたとしても，信用契約が残存し，消費者の保護が十分ではないケース（例えば，既払金の返還請求）が生じていたことに対処するために，信用契約独自のクーリングオフの制度[9]を設けたものである。
　撤回または解除の書面を受領したあっせん業者の販売業者への通知義務（同第4項）は，第1項の通知書面の発信により，発信時に現に効力を有する販売契約申込または販売契約は，撤回または解除されたものとみなす規定（同第5項）（いわゆるクーリングオフ連動）と関係がある。すなわち，与信契約のクーリングオフにより販売契約も原則として連動してクーリングオフされたとみなされるため，販売業者の権利義務に影響が生ずるからである。販売契約のクーリングオフ期間が経過していても，本条の効果は生ずる。
　この効果は以下のように規定される（次頁の図を参照）。あっせん業者の販売業者への金銭交付（立替払）があっても，構成を問わず，申込者等にその相当額や利益の請求はできない（同7項）。他方，販売業者は，あっせん業者に，

---

(8)　35条の3の10は，訪問販売または電話勧誘販売，35条の3の11は，連鎖販売取引，特定継続的役務提供，業務提供誘引販売取引について規定する。

(9)　前掲小委員会第七回議事録（船矢発言）。売買契約のクーリングオフで与信契約も自動的に倒れるという説明ではなくて，与信契約自体にクーリングオフされるような事由があるというアプローチが従来の契約の整理からすると，素直な考えだろう。訪問販売等であれば，販売契約の不意打ち的勧誘のみならず，クレジットを結ぶことについても不意打ち的勧誘を受けているので，そういう意味では同様に冷却期間を設けるべきだという説明が可能。クーリングオフに関する相談事例は，圧倒的に店舗外，それ以外の特定取引もかなりあるが，不意打ち的勧誘と言い切れないので，どういう理由で対象にするか詰める必要がある。同第八回議事録（船矢発言）。相談件数の80％強が店舗外のクーリングオフなので，店舗外の与信契約のクーリングオフ導入を提案，販売契約もクーリングオフできる場合にのみ与信契約もクーリングオフを認める提案。書面交付義務の履行状況で，クーリングオフできる契約が限定される場合への対処。実務的には，販売契約がクーリングオフできる場合には，与信契約もクーリングオフできるような仕組みが必要。書面の記載事項をうまく調整して，実態上ともに倒れる措置を考えている。

◇ 第 3 節 ◇ 2008 年改正内容の検討

受領した金額を返還する義務（同 8 項）を負う。あっせん業者が，申込者等から金銭を受領していた場合は，速やかに，当該既払金を返還する義務（同 9 項）を負う[10]。役務提供事業者が，役務提供契約に関連して，申込者等から金銭を受領していた場合には速やかな返還義務（同第 13 項）を負う。

立法担当者による解説[11]は，立替金を購入者が販売業者から返還を受け，あっせん業者に返還する方法と，販売業者があっせん業者に直接返還する方法を比較し，両業者の一体性と，前者の方法の場合に消費者が負担するリスクを考慮して，後者の方法を採用したと説明する。

すなわち，二重欠缺となる場面での清算方法について 2 つの対立があるとして，この点の不透明さが紛争の一因となることを避けるために明文規定を置くこととしたとされる。

まず，2 つの契約が別個の契約であることを重視し，別々に清算する前者の方法が検討された。これによると，一方では，販売業者が消費者に立替払金を返還し，他方では，消費者は，あっせん業者との関係では，立替払金を返還し，既払金の返還請求をすることになる。

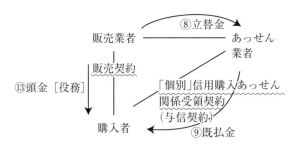

（図中の数字は関連条文の項数を示す。
矢印は，金銭等の移動の方向を示す）

この方法の問題は，販売業者が行方不明の場合には，消費者は，立替払金の返還を受けられないのに，あっせん業者に対しては立替金相当額の返還義務を負うという不都合が生ずるとされた。

他方，消費者が返還を受けられたとしても，今度は消費者の無資力リスク等があっせん業者の過大な負担となる不都合が指摘される[12]。

---

(10) 販売契約と与信契約が時を異にして順次クーリングオフされた場合については，第 7 項から第 9 項までの規定は類推適用すべきものとされる（経済産業省商務情報政策局取引信用課編『平成 20 年版割賦販売法の解説』202 頁）。
(11) 前掲割販法解説 201 頁以下（クーリングオフ），229 頁以下（取消し）。

そこで，一体性などを強調した後者の方法が採用されたとされる。

2　過量販売契約(13)にかかる個別クレジット契約の解除権(14)（申込みの撤回又は契約の解除）（35条の3の12）

特商法の過量販売契約解除権（9条の2）と併せて，既払金返還の実現を図ったものである。清算方法は，クーリングオフの場合とほぼ同様(15)である（下図参照）。

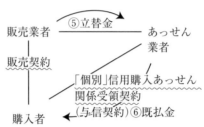

特商法9条のクーリングオフ又は特商法9条の2による解除がその前になされている場合は，解除の効果もしくは特商法（9条6項，9条の2第3項）の規定により(16)，販売業者は購入者に立替金等を返還する義務を負うため，それに対応させ，4項但書において，あっせん業者の申込者への立替金返還請求が可能と規定されている。あわせて，5項但書において，販売業者のあっせん業者に対する立替金返還義務なしと規定する。

7項は，与信契約が役務提供契約の解消よりも先に過量解除された場合には，特商法9条6項が役務提供事業者の購入者に対する金銭返還義務を規定していることを考慮し，役務提供事業者は，購入者に対して，返還義務を負わないと

---

(12) ドイツ法が二重欠缺について採る方法は，2つの不当利得を関連づけるものであり，この方法であれば，第一の方法に対する批判は回避でき，実質的に消費者は清算に関与せず，あっせん業者が販売業者と対峙し，その支払能力リスクを負担する。

(13) 現実の紛争が多く，対処の必要性が高い，特商法の訪問販売に限定されている。2016年特商法改正で過量販売契約解除権が電話勧誘販売にも拡大され（特商法24条の2），本条の解除権の適用対象も電話勧誘販売にも拡大された。

(14) 特商法の解除権と割販法の解除権の関係について，前掲クレジット研究28頁（山本豊発言）。

(15) 4項が立替金のあっせん業者から購入者への請求禁止を定め，5項が立替金の販売業者からあっせん業者への返還義務を定める。

(16) 消費者庁取引・物価対策課，経済産業省商務情報政策局消費経済政策課編『特定商取引に関する法律の解説平21年版』87頁は，役務提供契約の性質によっては，解除の効果が非遡及となり，入会金等が返還されないおそれがあり，それを避けるために明文の規定を置くとする。

した。

　3　売買契約又は個別クレジット契約に関する重要事項について販売業者が受領契約締結勧誘に際し，不実告知等をした場合の，個別クレジット契約の取消権（申込み又は承諾の意思表示の取消し）（35条の3の13〜16，以下は冒頭の条文による）

　これも，立法趣旨は，クーリングオフや過量解除権の場合と同様であり，特定商取引五類型の販売契約等に個別信用購入あっせんが利用された場合の，既払金返還を実現するための規定である。与信業者（個別信用購入あっせん業者）が販売事業者に与信契約の勧誘などを行わせている実態（勧誘・締結過程における密接な牽連性）を踏まえ，消契法4条，5条を参考[17]に，その特則として，販売事業者が与信契約の重要事項について不実告知等を行った場合に，与信契約の取消権を認めた。

　2項から4項が規定する，両契約が無効となった場合の清算方法は，クーリングオフの場合とほぼ同様であり，ここでも，同様の趣旨により，購入者の保護を意識した方法が採用されている（次々頁の図参照）。すなわち，ここでの取消権導入の趣旨を貫徹し，かつ，ここでの清算方法を明記することで取消しに関する紛争の簡易迅速な解決に資するためである。

　清算方法については，2つの考え方があるとし，まず，立替払金の返還を販売業者からあっせん業者に直接させるものである。販売契約の遡及的無効により，あっせん業者から販売業者への立替払金交付は，購入者の代金支払債務の弁済とならず，また，与信契約に含まれる立替金の支払委託も遡及的に無効となることから，立替金交付は購入者のためになされたものといえないからと理由づける。

---

(17)　前掲小委員会第三回議事録（船矢発言）。消費者契約法の重要事項を広く解し，信用契約の取消しを認め既払金返還を認めた二判決（小林簡判平18年3月22日，大阪簡判平16年1月9日）を紹介する。同回配付資料4の7頁以下。同第十回議事録（船矢発言）。販売契約の締結過程で，加盟店がクレジット契約の勧誘を行っている，その際に不実告知を行った場合にその契約責任をクレジット会社に問うことによって，与信契約の取消しを認め，これによって事実上，販売契約とともに，与信契約も取り消され，既払金返還がなされるという効果を導き出せる。消費者契約法5条でもある程度は与信契約を取り消せるが，つまり，与信契約の重要事項についての不実告知であれば今でもできるが，そうではなくて，与信契約を締結するにあたっての事情というか，動機の部分にも重要事項を拡張する。特商法の不実告知は，動機を含めた広いものだから，これと平仄を合わせる形にする。販売契約の内容や動機の不実告知が，それが与信契約の動機に当たる場合に，与信契約も併せて取り消せるようにする。同旨，前掲クレジット研究24頁（船矢発言）。

もう1つは、立替払金につき、まず販売業者が購入者に返還し、購入者がさらにあっせん業者に返還する考え方である。両契約が別個のものであり、清算はそれぞれの契約当事者間で行うべきとの立場に由来する。

その上で、2つの考え方が比較検討される。

後者の考え方は、あっせん業者の購入者への不当利得返還請求を肯定するが、両契約が無効となった場合には、販売代金債務も発生しておらず、あっせん業者の販売業者への立替払金交付により、購入者が代金債務の消滅という利得を受けていないことになり、そもそも不当利得返還請求が成り立たないという疑義[18]が生ずるとした上で、法は、この考え方を採らず、前者の考え方を採ったとする。

2項は、不実告知等により1項に基づき受領契約を取り消し、かつ、販売契約が取消しその他の事由により初めから無効である場合について、立替払金について、購入者はあっせん業者に対し返還義務を負わないことを規定する（与信契約のみ取り消された場合を除く[19]。この点はクーリングオフの場合のみなし処理（35条の3の10第5項）とは異なる）。与信契約の取消原因は限定的であり、販売業者が媒介者として関与している点がこの清算方法の正当化につながるものと解され[20]（すなわち、販売業者が媒介者として勧誘した際の不適切な行動がこの信用契約の取消権付与の根拠であり、一挙的清算方法に販売業者が巻き込まれる根拠も同じ根拠である、だからそれ以外の与信契約の解消原因では、この一挙的清算方法を正当化する根拠が欠ける）、他方では、販売契約の無効原因は無限定である[21]。3項は、販売業者があっせん業者に対して、立替払金について返還義務を負うことを規定する。4項は、購入者があっせん業者に支払った既払金についてあっせん業者に返還請求できる旨を規定する（与信契約のみ取り消された場合は除かれる[22]）。

---

(18) もっとも、この点は、類型論とりわけ給付利得の考えに立たない立場、すなわち古典的な利得損失要件を契約関係ごとに個別に考える立場からの批判であり、決定的な難点ではないと思われる。すなわち、一定の不当利得法理解を前提とした結論にすぎない。

(19) 前掲割販法解説232頁は、一律の処理を避ける趣旨と述べる。

(20) 前掲割販法解説231頁は、与信契約の遡及的無効原因について販売業者等に帰責できない場合（例えば、それ以外の原因による取消し、債務不履行や瑕疵担保による解除など）には、この清算方法は必ずしも正当化できるとは限らないとする。他方では、これを清算の基本的考え方の確認規定と理解するのは、日本弁護士連合会消費者問題対策委員会編『改正特商法・割賦法の解説』（2009）144頁。

(21) 前掲割販法解説232頁は、既に与信契約の遡及的無効原因について販売業者等に帰責できる場合には、販売契約等の遡及的無効原因については問うものではないと述べる。

◇第4節◇ 学説における解釈

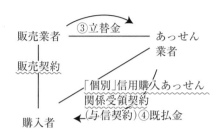

◆第4節◆ 学説における解釈

川地宏行(23)は，小委員会報告書を検討した上で，以下の問題点を指摘する。第一に，与信契約の消滅により，与信業者に対する購入者の既払金返還請求権が必然的に導かれるわけではなく，むしろ民法703条以下の解釈として，請求の相手方は販売業者であるとされる可能性があるから，与信業者に対する請求権を確実に導くには，ドイツ法のような明文が必要と指摘する(24)。第二に，割販法30条の4が売買契約を与信契約と一体的にとらえているのに対し，報告書では与信契約の消滅を既払金返還請求権の根拠としており，法律構成で違いが生じている。別契約論を排除する形で割販法30条の4と同様な立法化を図るべきとする。第三に，2つの契約の取消しを別個に規定することで，両契約で判断が分かれる場合が生じ得ることは望ましくないと指摘する。第四に，既払金返還請求権が認められる範囲が狭すぎる点である。店舗販売や通信販売は除外されているが，ここでの購入者保護は，両契約の密接な牽連性から導き出されるもので，特商法の特定の販売方法に該当するか否かで格差が生ずるのは望ましくないと。

提言として，両契約の牽連性の存在を前提として，特商法上の取引であるか否かを問わず，売買契約が消滅した場合に与信契約も自動的に消滅する点と，与信契約消滅で与信業者に対する購入者の既払金返還請求権が発生する点，について明文を設けるべきとする。

以下に検討する。第二点の指摘は，やや文意が不明確であるが，抗弁接続は，その限りでの一体的処理であり，別契約であることは大前提だろう。そう理解するならば，既払金返還の際の扱いとは，違う次元の問題という理由で，矛盾

---

(22) この場合の処理を一律に規定することはミスリーディングともなり得ると説明される（前掲割販法解説233頁）。
(23) 前掲クレジット研究40号62頁以下。
(24) この点は立法化に際し実現された。

しないだろう。もっとも，ドイツ法の現状を参照すると，2つの論点の扱いが一貫しないという批判は傾聴できる。たとえ，本改正の基調が，最も紛争の多い分野に限った上での，大胆な改正というスタンスであるから，理論的一貫性は望蜀であることも事実だとしても。

鈴木尉久[25]は，三者間不当利得に関する民法上の解釈を基礎に，割販法の規律を検討し，さらに，割販法上規律のない場面における清算処理を論ずる。

その際，最高裁平10年5月26日判決（第三者への貸金交付が第三者強迫により取り消された事案）を，割販法の一般的な志向としての，立替金相当額の，与信業者の販売業者への不当利得返還請求権と調和させるために，本判決の「特段の事情」を，二重欠缺または指図の瑕疵と理解し，信用契約が解消された場合を，この特段の事情が存在する場合と同視することで，整合的に理解されるとする。

両契約が無効となった二重欠缺の場合の処理について，不当利得の連鎖を認める説に対して，ここでは，与信業者と販売業者の間に加盟店もしくは提携関係があり，与信業者が自ら販売業者を選択しているから，契約関係自律性の原則はその適用の基礎を失っている[26]として，与信業者と販売業者間の立替金相当額の不当利得返還請求を肯定する。

販売契約だけが無効になった場合[27]には，購入者はそのことを理由に抗弁接続規定により未払代金について支払拒絶できる。

信用契約のみが解消された場合には，信用契約に含まれている指図も遡及的に無効となると解して，与信業者は，購入者ではなく，販売業者に立替金相当額の不当利得返還請求権を行使できると解する。

最後に，割販法の清算関係の条文は，民法上の不当利得法理による結論を確認する趣旨と理解する。

以下に，検討する。

最高裁平10年判決の法理は明確でないが，通常の第三者への指図給付が前提とする事情と本質的に異なる事態が特段の事情であろう。本判決の場合は，それが，借主の指図が第三者強迫によるものであった事情であり，ひいては，借主と第三者（受領者）との関係が不存在であった事情であった。二重欠缺は，単に，三当事者それぞれの関係に法律上の基礎がなかった事情を指すにすぎず，

---

(25) 現代消費者法10号69頁以下。
(26) ドイツ法の学説に対応させれば，消費者契約撤回権行使の際の法定清算方法を，それ以外の清算の方法としても一般化しようとする傾向に対応する。
(27) 前掲消費者法74頁。

それ自体から、清算の内容は出てこない。これに対して、指図の瑕疵構成は、指図を1つの出捐を2つの原因関係に給付として効果帰属させる基礎と理解し、その瑕疵を、逆に効果帰属の挫折として、元の出捐関係に清算を帰属させる考えである。判決自体は、通常の場合の出捐者の期待、立証負担、出捐連鎖の場合との比較、などから評価（結論）を引き出しており、二重欠缺や指図の瑕疵に言及してはいない。また、第三者与信割賦販売は、両契約が依存している点で、通常の指図の状況とは異なることは、古くから指摘されているとおりであり（ドイツ法では、カウサとか行為基礎などの構成、従属性原理などで説明されてきた[28]）、最高裁の判断枠組みを第三者与信割賦販売にそのまま援用することは、適切ではない[29]。

割販法の清算関係の条文は、民法上の不当利得法理による結論を確認する趣旨と理解する点については、「民法上の不当利得法理による結論」が一定のものでないからこそ、割販法は強行法規として、清算方法を明文化した（上掲川地説の指摘第一点参照）のであり、また、その適用範囲が限定されていることも関連している。その基準を一般化することで消費者保護に役立てようという鈴木説の意図は理解できるが、立法者意思とは異なるし、学説の現状認識としても誤りであろう。信用契約のみが解消された場合には、信用契約に含まれている指図も遡及的に無効となると解する点については、解消原因の種類に依存すべき問題だろう。無効・取消しの場合はともかく、クーリングオフや過量解除、広くは一般の解除の場合に、指図も遡及的に無効となるとは即断しがたい（委任に関する民法652条も参照）。

◆第5節◆　ドイツ法の状況

ドイツ法は、既に若干触れたように、EU法の影響を受けながら変遷してきた。

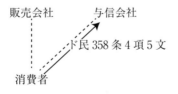

---

(28) 後掲注(37)のCanarisなど。
(29) 例えば、後藤・池本『割賦販売法』323頁の判決理解は、判決内部の実質面に言及しており、より妥当な方向を示す。割販法ルールの一般化の範囲もより慎重である。

消費者信用法の制定，その民法への取り込みなどを経て，現在に至るが，もっぱら判例法理に依拠していた時代において，消費者の救済のために，3つの構成が形成された[30]。第一に，金融業者が消費貸借契約を締結する際に，他人の詐欺行為を利用して利益を享受している場合に，消費貸借契約自体の取消しを認める構成[31]。第二に，金融機関の説明義務違反を契約締結上の過失として，損害賠償の一種としての原状回復として，貸付金の返済を消費者に免じる構成[32]。第三に，売買契約と消費貸借契約の経済的一体性を締結の際の協力とか両業者の提携関係の際に認め，売主への抗弁等を信用会社に直接行使することを認める構成[33]である。

現在の[33a]ドイツ民法では，消費者契約について撤回（Widerruf）権（日本法のクーリングオフに相当）が与えられる場合[34]には，その効果，清算方法について明文を置いている。358条が結合契約関係[35]を3項で定義[36]し，双方的[37]撤回の連動を規定し，信用供与者は（立替金が販売会社に流入したことなどの若干の要件はあるが）販売者の地位を承継して買主と対峙する（ド民358条4

---

(30) 千葉恵美子「ローン提携販売の法的構造に関する一考察」(1)〜(3) 北大法学論集30巻2号333頁以下，3号513頁以下，34巻3・4合併号567頁以下に負う。

(31) 割販法改正の三種の解消方法すべてに関連しうるが，とりわけ第三のものとの類似性が明らかである。

(32) 割販法の小委員会審議で主張された構成の1つと類似する（前掲クレジット研究23頁参照）。イギリスでは，与信業者が販売店の不実表示等について連帯責任を負い，損害賠償により事実上の既払金返還を可能にしている（前掲小委員会報告書5頁）ことも同様。

(33) 消費者信用法を経て，現在のドイツ民法典に規定がある構成である。

(33a) 原論文（2011）公表後の改正で若干法典の構成が変更されているが，本稿が扱う点についての大勢には影響がない。改正については，平田健治・阪大法学64巻5号1022頁参照。

(34) 具体的には，訪問販売取引，通信販売取引，期間限定居住権契約，消費者消費貸借契約などである。この撤回権を，法が認める場合以外に，合意により消費者に与えることも可能である。

(35) この規律の適用拡大については，360条。

(36) 2文が一般，3文が不動産もしくは不動産に類する権利取得の場合の定義。後者の方が要件が厳格で経済的一体性は認められにくい。

(37) 1項で販売契約から信用契約の方向で，2項で信用契約から販売契約の方向で失効の連動を規定。

　なお，消費者信用法施行前においても，販売契約の無効は（不能もしくは行為基礎の喪失構成により）信用契約を失効させると解されており，二重不当利得となるか，信用会社から販売業者への直接請求となるか，前者の場合に，信用会社が購入者に対して取得する不当利得の内容は金額なのか売主に対する利得請求権にすぎないか，が争われてきた（Canaris, FS für Larenz, (1973) S. 838ff.）。

◇第5節◇　ドイツ法の状況

項5文[38]）（前頁の図参照）。消費者は，信用供与者から，既払金，頭金[39]などの返還請求ができる。他方では，与信会社から消費者への，消費貸借元本の返還請求は，消費者から販売業者への返還請求と差引計算されることで，排除される。販売会社と信販会社の間の調整の余地，その方法については争いがある[40]。359条が抗弁の接続を規定する。

　無効（Nichtigkeit）と解除（Rücktritt）の場合には，一般不当利得法（812条以下）の解釈に委ねられるが，販売契約と消費貸借契約の経済的一体性，前者が後者の行為基礎であることが考慮される。すなわち，行為基礎もしくは解除条件等により，一方の無効が他方に影響する場合があり得る。販売契約もしくは信用契約の無効，または信用契約の履行障害により生ずる清算は上記，358，359条の適用対象ではない[41]。

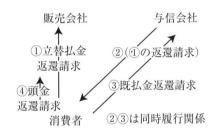

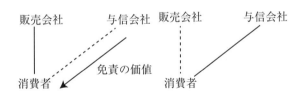

（1）二重欠缺の場合[42]には，消費者は，与信会社より既払金を，販売会社に対する交付金返還請求権の譲渡と引換に[43][44]，得，消費者が販売会社に支

---

(38)　単純な割賦販売への法的還元とも称される。
(39)　与信会社は販売会社の地位を引き継ぐから。
(40)　MünchnerKomm/Habersack, (2007) §358 Rn. 87ff.
(41)　Palandt-Grüneberg, (2011) 70.Aufl. §359 Rdz. 5ff. 消費者契約の撤回のルール，とりわけ一般不当利得法ルールをどの程度の比重で考慮するかについて争いがある。
(42)　Palandt-Grüneberg, (2011) 70.Aufl. §359 Rdz. 5a; Bülow/Artz, Verbraucherkreditrecht, 7.Aufl. (2011) Rdz. 308; MünchnerKomm/Habersack, (2007) §359 Rn. 56ff.; Staudinger/Kessal-Wulf, (2004), §359 Rn. 25.

払った頭金は，販売会社から返還を受ける[45]（上図上段参照）。

(2) 消費貸借契約のみが無効の場合[46]には，与信会社と消費者の間で利得法上のまきもどしがなされる。ここでの消費者の利得は，立替金額そのものではなく，債務からの免責の価値が基準となり，消費者自身が販売業者に対して有する抗弁を考慮して算定される（前頁下段左図参照）。

(3) 販売契約のみの無効の場合[47]には，消費者は，未払金の支払拒絶のみならず，販売会社より頭金の返還を，与信会社から（販売会社に対する立替金返還請求の譲渡と引換に）既払金の返還[48]を受ける。信用会社は物の返還と引換に，販売業者から消費貸借元本を回収する（前頁下段右図参照）。

(4) 販売契約が消費者により解除（346条）された場合[49]には，消費者は，販売会社から，頭金，立替払金の返還を受ける。ここでは，ド民813条は適用されない。

(3)(4)の相違は，無効の抗弁権と解除の抗弁権がド民813条の継続的抗弁権に該当するかの点での相違が反映し，販売契約の解消が与信契約の解消を導くか否かの相違をもたらしている。

日本法との相違をもたらす要因は，消費者保護規定の内容の相違に加えて，撤回権，解除権の効果の理解，ド民813条の存在，二重欠缺の際の類型論的不当利得理解の浸透などが挙げられる。

---

(43) 通常の指図における二重欠缺の場合の処理と異なる点は，抗弁の接続の理由で正当化される。

(44) この解決は，日本法が割販法でクーリングオフの清算方法の1つとして，立替払金について，販売業者と与信業者の間で調整させるものと類似する。ただ，日本法では，消費者が全く関与しないので，ドイツ法のように，既払金返還請求との同時履行関係を主張して既払金返還の履行を促す手段とはならない点が異なる。

(45) 結合契約であるにもかかわらず，358条の処理が採られないのは，明文の要件を外れるからであり，その限りで，両契約の一体性にもかかわらず，一般の二重欠缺の処理が優先する。

(46) Palandt-Grüneberg, (2011) 70.Aufl. §359 Rdz. 6; MünchnerKomm/Habersack, (2007) §359 Rn. 65.; Staudinger/Kessal-Wulf, (2004) §359 Rn. 31.

(47) Palandt-Grüneberg, (2011) 70.Aufl. §359 Rdz. 7; MünchnerKomm/Habersack, (2007) §359 Rn. 66.; Staudinger/Kessal-Wulf, (2004) §359 Rn. 32.

(48) ド民813条が規定する継続的抗弁権に基づく不当利得に依拠する。

(49) Palandt-Grüneberg, (2011) 70.Aufl. §359 Rdz. 8; MünchnerKomm/Habersack, (2007) §359 Rn. 68ff.

◆第6節◆ 検　討

　販売契約と，販売契約の代金支払のための信用契約の関係の分析は，前者の無効・取消しによる解消の場合の信用契約の帰すうという問題として設定が可能である。後者が前者の対価支払いのための手段と考えると，前者の失効は後者の失効を連動させると考えるのが，消費者の通常の意図に沿う解決のようである。もっとも，両契約は，法形式上は独立であり，経済的な関連性，当事者の意図や合意も多様である以上，法がどの範囲で明文で連動を規定しておくべきかについては考えが分かれうる。ドイツ法では，結合取引という要件の下に，判例法の成果が明文化され，保護の射程範囲は一応客観化されたとは言うものの，取引社会の変化，保護の要請の変化などにより，その微調整はなお続いている。結合取引を客観的要件による保護と位置づけるならば，与信会社の義務違反等を理由とする保護は，主観的要件による保護といえる。両者は，前者を基本としつつ，後者が補完する関係と言えようか。

　割販法改正で導入された，信用契約におけるクーリングオフ，解除権，取消権は，それぞれの特色を持ちつつも，全体としては，販売会社の（不適切な）勧誘・媒介行為により信用契約が締結され，信用会社が利益を得ているという実態を背景に，さらに信用会社の加盟店調査義務，消費者支払能力調査義務とその結果による契約締結禁止等のルールにも支えられて，販売契約もしくは販売会社の行動の違法性が信用契約の効果判断にも流れ込んだ結果としてのルールと理解することができる(50)。もっともやや子細に見れば，クーリングオフが客観的な関係のみに依拠しているのに対し，解除権や取消権は解除原因，取消原因という形で，販売契約と与信契約の連携を根拠づけている違いがある。違った文脈ではあるが，ドイツ法も，結合取引とそれ以外の主観的要件を伴う救済とが適用範囲を異にしつつ並存している。

---

(50) 山本豊は，今回の改正の特徴を，特定商取引法的センスと販売信用法的センスの混交ととらえる。前者は，与信を悪質販売行為の助長ととらえるセンスであり，あくまで問題は販売行為であり，クレジットはその幇助，助長という位置づけで規律を及ぼしていくアプローチ。後者は，（おそらく）消費者信用法として独自のアプローチ。今後，割販法は，前者の方に向かっていくのか，後者の法として純化する方向か，2つの方向を含む独自の展開か，と将来の展望をまとめている。彼によれば，消費者契約法5条の拡張としての既払金返還ルールは前者に，クーリングオフの対象を与信契約としたことは後者に分類される（以上は，前掲クレジット研究39頁以下）。かような分類が可能かどうかは1つの問題たりうるが，ここでの問題が複合的であり，かつ将来の変動を秘めたものである指摘として貴重である。

ただ，立法過程は，焦眉の問題を必要最小限で，しかも既存の構成の制約等を崩さない形で，対処するというスタンスから出発しており，要件効果を理論的に理解しようとすると，非常にわかりにくいものとなっている。立法過程をやや子細に振り返って，はじめて規律の仕組みが理解できるものとなっている。学説は，理論的必然性の観点から実定法規の不徹底さ・非一貫性を指摘し，次の改正への弾みをつける役割が期待されている[51]。

現実の割販法規定では，不動産取引[52]などは，適用除外されているから，割販法のルールが適用されない場面での救済は，先のルールの基礎ともいえるルール（媒介者ルールとしての消契5条）などに立ち戻って，救済を試みることになろうが，紛争解決の基礎は，やはり第三者与信割賦販売の構造，両契約の客観的結合に由来する存続の連動・牽連性に求めるのが素直であり，根本的である。

他方，本稿の対象である，販売契約ないし信用契約のクーリングオフ（撤回もしくは解除），解除，取消しにおいて，一挙的清算方法が適用される場合の解消原因の組み合わせは，法定されており，その限りで明確であるが，それ以外の場合に，それぞれの解消の効果と全体としての清算方法のあり方は，不当利得法ともかかわり，困難な問題である。欠缺補充のための一般法理として，加盟店調査義務違反に基づく損害賠償で既払金返還を実現しようとする立場（城内[53]），割販法規定を確認的規定と解した上で適用する立場（池本[54]），公序良俗と動機の不法の組み合わせで一方の無効から他方の無効を導こうとする立場（都築[55]）などがあるが，両契約の機能的牽連性という客観的基準から導出することが，最も簡明であり，根底的であり，汎用性があろう。

原則的な方向は，個々の解消原因から由来する要請をできるだけ全体の清算方法に反映させる努力である。そこには消費者法的ベクトルも含まれ，作用する。例えば，片方だけ失効した場合，解消原因が両契約で異なる場合などは，どう考えるべきか。物やサービスの返還や償還とそれにまつわる調整（使用利益等）を明文がない場合にどう考えるべきか，など[56]の問題も山積している。

---

(51) クーリングオフや取消しについて，理由付けから考えると，改正法の射程に限定されないと指摘し，今後の拡大の可能性，必要性について検討が必要と述べる，クレジット研究38頁（丸山発言）。
(52) 消費者法判例百選62事件［橋本］は，不動産取引の場合の特殊性を強調する。
(53) 国民生活研究48巻1号32頁以下。
(54) 現代消費者法1号41頁以下。
(55) 国民生活研究47巻2号20頁以下，3号18頁以下。
(56) 前掲割賦法解説233頁。

解消原因の相違について若干考えてみる。今回の改正で割販法に導入されたクーリングオフ権は，従来の特商法等におけるクーリングオフと同様に，申込みの撤回または契約の解除であり，あわせて「申込みの撤回等」と定義されている。契約が成立するに至っていない撤回の場合を除くと，法定解除権の一種と理解でき，一般の法定解除権の効果が妥当する。もっとも，消費者がクーリングオフによって不利益を被らないように配慮する規定が多数設けられている。さらに，契約の性質に応じて，解除の遡及効が生じない場合を配慮した規定もある。

過量販売解除権も同様に，過量の要件が加わることを除けば，「申込みの撤回等」で，撤回と解除を包括している。

不実告知取消しの場合には，申込みまたは承諾の意思表示を取り消すという文言であり，前者では契約不成立にとどまり，後者では，契約は一律に遡及的無効となる。特商法での取消権がその効果について明文の規定がないのと同様に，割販法でも（一挙的清算規定はあるものの）明文の規定がなく，議論がある[57]。

今回の割販法の改正によるクーリングオフ，過量解除権，不実表示取消権は，いずれも濃淡や構成の差はあっても，消費者契約の次元での清算における配慮といえる。そこでの配慮ルールを，どこまで一般化できるか。今回の改正が直接規律する範囲ではないが，同様の消費者保護を肯定してよい場面への拡張は一応肯定できようが，解消原因に由来する差異の考慮，解消の連動の可否とその範囲など慎重な検討が必要である。他方では，例えば，事業者間契約の清算にまで，一般的ルールとして及ぼすことは困難であろう。

　＊関連文献として，平田健治・阪大法学64巻5号1021頁以下，同65巻3号789頁以下を挙げておく。

---

(57) 斉藤・池本・石戸谷『特定商取引法ハンドブック（第4版）』728頁以下。

◆7◆ 〔判例研究〕第三者の強迫による金銭消費貸借の取消しと清算関係

平成10年5月26日最高裁第三小法廷判決（平成8年（オ）497号約束手形金請求事件）民集52巻4号985頁，判時1642号97頁，判タ976号138頁 ― 破棄自判

〔判決のポイント〕

消費貸借契約に第三者への交付特約が付加している場合に当該契約が取り消された場合の不当利得返還関係を扱うものであり，無効，解除に関する先例はあるが，強迫による取消に関する直接の先例は見あたらず，最高裁として初めての判断である。

〔事　実〕

X（原告・被控訴人・被上告人）はY（被告・控訴人・上告人）との間で消費貸借契約を交わし，金銭交付はYの指示により，第三者Bの当座預金口座への振込で行うこととし，振込がなされた。しかし，この契約や第三者への交付指示は，YがこれまでたびたびAから強迫を受けていた状況下でなされたものであった。Xが，本件貸付の際，担保目的で，Yから差し入れられた約束手形（Yが裏書していた）に基づき，その支払を求めたのが本件訴訟である。ただ，第一審係属中に訴訟物は貸金返還請求に改められた。また，Yは，本件消費貸借契約がAの強迫によるものとして，取り消す旨の意思表示をした。第一審判決は，強迫の事実を認定せず，Xの請求を認容した。第二審において，Xは予備的請求として，取消が認められた場合にはYは悪意の不当利得者として貸金相当額と約定利息を負うものとしてあわせて請求した。第二審は，Aの強迫の事実を認定し，不当利得に関しては，契約成立時にXY間に金員の交付があったと認めることができ，その時点でYは同額を利得したと認めることができるとし，Yの指示によるBへの振込の事実はこの利得の認定の妨げにならないとした。また，悪意の不当利得者として，利得金及び民事法定利率の限度での利息返還義務を認めた。Y上告。上告理由は多岐にわたるが，以下の2点が注目される。第一に，本件消費貸借は強迫に基づき取り消されたのであるから，Bの預金口座に対する振込についてのYの指図も取り消されているとして，不当

利得は本件消費貸借と無関係の裸の事実によらねばならず，単純にBが利得しているると理解すべきこと（民集52巻4号1015-1016頁），第二に，Yに利得が認められるのは，本件振込によってYがBに対し債務を負っていてこれを返済する場合あるいは新たな貸付のために金員を交付する場合等のように，Bが振込金を法律上正当に取得することができる結果，Yが債務消滅，貸付金債権取得その他の利益を得る場合に限られるが，本件では，このような事実はないため，Yには利得は生じないこと（民集同1017頁），を述べた。

〔判決理由〕

「消費貸借契約の借主甲が貸主乙に対して貸付金を第三者丙に給付するよう求め，乙がこれに従って丙に対して給付を行った後甲が上記契約を取り消した場合，乙からの不当利得返還請求に関しては，甲は，特段の事情のない限り，乙の丙に対する上記給付により，その価額に相当する利益を受けたものとみるのが相当である。けだし，そのような場合に，乙の給付による利益は直接には上記給付を受けた丙に発生し，甲は外見上は利益を受けないようにも見えるけれども，上記給付により自分の丙に対する債務が弁済されるなど丙との関係に応じて利益を受け得るのであり，甲と丙との間には，事前に何らかの法律上又は事実上の関係が存在するのが通常だからである。また，その場合，甲を信頼しその求めに応じた乙は必ずしも常に甲丙間の事情の詳細に通じているわけではないので，このような乙に甲丙間の関係の内容及び乙の給付により甲の受けた利益につき主張立証を求めることは乙に困難を強いるのみならず，甲が乙から給付を受けた上で更にこれを丙に給付したことが明らかな場合と比較したとき，両者の取扱いを異にすることは衡平に反するものと思われるからである。

しかしながら，本件の場合，前記事実関係によれば，YとBとの間には事前に何らの法律上又は事実上の関係はなく，Yは，Aの強迫を受けて，ただ指示されるままに本件消費貸借契約を締結させられた上，貸付金をBの前記口座へ振り込むようXに指示したというのであるから，先にいう特段の事情があった場合に該当することは明らかであって，Yは，前記振込みによって何らの利益を受けなかったというべきである。」

〔研　究〕

［先例・学説］

(1) 本判決は，消費貸借契約に第三者への交付特約が付加している場合に当該契約が取り消された場合の不当利得関係を扱うものであり，直接の先例は見あたらない点で最高裁判決として初めての判断である（本判決の解説・評釈と

〔研　究〕

して，八木一洋・ジュリ1141号169頁〈1998年〉，土田哲也・法教219号126頁〈1998年〉，山口純夫・判例セレクト'98 18頁〈1999年〉，潮見佳男・金法1539号24頁，1540号26頁〈1999年〉などがある）。以下，判決中の記号に従い，乙甲の関係を補償関係，甲丙の関係を対価関係，乙丙の関係を出捐関係と呼ぶことにする。なお，関連するものとして，補償関係が錯誤無効の場合の乙から丙への請求を否定し傍論で乙甲間の利得調整を肯定した後掲大判大正13年，補償関係が後に解除された場合に同様の解決を示唆した後掲大判昭和15年がある。後述するように，本判決の理解ないし位置づけは容易ではない（私見とはやや異なる視角からではあるが，本判決の詳細な構造分析を行う，潮見・前掲論文参照）。

(2) 判例は早くよりこのような，第三者への金員交付特約つき消費貸借契約の有効性を認めていた。大判大13・7・23新聞2297号15頁は借主が偽造株を担保として銀行から借り入れ，別銀行に対して負う債務の弁済として交付させた事案で，銀行から別銀行に対して不当利得返還請求したものであるが，判決は「其の授受は必ずしも直接当事者間に為すを要せず貸主が借主の依頼に応じ第三者に交付するも授受たることを妨げず」（ひらがな書きに改め，濁点を付した）と述べ，消費貸借は錯誤で無効となるとしても，別銀行に対する授受行為，所有権移転の合意の効力には影響を与えず，また，別銀行からすれば，自己債権の弁済として受け取ったものであり，法律上の原因があり，不当利得関係は生じないとして上告棄却し，不当利得関係は，自己の債務を免れた訴外借主と別銀行の間に生ずるとした（なお，本判決は金銭騙取事案として分類されることもある）。大判昭11・6・16民集15巻1125頁，大判昭15・12・16民集19巻2337頁も同様の理解を前提とする。大判昭和15年判決は，売買代金等を売主の貸金債権者の預金口座に直接振り込む合意が実行された後に，売買契約が解除され，買主が貸金債権者に不当利得返還請求をした事案であり，第一審が不当利得否定，第二審が肯定，大審院は，振込によるそれぞれの債務消滅を認めた上で，後の解除は売買契約当事者間の原状回復義務はともかく，売主と貸金債権者の間の関係には影響を与えないとして破棄差戻した。本件最判もこのような合意の有効性を前提としているが，その法的性格づけについては明言していない。なお，調査官解説は，本件の契約形態を第三者のためにする契約又はこれに準ずるもの（ジュリ1141号170頁第二段）と，また本件を給付原因二重欠缺型類似のものと理解（同頁第三段）する。

(3) 学説においては，本件のような事案は，広義の指図給付の表題の下で論ぜられることが多い。そこで問題となるのは，多様な利益状況を含む具体的な紛争解決に際し，三当事者関係の判断モデルをその都度どこに求めるか（第三

者のための契約，指図，第三者弁済，第三者への給付等），先の点の理解と関連しつつ特に，補償関係の瑕疵の影響がどこまで及ぶのかあるいは補償関係と対価関係の相互依存の程度をその都度どう判断するかであった。この点について，近時の不当利得法学説は，(a) 指図・委託自体の瑕疵は，乙→丙給付による乙→甲，甲→丙というそれぞれの原因関係への二重の効果帰属が挫折し，乙丙間の利得調整となり，(b)（指図・委託の有効性を前提として）原因関係に瑕疵ある場合は瑕疵ある原因関係の当事者間での利得調整を導くという二段階の判断枠組をとることで（その表現の差違はともかく）ほぼ一致を見ていたといえよう（川村泰啓『判例演習債権法２〔増補版〕』140頁〈1973年，初版は1964年〉，我妻栄『債権各論下巻一（民法講義 V4）』[1492] 998-999頁〈1972年〉，好美清光・判タ387号26頁〈1979年〉，四宮和夫『事務管理・不当利得・不法行為上巻』232頁〈1981年〉。なお，加藤雅信『財産法の体系と不当利得法の構造』487頁以下〈1986年〉はドイツ法の給付利得理論に距離を置くため，このような視点は潜在的なようであるし，藤岡＝磯村＝浦川＝松本『民法Ⅳ　債権各論〔第2版〕』（有斐閣Sシリーズ）443頁以下［松本恒雄］〈1995年〉は教育的配慮からか，指図型を三角型の一類型として挙げていない）。このような考えを本件事案に当てはめると，以下のように考えられる。本件契約を①通常の消費貸借合意と②それにもとづく貸付金を第三者に交付する合意があわせて成立したものととらえる。このような消費貸借合意が第三者の強迫の影響を受けて成立しており，96条2項の反対解釈として，強迫された借主甲は相手方乙の不知かつ認識不可能［2017年改正］の場合でも強迫にもとづき，この合意（前記①と②の両者）を取り消すことができる。したがって，通常，かような場合に当事者が想定している，乙から丙への交付による乙甲，甲丙のそれぞれの原因関係の簡易な決済の効果（給付利得理論からは，乙から丙への交付が，法的評価として，乙から甲，甲から丙，への二つの給付に変換される）は生じない。このような効果は，(i)第三者への交付合意と(ii)それにもとづく実際の交付を要件としてはじめて生じると考えられるが，本件の場合は，(i)が取消の遡及効によって消滅する以上，成立しないからである。したがって，返還関係は（取消の遡及効の影響を受けない事実としての）現実の利益移動が生じた当事者間，すなわち乙丙間にのみ成立する。また，この効果は，甲丙間に法律上の関係が事前に存在したか否かに依存しない。例外的に，①の無効が②の無効をもたらさない場合，あるいは②を無因的な指図ととらえうる場合も想定しうるが，有因主義を原則とする日本法の立場からは例外的な場合である。

〔研　究〕

〔評　論〕
(1) 先例の理解

　前掲大判大正13年判決と昭和15年判決はそれぞれ錯誤無効と解除の場合であり，乙から甲に対してなされた本件と異なり，どちらも乙から（回収可能な）丙（銀行）に対して不当利得返還請求がなされたものであり，どちらも乙甲間での利得調整を示唆しつつ，乙丙間での請求を否定したものであった。前者はその理由として，丙にとって金銭授受は自己の債権の弁済として受領したものであり，法律上の原因があり，不当利得とならないとした。後者は，口座振込により，乙甲間の債務，甲丙間の債務がそれぞれ消滅したのであり，のちに乙甲間で解除がなされても，甲丙間の債務消滅の効果には影響がないというものであった。前者は消費貸借の無効が金銭授受に影響を与えない点につき，物権行為の独自性をも援用しているが，現在の金銭所有権についての判例理論からすれば，この点は意味をもたないことになる。そうすると，丙は甲に対する債権の弁済として受領したことが乙の返還請求に対する抗弁となるかのようであるが，はたしてそれでよいのだろうか。むしろ，707条から抽出される善意受領者保護の効果として，利得の減少の抗弁ができるにすぎず，利得請求の当初からの全面的排除は困難ではないだろうか。後者は，解除の場合であるが，判決の論理を支持できる。

(2) 本判決の理解

　本件判決理由は，最近の最判で一般的となったように，一般的命題，その実質的理由づけ，事案への当てはめに区分できる。すなわち，甲は，特段の事情のない限り，乙から丙への給付により，その価額に相当する利益を受けるものとした。これは，乙から丙への給付が有効になされた限りで，甲の受益は推定され，現存利益消滅は甲側が主張立証することを意味する。その理由づけとして，(ｱ)甲は丙との関係に応じて利益を受けることが通常であること，(ｲ)(i)乙が甲の求めに応じて第三者交付をしている事情と，(ii)乙は甲丙間の内部的事情を必ずしも知らないことから，甲の受益について乙に主張立証させることは酷であること，(ｳ)甲が乙から給付を受けた上で更にこれを丙に給付したことが明らかな場合と比較して衡平でないことを挙げる。

　すなわち，本判決の枠組は，対価関係が通常存在することを根拠とする甲の利益推定であり，それを否定する側である甲が特段の事情を反証することになる。これは，前掲上告理由の第二に答えたものと理解できる。なお，上記(ｳ)のバランス論は，給付連鎖の場合には，乙は甲への給付のみを主張立証すればよく，甲から丙への給付による甲における利得の減少は甲自身が主張立証責任を

負うという事情との対比であろう。調査官解説は，この点を，一般の経験則及び給付の実現に関与したとの一種の信義則上の配慮に照らし，主張立証責任の分配が一部変更されるべきものと説明する（171頁第一段）。

　それでは，上告理由の前掲第一の点は考慮されなかったのであろうか。判決理由が，特段の事情の存在を肯定するにつき，①ＹＢ間の事前の関係が存在しなかった点の言及に続き，②Ａの強迫を消費貸借締結とＢへの振込指示の両者に関連づけていることからすると，考慮されているようにも見えるが，前記［先例・学説］(3)で述べたような，給付利得の効果帰属の枠組を明示には採っていないことからすると，素朴に乙甲の補償関係が無効の場合に甲の受益の基準として対価関係が考慮されているとみるべきで，上告理由の意図は十分には生かされていないといわざるをえない。もっとも，上告理由の第一と第二の観点は整合的でなく，最高裁がそのうちの第二の観点を採用したにすぎないのであるが，しかし，もう一つの理解の可能性がある。最高裁は上告理由の両方を生かそうとして，実は相矛盾する観点を特段の事情に取り込んでしまったと考えることである。

　こう考えると，特段の事情を構成する①②のうち，どちらに重点があるのかが問題となるが，おそらく①であろうと推測される。したがって，前掲大判大正13年判決において，甲丙間の対価関係が不存在であれば，利得返還請求関係は，乙→甲ではなく，乙→丙となる。これは，調査官解説が本件の考え方が強迫以外の取消や無効の場合にも妥当するとしていることにも対応する。

　そうすると，特段の事情②の点をどう理解すべきかが問題となるが，以下のように解したい。本判決は，給付連鎖とのバランス論により給付利得論への志向を示しつつも，効果論で，伝統的な，甲自身の受益を丙との関係で算定するという，異なる発想が混在するモザイクとなってしまっている。その限りで，甲の受益を三者の契約上の布置において考える給付利得論ではなく，甲の受益を孤立的に，そこでの財産上の増減として捉える差額説の発想の上にある。すなわち，判決理由を一般的命題と，その実質的理由づけ，事案への当てはめ，と区分した場合，効果帰属の萌芽は，最後の，事案への当てはめの段階でのみうかがえるにすぎず，それに先行する，一般的命題，実質的理由づけの部分に反映されていないのである。

　前述［先例・学説］(3)の観点からは，指図が有効でない以上，甲の受益ないし甲丙の対価関係を問うまでもなく，乙丙の利得関係のみが肯定されるべきである。調査官解説では，他の取消事由の場合，無効の場合，解除の場合を対比させ，前二者の場合には本判決の趣旨が妥当し，後者の場合には検討を要する

〔研　究〕

という叙述（171頁第二段）があり，抽象的指図の瑕疵の程度が区別されているようにも見えるが，少なくとも判決理由上にはかような観点は反映されておらず，また［先例・学説］(3)で述べた観点からの判断枠組の上での指図瑕疵の考慮でもない。

(3) **給付利得の意味**

　本件判決は，立証責任の一部変更という視角からではあるが，給付連鎖の場合とのバランス論を語ることによって，三当事者関係における給付利得論に接近している。給付利得論の骨子は，契約関係の清算においても契約規範の間接的作用を肯定することにあるが，この趣旨を三当事者関係の清算に移行させれば，連鎖する二つの法律関係，その個別的相互依存性あるいは独立性を清算関係においてもできるだけ反映させようと努力することである。もっとも，この理想は，日本法の下では，有因主義により，必ずしも貫徹しえないけれども，善意取得制度，表見代理等の制度に現れる善意受領者保護制度を活用することによって，理想に近づけることは可能である。この発想を本件のような指図型に当てはめると，乙は甲の依頼で第三者丙に，本来ならば甲に交付すべき給付を与える。この際，乙は甲に対する債務履行の意図でなすのであって，甲丙間の関係には関心を持たない。甲は，通常自己の丙との関係に応じて，債務の設定あるいは解消にこの給付を利用することが想定される。二つの関係において同種の給付が問題であれば，両端の当事者間における一度の給付で済ませられれば，コスト軽減となるからである。その際，甲が乙に甲丙の関係について説明することもあり得るが，それは法的には意味をもたないと考えられる。もし，そうでないとすれば，乙は，本来ならば，甲に対する債務履行として，甲に交付すれば済んだのに，甲の依頼で二重の法的意味をもった交付を丙にすることになり，乙は，甲との関係のみならず，丙との関係（抗弁・破産・訴訟リスク）にも巻き込まれうる可能性を負担することとなり，それに見合う対価を受領した等の事情がないかぎり，一般的には，かような意図を乙に想定することはできない（無償で自己の義務を片面的に拡大することの不合理性，前記［評論］(2)(イ)(i)(ii)参照）。したがって，乙は丙に合意通りの給付をなすかぎりで，甲に対する債務から解放されるはずである。要するに，短縮給付は，二つの関係を基礎においてなされるが，当事者の意識は，その関係が相互に独立したものとして処理されることを望んでいる。しかし，このような独立処理が可能であるためには，短縮給付合意が有効であり，かつその短縮給付が弁済として有効になされたことが必要となるのである。

(4) 残された問題

本件判決は乙→甲の利得返還請求を否定したにすぎず，乙→丙の利得返還請求を積極的に肯定したわけではない。しかし，立証活動の巧拙は別とすれば，やはり最低限一人の利得債務者を論理的に想定する必要があり，後者の請求は黙示に前提されていると考えざるを得ない。さらに，仮に乙→甲が成立する場合でも，乙→丙が並存して成立しうるかという問題があるが，完全な並存の肯定は根拠なく連帯債務関係を成立させることとなり，望ましくないであろうし，乙→丙を求償利得として構成することは，その基礎として乙の出捐を甲→丙債権の第三者弁済と評価することにつながる。これは，指図型の場合に，乙が定型的に甲→丙債権に関心を持たないあるいはより積極的に利害関係を持つことを拒否していること，すなわち自己の出捐の甲→丙債権との関係づけを拒否していることからすると，無理があるのではないだろうか（潮見・前掲金法1540号31頁第四段は疑問を留保しつつ，単純競合を構成する）。二次的な利得債務者の構成は，転用物訴権を肯定した場合と同様の関係に立つわけで，こちらは同様の発想から認めうる可能性がある。以上は，指図型の問題に対していかなる判断モデルを用いるのが妥当かという困難な問題（その問題状況の一端を示すものとして，拙稿・民商116巻3号2頁以下〔→本書5〕参照）につながるので，別の機会に譲りたい。

◆8◆ 〔判例研究〕共同相続人の一部への預金全額の払戻しと不当利得

平成17年7月11日最高裁第二小法廷判決（平成16年（受）第2134号預金払戻，不当利得返還請求事件）判時1911号97頁 ── 一部破棄自判，一部上告棄却

〔判決要旨〕
　銀行が一部の共同相続人乙丙に遺産である預金債権の全額を払い戻した場合で，当該預金債権につき遺産分割の合意が認められず，また準占有者への弁済にも当たらない場合には，自己の相続分を侵害された相続人甲は銀行に対し自己の相続分に相当する預金債権を失わないから，銀行は，乙丙への払戻しにより，損失を被り，乙丙への不当利得返還請求権を取得する。

〔事　実〕(1)　AはX銀行（原告・控訴人・上告人）に対し預金債権（以下，本件預金債権）を有していたところ，平成10年3月28日に死亡した。Aの相続人は，Aと前夫との間の子Bと，Aと後夫との間の子Y_1・Y_2（以下，Y_1ら）（被告・被控訴人・被上告人）の三人であり，法定相続分はそれぞれ三分の一である。Aの遺産には，本件預金債権以外に土地（以下，本件土地）建物があった。Y_2は同年6月10日頃，行政書士Cに，Bが遺産分割において本件預金債権を取得する意向があるかを聞くよう依頼した。CがBに尋ねたところ，金銭はいらない旨の発言とともに，本件土地の取得には強い関心を示した。CはBのこのような言動から，Y_1らだけで本件預金債権の全額を払い戻しても問題は生じないと助言した。そこでY_1らは，6月24日にX銀行D支店で本件預金の全額の払戻し（以下，本件払戻し）を受けた。Bは，本件預金の三分の一を相続により取得したとして，Xに対し当該金額等の支払いを求める訴え（以下，甲事件）を提起した。これに対し，Xは，BとY1らが遺産の一部分割の合意（以下，本件合意）をしたと主張して争った。また，Xは，Y_1らは，Aの相続人であるかのようによそおって本件払戻しを受けたことにより不当利得したと主張して，不当利得返還請求の訴え（以下，乙事件）を提起した。Y_1らは，本件合意の存在を主張して争った。甲事件と乙事件の口頭弁論は併合して審理された。
　(2)　第一審（札幌地判平16・1・28平15（ワ）389号ほか）は，本件合意の成立

293

を認め，甲事件，乙事件ともに棄却した。第二審（札幌高判平16・9・10平16（ネ）106号）は，本件合意の成立を認めず，また準占有者に対する弁済にも当たらないとして，甲事件については，Bの請求を認容したが，乙事件については，Xが甲事件でBの請求を争っており，甲事件の判決が確定し，同人に対して現実に弁済した後でなければ，Xに不当利得の要件でいう「損失」が生じていないとして，Xの請求を棄却した。

(3) Xは，甲事件につき，遺産分割の成立要件等についての法令違反，乙事件につき，Xの損失を否定した点についての不当利得に関する法令違反を，上告受理申立理由に述べた。

〔判決理由〕

「2　原審は，甲事件について，Xに対し，1478万9952円及び遅延損害金をBに支払うことを命ずるとともに，乙事件について，次のとおり判断し，XのY₁らに対する請求を棄却すべきものとした。

(1) XのY₁らに対する不当利得返還請求が認められるためには，Xに「損失」が生じていることが必要である。

(2) そこで検討すると，Xは，甲事件において，Bの請求を争っており，甲事件に係る判決が確定し，同人に対して現実に弁済した後でなければ，Xに「損失」は生じていないことになる。そうすると，XのY₁らに対する乙事件請求は，不当利得返還請求権の成立要件を欠くものであり，主張自体失当である。

3　しかしながら，原審の上記2(2)の判断は，是認することができない。その理由は，次のとおりである。

前記事実関係等によれば，Y₁らは，本件預金のうちBの法定相続分相当額の預金については，これを受領する権限がなかったにもかかわらず，払戻しを受けたものであり，また，この払戻しが債権の準占有者に対する弁済に当たるということもできないというのである。そうすると，本件払戻しのうちBの法定相続分相当額の預金の払戻しは弁済としての効力がなく，Bは，本件預金債権のうち自己の法定相続分に相当する預金債権を失わないことになる。したがって，Xは，本件払戻しをしたことにより，本件預金のうちBの法定相続分に相当する金員の損失を被ったことは明らかである。そして，本件払戻しによりY₁らがBの法定相続分に相当する金員を利得したこと，Y₁らの利得については法律上の原因が存在しないこともまた明らかである。したがって，Xは，Y₁らに対し，本件払戻しをした時点において，本件預金のうちBの法定相続

〔研　究〕

分に相当する金員について，Y₁らに対する不当利得返還請求権を取得したものというべきである。

　なお，前記事実関係によれば，Y₁らは，本件払戻しを受けた時点においては，本件預金のうちBの法定相続分相当額の預金の受領権限を有しないことにつき悪意であったとまでは認められないものの，乙事件に係る訴状の送達を受けた日である平成15年4月5日から悪意となったものと認めるのが相当である。

　以上説示したところによれば，Y₁らは，Xに対し，それぞれ739万4976円及びこれに対する平成15年4月5日から支払済みまで年五分の割合による利息金の支払義務を負うが，平成10年6月24日から平成15年4月4日までの利息金の支払義務は負わないこととなる。

　そうすると，論旨は，この限度で理由があり，これと異なる原審の判断には判決に影響を及ぼすことが明らかな法令の違反がある。

　4　以上によれば，Xの乙事件請求は，Y₁らに対し，それぞれ739万4976円及びこれに対する平成15年4月5日から支払済みまで年五分の割合による金員の支払を求める限度で認容し，その余は棄却すべきである。したがって，これと異なる原判決主文第3項を主文第1項のとおり変更することとする。」

　裁判官全員一致の意見で，一部破棄自判，一部上告棄却（中川了滋，福田　博，滝井繁男，津野　修，今井　功）。

参照条文　民法478条・703条・899条

〔研　究〕相続された預金債権の払戻に関する最高裁判決の先例は，最判平16・4・20判時1859号61頁[(1)]，同16・10・26判時1881号64頁[(2)]の2件がある。前者は，相続された預金債権は可分債権として相続開始と同時に当然相続分に応じて分割され，各共同相続人の分割単独債権となるという理解を前提にして，侵害された共同相続人は，相続分以上の払戻を受けた共同相続人に対して，不法行為にもとづく損害賠償又は不当

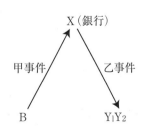

――――――
(1)　塩崎勤・民事法情報216号60頁，登記情報44巻9号131頁，赤松秀岳・法時77巻4号94頁，川井健・NBL 808号53頁，松尾知子・民商132巻1号60頁，伊藤昌司・判時1885号196頁，山田誠一・別冊ジュリ重判解平16 86頁。
(2)　角田美穂子・法セミ603号120頁，河津博史・銀行法務21 646号64頁，藤原正則・民商132巻1号112頁，肘肩年蔵・金法1744号63頁，笠井修・ひろば58巻10号53頁。

利得の返還を求めることができるとし，原審を破棄差戻したものである。後者は，侵害された共同相続人から侵害した共同相続人に対して不当利得にもとづく相続分相当額の返還を求めたところ，侵害相続人から，払戻は債権の準占有者に対する弁済に当たらないから，請求者には不当利得の要件としての「損失」が存在しないと主張したのに対して，払戻を受けながらその無効をあとから主張すること，何ら非のない請求者が訴訟相手方の選択を自らの判断でせねばならなくなることの2点を挙げて，かような主張により争うことは信義則に反し許されないとして，原審とほぼ同様の理由で，上告棄却したものである。

本判決[3]は，前掲二判決が侵害された相続人から侵害した相続人に対する請求であったのに対し，侵害された相続人が払戻をした銀行に（甲事件），銀行が侵害した相続人に（乙事件）それぞれ預金払戻，不当利得返還を請求するものであり，両訴訟の関連性ゆえか，口頭弁論は併合審理された。第一審は，相続人間の遺産分割合意を認定し，侵害した相続人Y_1らの払戻を結局正当なものとして，両訴訟を棄却した。第二審は，甲事件に関しては，遺産分割合意を認定せず，かつ準占有者への弁済も認めなかったため，なお相続分に相当する預金債権ありとして，侵害されたと称する相続人Bの請求を認容したのに対して，乙事件については，銀行XのBに対する現実の支払がない以上，不当利得でいう損失の要件を満たしていないとして，棄却した。Xは両事件について，上告受理申立てをしたが，本判決は，乙事件について，払戻が正当でなかった以上払出時にXは損失を受けている旨を主張した上告受理申立て理由を考慮し，破棄自判をしたものである。

原審が，甲事件と乙事件を併合審理しながら，乙事件において，なぜXのBへの現実の支払に不当利得の損失要件をかからしめたのかは，ひとつの謎である。そのてがかりは，最高裁判決理由に引用されている原審判断の「Xは，甲事件において，Bの請求を争っており」の部分であろうが，上告受理申立て理由や最高裁の考えが通常の法律家の考え方であろう。不当利得類型論からは，まず給付利得と侵害利得における「損失」要件がもつ意味の相違という点を確認する必要がある。給付利得では，損失は受益の反面であり，区別して独立の要件として掲げる意味が乏しい。他方，侵害利得でも同様であるが，さらに規範的評価から損失が擬制される場合もあるとされる[4]。立証責任については，

---

(3) 原田剛・法セミ610号125頁，池田秀雄・銀行法務21 652号14頁，山根明・NBL 819号8頁，中原利明・銀行法務21 650号1頁。

(4) 四宮和夫『事務管理・不当利得・不法行為上巻』（1981）62頁，内田貴『民法Ⅱ債権各論』（1997）525頁以下。

〔研　究〕

　侵害利得においては，法の文言には従わず，物権的返還請求権の代替という意味での連続性に由来する類似性と，侵害利得では給付利得の場合と異なり，法律上の原因欠缺を原告側が負担すると相手側の権限の不存在をくまなく主張立証するという茫漠な作業を強いることとなり妥当でないことから，請求者は，相手方の受益の事実と自己の権利性のみを請求原因として主張立証すれば足り，法律上の原因は相手方の抗弁事由とされる(5)。

　前掲最判平16年の二判決の場合は，被侵害相続人から侵害相続人に対する，相続した預金債権の無権限での払出にもとづく侵害利得返還請求と位置づけることができる。そこでの侵害の成否は，侵害相続人の払出行為に被侵害相続人との関係において法律上の原因が付与されるか否かに依存する。被侵害相続人は，侵害利得が物権的請求権のアナロジーであることからすれば，自己の法定相続分に相当する額の払出が侵害相続人に対してなされたこと（相手方の受益と自己の権利性）のみの主張立証で足り，遺産分割の合意等(6)は当該払出を例外的に正当化する（法律上の原因付与）ものとして，侵害相続人からの抗弁事由となるだろう。この場合，損失要件は法律上の原因欠缺の判断から独立した意味をもたない。さらに，被侵害相続人は，銀行に対してなお預金債権の存続を前提とする払出請求も可能である。その場合には，銀行側は，遺産分割の合意等の主張に加え，準占有者への弁済をも抗弁として主張可能である。ただし，この被侵害相続人の二つの請求は，侵害相続人への払出に法律上の原因が付与されるか否かに積極消極にそれぞれ依存しており，両請求は並存し得ない。しかし，別訴で請求した場合には，被侵害相続人が両訴訟で敗訴する危険が存在する。かような事態に手続面で対処しうるのが，民事訴訟法41条の同時審判の申出であり，同様の場面として，責任無能力者とその監督義務者への請求，本人と無権代理人への請求，工作物の瑕疵による損害賠償での占有者と所有者

---

(5)　加藤雅信『財産法の体系と不当利得法の構造』(1986) 335頁，同『新民法大系Ⅴ事務管理・不当利得・不法行為（第2版）』(2005) 65頁，潮見佳男『債権各論Ⅰ契約法・事務管理・不当利得』(2005) 271頁。このような考えにつき，実務では，不当利得一般に法律上の原因を抗弁とする説との混同もあるのか，なお検討ないし認識は不十分のようである（例えば，大江忠『要件事実民法（中）債権（第2版）』(2002) 632頁，伊藤・山崎編著『ケースブック要件事実・事実認定（第2版）』(2005) 302頁［佐伯俊介］など）。もっとも，吉川慎一・判タ172号42頁は一定の評価を与える。鎌田ほか編著『民事法Ⅲ債権各論』(2005) 252頁［上野泰男］，大塚ほか編著『要件事実論と民法学との対話』(2005) 201頁［松岡久和］も参照。

(6)　侵害相続人が準占有者への弁済制度を自己の有利に援用することは，最判平16・10・26の原審が述べるように，弁済者保護の制度を弁済受領者保護のために用いることとなり，支持されていない。

297

などが挙げられる(7)。

　本判決の事実関係は，第一審の事件番号を見るかぎりでは，甲事件が先に係属し，乙事件が続き，併合審理となったようであるが，Xは甲事件では払戻の有効を抗弁として主張し，乙事件ではその無効を請求原因として主張するという行動をとっている。乙事件は，給付利得にあたり，この場合には，Xは自己の給付に法律上の原因が欠けていたという事実（相続分に反する払戻）の主張立証を負担し，侵害相続人側が当該給付に原因を与える事実（遺産分割の合意等）を抗弁することになる。いずれにせよ，払出の原因の有無で両訴の判断が決まり，損失要件を考慮する余地はない。Xの立場から見れば，ここでは原因の不存在は両訴が認容されるための積極的要件であるが，Xは甲事件で被告，乙事件で原告であるから，論理的には，両訴とも勝訴することも，両訴とも敗訴することもあり得ないことになる。ところが，原審は，併合審理をなしつつも，その認定資料を調和的判断のために活用せず，Xが両事件で敗訴するという不合理な結論に至っている。「損失」が結局，払戻の法律上の原因の有無（これはまさに乙事件が直接扱うべきものであり，論理的には乙事件の判断が甲事件に反映すべき関係にあり，その逆ではない）に依存する，あるいは独立した要件の意味をもたない，という理解に至らず，BとY1ら双方との関係での，Xの財産の増減に着目したからであろうか。「Xは，甲事件において，Bの請求を争っており」の部分は，忖度すれば，Xは甲事件では，Bの請求を，遺産分割合意や準占有者への弁済により争っており，その限りでは払戻の有効性をめざした主張をしている。そうすると，それと矛盾するBへの現実の弁済が強いられて実現されて初めてXにとって二重払いの状態が生じ，Y1らとの関係で不当利得が成立すると。しかし，乙事件の判断はまさに当該当事者間での払出に法律上の原因が付与されるか否かの問題であり，損失要件はBとの関係に依存するような，独立した判断とならないはずなのである。不当利得の各要件を類型の差や要件相互の関連性に考慮を払わずに判断することの危険性を示すものといえよう。その意味では，損失・利得，因果関係，法律上の原因の各要件をなお機械的に並存させて理解する最高裁も同様である。Bの追認(8)により，乙事件の請求が意味をなさなくなる場合も考えられようが，BのXに対する提訴自体がその可能性の乏しさを示唆し，仮に生じたとしても，それは別個の問題

---

(7) 別冊法セミ基本法コメンタール新民事訴訟法1 (1997) 99頁［徳田和幸］。
(8) 準占有者への弁済が成立する場合の債務者の選択権，成立しない場合の債権者の選択権の問題については，最判平16年10月判決に関する前掲藤原評釈が詳しい。

[研　究]

としてその際に扱えば足りよう。銀行XはBから払戻を請求され（甲事件），その成否の基礎となる関係を明確にすべく，Y₁らに対する訴え（乙事件）を提起したものと考えられる。そういう意図が，原審の考え方では，考慮されないという点でも問題であった。第一審が遺産分割合意の認定により解決したこと，BがY₁らを訴えずに銀行を訴えた背景など，事実関係にも検討すべき興味深いものがあるように思われるが，上告審判決の解説である本稿の枠を越えるので指摘にとどめる。

　＊その後，最大決平28・12・19（民集70巻8号2121頁）は預貯金債権について当然分割を否定した。

◆9 〔判例研究〕①金銭の不当利得の利益が存しないことの主張・立証責任，②不当利得者が利得に法律上の原因がないことを認識した後の利益の消滅と返還義務の範囲

平成3年11月19日最高裁第三小法廷判決（昭和62年（オ）第888号不当利得返還請求事件）民集45巻8号1209頁 ― 一部破棄自判・一部棄却

〔判決要旨〕
　一　金銭の交付によって生じた不当利得の利益が存しないことについては，不当利得返還請求権の消滅を主張する者が主張・立証すべきである。
　二　不当利得をした者が利得に法律上の原因がないことを認識した後の利益の消滅は，返還義務の範囲を減少させない。

〔事　実〕
　Y（被告・被控訴人・被上告人）は，X銀行（原告・控訴人・上告人）との間で普通預金契約を締結していたが，昭和59年2月21日，被裏書人として所持していた額面1700万円の本件約束手形に取立委任裏書をしてこれをXに交付し，その取立を委任するとともに，本件約束手形が支払われた場合には，その金額相当額をYの上記普通預金口座に寄託する旨を約した。本件約束手形は不渡りとなったが，X銀行は確認手続における過誤により，本件約束手形が決済されて上記普通預金口座に本件約束手形相当額の入金があったものと誤解し，Yの普通預金払戻請求に応じて，同月27日午後1時50分頃，1700万円を支払った（Yは払戻が可能となる日時に先立つ数日前から，払戻についてたびたび問い合わせをなし，X銀行側も払戻を急ぐYの便宜を計るため，規定の時間より早く決済済みかどうかの有無を事務センターに問い合わせたため，このような事故が生じたという事情があった）。X銀行は同日午後2時50分頃上記過誤に気づき，同日午後4時30分頃Yに対し，上記事実を告げて払戻金の返還を請求したが，Yは応じなかった。Yに先立つ手形上の裏書人らも加えた返還の交渉も不成功に終わった。
　そこで，X銀行はYに対して，主位的に，普通預金規定3の(2)「受け入れた証券類が不渡りとなったときは預金になりません。この場合は，直ちにその

通知を届出の住所宛に発信するとともに，その金額を普通預金元帳から引き落し，その証券類は当店で返却します。」は，不渡りにもかかわらず，かかる預金の払戻をした場合には預金者に対して金員の返還を請求しうるという趣旨を含むものであると解した上で，本件手形の取立委任契約に付随する金員返還請求権に基づき，予備的に，不当利得返還請求権に基づき，金1700万円と訴状到達の翌日からの年五分の遅延損害金の支払を求めた。Yは予備的請求について，本件手形の取立委任及び払戻請求は，訴外株式会社代表取締役Aの依頼によってなされたものであり，払戻を受けた金員は直ちにAに交付したので，手許には残存しておらず，かつYがX銀行から払戻金を得ないとすれば，Yが他の財産を費消してAに対し支払をなすべき事情は存しないから，受けた利益は現存しないと抗弁した。

　第一審（名古屋地判昭60・11・15，判タ583・30等に判決理由掲載）は主位的請求については，普通預金契約第三項からかような返還義務を導くことはできないとし，予備的請求については，YがAに直ちに金員を交付したことを認定した上で，Yによる金員の取得と喪失は密接不可分な関係にあり，AがYに取立委任をした事実以外にYがAに金員の支払をなすべき事情は認められず，1700万円の取得と喪失がなければ，Yが他の財産を費消したと見ることはできないから，返還すべき利得は現存しないとして，Yの抗弁を認めた。

　第二審（名古屋高判昭62・4・22）において，Xは主位的請求について，返還義務が規定から直接導かれるのみならず，さらにこの規定の解釈上ないしは預金契約・取立委任契約に信義則上付随する義務として返還義務が成立すると主張した。予備的請求については，Yは当初から悪意の受益者であるから，現存利益欠缺の抗弁を主張しえない。仮に当初善意であったとしても，不渡の事実を告げ，返還を求めた時点で未だ金員を引き渡しておらず，その時点から悪意の受益者としてその後の利益減少は参酌されず利益は現存する。仮にその時点以前に交付していたとしても[1]，Aからの取立委任にもとづき受取物引渡債務の履行として交付したのであり，不渡りの場合には法律上の原因がなく，YはAに対して不当利得返還請求権を有し，Yには利得が現存するというべきである。さらにYがAに交付したとしても，その当時Aの事業は順調であり，強く返還を乞えば返還した可能性があった。しかるにYはXから訴が提起されるのも必至の状況にあったにもかかわらず，拱手してAに対して何らの働きかけもしないうちにAの事業は倒産した。YがAに対してあえて返金の請求をしな

---

　(1)　原文の「仮に然らずとするも」（民集1226頁）を本文のように理解しておく。

〔上告理由〕

かったのは，両者が意を通じてXに対する返還義務を免れようとしたからに他ならないので，かかる事情を考慮すると，なおのこと実質上利得が現存するというべきであるとした。仮に以上がすべて理由がないとしても，Xが誤払いをしたのはもっぱら顧客の便宜を図った結果であること，YはAときわめて密接な関係にあること，Aは一旦返還を承諾したのにYがこれに同調しなかったこと等の諸事情を総合勘案すると，利益が現存しないとして返還を拒むことは，信義則に反しかつ権利の濫用として許されないと主張した。

判決は主位的請求については，第一審の理由に加え，後に認定するように不当利得で権利救済を図りうるので，不渡条項の解釈や一般条項による救済の必要性は存在しないとした。予備的請求については，少なくとも金員受け渡しの当時法律上の原因を欠くことについて善意と認定し，受領後直ちにAに交付したというYの主張については証明を欠くとした。仮に直ちに交付されていたとしても，手形の裏書人として現れるB・A・C・Y[(2)]四者はAを中心として経済的に一体であったと認められ，YはAの手足ともみられる。しかもAに対し貸金債権も有している関係にあり，交付によって直ちにYに利益が現存しないことになるとは認めがたい[(3)]。以上のような経済的に密接な一体者関係の内部的授受によっては未だ授与者すなわちYの価値支配は失われない。したがって更に，YないしAにおいて，その支配しうる他の金銭（ないしこれと同視しうるもの）に何らの減額を与えることなく，1700万円を費消したとの事実が立証されぬ限り，金銭は常に現存するという推定は左右されない。しかし善意の利得者の現存利益の範囲を決定するについて，単に物理的なそれのみならず，公平の理念に照らしてもこれを決するのが相当で，不当利得発生の態様，受益の不当性及び原因欠缺に対する注意義務の懈怠等について，利得者及び損失者双方の関与の大小・責任の度合い等の事情を考量することが制度趣旨に合するとして，四割に減額した。XYともに上告。本件はXからの上告に対するものである[(4)]。

〔上告理由〕

第2点において，「公平の理念による要返還現存利益の縮減」という主張は単に現存利益の不存在を主張する抗弁とは別個の防御方法に属し，当事者の申

---

(2) この順序で裏書人として現れている（参照，民集1223頁）。
(3) これに続いて，「けだし，不当利得の制度にあっては，本来は利得した現物の返還が原則であるところ」（民集1233頁）とあるが，原物の誤りであろう。
(4) 判例時報1404号30頁のコメント等による。

し立てない事項について判決したものであり，さらに釈明権行使義務違反の違法がある。「公平の理念による要返還現存利益の縮減」という解釈は具体的な制度としての不当利得の要件効果をまず実定法の解釈として決定せねばならないという点に反する。重ねて公平の理念を援用し，善意の受益者の返還義務を現存利益の一部に縮減することは誤りである。仮に，一般論としては，縮減できるとしても，不当利得の発生が損失者の重大な過失のみに起因するとともに，受益者はこれと全く無関係であるというような特殊な事例に限定さるべきものである。本件はもっぱら上告人Xの過失のみによって生じたものではなく，その発生責任の一端は被上告人Yの不可解な言動に存する，と述べた。

〔判決理由〕

(1)「そして，金銭の交付によって生じた不当利得につきその利益が存しないことについては，不当利得返還請求権の消滅を主張する者において主張・立証すべきところ，本件においては，Yが利得した本件払戻金をAに交付したとの事実は認めることができず，他にYが利得した利益を喪失した旨の事実の主張はないのである。そうすると，右利益はYに現に帰属していることになるのであるから，原審の認定した諸事情を考慮しても，Yが現に保持する利益の返還義務を軽減する理由はないと解すべきである。」

(2)「なお，原審が仮定的に判断するように，Yが本件払戻金を直ちにAに交付し，当該金銭を喪失したとのYの主張事実が真実である場合においても，このことによってYが利得した利益の全部又は一部を失ったということはできない。すなわち，善意で不当利得をした者の返還義務の範囲が利益の存する限度に減縮されるのは，利得に法律上の原因があると信じて利益を失った者に不当利得がなかった場合以上の不利益を与えるべきでないとする趣旨に出たものであるから，利得者が利得に法律上の原因がないことを認識した後の利益の消滅は，返還義務の範囲を減少させる理由とはならないと解すべきところ，本件においては，Yは本件払戻しの約三時間後にXから払戻金の返還請求を受け上記払戻しに法律上の原因がないことを認識したのであるから，この時点での利益の存否を検討すべきこととなる。ところで，Yの主張によれば，Aに対する本件払戻金の交付は本件約束手形の取立委任を原因とするものであったというのであるから，本件約束手形の不渡りという事実によって，YはAに対して交付金相当額の不当利得返還請求債権を取得し，Yは右債権の価値に相当する利益を有していることになる。そして，債権の価値は債務者の資力等に左右されるものであるが，特段の事情のない限り，その額面金額に相当する価値を有する

ものと推定すべきところ，本件においては，Aに対する本件払戻金の交付の時に前記特段の事情があったとの事実，さらに，Yが本件払戻しに法律上の原因がないことを認識するまでの約三時間の間にAが受領した金銭を喪失し，又は上記金銭返還債務を履行するに足る資力を失った等の事実の主張はない。したがって，Yは本件利得に法律上の原因がないことを知った時になお本件払戻金と同額の利益を有していたというべきである。」
　裁判官全員一致の意見で一部破棄自判・一部棄却（佐藤庄市郎，坂上壽夫，貞家克己，園部逸夫，可部恒雄）。
　参照条文　民法703条

〔研　究〕
(1) はじめに
　本件は，Yの不当利得にもとづく責任の有無・範囲につき，三審とも異なる結論を導いており，興味深い。このような相違が生じた理由を，(2)で詳しく検討し，合わせて，問題点の析出をすることにする。これに対して，Xの主位的請求である，普通預金規定にもとづく返還請求については，いずれの審級でも否定されており，以下では検討の対象としないことにする[5]。
　最高裁判決の二つの判示事項（①利得不存在の主張・立証責任を利得者が負うこと，②悪意後の利益消滅は返還義務の範囲を減少させないこと）は，通説[6]・判例にほぼ従うものであるが，②については若干問題が指摘されており，(4)で扱う。

(2) 各審級の対比
　まず，各審級の「利得」観念を順に概観してみる。第一審は素朴な利得観念とでも称すべきもので，Yが預金の払戻後直ちにAに交付したことを認定した上で，利得の消滅を，Yによる金員の取得と喪失は密接不可分な関係にあり，AがYに（隠れた[7]）取立委任をした事実以外にYがAに金員の支払をなすべ

---

[5] この点につき，第一審は「普通預金は，当座預金と異なり，営業以外の者も多く利用する預金であるから，その取引約款の解釈に当っては，銀行のみの都合を優先して拡大解釈することはできないものと言わなければならない。」とする。過振り金の返還請求特約の有無によって，当座預金と普通預金を区別することに対する疑問を呈するものとして，鈴木正和・金法1123号4頁。

[6] 四宮和夫『事務管理・不当利得・不法行為』（上巻）90頁注(3)。なお，瀬川・内田『民法判例集　債権各論［第3版］』195頁は，本判決を利得が消滅した時に善意であったことの主張・立証責任も受益者にあるとした判決と理解する。

[7] （　）内は筆者による補充。手形上はYとAの間にもう一人の裏書人が介在している。

き事情は認められず，1700万円の取得と喪失[8]がなければ，Yが他の財産を費消したと見ることはできないから，返還すべき利得は現存しない，という表現で，認めた。この表現は，行員のコンピューター操作ミスによる不渡り手形の支払がなされたのちの銀行側の返還請求を扱った福岡地判昭53・4・21[9]が，受領者が直ちに取立委任の本人に交付したので[10]現存利得は存しないという抗弁を認めた際の表現と類似している。これは通説[11]に見られる定式化に対応する。またその基礎にはいわゆる「出費の節約」理論が存する[12]。このような理解は二当事者間に限定されるべきで，第三者との法律関係が問題とならない場合には一応適切だが，本件では交付したYと，受領した（とYが主張する）Aの間にさらに法律関係が存し，しかもその法律関係も原因を同じくし，したがって同じく原因欠缺であった。この関係も合わせ考慮せねば，十分とは言えない[13]。前掲福岡地判の事案もこのような観点からみれば，現存利得消滅が認められなかった可能性もある。

　これに対して，第二審ではXは予備的請求についての四つの主張（①当初からの悪意，②返還請求通知時からの悪意，③通知以前の交付によっても取立委任にもとづく交付は原因が欠け，Aに対する不当利得返還請求債権という形で現存利得を有する（さらに，YがAに返還請求しないで放置しているうちにAが倒産した事情から実質上Yに利益は現存する），④顧客の便宜を図ったための事故であること，YはAと密接な関係であること，YがAの返金に反対したなどの諸事情から利得消滅の主張は信義則に反し権利の濫用であること）をした。これについて第二審判

---

(8) 取得と消費が対応しているのだから，取得と喪失を並べることは不正確な表現であろう。後掲注(11)の我妻・民法講義からの引用の表現参照。

(9) 金法881号50頁。評釈として，井田友吉・金法906号16頁，古板悦二郎・金法925号47頁，中馬義直・判タ410号110頁。

(10) 実際は銀行の窓口に本人が同道して，窓口から直接自ら受領したもの。

(11) 金銭の利得の現存推定に関連して，以下のように述べる。「利得者において，利得した金銭の消費・喪失は全く利得したために生じたものであって，その利得がなければ，他の財産を消費することも喪失することもなかったこと―いいかえれば，その消費・喪失が他の金銭（財産）をセーブしたものでないこと―を証明した場合にだけ，その限度で，現存利益がないことになる」（我妻栄『債権各論下巻一（民法講義V₄）』〔1636〕）。谷口知平『不当利得の研究』349頁以下，四宮・前掲書92頁注(4)(b) も同様。

(12) この理論に対する批判として，類型論は成立要件レベル（「受ケタル利益」の確定）でのこの理論の有用性を否定し，多くの支持をえた。さらに，近時の見解として，効果論レベル（「其利益ノ存スル限度」の確定）でもこの理論の有用性を否定する見解もある（川角由和「不当利得における『出費節約』観念の意義」島大法学34巻2号38頁以下）。

(13) 例えば，YがAに対する債務を弁済したような場合。

[研　究]

決は，当初からの悪意の点については疑いを残しながら，否定し，少なくとも金員受け渡しの当時は善意の利得者と認定している。Yの主張するAへの交付による利得消滅の抗弁については，証明を欠くとしている。これに続いて，「しかし右は，Yが直ちにAに金員を交付したことはないとの反対事実を断定せしめるものでもないから，Xの『Yは本件金員所持中にXからの連絡を受けたので，じ後悪意の利得者に変じたものである。』等の主張もまた採用することができない(14)。」とあるが，交付による利得消滅の抗弁が入れられない場合，この点の主張・立証責任が利得者側にある以上，事実認定としては，Yが金員所持中にXから連絡を受けたということになるのではないか。このあたりの叙述は，理解に苦しむ。また，X側の主張との対応が（手続上は逐一丁寧に応接する必要はないのかも知れないが，全体の趣旨としてはそれらすべてを念頭に書かれてあるように見える）不明確である。ともあれ，第二審としては，②についても否定したと見るべきであろうか(15)。後述するが，第二審が公平の理念に基づき現存利益の縮減を認める際に，善意の利得者という限定を付していること(16)からそう推測される。ところで，Aへの交付は否定されているので，③は判断する必要がなくその前提がないはずであるが，「仮に……交付されていたとしても」として，経済的一体性を強調し，「手形の裏書人として現れる四者はAを中心として経済的に一体であったと認められ，YはAの手足ともみられる。しかもAに対し貸金債権も有している関係にあり，交付によって直ちにYに利益が現存しないことになるとは認めがたい。以上のような経済的に密接な一体者関係の内部的授受によっては未だ授与者すなわちYの価値支配は失われない。したがって更に，YないしAにおいて，その支配しうる他の金銭（ないしこれと同視しうるもの）に何らの減額を与えることなく，1700万円を費消したとの事実が立証されぬ限り，金銭は常に現存するという推定は左右されない。」と判断している。しかし，交付を認定していない以上，そのような主張における立証を要する事実について言及する必要もないと思われる(17)。いわゆる傍論とみるべき部分なのであるから，それにふさわしい表現を明確にとる

---

(14) 民集1233頁。
(15) これは，銀行からの不渡りの通知，返還の請求のみでは，ただちに悪意の受益者とすることにためらいを感じたということでもあろうか。この点については，最高裁は三時間後の通知によって，利得に法律上の原因がないことを認識したことを前提とする（民集1213頁）。この点につき，疑問を呈するものとして，小林亘・金法1320号47頁。
(16) 民集冒頭の参照条文も703条のみの引用である。
(17) 仮定的主張が複数ある場合で，その中の一つで決着をつける場合とは異なる。

307

べきであろう。X側の四段階に分けた理詰めの主張がかなり説得的であるため，一層そう感ぜられる。善意に解釈すれば，交付の点については，交付したか，しなかったかは，どちらともいえず，いずれにせよ前者の場合にはYが現存利得消滅の立証を必要とするがなされていないこと，後者の場合にはAのもとでさらに利得の消滅の立証がいるがこれもなされていないこと，によるとみるべきであろうか。しかしそうだとすれば交付の点について，証明を欠くというべきではなかった(18)。また，④については直接言及がないが，後述の現存利益の縮減の肯定に生かされていると見るべきであろう。

　最高裁は，原審がいわば傍論として述べた点についてより明確に，しかもYがX銀行から連絡を受けた後の問題を後発的悪意の問題として，以下のように述べる。

　「利得者が利得に法律上の原因がないことを認識した後の利益の消滅は，返還義務の範囲を減少させる理由とはならないと解すべきところ，本件においては，Yは本件払戻しの約三時間後にXから払戻金の返還請求を受け上記払戻しに法律上の原因がないことを認識したのであるから，この時点での利益の存否を検討すべきこととなる。ところで，Yの主張によれば，Aに対する本件払戻金の交付は本件約束手形の取立委任を原因とするものであったというのであるから，本件約束手形の不渡りという事実によって，YはAに対して交付金相当額の不当利得返還請求債権を取得し，Yは右債権の価値に相当する利益を有していることになる。そして，債権の価値は債務者の資力等に左右されるものであるが，特段の事情のない限り，その額面金額に相当する価値を有するものと推定すべきところ，本件においては，Aに対する本件払戻金の交付の時に上記特段の事情があったとの事実，さらに，Yが本件払戻しに法律上の原因がないことを認識するまでの約三時間の間にAが受領した金銭を喪失し，又は右金銭返還債務を履行するに足る資力を失った等の事実の主張はない。したがって，Yは本件利得に法律上の原因がないことを知った時になお本件払戻金と同額の利益を有していたというべきである。」

　ここで，Yが仮にAに直ちに交付したという場合を詳述し，Yの現存利得はAに対する不当利得返還請求債権という形で残存し，それは原則として額面額が利得額となるが，例外的にAの資力等で縮減される余地を認めた。例外的に

---

(18)　あるいは，直ちに交付したという主張は証明を欠くが，それ以後交付したかどうかの点までは否定されないということだとしても，当事者がかような主張を別にしているわけではないから，同じことになろう。

〔研　究〕

債務者の資力を考慮する点は，かなり前提が異なるものの，いわゆるブルドーザー事件を想起させる。このあたりにも谷口説の影響がある。

(3) いわゆる「過責の考量」について

以上によって，各審級の判断を概観したが，YのAに対する交付の認定を前提として，現存利得の消滅を肯定した第一審に対して，交付を認定せず，かつYのもとでの利得存続を認める点では，第二審と最高裁は共通する。両者を異ならせたのは，いわゆる「過責の考量」理論[19]を本件において適用するか否かであった。

第二審は比較的詳細な説示の後にこの考えを肯定し利得額を六割減額しているが，善意の利得者に限定しているようである。これに対して，上告理由は仮に肯定するとしても不当利得の発生が損失者の重大な過失のみに起因するとともに，受益者はこれと全く無関係であるというような特殊な事例に限定さるべきものと主張した。この主張はかなり説得力をもつものと評者は考える。最高裁は上告理由に影響されたためか，事案としては考量を否定した（「原審の認定した諸事情を考慮しても」という表現参照）が理論的可否については明言していない。

かような考えは，一旦確定された現存利得の範囲をさらに縮減するという思考過程であるとすれば，最終的に確定される額は「要返還額」とはいえても，もはや「利得額」という表現は適切ではないのではないかという感想を評者は持つ[20]。

これに関連してすでに，同種の事案で「過失による不法行為」構成をとり，相殺させているケースが注目される。すなわち，東京高判昭53・2・22[21]は不渡り小切手が行員の誤りで支払われ，貸付金が回収されたと信じて，保証人に対して約束手形・保証書を返却した事案で，利得返還義務はあるが，但し保証人の責任を追及することが事実上困難になった損害を過失に基づく不法行為として請求が可能とした。そして，民法707条の趣旨を考慮して，当初請求額の四割を損害額として減額した。これを約束手形取立に関する誤った情報の提供であるとして「契約上の義務違反」と構成することもできよう[22]。以上のように，損失者側の落度が比較的明らかな場合には，債務不履行構成であれ，不法行為構成であれ，過失相殺的処理になじむといえる。これはまさに従来の不当利得効果論において，受けたる利得から信頼損害を控除して返還義務の範囲を画定していた手法である。

もっとも，谷口説はいわゆる「過責の考量」という表現のもとで，現存利得の認定が，損失者の態様のみならず，広い要因を考慮すること，権利義務の形

309

式的名義価額でなくその実現可能性を考慮した実価値が斟酌されねばならないというものである(23)。その意味では，過失相殺的操作，契約上の義務違反と

---

(19) 谷口説における，現存利得認定における「過責の考量」論を以下に要約しておく(谷口・前掲書424頁以下)。
　　まず，この考えは利得者損失者双方の態度を具体的に精査し，その過責を考量斟酌するものであり，事実関係を類型的に分かち，その場合につき判断の大体の基準を考えることにある。ここでの「過責」は悪意，過失のみならず，不当利得関係を発生せしめ，又は存続せしめておく即ち回復しないでおく点で社会的に非難せられる行為・容態の存する場合にも存在する。すなわち主観を全く度外視して一定の容態が客観的に反社会的なる場合換言すれば社会的に価値を否定せられる場合にも認められる。
　(1) 損失者利得者の授受行為による場合
　　(イ) 給付者の過責が極めて大である場合
　　　損失者はかかる取引のために蒙った損失又は財産出捐を利得額から控除しうる。これは，原因たる契約の有効性したがって受益の不当利得でないことを信じたことによる損失の賠償を認めることと同じ結果であり，いわゆる信頼利益の賠償理論の直接の適用ともいいうる。
　　(ロ) 給付を受けた者の過責が極めて大なる場合
　　　損失の控除は認められるべきではない。現存利得の返還で足るためには，利得者は善意無過失でなければならない。
　　(ハ) 損失者利得者双方の過責が相当に認められる場合
　　　損害賠償における過失相殺と同様に両者の過責が考慮される。
　(2) 損失者利得者間の授受行為によらない場合
　　一般的に言えば，損失者利得者のその財産の保全管理に関する過責の考量が問題となる。
　　(イ) 損失者の過責として，その所有財産の保管の注意の懈怠ある場合，保管の態様の反社会的な場合。例として，損失者が柵を不完全にしていたために牧牛が逃亡して利得者の占有に帰した場合
　　(ロ) 利得者の過責として考えられるものは，利得者が損失者の財産であることを知りつつ，または知りうべきであるのに知らずに取得し，占有する場合
　　　損失者利得者ともに過責がない場合には，損失は分担し，半額を控除したものが現存利得となる。
　(3) 不当利得の発生後，それを発見しその除去に尽くすべきなのに尽くさないことについての過責((1),(2)は不当利得関係発生についての過責)
　　これは，損失者の返還請求の懈怠(例，損失者が不当利得返還請求権の発生に気づかず，返還請求を怠っていたという事情)，利得者の返還義務の履行遅滞または不履行についての過責(例，乙が受益が不当利得であり，返還をなすべきことを知りつつ，または知るべきなのに知らずして，返還をなさずしてそれを他へ贈与したり，その他出捐をなした場合)が考えられる。
(20) 同種の疑問として，小林亘・金法1320号48頁。
(21) 金法857号33頁。評釈として，堀内仁・金法884号3頁。
(22) つとに，山田誠一・金法1165号12頁が確定額の現存利得を認めることを前提として，提唱していた。山田・金法1324号18頁も同様。

いう構成は，第二審の立場や谷口説からは離れることになる(24)。その構成を採用した上で，利得者側の態様を考慮する場合には別の構成が必要とされる。前掲福岡地判昭53・4・21が純然たる銀行側のミスといいうるのに対して，本件では払戻可能時期について，Yは数日以来問い合わせをしており，当日もかなり急がせたため銀行のミスを誘発させた可能性がある。第二審と最高裁の結論の差はこのあたりの事情をどう考慮するかの微妙な判断に由来したものであろう。第二審は両当事者の過責を認めつつ，損失者側の過責をより大なるものと評価したのであろうか（民集1234頁）。最高裁では，利得の減縮の要件を損失者が重過失，利得者が無過失という場合に限定せよという上告理由に説得されたとも考えられる。

(4) 悪意者の責任内容について

最高裁判決はその判決要旨二において，後発的悪意者はその時点から，善意利得者の享受する現存利得への返還義務の制限を主張できなくなるとする。これは悪意者への転換時点から，たとえ当初は善意者であったとしても，その時点からは返還義務の範囲が固定され，その後の利得減少の主張は考慮されなくなるというもので，それ自体異論がないと思われる。

ただし，ある見解(25)は当初からの悪意と後発的悪意を同列に扱うことに疑問を呈し，まず交付の有無・Aの無資力如何をとわず，Yの利得が現存すると考え，その上でYが回収を試みたが回収できない場合にそれをYの損害と把握し，他方，回収を試みなかった場合にはYの過失を認め過失相殺を考える。その際，悪意への転換時とAが無資力となった時点の先後を問わず，同等の解決をすべきとする。すなわち，悪意となった後にも，責任軽減を認める可能性を示唆する。また，別の見解(26)は，悪意になってからの返還義務固定の効果について，有体物の場合に民法191条を適用し，物の滅失・損傷について善管注意義務違反の場合のみ責任を負うとする説(27)を前提とすると，権衡を失するとして，疑問を呈する。

いずれも，善意・悪意という基準のみでは，妥当な処理を導けず，悪意者の責任要件に有責性を加味するという指摘において共通し，傾聴に値する。この

---

(23) 谷口知平・前掲書234頁以下。
(24) さらに，谷口説でいう「過責」は，フランス民法でいうfauteを念頭に置き，客観的容態を問題とする（谷口・前掲書425頁以下）。
(25) 山田誠一・金法1324号17頁。
(26) 磯村保・私法判例リマークス5号73頁。
(27) 我妻・前掲書〔1656〕。

点は，第二審でXが，利得の現存を主張した際に，「YがAに交付したとしても，その当時Aの事業は順調であり，強く返還を乞えば返還した可能性があった。しかるにYはXから訴が提起されるのも必至の状況にあったにもかかわらず，拱手してAに対して何らの働きかけもしないうちにAの事業は倒産した」事実を援用している点につながるものである。また，谷口説における，損失者の返還請求の懈怠[28]に類似する。

すでに指摘されるように[29]，善意利得者の返還義務についても，「自己のためによると同一の注意」という枠内でのみ利得の消滅の利益を享受できるとされている。類型論からは善意・悪意が給付不当利得の場合には判断基準とはならないという主張[30]があるし，判例にも善意の利得者に利息返還をも命じたもの[31]がある[32]。

以上のことは，さらに，近時の有力説が説く，有過失利得者の悪意利得者との同視[33]，言い替えると，善意利得者の恩典である現存利得への返還義務の制限は無過失をさらに要件とすることと，方向として同じである。

本件では，終始善意者の利得返還義務が扱われているようであるが，すでに控訴審で原告Xが主張するように，後発的悪意の場合として，その時点からは利息付加の問題，損害賠償の問題も生じえた。控訴審はこの点につき，釈明権を行使してもよかったのではないか。もっとも，いつ悪意となったかと認定することは困難であろうが[34]。また，前述したように，有過失者を悪意者と同視する近時の有力説によって，本件を悪意者の責任問題に還元すれば，交付の有無を問題とする必要すらなかったといえる。

(5) 三者関係の法的評価について

傍論であるが，YのAへの交付を前提とする問題を検討する。この場合にY

---

(28) 前注(19)の(3)参照。

(29) 四宮・前掲書131頁(e)。

(30) 鈴木禄弥『債権法講義（改訂版）』535頁。

(31) 最判昭38・12・24（民集17巻1720頁）。

(32) 裁判実務において，不当利得の善意・悪意の区別がその効果と対応していないことの指摘について，加藤雅信『財産法の体系と不当利得法の構造』69頁以下。

(33) 谷口・前掲書427頁，松坂佐一『事務管理・不当利得（新版）』220頁。我妻・前掲書〔1649〕は有過失でも善意の不当利得者であるとしつつ，返還義務の範囲を定める場合に過失の有無が斟酌されるとする。また，重過失者のみを悪意者と同視する見解として，『新版注釈民法(18)』641頁（福地俊雄執筆部分）。なお，ドイツでは重過失でも悪意者と同視しない処理が通説である（vgl. MünchKomm 2. Aufl. (1986) §819 RdNr. 3 (Lieb)）。

(34) 参照，四宮・前掲書89頁注(2)。

〔研 究〕

とAの関係をどう解するかがまず問題となる。第二審はここでも歯切れの悪さを感じさせる。Yと彼に先行する三人の裏書人の合わせて四人をAを中心として経済的に一体であったとし，いわばYはAの手足ともみられ，またAに対しYは貸金債権をも有している関係だから，交付によってYに利益が現存しなくなるとはいえないとした。また，経済的に密接な一体者間の内部的授受によっては，未だ授与者の価値支配は失われないとした。

しかし，この表現は論理的説明を欠いている。経済的に一体であるから現存利益がなくならないという点はこの四者は財布を同じくすると見てよいから，交付には法的経済的に意味がないということだろうか。そうすると，この四者はいわば不真正連帯債務者のような関係にあるとみるべきなのか。そして，被告として，他の三人を同様に訴えることもできるということなのだろうか。そして，四者の中の誰でも自ら現存利益の消滅を立証することも可能だとし，一人が立証に成功すれば，残りの者はその利益を享受できることになるのであろうか。

また，YがAに貸金債権を有していたことは如何なる意味で，現存利益の消滅を阻止する要因となるのか。債務者が債権者に取立委任をして，弁済に充てるということか。逆に，Yが債務者でAが債権者の場合ならば，自己の債務の免責という形の利益存続は考えられるのだが[35]。

これに対して，最高裁は交付によって，Yは交付金相当額の不当利得返還請求債権をAに対して取得し，それがXに対する利得となるという理解を示している[36]。周知のように，いわゆる二重欠缺の場合[37]に，中間者が取得する不当利得返還請求権の対象が，この場合で言えば，①YがAに対して取得する不当利得返還請求権（二重不当利得説）なのか，②目的物の客観的価格（価格償還説）なのかが問題となる[38]。四宮説は，詳細に原物返還の原則，契約関係自律性の原則等を比較検討した上で，二重不当利得を原則として支持し，悪意の受益者に対しては，価格償還を選択行使できるとする[39]。

本件の場合は，金銭であるから，所有権に基づく返還請求は問題とならない

---

(35) 本田純一・平成3年度重要判例解説民法七事件79頁。
(36) このような理解をすでに控訴審でのXが主張している。
(37) 本件を二重欠缺の場合と見ることができるかどうかがそもそも問題となる。たとえば，手形上では，AとYの間にもう一人裏書人が介在しているが，判決上ではこの点は取り立てて問題とされていない。
(38) 四宮・前掲書85頁注(5)。
(39) もっとも，通常の有体物の場合には善意取得等の事実がないかぎり，所有物返還請求権が競合する。

313

し，先の①と②の対立は通常の場合，現存利得存続の推定を前提とする限り，相違が生じない。唯一差が生じるのが，判決の指摘するように，交付後の利得債務者の無資力化である。判決は，これ以外にも，交付時にAがすでに無資力であった場合とか，交付後Aがその金銭を喪失した場合をも利得消滅の事由になりうるような表現をとるが，具体的場合が想定しにくい。

　また，この場合を類型論の給付利得と捉え[40]，給付そのものが返還対象となるとしても[41]，本件のように，給付された後，直ちに第三者にさらに交付した場合には，固有財産に混入していないから，「金銭価値の独自な姿態をとった定在[42]」について語りうるように見える（例外的な封金の場合に類似する）。したがって，受益保持の法的根拠ありと信じたことと内的関連ある損害（信頼損害）として[43]，現存利益について，「受ケタル利益」から代位物（YのAに対する債権）への転換を考えることも可能である。すなわち，二重欠缺において，回収リスクをXに転嫁するために，二重利得構成を選択するものである。これは前述した利得額を固定し，債務不履行による損害賠償と過失相殺的処理をとる，あるいは信頼損害として返還義務算定の枠内で考慮するなどと同一の発想である。出発点を固定して考えるか否かの違いにすぎない。また。類型論と「過責の考量」が相対立するものでもない[44]。

　ともあれ，最高裁は，①の二重不当利得説を支持することにより，受領者（Y）悪意への転換時点より以前の不当利得債務者（A）の無資力化を考慮することを肯定する。

　なお，本件では法律上の原因欠缺の事情が同一性を有しているという特殊事情が存在した（手形不渡り→X・Y間での普通預金不成立かつA・Y間の取立委任の目的不到達）。この事情をどう法的に評価すべきかという問題がある。A・Y間の取立委任関係を重視すれば，Yは，受任者の引渡義務（民646条）として，

---

(40) たとえば，取立委任として銀行への手形裏書・交付と銀行からの預金払戻，その清算として，銀行側からの不渡り手形の返還と預金者の不当利得返還の同時履行関係として，双方的給付を考える。

(41) それは先ほどの問題において，個々の給付関係を独立に処理することが，契約当事者間で抗弁の対抗，無資力リスクの負担をさせ，逆にそれらを第三者に及ぼさない考慮がある。この点についてのドイツの近時の議論につき，『新版注釈民法(18)』28頁以下〔磯村保執筆部分〕参照。ドイツ判例の近時の動向については，MünchKomm 2. Aufl. (1986) §818 RdNr. 81 (Lieb)。

(42) 川村泰啓「『所有』関係の場で機能する不当利得制度」(7) 判例評論128号104頁以下。

(43) 四宮・前掲書・131頁(d)。

(44) 鈴木(禄)・前掲書507-8頁。四宮・前掲書80頁。

〔研　究〕

受領した金銭は直ちにAに交付すべきであり，Xから受領した金銭は当初からAに交付すべく運命づけられているのであり，それ以外の使途による利益消滅の抗弁は考慮されないことになろう。このような事情は，本件の二重欠缺において，二重不当利得構成を採用する方向に傾斜させたのであろうか。Aへの交付はまさに（善意を前提とすれば）財貨の予定通りの移動として，Yを保護すべきという考慮が働き，回収リスクのXへの転嫁を可能としよう。受益に関連した費用・損害（信頼損害）という前述の枠組みから見れば，通常の場合以上に信頼損害といえる。もっとも，これを徹底させて，第一審のように，利得なしとすることは逆に，第一と第二の法律関係が基礎（手形金回収）を同じくし，同じ事由により原因欠缺となっていることが今度は妨げとなるであろう。

ちなみに，いわゆる転用物訴権は，第一の法律関係の債務者の無資力リスクを，連鎖する第二の法律関係の債務者に転嫁することによって，第一の債権の回収機会を補充的に拡大させようとする機能を有するが，個々の契約関係の自律性をできるだけ尊重するという見地からは，肯定する場合にもその要件をきびしく制約する必要がある[45]。

本件については，第一審判決の批評として，鈴木正和・金法1123号4頁，西尾信一・金法1128号4頁，山田誠一・金法1165号6頁がある。最高裁判決の批評として，富越和厚・ジュリ995号104頁，川田悦男・金法1309号4頁，大西武士・金法1316号2頁，佐久間弘道・手形研究465号4頁，本田純一・平成3年度重要判例解説民法七事件，土田哲也・判評401号190頁，磯村保・私法判例リマークス5号70頁，小林亘・金法1320号44頁，山田誠一・金法1324号12頁，1325号23頁がある。

---

(45)　加藤(雅)・前掲書714頁以下。

◆ 10 ◆ 所有者・占有者関係における他主占有者の位置づけ——他人の物の賃貸借での使用利益返還義務を素材として

◆ 第1節 ◆ はじめに

　民法は，所有者が物権的返還請求権を行使し，占有者が占有物を返還するに際して，以下のような請求権を付随的に規定している。民法189条，190条は占有物から派生する果実返還義務を規定し，191条は占有物の滅失・損傷に関する損害賠償義務を規定し，196条は費用償還請求権を規定する。民法は，占有者の種類，占有の態様などに応じて，その請求権内容を異なって規律しようとしているように見える。例えば，果実返還に関しては，善意（189条1項），悪意（190条1項），過失（190条1項），訴訟係属（189条2項），暴行もしくは強迫・隠匿（190条2項）を区別の基準とする。損害賠償に関しては，責めに帰すべき事由（191条本文），所有の意思なき占有者（191条但書）である。費用償還では，善意と悪意（196条2項但書），必要費と有益費を区別する。

　この中で，他主占有に言及するのは，整理会の審議[1]で追加された191条但書のみである。過失ある滅失損傷に関し，善意者は現存利益に責任を限定されるのが原則であるが，他主占有の場合には悪意者と同様，全損害の賠償をさせる必要があるという説明であった。

　ここからは，現行民法起草者は，自主占有者と他主占有者の区別をこれらの付随的請求権の規律の際にも意識しており，損害賠償請求以外の，果実返還，費用償還の場合にも，自主・他主の区別に言及していないかぎりで，同様に規律する意図が読み取れることになろう。果たして，このような推測は妥当なものであろうか。むしろ，他主占有に関する一ヵ所が整理会で追加されたことに象徴されるように，十分意識されていなかったというのが真相ではなかろうか[2]。

　あとで検討するように，日本法よりは，他主占有者を意識した規律が多いドイツ法でも，部分草案，第一草案，第二草案と続く起草過程での原則的立場の

---

(1) 『法典調査会民法整理會議事速記録』（商事法務研究会版）67頁（穂積陳重発言）。

揺れ(3)もあり，なお占有の態様を意識して分化された規律は法典上不十分であり，判例・学説(4)は，この点に関して紛糾している（ドイツの判例は，ここでの付随的請求権制度を一般の法定債権（事務管理，不当利得，不法行為）等に対して排他的な特則と位置づける（起草者以来の）法理(5)を前提とするため，その前提を崩さずに対応するための法理(6)がさらに考え出され，いっそう見通しがきかなくなっている）。また，日本でもボアソナード草案ないし旧民法では，現行民法よりも，善意占有者において正権原の有無で果実返還の範囲を異ならせる(7)など，占有者の種類を意識した規律となっていた。

　目下，不当利得法では契約関係での不当利得調整を給付利得として，それ以外の利得関係と区別して，契約関係のルールをできるだけ清算の場面にも反映する努力が見られ，不当利得類型論と呼ばれ，その核心では学説(8)においてはほぼ異論のないところである。この観点からは，二当事者関係では，契約関係ルールが契約外ルールを排除すると考えればすむが，三当事者関係では，両ルールがどういう関係にあるのかが，問われることになる。他主占有者は所有者に自己の契約に基づく占有権原を対抗できない場面では，一方では，所有者との物権的な返還関係に立たされ，他方では，契約相手方との債権的関係に立つ。所有者との関係では，物権的規律が原則として優先するが，例外的に占有者側の事情を考慮する規律が優先する場合（典型的なものが善意取得，取得時効）も

---

(2) 『法典調査会民法議事速記録一』（商事法務研究会版）600頁下段において，189条〔善意占有者の果実収取〕の善意占有者に，容仮の占有者も含まれるかという本野一郎の質問に対して，穂積陳重は，もちろんそのつもりであり，容仮の性質の許すかぎりでできると答弁しているが，その「性質の許すかぎり」の中身の検討までには至っていないといえよう。

(3) Sibylle Rosenlöcher, Die Entwicklung des Eigentümer-Besitzer-Verhältnisses, Diss. Berlin (1990).

(4) Harder, Festschrift für Mühl (1981), S. 267 (273) は，善意占有者の収益返還，損害賠償の免除を規定する993条1項後段が規律のコアであり，これは自主占有者を念頭に置いているとして，他主占有者への適用は，明示の指示のある場合を除き，制限されるべきと主張する。この見解を支持するものとして，Handkommentar-BGB, 2.Aufl. (2002) Vor §§987-1003 RdNr. 2 (Eckert)。

(5) 法典自体が，不十分ながら，法定債権規定を援用している箇所があるため，逆に援用されていない箇所では，法定債権が排除され，補充的な適用ができないと解されやすい状況がある。

(6) Nicht-so-Berechtigte, Nicht-mehr-Berechtigte, Fremdbesitzerexzess. vgl. Medicus, Bürgerliches Recht, 11.Aufl. (1983), RdNr. 582 ff.

(7) 正権原がない場合には，消費果実については，利得消滅の抗弁を許すのみであった。

(8) 内田貴『民法Ⅱ債権各論』(1997) 522頁など。

◇第1節◇　はじめに

法典上の制度として存在する。この原則から派生するものとして，侵害利得の場面では，第三者との関係で出捐した取得対価は，損失者との関係では原則として無関係な事情として，控除ないし考慮されないというルール(9)が導出される。侵害利得返還請求権は物権的返還請求権と同質のものと考えるから，物返還の場合に第三者に支払った対価を所有者に対して償還請求できないのと同様と考えるわけである(10)。

　従来の類型論でも，上述したように，他人の物の処分に関してはかなり議論がなされてきたが，問題の困難さゆえもあり，なお十分ではない。他人の物の処分と類似している，他人の物の利用にもとづく使用利益返還義務(11)，とりわけ他主占有者のそれに関しては，より一層不十分である。

　例えば，土地賃貸借において，賃貸人が実は所有者ではなかった場合を考える。この場合に，真の所有者が所有権にもとづき，土地の回復ができることは問題ないが，それまでの土地利用の価値はどのように調整されるべきなのか。賃貸人に対するものと賃借人に対するものが考えられ，それぞれいかなる基準で考えるべきなのかが問題となる。

　このような状況を前提とすれば，現時点で，占有者の種類に即した規律のあり方を再検討することになお意味があると考える。

---

(9)　四宮和夫『事務管理・不当利得・不法行為　上巻』(1981) 192頁，藤原正則『不当利得法』(2002) 260頁など。判例は，控除否定の立場に立つ，大判昭12年7月3日民集16巻1089頁と，控除肯定の立場に立つ，高松高判昭37年6月21日高民集15巻4号296頁（民法193条による原物返還の場合との権衡を失しない点を正当化するに際し，民法191条，194条を援用する）がある。どちらも動産の盗難ケースであるが，事実関係が異なり，判例法理はいまだ不明である。

(10)　その唯一の例外が，盗品等を公の市場等から善意で買い受けた場合に物の回復を代価弁償と同時履行とする民法194条のルールである。

(11)　従来は，無効・取消による給付利得の問題とあわせて論じられることが多かったが（山田幸二『現代不当利得法の研究』(1989) 401頁以下，花本広志「物から生じる収益と不当利得」(1)(2)(3)，判タ705号45頁以下，707号39頁以下，708号34頁以下 (1989)，油納健二「いわゆる「使用利益」返還義務についての一考察 ── 無効な利用型契約における「使用利益」を中心に」神戸法学雑誌48巻3号675頁以下 (1998)，同「不当利得と善意占有者の果実収取権 ──「使用利益」の問題を中心に」龍谷法学32巻4号118頁以下 (2000)，同「民法189条1項の果実の意義 ──「使用利益」の問題を中心に」(1)(2)(3) 山口経済学雑誌49巻6号165頁以下 (2001)，50巻1号83頁以下 (2002)，50巻2号83頁以下 (2002)），本稿では，問題の核心である，他人の物の賃貸借に検討の重点を置く。

◆第2節◆　ドイツ民法の起草過程と施行後の判例・学説

　ドイツ民法の起草は，1874年の準備委員会設置に始まり，部分草案，第一草案，第二草案を経て，1896年公布の現行民法につながる。所有者占有者関係に関する規定が，これら三草案において，いかなる変遷を遂げたかを特色として要約すれば，以下のようになろう(12)。

　まず，第一に，部分草案は，アクチオ的裁判規則から権利の規則への転回という立場から，所有者占有者関係の規律をできるだけ，一般的制度，すなわち，事務管理，不当利得，不法行為，履行遅滞等に還元して，それらの規定を指示する形で，構想しようとした。しかし，所有者占有者関係が，所有物返還訴訟に付随する調整という特性をまったく無視するわけにはいかなかったので，援用しつつ，特性に応じて修正するという難題を課せられることとなった。他方では，事務管理等の法定債権制度自体が，ドイツ民法起草過程と並行して，後期普通法の中で一般的制度として成熟する途上であったこともその難題をさらに複雑なものとした。このような背景事情が作用したためか，第一草案では，前述した部分草案の態度は大きく後退し，援用を必要最小限とし，所有者占有者関係を独自の規律として構想する方向へ転換した(13)。

　第二に，沿革上，賃借人等の他主占有者は，単なる所持者（detentor, Inhaber）として，所有物返還訴訟の被告適格から，はずされていた。賃借人等が所有者から返還請求を受けた場合には，賃貸人等の自主占有者に告知し，自主占有者が訴訟を受けて立つ仕組みであった。第一草案は，この区別を維持しつつも，効果としては，被告適格や責任を自主占有者と同様に認めた。第二草案は，間接占有という概念を導入し，占有概念を拡張した上で，返還訴訟の被告適格を直接占有者に限定した(14)が，第二読会でこの制限を撤廃し，被告適格を一

---

(12) Die Vorlagen der Redaktoren für die erste Kommission zur Ausarbeitung des Entwurfs eines Bürgerlichen Gesetzbuches, herausgegeben von Werner Schubert, Sachenrecht TEIL 1. (1982) S. 1019-1021; Roland Wittmann, Begriff und Funktionen der Geschäftsführung ohne Auftrag (1981) S. 60 ff.; Haralambos Dimopoulos-Vosikis, Die bereicherungs- und deliktsrechtlichen Elemente der §§ 987-1003 BGB, (1966) S. 58 ff.

(13) 於保不二雄『物権法（上）』(1966) 197頁は，事務管理以下の一般的法律制度と，所有者占有者関係における特殊性の関係について，前者の一般的制度が近代法において確立した際に，後者との関係が十分意識され，考慮されておらないとして，なお検討の必要を示唆する。

(14) E Ⅱ §899 S. 2.

◇第2節◇　ドイツ民法の起草過程と施行後の判例・学説

般化した。

　占有者の収益収取権[15]に関しては，訴訟係属（987条），無償取得（988条），（重過失を含む）悪意（990条），通常の経営による収益（993条）という諸基準で限定されている。したがって，善意占有者の果実取得権といっても，訴訟係属前，有償取得，無重過失，過剰果実ではないという限定が周到に付され，日本と規範状況がかなり異なることに注意が必要である。また，占有取得が不法なものである限り，不法行為に基づく損害賠償が成立する（992条）から，盗人等は，所有者占有者関係規定による優遇は得られないこととなる。

　他主占有者の責任に関する規定は，988条以外には，収益・損害賠償に関する悪意占有者の責任規定（990条）は，間接占有者も同様の責任が成立する場合のみ，他主占有者に適用されるとするもの（991条1項）と，間接占有者に対して責任を負うかぎりで，訴訟係属後の損害賠償責任を他主占有者が善意であっても負うというもの（991条2項）がある。

　無償取得の場合に不当利得返還義務を規定する988条は，第二委員会によって初めて導入され，無権利者の無償処分にもとづく受益者の不当利得を扱う816条1項2文と同趣旨のものと説明された。文言からは，自主占有者と物権的利用権の有効な存在を信じた他主占有者のみが対象であるが，解釈により，債権的利用権者の場合も含められている[16]。有償取得者のみが果実取得につき優遇される点を，第一草案に存在し，第二委員会で削除された請け戻し権（Lösungsrecht）[17]の部分的代償と位置づける学説[18]も多い。

　他人の物の賃貸借は，無権利者の「処分」の際の不当利得を規定する816条の準用ないし類推適用の可否と関連して論じられることが多い[19]。

----

(15)　ドイツ法では，Nutzungは天然果実，法定果実，使用利益を含む概念として，100条に定義されている。また，善意占有者の分離による天然果実取得は，自主占有者につき，955条，他主占有者につき，956条が用意されている。そして，これらの規定が果実の物権的帰属を決定し，所有者占有者における収益規定は，債権的調整に関するルールであると理解されている。

(16)　現在の判例・通説，MünchKomm-Medicus, Band 4, 2.Aufl（1986），§988 RdNr. 4.

(17)　EI §§939-941: 盗品等のため買主の善意取得の成立が否定される場合に，無権利者である売主に支払った当該動産代価相当額の賠償請求権を所有者に対して取得し，それに関し当該動産上に留置権を取得するという，日本民法194条と同趣旨の制度。

(18)　Staudinger-Gursky, 12.Aufl.（1980），§988, RdNr.1.

(19)　Staudinger-Lorenz, 12.Aufl.（1979），§816, RdNr. 6; Soergel-Mühl, 11.Aufl.（1985），§816, RdNr. 19.

321

◆第3節◆ フランス法と日本民法の起草過程

　フランス民法は，占有者を真の占有と仮の占有という，自主占有と他主占有にほぼ対応する区別を設け，個別的問題ごとに異なる法律効果を与える[20]。また，善意占有者の果実取得は，（瑕疵ある）所有権移転名義で（un titre translatif de propriété）引渡を受けた，真の占有者に限定される（550条）[21]。占有訴権は三種類あるが，仮の占有者が用いることができる場合は限定されている。取得時効は真の占有に限定される。このため，日本法やドイツ法での，三当事者関係に対応する，仮の占有者を含めた問題は考察の対象として出てきにくいと考えられる[22]。

　ボアソナード草案[23]は，当時のフランス民法の状況の反省の上に立ち，占有規定を彼独自の観点で再構成した。善意占有者を正権原の有無で二種類に分け，悪意の場合と合わせて，三段階に区分し，その効果を異なって規律した（財産編206条，207条）。略述すれば，正権原なき錯誤善意占有者には，消費果実につき，利益を得なかったことの立証を認め，そのかぎりで返還義務を免除した。他方，正権原ある善意占有者は一律にこの返還義務を負担せず，悪意占有者は一律に返還義務を負う。

　正権原がある善意者の保護の理由は，かような占有者は，通常自己の権利の存在を信じて，収取果実を処分し，保存するとしても第三者への売却の約束をすることがあり得，かくして後に返還をせざるをえないとすれば，彼の生活は破滅すると。他方，真の所有者が自己の権利を知らせないのは，占有者の不注意よりも重大な不注意だと。

---

[20]　フランス法の占有理論につき，川島武宜編『注釈民法(7)』（1968）5頁以下（稲本洋之助執筆），Carbonnier, Droit civil, Tome 3, 16e édition 1995, no 123.

[21]　判例によって，権原の誤想の場合にも適用が拡張されている（Cass. 1re civ., 5 déc. 1960）。

[22]　MARIE MALAURIE, LES RESTITUTIONS EN DROIT CIVIL, 1991, p. 163 et suivre も，二当事者間での果実返還の問題のみに言及している。なお，フランス法では，他人物賃貸借は，他人物売買と同様に，債権契約としても無効であるとすれば，賃借人も不当利得の債務者となりうるように思われるが，そもそも所有物返還請求訴訟の被告適格を有するのか否かが問題である。

[23]　PROJET DE CODE CIVIL POUR L'EMPIRE DU JAPON ACCOMPAGNÉ D'UN COMMENTAIRE par G^{ve} BOISSONADE, Nouvelle édition, Tome 1, 1890, pp. 419. あわせて，『ボワソナード氏起稿再閲修正民法草案註釈第二編物権ノ部』（ボワソナード民法典研究会編ボワソナード民法典資料集成後期Ⅰ‐Ⅱ）118頁以下（条文は，706条，707条に対応する）も参照した。

◇第3節◇　フランス法と日本民法の起草過程

　正権原がない善意の占有者の例として，先順位の相続人や遺贈の存在を知らずに相続財産を占有する場合，相続財産に含まれない不動産を真の相続人が占有する場合，明文で認められた名義変更の2つの場合，元来の暫仮名義（titre originairement précaire）が正当名義（juste titre）に変更したと信じた権利の錯誤の場合，誤想の名義（titre putatif）の場合を挙げる。その理由として，錯誤が正当の名義にもとづかない場合に，そうである場合に比し，若干の保護の考慮が必要としても，果実を獲得するのは，普通の公義と条理に反するという。旧民法も同様である（財産編194条，195条）[24]。

　現行民法起草者は，さらにその再構成により，占有を「自己の為にする意思」という形で一般化し，所有の意思（自主占有）より拡張した[25]。この結果，果実取得権に関しては，善意占有者と悪意占有者の二種類となった。

　この点に関し，起草者穂積陳重は，善意であるかぎり正権原の有無にかかわらず，いずれの場合にも果実を安心してとれるということでないと不都合である，占有保護の目的を貫くのに適すると述べた[26]。これに対して，土方寧は，過失でも保護されることについて疑問を述べた[27]。これに対して，穂積は，果実を他人に譲渡する場合もあるので，その他人も含めて保護するのだと述べる[28]。他方，過失は，不当利得，不法行為で別途考慮すればよい[29]と説く。また，他主占有の場合の規律は異なるのではないかという土方の指摘もあった[30]。

　現在の視点からは，起草者の理解に対しては，以下のような批判が可能である。第一に，ボアソナード草案における，自主占有の取得態様に応じた効果の分化は，現在の有償取得への制限解釈提案と同じ方向をめざしているといえ，

---

(24) CODE CIVIL DE L'EMPIRE DU JAPON ACCOMPAGNÉ D'UN EXPOSÉ DES MOTIFS. TOME SECOND (1891)（信山社復刻版），pp. 193.
(25) もっとも，このような占有概念の一般化（所有意思から自己のためにする意思への転換による，法定占有と容仮占有の統一化）は起草委員，審議委員の中でも徹底されておらず，占有の定義規定（現180条，梅謙次郎は，受寄者は賃借人などと異なり，自己のために占有していないと述べる，前掲『速記録一』595頁下段），代理占有の規定（現181条），占有訴権の原告適格規定（現197条，この箇所の審議の際に，現197条後段に対応する修正提案が起草委員からなされたが，占有概念の転換が容易でなかった証左とみることができる，前掲『速記録一』678頁上段）などで，議論が生じている。
(26) 『法典調査会民法議事速記録一』（商事法務研究会版）644頁上段（穂積陳重発言）。
(27) 前掲書647頁上段。
(28) 前掲書647頁下段。
(29) 前掲書648頁上段。
(30) 前掲書653頁下段。

それを捨象してしまった一律の善意占有者保護への転換は，一般不当利得法の観点からも，過度の保護といえるのではないか。第二に，占有制度の一般化に伴い生じた，他主占有者の所有者占有者関係への編入は，正権原なき自主占有とも異なった規律を必要としたはずであるにもかかわらず，整理会での191条但書の追加のみで終わったのは，この点の認識がほとんどなかったことによろう。第三に，不当利得，不法行為等の法定債権関係規定との関係づけが不十分であり，単純に競合ないし並存すると考えられていたふしがある。しかし，これでは，この箇所になぜ特則を重ねておくのかの認識がなかったと批判されよう。

◆第4節◆　日本の判例と学説

　大判昭13年8月17日判決（民集17巻1627頁）(31)は，土地の二重譲渡において，先に登記を具備した第二買主が第一買主からの賃借人に対して登記具備後の賃料相当額を請求した事件である。原審が，不当利得した者は，賃料を収受したかもしくは賃料債権を有する賃貸人であって，賃借人ではない，直接の因果関係がないとしたのに対して，大審院は，賃料に未払部分があるかぎり，賃貸人への支払を拒絶でき，賃借人が不当利得しているとして，支払の有無を確認するため，破棄差戻した。

　学説は以下のようである。川島説(32)は，賃借人について，約定賃料に関しては，賃貸借にもとづいて約定賃料の支払義務を負うものとして占有するから，このかぎりでは189条の「善意」占有者ではないが，約定賃料と相当賃料の差額については，賃借人が賃貸人の権限を信ずるかぎりで，その支払義務なきものとして占有し，189条の「善意」占有者に他ならないとする。我妻説(33)は，賃貸人は善意者の果実収取権を援用できるかぎりで不当利得とならないとし，

---

(31)　評釈として，石田文次郎・法学論叢40巻3号514頁（当時の判例が採る直接の因果関係法理に言及せず解決した点を評価），板木郁郎・法と経済11巻2号235頁（処分者がその物を第三者から購入するについて支払った代金を控除できるかという問題と理論上まったく性質を同じくするとし，この問題につき，大審院が昭和12年7月3日判決で消極説を採り，本判決で賃貸借の場合に積極説を採った点で，判例法理の不安定性を見る），岡村玄治・新報49巻3号471頁，川島武宜・判例民事法昭和13年度103事件，谷口知平・民商9巻3号457頁（賃借人の善意悪意は，未払相当賃料に対する法定利息の返還を認むべきか否かの差異を生ずるのみで，相当賃料自体の返還義務の存否には影響がないと考えるべき）。

(32)　川島武宜・判例民事法昭和13年度103事件。

賃借人については，未払のかぎりで，直接の不当利得債務を負担させる。もっとも，賃料が普通より低廉の場合には，その差額が不当利得となる。また，使用貸借のように，無償で用益させた場合には，（ドイツ民法816条1項2文の議論(34)を参照しつつ）無権利者の無償処分と同視して，その利得の返還を賃借人から請求できるとする。広中説(35)は，川島説の影響を受けつつ，借賃の額が相当額よりも低廉の場合は，差額を賃借人から請求できるが，賃借人が，賃貸人に所有権ないし賃貸権限があると信じたかぎりで189条1項の保護が与えられるとする。鈴木説(36)は，賃借人の利用利益は，真の所有者との関係では，いわゆる「他人の財貨からの不当利得」であり，賃貸人に支払った地代は考慮されないとする。その結果，賃借人善意の場合は，189条1項により返還義務を免れ，悪意の場合は，地代支払済みの場合でも返還義務を負うと考える。利用済み期間の地代が未払の場合，真の所有者はこの未払地代を賃借人に直接請求できず，地代債権の移転のみを請求できるとする。三宅説(37)は，悪意の賃貸人につき，190条にもとづき，客観的に相当な賃料額の償還義務を負うとし，これは不当利得ではないから，受け取った賃料額には関係がないとする。賃借人も189条，190条の占有者に含まれると解すべきであるが，規定が簡略すぎ，解釈による修正が必要である。ドイツ民法991条1項（悪意占有者の果実返還・損害賠償責任につき，他主占有者の場合には，自主占有者・間接占有者も同様の要件を満たす場合にのみ，責任が発生するという規定(38)）を参考として，賃貸人が償還義務を負うことを賃借人の190条による責任の要件とすべきであるとする。

　以上の判例・学説については，以下のようにまとめることができる。

---

(33) 我妻栄『債権各論中巻一（民法講義V₂）』(1957)[621]，『債権各論下巻一（民法講義V₄）』(1972)[1515]。賃貸人の賃借人に対する賃料支払債権の移転の構成も考えるが，最終的には本文のように，判例の立場を支持する。

(34) ここでは，他人の物の無償処分において，その法律効果は，無償受領者への受領した物自体の返還義務と考えることに異論はない。なお，ドイツ法の文脈を離れれば，無償処分で処分者が常に利得責任において免責されると考える必然性はなく，議論の対象となっている。

(35) 広中俊雄『債権各論講義（第6版）』(1994) 148頁。

(36) 鈴木禄弥『借地法上巻（改訂版）』(1980)[2021]。なお，226頁注(13)では，賃貸人に対して未払の賃借人が，真の所有者の請求に応じて仮に支払った場合に関して，以下のように述べる。賃貸人の所有者に対する不当利得返還債務を第三者弁済した形となり，賃借人は賃貸人に対する求償権と賃貸人に対して負う地代債務を相殺するということで処理することが可能とする。

(37) 三宅正男『契約法（各論）上巻』(1983) 649頁以下。

(38) 賃借人から賃貸人への求償を回避する目的とされるが，立法趣旨は明確ではない。求償権が現実に成立しうる場合に限定解釈せよとの学説がある。

まず，判例はいかなる理論を念頭に置いているかが明確ではないが，賃貸人については，民法189条1項の適用で判断し(39)，賃借人については，賃料債務の履行状況を考慮して，不当利得の成否を判断する立場である。ただ，前掲大判昭和13年判決は，原審が，賃貸人を収受した賃料と未収賃料債権により，唯一の利得者としたのに対し，未払部分は賃借人は支払拒絶できるから(40)，賃借人が利得者となるとした。

これに対して，学説では，賃借人への請求に際し，契約関係を所有者の請求において考慮する立場と考慮しない立場に大別できる。川島説，我妻説，広中説が前者に分類される。広中説は，賃料の相当性を考慮し，相当でない場合には，差額の請求を認めるが，賃借人の善意によりこの返還請求が排除されるとする。他主占有者への189条の適用を独自に提案する構成で注目される。しかし，根本は，契約関係（規範）への信頼を物権関係に関係づけ，ないし転用する視角といえよう。他方，契約関係での履行状況を所有者との関係で考慮しない立場，両者の処理を峻別し，並存させる立場として，鈴木説が挙げられる。賃借人の責任の成否は189条のみで判断され，未払賃料債権は，賃貸人からの移転という方法でのみ可能とする。

対価控除否定ルールは，買主等の自主占有者を念頭に置いたものであるが，賃借人等の他主占有者の使用利益等にも同様に適用可能であろうか(41)。また，使用収益対価収受権者というものを想定し，真の所有者に対して負う債務をその外観を有する者（ここでは賃貸人）に対して支払ってしまったという構成で，

---

(39) （親族会の同意がない）取消原因ある売買にもとづき善意で占有した買主の使用利益を返還義務なしとした大判大正14年1月20日民集6頁がある。

(40) この点については，前掲川島判批など，他人物であることが判明した点と賃料拒絶の関係について，学説の批判がある。土地の賃貸借の債務不履行による終了と建物賃貸借の帰趨については，最判昭45年12月24日民集24巻13号227頁が土地賃貸人と建物賃借人との間で敷地の明渡義務が確定されるなど，建物の使用収益が現実に妨げられる事情が客観的に明らかとなるか，又は建物賃借人が現実の明渡を余儀なくされたときに，初めて終了すると述べ，賃貸借の債務不履行による終了と転貸借の帰趨については，最判平9年2月25日民集51巻2号398頁（山下郁夫・最判解民平9年度220頁）が賃貸人が転借人に対して目的物の返還を請求した時に，転貸人の転借人に対する，目的物を使用収益させる債務の履行不能により終了すると述べる。現在の判例の立場からすれば，単に他人の物の賃貸借であることが判明しただけでは賃貸借関係の終了は生じず，より客観的な事情が必要となろう。なお，本判決が賃料支払拒絶に言及した点は，民法576条の賃貸借への準用が念頭にあると解すべきであろう。最判昭50年4月25日民集29巻4号556頁は，無断転貸が背信行為とされた事案において第三者（賃貸人）からの明渡請求を要件として576条準用による賃料支払拒絶権を転借人に認めることを明言した。

◇第4節◇　日本の判例と学説

民法478条の準占有者への弁済法理を参照することは可能であろうか。他方，民法189条が規定する善意占有者の果実取得権につき，その適用範囲を有償取得に限定的に解釈しようとする傾向(42)が顕著である。この傾向は他主占有者の場合にはどう適用すべきなのであろうか。さらには，前記の対価控除否定ルールと有償取得への限定解釈傾向を持ちつつある果実収取権は，一見矛盾する内容のようであるが，その関係はどう理解すればよいのか。

　対価控除否定ルールにおいては，利得と損失の総体を差額計算する発想の上に立ちつつ，物の取得対価が利得からの控除項目となるか否かが問題とされた。損害賠償における損益相殺に対応する問題である。そこでは，利得したが故に当該出費を利得者がしたという意味での，利得との関連性ないし因果関係が問題とされた。現在では，信頼損害といえるかどうかという観点に洗練されている。不当利得類型論では，取得対価の控除否定の根拠として，侵害利得の物権的請求権の代替性，したがって物権的請求権に対して抗弁として主張し得なかったことは，侵害利得に対しても主張しえないという類比的論拠が持ち出される。

　果実収取権の限定解釈傾向については，ローマ法以来の沿革をもつ規定ないし制度の現代法上での正当化が目指される。債務不履行，不当利得，不法行為等の一般的法制度が確立した後にも，沿革的色彩をもつ諸規定の純化ないし一般的制度との相互調整が必要であったにもかかわらず，未調整の部分が多いが，これもその一例(43)である。日本法の場合には，有償取得に限定するドイツ法，所有権取得名義を要求するフランス法や旧民法と比較して，前述したように，善意占有という要件に不当に抽象化，一般化してしまった点があり，この再調

---

(41)　篠塚・前田編『新・判例コンメンタール民法8　契約［3］・事務管理・不当利得』(1992) 266頁［松岡久和執筆部分］は他人物の無権限使用の項目で，返還すべき利益の取得対価は控除できないという原則と同じ性格のものであると指摘する。他方，藤原正則『不当利得法』142頁，千葉・藤原・七戸『民法2物権』（有斐閣アルマ）(2002) 171頁［藤原正則執筆部分］は，他主占有者には同様の問題は起こらないと考えるようである。

(42)　Staudinger-Gursky, 12.Aufl. (1980) Vorbem. zu §§987-993, RdNr. 3. 日本では，花本広志「物から生じる収益と不当利得」(3)，判夕708号44頁以下 (1989) が，善意有償無過失で対価は履行済を要件として掲げ，同論文45頁注(19)では，対価の一部支払の場合には，その額の限度で収益返還義務を免れさせるべきであると述べる。私見によれば，既にドイツ法の箇所で指摘したように，日独の前提となる規範状況がかなり異なるので，対象（不動産か動産か）に応じたより慎重な検討がなお必要と考える。

(43)　ほかの例として，民法575条がある。拙稿・私法判例リマークス16号60頁以下参照。

整が必要となる。すなわち，善意自主占有者の抽象的保護（quasi suam rem neglexit: 自己の所有する物の管理を怠ったかのように）から，取引安全保護というような，より具体的な根拠づけに移行し，取引態様での取得に限定するといった，要件への反映の必要がある。

　まず物取得対価との考慮すべき異質性として，賃料は継起的対価支払であるが，それは，物（取得）自体ではなく，使用利益（果実）に関係づけられている。この点は，善意占有者の信頼の内容が，自主占有の場合には，有効に所有権を取得し，所有者として当該目的物を使用収益処分できるという信頼であるが，他主占有の場合には，所有者をはじめとする，賃貸の権限を有する者から，継続的対価支払との関連で，有効に利用権原を得て，その範囲で賃借人としての契約上の履行義務を果たしつつ，使用収益できるという信頼であり，信頼の範囲が限定されている点に特色がある。後者の場合には，所有者が自己以外の他人であることは前提とされている。

　民法191条が，善意自主占有者の場合には，物の有責な滅失・損傷において，現存利益の限度で賠償責任を負わせ，（善意）他主占有者の場合には，全部の損害賠償責任を負わせるのは，「自己の物」と信じての管理と「他人の物」を前提とした管理の相違を反映したものである。

　しかし，費用償還の場合と異なり，所有者の返還請求に対して，同時履行ないし控除請求などの抗弁理由とはなっても，独立の請求項目とはならない。この点では，物取得対価と同質性を有する。

　賃貸人に関していえば，189条に法定果実も含め，190条と異なり，現存果実，消費果実，過失による損傷ないし未収取果実を区別しないとすれば，前主からの取得が善意（有償）であれば，賃借人に対する未収賃料債権の部分も返還に及ばないということになるのであろうか。

　自主占有の場合に，有償取得と無償取得を区別したと同じように，他主占有の場合も，賃借人のような有償利用権取得の場合は，賃貸人に賃料を支払ったか，債務を負担しているかぎりで，所有者に対しては果実返還を免除されると主張できないのか。

　以上は，所有者占有者規定から出発した考察であった。逆に，不当利得法ルールから考察すると，どうなるか。

　賃貸人は，他人の物を賃貸することによって，（賃借人からの賃料回収の有無に関係なく）侵害利得としてその期間に応じた相当賃料額の返還義務を所有者に対して負おう。

　賃借人も，同様の義務となり，賃貸借契約上の問題は，賃貸人と賃借人の内

部関係として求償等により当事者間で処理される。以上が侵害利得の視点からの一応の結論である。

　まず，物の有責な滅失損傷に関して，善意自主占有と他主占有に異なる規律を与える 191 条は，使用利益に関しては，物の保存に関し善意自主占有者の一般的保護に疑念が投げかけられている今日では，直接の手がかりとならないといえよう。

　他主占有者特有の事情についていえば，まず賃料と使用利益の関係が問題となる。後者は相当賃料に読み替えることができるが，現実の賃料と異なる場合が問題である。とりわけ，その差額を他主占有者の契約合意への信頼を根拠に無視できるか否か，返還不要とできるか否かが問題である。また，果実の種類で区別するか否か，例えば，未払賃料を賃貸人における現存果実と考えれば，返還義務を課してよいかどうか。賃借人については，未払賃料は，有償取得対価に対応しないものとして，保護しないとすべきかどうかが問題となる。最後に，占有者一般において，利得責任を問う際に，過失を考慮すべきか否かが問題となる。

　解釈を施した上での所有者占有者規定は，簡略な規定であり，収益，損害賠償，費用償還相互の調整も含み（例えば，196 条 1 項但書），沿革上の不明瞭さが大きい。賃貸人に関して，現存果実に対応する未回収賃料債権部分の返還をも免除する理由は，不当利得法理から見ると，根拠づけがたいと思われる（189 条 1 項の賃貸人に関する制限解釈の必要）。逆に，賃借人に関しては，契約関係の物権関係への流用という点は自覚しつつも，賃料支払以外の負担がないという信頼を第三者出現前の既払部分に限定して保護すべきと思われるが，ここで準占有者への弁済法理を援用することもできよう(44)（使用収益対価収受権者構成）。

　未回収部分につき，債権移転請求の方法に限定するか，賃借人への直接請求を認めるか，は微妙な問題である。この問題を考えるに際して，他人物売買を扱った最高裁昭和 51 年 2 月 13 日判決（民集 30 巻 1 号 1 頁）が参考となる。この判決の事案は，所有権留保が付された登録自動車が転売され，そののちに所有権者により仮処分により，転買主から回収されたのちに，転買主が転売主に，解除の上で代金と利息返還を請求したのに対し，転売主側から，使用利益返還の抗弁がなされたものである。これに対して，第二審は，他人の物の売主には

---

(44)　この場合には，賃借人は，未払賃料を除き，不当利得返還義務を 189 条類推により負わないと考えるべきである。相当賃料との差額もこの信頼により免責されると考える。

損失がないとしたのに対し，最高裁は，解除の効果として生ずる原状回復義務の内容として使用利益返還義務を認め，破棄差戻したものである。これに対して，学説は，所有者ないし所有権の帰属とは別個に原状回復の内容を考える不当利得類型論・給付利得論から支持するものと，最終的な価値帰属者である所有者を考慮して反対するもの(45)に分かれている。

　思うに，所有者を最終的帰属者，他人物売主を暫定的帰属者と位置づけるならば，前者の所在が明らかとなっている段階では，後者からの使用利益返還請求は後退すべきではないかと考える。売買当事者間の契約規範を巻き戻しの段階でも考慮可能とする給付利得からの要請（与えたものを損失や帰属を考慮せず返還させる）は，所有者からの追奪がすでに実行された段階では，相対的に劣後すべきである。ただ，このように相対的に帰属者が段階づけられている場合には，その帰属状況を実現方法（原状回復方法）にも反映させるべきであり，具体的には，買主からの代金・利息の返還請求に対して，売主は，自己への支払請求ではなく，（のちに判決等で公的に確定されるはずの「所有者」のための）使用利益額の供託を抗弁できるにすぎないと構成すべきではなかろうか(46)。民法576条ないし578条は，売買契約履行段階で，買主に追奪の危険ある場合に，代金支払拒絶権を認めるものであるが，そこに含まれる原理を有償契約に関して一般化すれば，取引対象である物の帰属が争いとなった場合に，（代金支払，賃料支払などの）その物に関わる利益移動も暫時停止させ，物の帰属が判明したのちの真の権利者への還流に備えるルールととらえることが可能である(47)。その上で，そのルールを，契約履行後に追奪が現実化した場合の処理を考える際に援用すればよい。最判昭51の事案では，追奪が現実化しているから，所有者のための供託を要求できるにすぎないと考えたわけである。

　このような構成を，他人物の賃貸の場合に応用すればどうなるであろうか。所有権を主張する第三者の出現時点より支払拒絶権等が問題となり，さらに他人物賃貸であることが公的に判明した時点以降は，公的に確定された「所有

---

　(45)　学説の分布は，川角由和「双務契約の解除の効果に関する一考察」島大法学33巻2号1頁以下（1989）に詳しい。近時，この問題を給付利得と侵害利得の競合の観点から検討し，使用利益返還否定説を支持する見解として，潮見佳男『契約各論Ⅰ』（2002）109頁以下。

　(46)　トゥールは，他人の物の寄託において寄託物が受寄者の下で滅失損傷した場合に寄託者が受寄者に対して取得する損害賠償請求権について，同様の議論をしている。vgl. A.v.Tuhr, Grünhuts Zeitschrift, Bd. 25（1898），529（570ff.）。

　(47)　制度の趣旨理解として非常に近い見解として，広中俊雄・判例評論201号22頁（前掲最判昭50年4月25日の判例評釈）。

者」の賃借人への未払部分の直接請求ないし供託還付請求を認め、賃貸人から賃借人への請求内容については、賃借人に、所有者のための供託を請求できるにすぎず、賃貸人が仮に賃借人に自己への支払請求をした場合には、賃借人に既供託ないし（所有者への）既払の抗弁[48]を認めるべきであろう[49]。

日本民法では、賃借物について権利主張する者がいる場合に、賃借人に、賃貸人への通知義務（615条）を課している。前述した、民法576条ないし578条と併せて、賃借人と賃貸人の関係を考えるに際し、参考となる。

◆第5節◆　おわりに

本稿が扱った問題は、その核心に、第一に賃貸借当事者を対外的に一体として扱いつつ、賃貸人を対外的に前面に出し、賃借人の問題は内部関係として処理するスキーム（民法576条ないし578条が前提とする追奪における売主ないし賃貸人の前面化）とそうしないスキーム（他主占有の所有者占有者関係への編入による前記スキームの貫徹の困難化）の対立を含んでおり、第二に、他主占有を占有にかかわる諸問題の中で、どう位置づけるかという広がりをもっていた。本稿は、第一の点について、給付利得と侵害利得の相互作用を限定的に認めた上で、追奪の段階に応じた処理の分化を提案した。どちらがより正しいか、論理的にどちらに相対的に理があるかを速断できない性質の問題を含んでいるといえよう。ドイツ不当利得類型論を相対化する素材を提供する一例ということもできよう[50]。

---

(48) 四宮・前掲書218頁等のいわゆる筋違い抗弁の一種。
(49) 大阪高判昭56年9月22日下民集32巻9-12号873頁は、他人物賃貸借において、賃借人の支払拒絶権が継続している間は、賃貸人の賃料債権と所有者の不当利得請求権が併存すると構成し、判決等の確定により、賃借人が所有者に履行することで、これに対応する期間の賃料債権が遡って消滅すると説く。事案では、約1年分の賃料相当額の損害金について、所有者が請求放棄の裁判上の和解をしており、この部分についてはなお賃借人は賃貸人に対して支払義務があるとした。
(50) 原論文公表後の関連文献として、高秀成「他人物賃貸借と追認の効果について」民事研修692号（2014）2頁以下。

第4章

双務契約の清算

◆ 11 ◆　無効・取消しの効果

　無効原因のともなう契約で当該無効原因が主張された場合，あるいは取消原因のともなう契約で取消権が行使された場合，契約当事者は，無効原因の場合にはその効果として，取消原因の場合には取消権行使の効果としての遡及的無効のみなし効果（121条）として，不当利得（703条以下）にもとづき既履行の給付を相互に返還する義務を負う（改正法では121条の2が原状回復義務を明文化する）。この場合に問題となる点としては，同時履行の抗弁権の成否，果実・使用利益の返還義務などが挙げられるが，最も困難な問題は，給付物の滅失・損傷の場合の処理である。

◆ 第1節 ◆　同時履行の抗弁権の成否

　無効・取消しの場合一般につき，同時履行の抗弁権が相互に認められるべきかについては，学説・判例（後述）ともに肯定的である。議論があるのは，詐欺・強迫の場合である。被詐欺者や被強迫者に同時履行の抗弁権が与えられるべきであるのは当然として，詐欺者や強迫者自身にも与えられるべきかが議論されてきた。詐欺や強迫に通常含まれる不法行為の要素を不当利得返還義務の履行方法にも反映させ原則として抗弁権は与えられないとして，それにともなう派生的不利益（返還義務の遅滞責任，反訴提起の必要等）を甘受させるべきと考えるか（星野英一〔判批〕・法協91巻3号〔1973〕166，四宮『事務管理・不当利得・不法行為』上100頁注1，127頁注2，磯村保「契約の無効・取消の清算」私法48号〔1986〕49頁），逆に与えられないのは不法行為としての評価が強い場合に限定すべきで，原則として抗弁権は与えられると解するか（加藤（雅）『財産法の体系と不当利得法の構造』446頁以下，好美清光「不当利得法の新しい動向について（下）」判タ387号〔1979〕32頁），で対立がある。なお，後者の見解を採った場合に，抗弁権が与えられるべき原則的場合における不法行為的要素は，別個に不法行為による損害賠償を根拠づけるものか否かが問題となりうるが，この点は，不当利得と不法行為の関係理解に依存しよう。民法295条2項や509条が不法行為の成立を留置権や相殺の成立の消極的要件としていることはしば

しば抗弁権を認めない説から法体系上のバランス論として援用される。

なお，判例は，無効取消し一般についての抗弁権の許否につき，大審院時代には否定的であったが（錯誤による売買無効の場合につき，大判昭2・12・26新聞2806・15，売主の詐欺につき，大判大3・4・11刑録20・525），戦後，二つの最高裁判決（最判昭28・6・16民集7・6・629と，最判昭47・9・7民集26・7・1327）。事案と判旨の関係の問題性につき，星野・前掲〔判批〕，奥田昌道〔判批〕・論叢96巻1号〔1973〕87頁，辻正美〔判批〕・民商79巻5号〔1979〕115頁）により，個別的場合につき，肯定された。前者は，親権者が親族会の同意を得ないで未成年の子の不動産を売却したのちに取り消された場合，後者は，売主の代理人の詐欺により売主が取り消した場合（第三者詐欺を相手方（買主）が知る場合）を扱う。無効・取消しの場合一般に判例が同時履行の抗弁権を肯定したと解すべきかについては，なお争いがある（鈴木弘〔判批〕・曹時26巻1号〔1973〕144頁は傾向として肯定する）。

◆第2節◆ 果実・使用利益の返還義務

清算を履行の裏返しの関係と見て民法575条を類推適用して返還不要と考える立場（四宮・前掲書上132頁，好美・前掲判タ387号24頁），無効取消しの場合には等価性が必ずしも確保されていないことを考慮して相互に返還させる立場（磯村・前掲私法48号55頁），返還不要と必要を原則と例外の関係としてバランスが崩れている場合にのみ，575条が予定した状況ではないことを理由に例外ルールが適用されると考える立場（加藤（雅）・前掲書453頁以下，もっとも，共通に例外ルールを採ることも可能とする）などがある。最後の見解では例外的処理要件の主張・立証責任を返還を求める側が負担することになろうが，無効取消原因によって区別することも可能だろう。

◆第3節◆ 給付物の滅失・損傷の場合の処理

売主Aと買主Bが動産甲の売買契約を交わし，物の引渡しと代金支払がなされたのちに，Aが何らかの無効原因ないし取消原因にもとづいて契約の無効・取消しを主張したとする。その後返還前にABどちらにも帰責できない原因で甲が滅失ないし損傷した場合を考える。ABが相互に独立した不当利得返還義務として物の返還と代金返済を負うとすれば，この滅失ないし損傷は，Bの現存利得（703条）の減少と評価され，Bの返還義務のみを消滅ないし減少させ，

◇第3節◇　給付物の滅失・損傷の場合の処理

この不利益はAの負担となる一方で，Bは当初の代金全額をAから返還請求できることになる。このような考え方は，ドイツ法においては二請求権対立説と呼ばれてきた。

　この結論の違和感は，双務有償契約である売買の清算関係であるにもかかわらず，双方の返還義務の存続・消滅が独立して評価されている点に由来する。それでは，どのように双務性をその清算関係においても考慮すべきか。この点をめぐって，学説は議論を重ねてきた。その際手がかりとなるのは，解除の清算ルールとしての545条と，有効な双務契約の履行過程でのリスク配分ルールとしての危険負担制度（536条）である。

　まず，差額説と呼ばれる考え（ドイツの旧説）（ドイツ不当利得法における差額説の沿革については，Detlef König, Ungerechtfertigte Bereicherung, 1985. S. 86f.）は，返還すべき利得を双方の取得した給付の差額と見て，（にもかかわらず異種給付の場合は双方的返還関係を肯定するため）無責の甲滅失をBの返還義務の消滅のみならず，Aの利得の消滅としても控除可能とする。この結果，甲滅失の危険は，Bの負担となる。利得算定の技巧を介して双務性を考慮したことになる。

　同様の考慮は，危険負担の債務者主義をこの場面で採用すること（川村・前掲契約法大系Ⅶ 181頁，同「不当利得返還請求権の諸類型」判評77号〔1965〕2頁，四宮・前掲書上133頁），逆に，Bの返還義務を何らかの理由付け（財産上の決定など）により存続させることでも可能である（磯村・前掲私法48号52頁，藤原正則・不当利得法〔2002〕167頁。この考え方が新121条の2第1項の基礎にあるとされる）。この考え方は，それぞれ事実的双務関係説，新たな二請求権対立説と呼ばれる。

　最後の考え方の実益は，双務契約の対価性がくずれていた場合，たとえば，甲の客観的価値が代金額を上回っていた場合に，その差額について，Aに回復させることができる点であろう。差額説は，ずれの考慮を利得の差引計算の可能な限度でしか認め得なかったため不徹底であった。

　しかし，そもそも対価性のずれの回復を考慮すべきである場合とは，Aの代金決定の意思が無効原因・取消原因により直接影響を受けていたと判断できる場合に限られ，そうでない場合には，先行する事実としての双務性の考慮という評価に吸収され，そのずれは一応清算関係でも維持されると考えることもできよう（好美・前掲判タ387号32頁，DCFR Ⅶ.-5: 102(3)も同旨）。あるいは無効・取消原因の存在自体が，このような対価性決定に影響を与えたと判断すべき徴表であると原則的に考え，そこに解除による清算との差を見いだそうとす

るかで、異なってこよう。その極限として、詐欺・強迫の場合には、詐欺・強迫であること自体が誤って実行された契約の清算として処理することを否定する趣旨と理解し、侵害利得で処理する説（川村「返還さるべき利得の範囲」判評67号〔1964〕13頁、同「『所有』関係の場で機能する不当利得制度」判評144号〔1971〕15頁）もある。前者の立場に立てば、例外としての対価性のずれの調整の必要性が主張立証されないかぎり、考慮されないことになろう。後者とすれば、ずれの存在を自明視してずれの考慮が原則として必要となる。

　この点をどう評価して、双務契約清算のルールに取り入れるかの出発点が従来の議論に不足していたと思われる。対価関係のずれの調整（例えば、基本方針【1.5.51】〈5〉但書）の可否はその次の問題ではないだろうか。

　なお、対価性の考慮は、事実的双務関係説のように両債権の存続を認める立場のみならず、消滅の牽連性を認める立場でも可能だろう（萌芽的には、川村「給付利得制度」判評143号〔1971〕14頁、明確には、加藤（雅）・前掲書455頁、477頁注38。加藤（雅）は、対価的バランスの考慮は個別的に行い、不法行為にもとづく救済もあわせて活用可能とする）。

　Aが物の引渡しを先履行し、Bが代金支払前に甲が無責で滅失した場合はどうか。相互に独立に考える立場からは、Bの返還義務消滅はAの負担となる。差額説も（論理必然性があるかやや疑問であるが）同様に考える。この場合に、代金支払義務未履行にもかかわらずその双務性を考慮して、Bに価値償還義務を認めることが考えられる。この考え方は、前述した双方既履行で甲が無責で滅失した場合の立場如何にかかわらない。

　関連判決として、東京控訴院大正2年6月24日判決（新聞887・24）、大審院大正3年4月11日判決（刑録20・525）、東京地裁昭和2年5月14日判決（新聞2705・10）があるが、判例の立場は未だ明らかではない（分析として、川村・前掲契約法大系Ⅶ161頁以下、加藤（雅）・前掲書453頁注46）。

　なお、以上の場合に、危険負担制度が滅失につき帰責事由が当事者のいずれかに存する場合も含めて規定していることから、ここでも同様の議論がなされてきた。この場面での不当利得において、帰責性はどのように扱うべきなのか。双務契約の清算において帰責的要素の考慮を肯定する場合に、不法行為による救済の並存を認めるか。認めるとすれば、両者の関係はどう理解すべきか。

　そもそも、不当利得制度がニュートラルな清算制度をコアに持っているかという問題がある。非債弁済や現存利益の算定評価、不法原因給付などの実定法制度を見ても、その内実は返還拒絶における諸要素の評価、善意受領者の信頼保護の射程（そこには善意が無過失、無重過失等の基準をも含むか否かといった中

身の定義の問題もある）を問題としている。ましてや，双務契約清算の場面は，双務性考慮という形で，契約ルールの影響がかぶさってくる。不当利得制度に有責性・帰責性という要素を持ち込むべきではないからそれは不法行為で別途処理すべきという評価と，既存の不当利得制度のコアにすでにそのような帰責性の要素が内在せざるをえない点をどう整合的に説明できるのかという問題がある（藤原・前掲書167-168頁は前者の評価のみを重視するようである）。類推の対象とされる危険負担制度も実定法制度としては有責性を考慮している。紛争の判断基準の一体性の可及的確保，双務性の可及的考慮などの観点からは，体系的整頓は限界があるのではないかと考える。そうなってくると，双務契約の清算ルール（原状回復）は，評価的・帰責的要素を既に含んだ不当利得ルールを核としつつもそれに尽きない評価的・帰責的要素を双務性の観点からさらに加味した清算ルールというべきだろう（無効取消と解除の効果の統合を提唱するツィママンを受け，さらに消費者撤回権も含めた契約清算制度の統合を検討するClauss, Rechtsfolgendifferenz im Recht der Vertragsrückabwicklung, 2016 も同方向と言えよう）。さらに，橋本佳幸＝大久保邦彦＝小池泰・民法Ⅴ〔2011〕51頁〔大久保〕（無責滅失の場合の売主危険負担），私法74号〔2012〕68頁以下の森田宏樹発言（対価ではなく「合理的な価額」で制約すべき）を参照。

◆第4節◆ 片務契約・無償契約・利用契約の場合

　この点は，売買を典型とする双務有償契約の議論と比べて，実例も少ないためか，議論は低調である。利用契約の無効取消しについては，占有物の返還と使用利益（賃料相当額）の返還が成立し，前者の無責での滅失損傷は，売買の場合と異なり，所有者である貸主が負う（川村・前掲契約法大系Ⅶ184頁以下，四宮・前掲書上135頁，磯村・前掲私法48号55頁）。贈与の無効取消しの場合に目的物が滅失損傷した場合の処理につき，無責であれば，返還義務は消滅する。無責ではない場合に，善意・悪意を区別しつつ，善意の場合にどう考えるかで争いがある。自己の財産におけると同一の注意で返還義務を免れるとするもの（四宮・前掲書上131頁），善意であれば注意の程度は問わないもの（磯村・前掲私法48号47頁）がある。また，果実・使用利益は善意であっても現存するかぎり返還義務を負う。新121条の2第2項は，無償契約の無効・取消しについて，給付時に受領者が無効原因もしくは取消原因を知らなかった場合に現存利益返還義務に限定する。しかし，取消原因ないし無効原因の知と利得責任における善意・悪意の関係は困難な問題を含む。前者と後者は必ずしも直結しない

はずだからである（ド民142条2項はその対処として取消原因の知を取消し後は無効原因の知とみなす明文を置く）。当初より無効な契約の場合に，受領者が無効原因を知っていたからといって，当初より悪意者責任あるいは利得消滅なしとする扱いは妥当なのだろうか。取消しなら取消権行使時，無効なら無効主張の時点から考える必要はないかという疑問を持つ。

◆ 12 ◆ 制限行為能力者の返還義務についての特則

＊歴史的事実を扱う性質上，平成11年改正前後の用語が混在することについて了承されたい。

◆ 第1節 ◆ 問題の所在

現行民法121条は以下のように規定する。

「取り消された行為は，初めから無効であったものとみなす。ただし，制限行為能力者は，その行為によって現に利益を受けている限度において，返還の義務を負う」。

すなわち民法121条但書は制限行為能力者の取消しによる償還義務の範囲を「現に利益を受けている限度」と限定し，他方で不当利得返還義務の一般規定である703条は善意の利得返還義務者の返還義務の範囲を「その利益の存する限度において」と限定する。この類似する表現の意味内容が同一か，若干異なるのかが，従来争われてきた。前者は規定の位置から，制限行為能力者の返還義務の範囲の軽減の趣旨であることが推測できるが，もし後者と同一内容だとしたら，善意の能力者の返還義務と異ならないこととなり，義務軽減がないこととなり，矛盾をきたすからである。

この点については，現行民法起草に関与した者の解説（梅，富井）をはじめとして，様々な解釈の試みがなされてきた。

初期の学説においては，121条が命ずる義務につき，不当利得説と原状回復説が対立したが，今日では克服されている（この点については，奥田『注民』第4巻267頁以下に詳しい）。しかし，121条の文言が不明確であることがこの対立の原因であったことは確かであり，その根源にはフランス法理とドイツ法理の混淆の過渡期がある。後掲大審院明治45年2月3日判決は民法施行後の判決であるが，フランス法理を文言上残す民法121条とドイツ法理を体現する703条の間に挟まれて，混乱に陥っている。

学説の分布は以下のようである。

起草者の見解として以下のものがある。梅『訂正増補民法要義巻之一総則編（明治四十四年版有斐閣復刻）』313頁以下（取消しにより既に受け取ったものはこ

第 4 章 ◆12◆ 制限行為能力者の返還義務についての特則

とごとく返還する義務があるのが原則であるが，無能力者に損害を与えないという趣旨が貫徹されないので，但書が必要，金銭を浪費すれば全く返還の要がない，もっとも有形の利益が残っている必要はなく，無形の利益が残っていれば返還の要あり，能力者と無能力者では浪費について適用が異なる，121条本文は明瞭を欠く），同『訂正増補民法要義巻之三債権編（大正元年版有斐閣復刻）』867頁（知能未発達または不完全のため，一旦受けた利益をたちまち失うことが多い，無能力者が貸借を浪費した場合に返還の義務がないのはこの理由による，能力者の場合は，これに反して，受けたる利益は直接または間接に残っていると見るべきであり，返還義務があるのである），富井『民法原論第一巻総論（大正十一年版有斐閣復刻）』550頁以下（無能力者は往々思慮なく消費することがあるから，取消権を認めた趣旨を一貫させるために但書がある，無能力者の場合には，受け取った金銭を消費または贈与した場合には償還の義務がないが，能力者の場合には，もし受益がなければ通常自己の財産を用いてこれらの処分をしたものと見ることができ，財産減少を免れている点で利益が残存しているとみなすべき，もっとも法文は明瞭ではない）。

　その後の体系書として以下のものがある。我妻『民法総則（民法講義Ⅰ）』(1972) 397頁以下（後掲大判昭14・10・26を引きつつ，浪費の場合は利益は現存せず，返還義務なしとする。後掲大判大5・6・10と後掲大判昭7・10・26を引きつつ，必要な出費に充てた場合は残存するとする。利得が現存しないことの挙証は無能力者側と解すべき，浪費者の場合の利得の消滅の推定をする後掲大判昭14・10・26を一般化するのには反対），502頁（昭47の補注：債権各論下巻一（民法講義V4）〔1972〕1057，1071頁における，善意の利得者の返還義務に関して，自分の財産に関する普通人としての管理（659条）を誤ったことによる損失や出捐については利得の消滅を認めないという改説に対応して，無能力者の場合は，悪意の場合以外に，かような場合でも利得の消滅が認められるという相違も生ずる），川島『民法総則』(1965) 423頁（未成年者に対して取消権者が所有権にもとづく請求をなす場合にも189条以下ではなく，121条但書が適用されると解する，現存利得の立証責任は請求者にあると解する），幾代『民法総則（第2版）』(1984) 433頁以下，石田(穣)『民法総則』(1992) 93頁（703条は不当利得者が善意無過失の場合の規定と解すべき，過失がある場合には法律上の原因に対する正当な信頼があるとは言えないから，起草委員も同様の理解をしていたとする），同484頁（利益の減少・消滅につき帰責事由のない無能力者が不測の損害を蒙るのを防止，取消原因を知っている場合でも帰責事由があるとはいえず但書が適用される，したがって121条但書と703条は帰責事由なく利得した者が不測の損害を受けるのを防止するための条項として同趣旨の規定），『注民』第4巻281頁以下〔奥田昌道〕。

◇第1節◇　問題の所在

　後掲大審院昭和7年10月26日判決の解説として，以下のものがある。星野英一＝平井宜雄編『民法判例百選Ⅰ総則・物権』〔第3版，1989〕90頁〔奥田昌道〕（1，2版も同様）と星野英一＝平井宜雄＝能見善久編『民法判例百選Ⅰ総則・物権』〔第5版，2001〕88頁〔潮見佳男〕（4版も同様）。

　個別論文として以下のものがある。遠藤浩「無能力者保護と不当利得」『不当利得・事務管理の研究』(3)（谷口還暦記念）〔1971〕109頁以下，山田幸二「行為無能力を理由とする未成年者保護の制限について」商学論集（福島大学経済学部）49巻1号〔1980〕1頁以下，高橋眞「『現存利益』について」月刊法教191号〔1996〕39頁以下（占有者の責任規定と対比），谷口知平『不当利得の研究』〔1949〕428頁（無能力者の行為はそれ自体社会的に価値を否定されるところの客観的意味における過責ある行為であり，現受利益の存否に争いある限り存在するものと解すべき，ただし過責の考量の枠組みにおいて相手方の過責との関係で，存否の認定は有利にも不利にも作用する），川村・前掲判評143号9頁（121条但書は制限行為能力者の一般的免責ではなく，責任能力が肯定される限りで，無効ないし取消可能性についての悪意または重過失による不知のもとで返還義務を不可能にする行為をした場合は，帰責事由ある履行不能として不履行責任を負う。また，現存利益についても，金銭では，能力者の場合と異なり，責任財産への包摂・融合が財産管理能力の不存在により生ぜず，その結果として，浪費が無条件の利得消滅原因となり，立証も相手側に転嫁される。なお，川村泰啓『個人史としての民法学』〔平7〕では，ドイツ・モデルが英仏モデルに対して相対化されており，川村不当利得法体系もこの観点からの洗い直しが必要と考えられる），川角由和「703条・704条・705条・708条（不当利得）」『百年』Ⅲ 469頁以下（不当利得に関する各条の法典調査会審議の分析に詳しい）。

　当初から指摘された点は，浪費の点であり，最近では，704条の悪意者の責任加重が制限行為能力者では適用がないと解することで行為能力者の原則と差をつけることで存在意義を与える点である。

　起草関係者の叙述には，制限行為能力者の判断能力一般を能力者と対比して保護する傾きがあること，善意の利得者の注意義務を設定しそれを基準に利得の消滅の可否を決めようとする説（我妻新説）があること，121条但書を占有者の責任規定に対する特則としても理解しようとする説（川島），121条但書と703条を帰責事由なく利得した者が不測の損害を受けるのを防止するという趣旨で共通すると理解する説（石田穣），制限行為能力者の責任能力を前提に悪意の利得者責任が肯定される場合があることを示唆する説（川村）などが注目される。

343

第 4 章　◆12◆　制限行為能力者の返還義務についての特則

　これらの状況は，制限行為能力者の責任範囲を能力者のそれと異ならせようとする点で一応首肯できるが，条文の表現にその手がかりを直接求めることができない。それはいかなる理由にもとづくのであろうか。その点を次節で検討するが，制限行為能力者の判断能力を利得責任に関してどう考慮するか，ひいては一般不当利得責任に法的主体の注意義務を取り込むべきか否かが，占有者の責任規定とも関連して，問題となってこよう。

　次に，制限行為能力者の返還義務に関する判例は，以下のようなものがある。大審院明治 30 年 9 月 30 日判決（民録 3・8・37。未成年者に関する事件で，無能力者の場合には現存利益の証明責任を請求者側に負わせるのは，普通の法理とする），大審院明治 45 年 2 月 3 日判決（民録 18・54。取消しの効果として返還を請求する者は，取得利益を悉く返還する原状回復請求と不当利得請求を選択できることは言をまたざるところとして，いずれかを明らかにすべく破棄差戻し），大審院大正 5 年 6 月 10 日判決（民録 22・1149），大審院昭和 5 年 10 月 23 日判決（民集 9・993〔判民 96 末弘〕），大審院昭和 7 年 4 月 9 日判決（裁判例 6 民 110。準禁治産者に対する委託連帯債務者からの弁済にもとづく償還請求，準禁治産者自身の既存債務弁済に充てられたか等の審理不尽として破棄差戻し），大審院昭和 7 年 10 月 26 日判決（民集 11・1920〔判民 151 事件川島，前掲百選Ⅰ〔第 3 版〕の奥田，同〔第 5 版〕潮見各解説〕。生活費支弁および既存債務弁済については利益消滅を認めず，銀行預金がその破産によって回収不能となった点は利益消滅を認めている），大審院昭和 14 年 10 月 26 日判決（民集 18 巻 1157 頁〔判民 73 事件磯田が明治以来の判例の態度の変遷を指摘する，末川・民商 11 巻 2 号〔1940〕159 頁は法文の形式と立証の難易から判旨に反対する，また浪費者を特別扱いにする理由がなく，かえって濫用のおそれがあると指摘，眞田幸雄・新報 50 巻 4 号〔1940〕664 頁は挙証責任の転換ではなく，自由心証の次元で考慮すれば十分と指摘〕），東京高裁昭和 24 年 7 月 14 日判決（高民集 2・2・124。「被控訴人は他の物件の代金 7 万 1900 円と併せ総額 19 万円を受領し，これを以て直ちに別個の建物を建築したところ，不幸これが戦災により焼失し火災保険金 5 万円を入手し得たに過ぎないから，その 5 万円中本件建物の代価に対応する金 3 万 2000 円の限度において利益が現存するに止る旨主張するが，かかる事実は成立に争のない甲第 4 号証の一の記載だけでは未だこれを確認するに足らず，その他右事実を認むべき的確の資料はないので，被控訴人が受領した本件建物の代金額 11 万 8100 円は全部その利益現存するものと謂わざるを得ない」〔谷口知平〔判批〕・民商 26 巻 5 号〔1951〕334 頁は，経済事情の変更が根本の問題で，事案からは未成年者保護の趣旨は本件には及ばないとし，また一旦売却代金で建物を購入した以上その後の焼失は利益減少の理由とならないとする〕），東京地裁

◇第1節◇　問題の所在

昭和32年4月26日判決（ジュリ135・120。取消しによる未成年者の利得返還義務につき，利得者の善意・悪意は問題とならず，取消し時の現存利益の返還であり，本来履行期の定めのない義務であり，訴状送達により履行遅滞となるとする），最高裁昭和50年6月27日判決（金判485・20。浪費者である準禁治産者が借受金を全額賭博行為に浪費した場合には利益は現存しないとした原審の判断を正当とした），札幌地裁昭和56年3月18日判決（金判639・40。未成年者の有価証券売却代金の不当利得に関して，前掲大審院昭和14年10月26日判決は浪費者たる準禁治産者にかかわるもので無能力者一般の立証責任を扱うものではないとした），仙台地裁平成5年12月16日判決（判タ864・225。意思無能力による無効の場合に，121条但書を類推適用した事案。「なお，利得者が意思無能力者である場合には，意思無能力者は，そもそも契約の法的・経済的意味や金銭ないし金額の意味を理解するだけの精神的能力を欠いていて，しかも，後見人や保佐人がいないのであるから，たとえ金銭を受け取ったとしても，これを自己の財産として過失なく管理することも，有益な使途に費消することも，期待することはできず，しかも，事後的に金銭の管理・費消等の状況について調査しようとしても，意思無能力者の記憶が曖昧であることなどから，不可能であることが多く，利得した利益を喪失したことについて，具体的にその事由を特定して主張立証することは，通常困難であるが，他方，利得者の相手方が利得者の受け取った利益の現存について具体的な事由を特定して主張立証することも，利得者が意思無能力であったことについて悪意であったなどの特段の事情がない限り，極めて困難であり，彼此対照して検討するならば，利得者が意思無能力である場合においても，利得者の意思無能力につき悪意であったなどの特段の事情がない限り，利得者において利益が現存しないことについて，主張立証責任を負うものというべきである。ただ，意思無能力について一般的に認められる右に指摘した事情によって，利得者に利得が現存しないことについて，事実上の推認〔傍点筆者〕が働くものということができるであろう」）がある。なお，改正法121条の2第3項前段は，意思無能力者の返還義務をも現存利益に限定する。

次節の検討で明らかとなることであるが，判例は，民法施行前から施行後にかけて，フランス法的理解からドイツ法的理解に移行している。121条の返還義務のとらえ方，立証責任の所在などにこの点がうかがえる。前掲大審院昭和14年10月26日判決は，「浪費者である準禁治産者」に関して，浪費による現存利益消滅の推定を認め，返還請求者（原告）に浪費されていない事実の立証を求めたが，この判例を一般化することには反対の学説が多く，判例自体も，例外として位置づけている。すなわち，制限行為能力者の特性は，立証責任の所在を変更するものではなく，現存利益の存否に関する心証の段階で事実上働

345

くものととらえられている。その他の点も学説の理解が定着しつつある。

◆第2節◆　沿革からの解明

　ボアソナードが旧民法の草案を起草するにあたって念頭にあったフランス民法の条文は以下のものであった。「第3編所有権を取得するさまざまな方法　第3章契約又は合意による債務一般　第5節債務の消滅　第7款合意の無効又は取消の訴権」の中に位置していた。

　フ民1312条：未成年者，禁治産者又は妻がその資格のゆえにその約務を取り消すことを認められるときは，それらの者に対して未成年，禁治産又は婚姻の間にその約務の結果として弁済されたものの償還を要求することができない。ただし，弁済されたものがそれらの者の利益に転じたことが証明される場合には，その限りでない（訳は，法務大臣官房司法法制調査部編『フランス民法典－物権・債権関係』〔昭57〕112頁を参考とした。1938年改正で妻が削除され，1968年改正で禁治産者が成年被後見人となった。さらに，2016年改正で，原状回復の節中の1352-4条（未解放未成年者あるいは被保護成年者が負うべき原状回復はこれらの者が無効とされた行為から引き出した利益に減縮される）となった）。

　原文は以下の通りである（Facsimilé de l'édition originale de 1804, édité par la JURISPRUDENCE GÉNÉRALE DALLOZ 1982 を参考とした）。

　Lorsque les mineurs, les interdits ou les femmes mariées sont admis, en ces qualités, à se faire restituer contre leurs engagements, le remboursement de ce qui aurait été, en conséquence de ces engagements, payé pendant la minorité, l'interdiction ou le mariage, ne peut en être exigé, à moins qu'il ne soit prouvé que ce qui a été payé a tourné à leur profit.

　これをもとに，ボアソナードは以下のような草案（ここでは，ボワソナード民法典研究会編『ボワソナード民法典資料集成　後期IV』(G. Boissonade, Projet de Code Civil pour l'Empire du Japon accompagné d'un commentaire. Nouvelle édition Tomes 1-4. Tokio, 1890-1891)〔1998〕を用いた）と注釈（ここでは，ボワソナード民法典研究会編『ボワソナード民法典資料集成　後期Ⅰ－Ⅱ』（『ボワソナード氏起稿　再閲修正　民法草案註釈』第Ⅰ巻－第Ⅵ巻）〔2000〕を用いた）を作った。

　ボアソナード再閲修正民法草案1074条：丁年者承諾の瑕疵又は損失の為め其所為又は約束の取消しを得しときは此所為に因り受取りたるものを返還すべし

◇ 第2節 ◇ 沿革からの解明

無能力者其所為の取消を得しときは其所為に因り所得して尚お現存するものに非ざれば返還するに及ばず
（3項省略）

注釈を要約すると以下のようである。

能力者と無能力者に区別をなす。能力者の場合は異変によって受け取ったものを失ってもその同一物または同価物を返還すべきである。しかしこの原則はより強力な別の原則で修正されることがある。すなわち確定物を受け取り，過失なく，付遅滞前にその物が滅失または損傷した場合は責任が免除される（561条［Projet の条数がそのまま誤記されている］：確定物の給付義務の無過失履行不能による免責を参照させる）。不動産の売買で，売主は代価につき，利得していないことを証明しても，代価全額を返還する義務がある。他方，買主の場合は無過失であれば，残存不動産の返還でよろしい。

無能力者の場合は異なる。浪費したものについては返還する必要がない。この点は，無能力者と契約したことにつき不注意であった者の責任である。しかし無能力者が故意で浪費した場合には先の原則は制約される（以上は，前掲『資料集成後期Ⅰ－Ⅱ・第Ⅱ巻』874 頁以下。前掲 Projet, Nouvelle édition. Tomes 2, Art 574 に対応する）。

以上をまとめると，返還義務の成否を決める基準として，主体が行為能力者か制限行為能力者かという点，対象が確定物か金銭かという点，浪費か否かという点に着目していた。行為能力者の場合は，原則は，事故による滅失の場合でも，免責されない。ただし，確定物については，給付義務の一般理論に従い，免責される場合がある。他方，金銭の場合には，原則通り，免責の余地がない（現存利得消滅の抗弁が成り立たないという趣旨であろうか，現行 121 条本文の解釈として一部の判例・学説により原状回復説が語られる素地がここにある）。制限行為能力者の場合には，原則が現存利得に制限される。さらに，浪費した場合でも，現存利得の消滅が認められる。ここに，行為能力者の場合との差がある。行為能力者の場合には，浪費は現存利得を消滅させない。

これをもとにできたのが以下の条文である。

旧民法財産編552条（財産編第2部人権及ヒ義務第3章義務ノ消滅第7節銷除）
　承諾ノ瑕疵ニ因リテ行為ノ銷除ヲ得タル成年者ハ其行為ニ因リテ既ニ受取リタル総テノ物ヲ返還スル責ニ任ス
　無能力者ハ銷除ヲ得タル行為ニ因リテ仍ホ現ニ己レヲ利スル物ノミヲ返還スル責

ニ任ス
（3項省略）

　現行民法起草過程では，ボアソナード草案，旧民法が取消しの効果に関して，行為能力者と制限行為能力者の返還範囲を対比しつつ2項に分けて規律したのに対し，例外である制限行為能力者の返還範囲のみを但書で規定する方法に変更がなされた。起草者は，旧民法財産編552条を引きつつ，文字にいささかの修正を加えたのみで，意味は同じと説明する（『法典調査会民法議事速記録』〔日本近代立法資料叢書1〕1巻227頁下段〔梅謙次郎発言〕）。なお，参照条文にフ民1312条が挙げられている。「ド一草113」（ドイツ民法第一草案）の引用があるが，これは取消しの相手方の規定であり，ここに引用するのは適切でない）。能力者の返還範囲については，自明と見たのであろうが，不当利得の規定の審議に際して，ここで現存利得を制度の中核的キーワードとするに際し，すでに議定した無効取消しでの規定とそごをきたすことを明言し，整理会で調整することを以下のように約束した（この点の指摘はつとに，加藤雅信『財産法の体系と不当利得法の構造』〔1986〕350頁。ただし，加藤説は，現存利益の縮減を物理的・事実的意味での利得の喪失に限定する）。

　「私の考えでは此処に利益の現存すると云う字を使います以上は前の無効及び取消の所にも無能力者の為したる行為の規定も整理の時に文字を改めなければならぬと思う」（『法典調査会民法議事速記録』〔近代立法資料〕5巻162頁下段〔梅謙次郎発言〕）。

　同様の趣旨の発言もあった。

　「此処と幼者の所と抵触することは疑を容れぬからそれは整理の時に御直しを願いたい」（同〔近代立法資料〕5巻168頁下段〔横田國臣発言〕）。

　しかし，整理会では，現行121条但書の表現は，それ以外の現存利益返還を規定する二箇所（現行196条2項・327条2項）との表現の統一がなされただけであって，その約束は果たされなかった（『民法整理会議事速記録』（商事法務版）49頁下段）。本来ならば，浪費の解釈の点であるいは返還義務の範囲に関して，行為能力者と異なることを条文の体裁上明示する修正がなされるはずだったのである。ここに，今日まで解釈上争われる条文相互の不整合が生じたと言えよう。

　以上の経緯をまとめれば，以下のようになろう。

　ボアソナード草案はその注釈で，行為能力者と制限行為能力者の返還範囲をはっきりと区別して規定しており，その理由も詳細であった。しかし，その理由は，当時のフランス法学説に依拠したものであり，ローマ法以来のややカズイスティッシュな区別を温存しており，当時立法途上にあったドイツ民法が目

◇第2節◇　沿革からの解明

指した現存利益概念を中核とする構想ではなかった。むしろ、プロイセン一般ラント法やオーストリア法と同様に、未成年者や制限行為能力者についての特則は、給付されたものではなく、享受されたものをそのかぎりで償還するという意味での転用利益（à moins qu'il ne soit prouvé que ce qui a été payé a tourné à leur profit）を原告側が立証するという枠組みにおいてであった。制限行為能力者が非債弁済を受けた場合に関するフ民1241条〔2016年改正で1342-2条2項〕と制限行為能力者が無効・取消訴権を認められた場合の返還義務に関するフ民1312条〔2016年改正で1352-4条〕に同趣旨の規定があるという事情も、法制度の未成熟を示すものである（稲本洋之助「フランス法における不当利得制度」『不当利得・事務管理の研究』(1)（谷口還暦）〔1970〕74頁は、フランス民法典において不当利得返還請求権の一般的承認がなされなかった背景を、立法者が契約外債務の発生原因をできるだけ制限し、意思を媒介としない強制を私法秩序から可能なかぎり排除しようとした点に求めている）。その出発点も行き着く先も各国法で異なるが、まさに事務管理, versio 思想, condictio sine causa の混淆の中から、一般不当利得法の確立、事務管理法の独立、転用物訴権の排除ないし限定へと向かっていく流れのただ中にあった時期の立法といえよう（大局的かつ根本的な考察として、磯村哲「仏法理論に於ける不当利得法の形成(1)(2・完)」論叢52巻3号〔1946〕23頁、52巻4号〔1946〕55頁）。金銭受益で一旦有益な有体的利益を得た後は、その有体的利益の変動は利益消滅に影響しないという発想もこのような時代の産物であり、なお現在のフランス法学説をも支配しているのである。

フランス法は当時も現在も、一般的不当利得は法典上には存在せず、非債弁済を詳細に規定する。学説・判例による一般的不当利得の観念の確立後も、非債弁済は準契約的観点から説明され、いまもなお、支配説によれば、一般的不当利得法には包摂されていない。これは条文上、非債弁済が、合意なくして生ずる義務の章の中で、準契約の節に事務管理と合わせて規定されている事情（ポティエの影響）が大きい。他方では、一般不当利得法は、二当事者のみならず、三当事者の場合も含み、いわゆる転用物訴権を一定の要件のもとで承認している。現代風にいえば、給付利得を法律が規定し、判例法上、侵害利得と転用物訴権が一括して扱われる（以上の点は、2016年改正で、債権総則に「原状回復」の節が新設され、法定債権の箇所に事務管理、非債弁済と並べて「不当利得」の節が新設されたことで変化している）。

これに対して、日本の現行民法起草者は、フランス法流の非債弁済を中心とする枠組みを否定し、現存利益を中核とするドイツ法流の一般不当利得法を確立することを強調している点（『法典調査会民法議事速記録』〔近代立法資料〕5巻

189頁下段〔梅謙次郎発言〕）が注意されるべきである。ただ，そのような転回の趣旨が起草者たちによって，困難であるとはいえ，貫徹されなかったという点が問題として後代の解釈者に残されたといえる。

◆第3節◆　現行法の解釈

それでは，結局は，現在の判例（これも，再閲修正民法草案の裁判官への流布による影響が推測しうる。池田真朗＝七戸克彦「『再閲修正民法草案註釈』について」前掲『資料集成後期Ⅰ－Ⅱ（ボワソナード氏起稿再閲修正民法草案註釈第Ⅰ巻）』〔2000〕lxiv以下が当時の司法への影響の可能性を語る。前掲大判明30・9・30はこのような観点から理解することができる一例といえようか）や学説の，浪費に着目する解釈は，結果的に，条文の表現には反映されなかったが，ボアソナード草案以来の趣旨を生かしたものといいうるのだろうか。

むしろ，問題の核心は，制限行為能力者には，行為能力者のような財産管理が期待できないないしはすべきではないという評価であり，この評価を一般不当利得法の枠組みの中でどう定着させるかである。これは，行為能力者の側から見れば，取消し前後を含めた当該返還対象の管理についての注意義務の程度如何という問題に連なる。ボアソナードは多くの箇所で利益返還につき，善意と無過失とを合わせて考えており，現行民法起草者も同様の口ぶり（ついでにいえば，現存利益の理解，不法行為との異同の理解は，当時の調査会委員の多くには困難であったようで，現行703条は一度原案が修正（修正案の支持が正半数で議長が賛成して可決，「其利益ノ現存スル限度ニ於テ」を「其受ケタル利益ノ限度ニ於テ」に修正）を受けた後で，起草委員から再議の申出がなされ，「其利益ノ存スル限度ニ於テ」に原案を修正して提案し可決されたが，現存利益，受けたる利益の意味理解をめぐって最後まで紛糾した。現行704条は，起草委員の理解では，703条の原則を浮き彫りにするためにこの章に置かれているので，本質は不法行為であること，しかし受けたる利益に（損害の）立証を要せずして利息を付さねばならない点がより重い点であることが再三強調されていた。詳しくは，川角『百年Ⅲ』469頁以下参照。なお，法典調査会での審議の紛糾を，フランス法的枠組理解とドイツ法的それとの相克・相互理解努力という観点から見ると，理解が容易となると考えられる箇所は多い）であったといいうるからである。

たとえば，現行703条の審議において，「不法行為と不当利得と混ずることがありますが其場合は不法行為で処分する……受けた方に悪意があったならば次の箇条でありますが一般の場合は悪意又は過失がないと仮定して論じなけれ

◇第3節◇　現行法の解釈

ばならぬ若し過失があれば過失の責任として不法行為の方で論じなければならぬ」(『法典調査会民法議事速記録』〔日本近代立法資料叢書1〕5巻166頁上段〔梅謙次郎発言〕),「双方共過失なくして始めて不当利得の問題が起ります」(同184頁下段〔穂積陳重発言〕),「原則は善意で過失の無い場合を想像して立てるのでありますゞれで本条は善意にして過失の無い場合に付て設けたのであります」(同185頁下段〔富井政章発言〕)などの発言があった。他方では,非債弁済を説明する際に,「本統を言えば双方に過失があります此場合に其過失の原因は何れにあるかと云うことを調べることは実際殆んど出来ませぬ」(同191頁上段〔梅発言〕)という実際上の便宜も援用されている。

　もっとも,現在の通説が,不当利得の返還義務を考えるに際し,善意・悪意以外の,義務者の主観的態様を考慮すること,すなわち法律上の原因が欠けていることを知らないことについての過失があればその利得者を悪意者と同様に扱ってよいかの点をどう扱うかは必ずしも自明ではない(篠塚昭次＝前田達明編・新・判例コンメンタール民法8〔1992〕290〔松岡久和〕は有過失者が悪意者に含まれるという理解を多数説とする)。この点は,ドイツ法学説(ドイツ法は現在でも不当利得の返還範囲に関しては,重過失を悪意と同視しない立場が支配的である)継受の影響が大きいが,果たして今のままでよいかは一つの問題である。すでにこの問題点を意識させる最高裁判決(最判平3・11・19民集45・8・1209〔平田健治〔判批〕・民商106巻6号〔1992〕111頁,特に123頁以下を参照)もあった。

　制限行為能力者の責任軽減のあり方もこのような観点から整序すべきであろうし,学説の提案にもある悪意者責任規定の制限行為能力者への適用可能性も同様である。

　善意者の返還義務は,返還義務不知にもかかわらず義務を負わせられる観点からの制限づけの問題であり,悪意者の返還義務は返還義務の知にもかかわらずその義務履行の前提としての履行能力があるか否かの問題である。行為能力者と制限行為能力者では,これらの問題に対する扱いが異なるのは,後者の保護の要請が返還請求権者の権利保護に優先するからである。前者の問題においても,善意であるが故にすべての利得消滅が能力者に援用可能とする必要は必ずしもなく,(1)不知について過失があれば悪意者と同視することが可能であるし,(2)管理についても自己の物に関する注意義務という限定を付することによって利得消滅を阻止することも可能である。浪費が行為能力者と制限行為能力者で扱いが異なるのは,義務負担の面で取消権付与の有無において異なるのと同様に,法的主体の(定型化された)判断能力に応じて,同じ処分行為に対する法的評価,帰責が異なるからである。

351

第4章　◆12◆　制限行為能力者の返還義務についての特則

　旧民法から現行民法への移行に際して，不当利得法の構造が，民法全体の構造に連動して変化したことは確かであろう。しかし，その連続と非連続のそれぞれがどう生じたかは起草者においてすら明確ではなかった。この分野に関しても，なおフランス法とドイツ法の混淆的継受の問題は十分意識されないまま尾を引いてきたといっても過言ではなかろう。

　返還義務不知についての過失（起草者が，利益の返還義務を語る際に，善意と並んで無過失を語っている例は多い。たとえば，善意者の果実収取権（この点に関しては，油納健一「不当利得と善意占有者の果実収取権」龍谷法学32巻4号〔2000〕129頁〕など），利得消滅行為に際しての過失，確定物と金銭での異なる処理（特定物引渡債務に関する400条，483条に対比される，現419条3項における金銭債務での債務者の不可抗力抗弁の禁止。この点に関し，川村泰啓「『所有』関係の場で機能する不当利得制度(8)」判評129号〔1969〕2頁以下，川角由和「不当利得法における『出費節約』観念の意義」島大法学34巻2号〔1990〕1頁以下が示唆に富む），その履行義務論との接合など，旧民法の遺産は，それが現在の民法典の構成と矛盾せず，かつ妥当であるかぎり，できるだけ生かされるべきであろう。

　なお，現行121条但書のような規定を持たないドイツ民法では，善意のみでの現存利得返還責任の目的論的制限が多様な観点から語られる中で，制限行為能力者の場合は，無条件の現存利得責任援用が許される場合の一例とされ，悪意者責任も本人の知ではなく，法定代理人のそれの時点からの加重と解釈されている。他方，善意・悪意の区別には忠実で，重過失者も善意者であると解するのが，なお通説である。また，帰責観点ないし損害賠償法からの判断基準導入の可否についても，抵抗が大きい。これらが帰責の有無で制度を分化させている体系の根本に触れる論点だからである。

　さしあたり，以下のように考えたい。

　まず，不当利得の返還義務を二大別する，法律上の原因に関する善意・悪意の基準である。善意に無過失（抽象的過失の不存在）を要求する（四宮・前掲書上93頁は，有過失者を悪意者と同視することを近時の多数説とする。また，有過失者に利息，損害賠償義務を認めることに対応して，受益者の責任能力を要求する）のは魅力的ではあるが，体系的破綻のおそれが大きい。さしあたり，重過失の悪意者への同視にとどめたい。このために不法行為要件との整合性が失われるとは考えない。今問題となっているのは，法律上の原因の不存在の認識に関する注意に限定されているからである。そのかぎりで，起草者の理解とは，ずれることとなる。

　つぎに，善意無重過失者の義務であるが，これについては，我妻新説になら

◇ 第3節 ◇　現行法の解釈

い，自己の財産と同一の注意が基準となると考える。事後的にみて，この基準をみたす処分は，利得消滅を肯定されその限りで現存利益を減少させ，みたさない処分（明らかに不合理な財産減少行為など）は利得消滅を否定され，現存利益を減少させない。

　悪意ないし重過失者は，返還義務を意識する者であるか，重過失で意識しない者である。注意の基準は善管注意義務である。物の返還については，191条本文がこの趣旨を表現する（返還債務の遅滞がいつから発生するかの点とも関連する。悪意の場合には直ちに遅滞に陥ると解すると，ボアソナードが註釈するように，不可抗力でも免責されないと解しうる。通説はそうである。不当利得と民法189条以下の関係については，加藤（雅）・前掲書361頁以下に詳しい）。逆に言えば，不可抗力による利得消滅が認められる。金銭の場合は，419条3項の趣旨から，利得減少は通常は認められない（現代では，出費節約の存否という形で論じられることが多いが，金銭の特殊性を考慮する点で同趣旨である）。訴訟係属の場合の扱いであるが，訴訟の帰趨の不確定性から，189条2項の扱いが妥当である。

　制限行為能力者の場合はどうか。平成11年の成年後見法改正で，制限行為能力者のタイプが増え，判断能力の段階が分化し，保護の要請も分化すべきである。したがって，121条但書の解釈としては，返還前の処分の評価は当該制限行為能力者の残存判断能力との関係で定型的かつ相対的に判断される。「浪費」という表現は，当該法的主体の判断能力との関連での不合理な処分（遠藤浩ほか編『民法注解財産法第1巻民法総則』〔1989〕577頁〔山本和敏〕は，浪費を形を変えた財産的利益として手元に残る余地のない使途に用いたことと定式化する）を指す。行為能力者から成年被後見人に至る諸段階において，客観的には同一の処分であるにもかかわらず，自己責任として帰責される（したがって利得消滅を認められない）範囲が異なるわけである。判例で現れた立証責任の所在の問題もこの点との関連で議論すべきである。前述したように，フランス民法をも含めた沿革からは，転用利益の請求側での立証という枠組みが制限行為能力者保護と結合していた。一部の判例の解釈はこの影響である。この点を現行法の解釈としてどう生かすかの問題である（債権法改正審議においても。保護の制限をするか否かが検討された）。なお，ドイツ法は，受けたる利益（ド民812条）を起点とする，善意の場合の利得消滅抗弁の形の軽減（ド民818条），悪意の場合の加重（ド民819条）という構造が主張立証責任を明確化しているのに対して，日本法は法文の形式からは必ずしも明確ではない。それだけ解釈の余地はあるわけである。

　利得の消滅，すなわち浪費の事実の主張立証責任は，一般の場合と同様に，制限行為能力者側にあると考えたい。仮に請求者側に負わせると，浪費されて

いないという消極的かつ相手方の金銭使用状況にかかわる事実を主張立証させることとなる（遠藤ほか編・前掲書577頁〔山本和敏〕）からである。前掲大審院昭和14年10月26日判決は，浪費者である準禁治産者につき現存利益消滅の推定までも認めているが，これは行き過ぎであろう。

また，制限行為能力者制度の濫用に対しては，21条（フ民1149条のみならず，制限行為能力者が不法行為ないし準不法行為を犯した場合に無効取消訴権にもとづく回復を禁ずるフ民〔2016年改正前〕1310条も関係しよう）の制限があるが，これに連続するものとして，残存判断能力を基礎として，悪意の利得者責任を認める余地もあろう。制限行為能力者に法定代理人がある場合には，代理人の知・不知が返還義務の問題について基準となる場合もある（101条2項類推）。

不当利得法理解についての類型論の立場（前掲，加藤雅信，四宮和夫，松岡久和の各文献など）からは，給付利得と侵害利得では善意・悪意の意味が異なる。前者では双務契約の法理により修正を受け，必ずしも悪意が704条の責任を導くわけではない。後者では価値償還が通常であるから，利得消滅が考えにくい。そもそも善意・悪意という区分に対する批判がなされており，判例は民法典の効果規定と異なる運用をしており，それは意味があり，逆に法典が事態に適合的ではないからだとする。制限行為能力者の場合にも，既述の点で修正されつつも，同様のことが妥当しよう。

最後に付言すれば，法典調査会の審議では，一旦利得が成立しつつ，後に消滅した場合（取得した金銭で家を建て，後に天災で消失した場合）に，現存利得の消滅を認めるのかが問題となっている（『法典調査会民法議事速記録』〔日本近代立法資料叢書1〕5巻194頁下段，195頁上段〔梅謙次郎発言〕）。請求者のもとでも消滅したであろうことの抗弁が可能かについては言及があるが（同197頁上段〔穂積陳重発言〕），所有者・占有者規定や事務管理等にみえる費用償還規定との関連は意識されていない。後者の場合には，必要費は，有益費が現存利益を限度とするのと異なり，償還額の減少を認めていないが，費用出捐の必要性が後の利益消滅を償還額算定の考慮要素に入れない枠組みだからであり，そのかぎりで後の利益減少は償還義務者の危険に転嫁されている。民法典起草者には，不当利得理論との対比における，このような制度の特質，いいかえれば費用償還論の問題性が，意識されていなかったといえよう。

＊原論文（2002）公表後の文献として，渡辺達徳「制限行為能力者による法律行為の取消しと返還されるべき利益」水野編『社会法制・家族法制における国家の介入』（2013）53頁以下，藤原正則「判例研究　仙台地裁平成5・12・16判決」実践成年後見63号（2016）111頁以下がある。

第5章

いわゆる騙取金銭の法理

◆ 13 ◆ 「騙取金銭による弁済と不当利得」覚え書き

　この問題に関する判例の立場は，戦前の紆余曲折と戦後の最判昭42・3・31を経て，最判昭49・9・26で確立されたと理解されている。学説は，それぞれの時点の判例に対して影響を与え，最判昭49に至る過程で，様々な点で寄与している（以下，適宜文末の年表を参照されたい）。

◆ 第1節 ◆ 判例のおおよその流れと学説の影響

　敷衍すれば，不当利得の一要件としての因果関係については，判例が当初，「直接の」因果関係を必要としていたのに対し，我妻説が批判し，「社会通念上の」因果関係が判例にも採用された。この枠組は，騙取金銭（最判昭49で明示に言及）のみならず，転用物訴権（最判昭45ではなお直接の因果関係という表現を用いるが）に関しても意味をもつ。

　金銭の特殊性の扱いに関しては，戦前の判例は，その所有権を問題とし，即時取得や混和がないかぎり，所有権にもとづく追及が可能とした時期があったが，金銭の高度の流通性，従って取引安全を考慮して，占有と所有権が原則として一致するという末川説の批判を生じさせ，戦後の判例（まず刑事[1]で判例変更，次に民事[2]で）は，この立場を受け入れた。その上で同時に，前述の，社会通念上の因果関係判断によって，因果関係の要件は広く認められるにいたり，不当利得の成否の判断は，法律上の原因で判断する我妻説が受け入れられた（最判昭42は，因果関係には触れず（あるいは当然視して），法律上の原因としての善意を問題とした[3]）。我妻は，騙取金銭に関して，当初は，弁済受領者の善意を保護の要件としていたが，のちの改説で，善意無重過失に保護の範囲を変更した。

---

(1) 最判昭29・11・5刑集8・11・1675。
(2) 最判昭39・1・24時報365・26であり，前掲最判昭29刑事判決を引用している。
(3) この点を，川村は，金銭所有権変動法理による直接性要件の廃棄と，社会観念上の因果関係を介したその法理の排斥とまとめ，「悪循環」と形容する（判評120号109頁二段目）。

◆第2節◆ 判例に現れた事案類型

判例が扱い，学説が検討の対象としてきた，騙取金銭の事案類型は，三つあるとされる。第一に，もっとも基本的な類型と見うる自己債務弁済型，すなわち，中間者MがXから騙取した金銭を自己の債権者であるYに弁済として交付した場合，第二に，二重騙取型とされる類型，すなわち，Mは当初Yから騙取し，次にXから騙取し，その金銭でYに弁済する場合，第三に，第三者受益型と呼ばれる類型，すなわち，MはYの無権代理人としてXから騙取し，その金銭でYの債権者Zに第三者弁済をなしYに利益を与えた場合である。

以下では，問題の検討を単純化するために，さしあたり，検討の対象を第一の類型に限定する。さらに，検討の視角としては，最判昭49判決を判例の到達点と理解し，その結論をさしあたり肯定した上で，その利益衡量の構造とそれにふさわしい構成を探るというものにする(4)。

◆第3節◆ 学説に現れた二方向（取消権構成と即時取得構成）

判例は，前述したように，社会通念上の因果関係を前提としつつ，その上で，騙取金銭受領者の主観的態様で当該弁済の被騙取者との関係での法律上の原因の有無を判断する定式を採っているが，それ以上の理論的枠組は明示には言及されていないため，とりわけ最判昭42判決に対しては，意味不明という批評(5)さえ現れた。好美(6)は，最判昭42，49年を，そのときどきの我妻説（前者は，新法学全集，後者は民法講義債権各論）の踏襲と分析し，最判昭42については，占有移転イコール所有権移転の考えを前提としつつも，金銭所有権について，価値と物の分離を認め，価値所有権について，即時取得の趣旨から，弁済受領者の善意を要件とする保護と読み解き(7)，最判昭49については，金銭の融通性から，被騙取者からの悪意もしくは重過失の立証に転換することにより，より受領者の保護を強化するものと読み解く(8)（我妻説の変遷については，本書14第2節参照）。実際，主観的要件を立証責任と結びつけないで理解すると，

---

(4) 一連の誤振込関連の最高裁判例（最判平8・4・26民集50巻5号1267頁，最決平15・3・12刑集57巻3号222頁，最判平20・10・10金判1302号12頁）は騙取判例の再評価の契機を含んでいるが，事案類型としては異なるので，本稿では扱わない。
(5) 谷口判批・判例評論106号（判例時報492号）122頁上段（「判示の文言が簡単で真意が捉えにくい嫌いがある」）。
(6) 一橋論叢21頁。

◇第3節◇　学説に現れた二方向（取消権構成と即時取得構成）

悪意から悪意もしくは重過失への変化は，受領者保護の後退のようにも一見見えてしまう。もっとも，この点も含めて，判決や調査官解説は言葉少なという意味で不明確であるため，このように理解してよいかどうか自体が不確定である。最判昭49判決の調査官解説は，法律上の原因と受領者の悪意もしくは重過失を結びつけることについて，我妻民法講義債権各論を引用しているにすぎない。

確かに，弁済という給付関係の当事者（騙取者と弁済受領者）ではなく，当該弁済関係からみた第三者である被騙取者と弁済受領者の間で法律上の原因充足の有無を考える枠組みは，まさに，物権的レベルでのカウサ，すなわち物権的レベルでの正当化原因を被騙取者と弁済受領者の間で考えていることにほかならない。それは，通常であれば，即時取得や取得時効，一連の権利外観法理にかかわるルールである。我妻説やそれを引用する最判昭49年調査官解説が「不当利得の関係では，なお有効な弁済とならず」というとき，そこで，MY関係を考えているのか，XY関係を考えているのか，両者を同時に考えているのかがあいまいである。即時取得制度に発想のルーツがあるとすれば，XY関係を考えていると理解するのが穏当のようであるが，「なお有効な弁済とならず」という表現には，MY関係での法律上の原因を（も）考えている響きがある。

判例が採用する，この構成に対して，学説は，大別して，二方向からの批判と実態に即した構成を提案している(9)。すなわち，判例のようにこのような事案類型における被騙取者を受領者との関係で特別に救済すること自体に疑問を持ち，一般の詐害行為取消権制度や不法行為制度にゆだねることで妥当かつ

---

(7)　我妻・新法学全集51-52頁は，第三者受益型についてではあるが，以下のように述べる。金銭について実質的に乙［被騙取者］に帰属すべきものが丁［騙取者から第三者弁済を受けた債権者］に交付せられたと見るときは丁がこの実質関係を知らざる以上，――即時取得の趣旨に基き――これを受領するにつき法律上の原因を備えるものと解するを妥当とするからである（［］内は引用者による補足である）。

(8)　我妻・民法講義債権各論1022-1023頁は以下のように述べる。騙取された金銭は，実質的にはなお騙取された者に帰属していると見るべきだから，弁済受領者がそのことについて悪意または重過失がある場合には，不当利得の関係では，なお有効な弁済とならず，A［被騙取者］に対して返還義務を負うと解することが制度の趣旨に適すると考えられる。……［最判昭42年に言及したあとで］ただし，私は，金銭の融通性にかんがみ，積極的に善意を要求せず，悪意または重大な過失なき限り，弁済は有効となると解するのが一層妥当であると考える。

(9)　田高・164頁右段は，判例法理を，主観的に流通性への配慮が不要な場合に追及効を許容したものと評価する。

359

十分とする批判(10)と，救済の基礎にある評価をさしあたり肯定した上で，より実態に即した構成ないし評価を提案かつ模索するという意味での批判である。後者はさらに，以下の二方向に大別される。

一方では，受領者の主観的態様の中身を問題として，単にMが交付した金銭が騙取されたものであることを認識しているだけでは，Mが有資力であれば，XのMに対する給付利得もしくは侵害利得にもとづく請求に加え，XのYに対する請求を認める理由とならないはずで，そのためには，取消権類似の要件を構想する必要があるとする。つまり，ここでの，Yの認識の態様は，騙取金であるという経路の認識（特定性，因果関係）のみならず，Mが無資力である（すなわち自己の金銭受領が弁済という形ではあれ，Mの他の一般債権者を害することになる）ことの認識も必要であるとする(11)。この構成では，一般の詐害行為取消権との異同が問題となる。

この見解を体系書において支持する内田(12)は，二つの構成を対比した上で，無資力要件がYの責任の補充性を実現する点を重視し，取消権的構成に傾く。

他方では，金銭所有権の即時取得という，戦前の一時期の判例の構成にも現れていた観点を洗練させ，占有移転すなわち所有権移転という原則を維持しつつ，騙取金銭の場合には，MY間の価値の帰属割当合意の有無を基準に（但しYが悪意または重過失の場合を除く），かつ価値の同一性の認識が可能である限りで追及を認め，他方では金銭の場合に即した一種の，広義の即時取得による受領者（取引相手方）の保護を構想する方向である(13)。

───────────

(10) 清水誠「騙取された金銭をめぐる法律関係」東京都立大学法学会雑誌24巻1号〔1983〕103頁。松岡久和「債権的価値帰属権についての予備的考察」社会科学研究年報16号〔1985〕88頁。川村説（『判例演習債権法2』〔増補版〕139頁）も同旨か。

(11) 加藤（雅）・法協98巻4号507頁。但し，有体物所有権と比較して，より弱い保護となる点を克服するために，さらに価値のヴィンディカチオの構成を介して，価値の同一性を要件としつつ，Xの，YやMの他の一般債権者からの優先（優先効と追及力）を導く（同512頁）。広中は，424条を類推し，XY間に直接の価値返還請求権を承認する。磯村269頁も同旨であるが，加藤（雅）説を支持する理由として，金銭の高度の代替性から，動産の場合の物権的保護と同様の保護は不要であること，請求を認めると一旦認められた弁済の効力が否定され，錯綜した法律関係を生ずる虞を挙げるが，他方では272頁で侵害利得構成にも好意的である。

(12) 548頁。

(13) 四宮・全集上77頁。石田穰・物権法75頁は，特定性が維持されていたり，代位物が存する場合には，Xの所有に属させる。特定性を失っても，不当利得が成立し，他の債権者に優先させる。最判昭49年をMのもとで特定性を失ったが，金銭によるMの一般財産の増加分（Xに帰属すべき増加分）がYに移転した事案と理解し，Yが善意無重過失であれば善意取得に準じて保護されるとする。

◇第4節◇　学説が依拠する二制度と金銭騙取事案との制度目的・要件に関するずれ・距離

　潮見[14]は，まず即時取得構成による不当利得の問題として説明し，補論[15]で，不当利得以外の構成として，物権的価値返還請求権構成と詐害行為取消権構成を対比させるが，当初の不当利得による説明は，物権的価値返還請求権構成の影響（金銭的価値の支配権原の喪失）が明らかであり，後者の見解に属すると評価できる。

　なお，価値のレイヴィンディカチオの構成を介して，直接請求権の対第三者効の強化がいずれの構成に依るかを問わず試みられているが[16]，債権としての形態のままで効力強化を根本的に考える説もある[17]。

◆第4節◆　学説が依拠する二制度と金銭騙取事案との制度目的・要件に関するずれ・距離

　さて，二つの方向がアナロジーの基礎とする制度である，詐害行為取消権と即時取得は，それでは，判例の採る受領者の悪意もしくは重過失を要件とした騙取金銭にもとづく不当利得構成を前提とした場合に，制度目的に関して，どのような相違があるのだろうか。前者は，一般債権者の共同担保としての，債務者の一般財産ないし責任財産の保全に向けられているが，後者は，動産取引の安全確保のためである。すなわち，前者に関しては，特定の金銭価値が被騙取者から流出し，Mを経て，Yに対する債務の弁済に供された点に着目し，その特定的価値の帰属を問い，Mの責任財産へではなく，被騙取者というMの一特定債権者であるX自身のもとに回復させようという相違，後者に関しては，より高度の流通性と取引安全確保が要請される金銭という対象の相違がある。侵害の対象として表現すれば，前者は債務者の責任財産からの債権回収実現可能性の期待侵害，後者は，動産所有権の帰属侵害となるが，騙取金銭の場合は，特定的金銭価値帰属侵害が問題となっている。

　さらには，受領者（請求される側）の主観的態様に関しては，取消権では，

---

(14)　306頁以下。
(15)　308頁以下。
(16)　加藤説においては，取消権の物権化として効力強化の手段として，四宮説では，帰属割当変更意思の存否が決め手で，存在しない場合には，所有権が分離して二重帰属し，価値のレイヴィンディカチオを発生させる。
(17)　川村説，松岡説（年報84-88頁，正当な取引行為を介さない，責任財産の増殖への優先を特定性を要件とせず承認，もっとも，利得の元本額，現存額に限定，この限りでの優先は，Mの本来あるべき責任財産状態への復帰であり，Mの一般債権者の利害と対立しない，704条責任や709条責任は別の問題ととらえる）。

総合的判断とされながらも基本は受益者ないし転得者の（債務者の詐害行為についての）悪意，即時取得では，取引相手側の善意無過失[18]が要件とされている。したがって，前者では重過失を含む点で，後者では，通常の過失ではなく重過失を基準とする点で異なる。

ちなみに，ドイツ民法は，即時取得の主観的要件が善意無重過失であり，金銭・有価証券の場合は，盗難遺失における即時取得不成立，原所有権存続の例外をさらに例外的に適用しないことによって善意無重過失による即時取得を認めるから，騙取と盗難遺失の相違を無視すれば，日本判例とド民の規定は金銭に関して，立証要件はほぼ等しくなる[19]。

さて，このような要件効果におけるずれを，不当利得の諸要件にどう読み込むか。さらに，それは体系上無理ないし不適切として断念する立場と，新たな構成を不当利得法の外に求める立場に分かれているが，先の対立は，適切な法律構成という観点で依拠する法制度の対立であったが，ここでの対立は，そのような考えが不当利得法の中に包摂できるものと考えるか否かの対立であり，その基礎には，不当利得法のコア的な機能とは何か，法秩序における不当利得法の領分は何か，の理解が反映している。不当利得法に位置づけようとする立場に属するものとして，ニュアンスの差を無視すれば，侵害利得構成を支持するものと理解できる論者として，磯村，藤原，潮見が挙げられる。不当利得法の外での構成を試みる立場に属する論者として，価値のレイヴィンディカチオ構成の四宮，取消権構成の上に（Yの債権者に対する優先効を付与するために）価値のレイヴィンディカチオが接ぎ木[20]される加藤（雅）が挙げられる。

---

[18] 即時取得において，判例（最判昭41・6・9民集20巻5号1011頁）によれば，過失の立証責任は，即時取得の成立を争う側が負担する。

[19] 給付されたものを第三者が悪意で転得した場合について，ド民826条による責任と，時効にかかった場合の不当利得責任を認める判例を紹介するKönig, Ungerechtfertigte Bereicherung, 1985, S. 206. 彼は，転得者が重過失の場合にも同様に処理することを提案する。この提案に反対するものとして，Reuter, AcP 187 (1987), 495. さらには，Schlechtriem, Restitution und Bereicherungsausgleich in Europa, Bd. 2 (2001) Kapitel 7 (S. 352ff.) が，動産取引に関して，無因かつ善意に限定された取引保護の枠組を概観する。Canarisの影響を受けつつ，貫徹請求を原則として排除する取引保護ルールと，無償，悪意，遺失物の場合に生ずる例外的貫徹請求を対比し，この枠組は附合制度が介在しても妥当とする。

[20] この点の問題は後に検討する。

◆ 第5節 ◆ 無資力要件の構成上での位置づけ方

　この点で，詐害行為取消権構成が明示の要件として求める，YがMの無資力をも認識していることが必要となるか否か，言い替えれば，無資力要件が必要か否かが問題となる。この点について，潮見[21]は，取消権構成における無資力要件は，公平説からは，社会観念上の因果関係の問題に取り込まれ，類型論からは，Yの受益についてのXの権利性の問題に取り込まれると指摘し，重要な示唆を与える。

```
無資力要件 ┌ 因果関係？（潜在的）（判例：公平説）
           │
           └ 受益についての権利性？（類型論）
```

```
無資力要件 ┌ 取消権構成：（明示）＋特定性？
           │
           │ 価値のヴィンディカチオ構成：（特定性）
           │
           └ 不当利得（侵害利得）構成：（潜在的？）
                 ┌ 帰属割当内容（由来性・特定性）（請求原因）
                 │        ↓
                 │ 帰属変更合意（取引）（抗弁）
                 │        ↓
                 └ 他人に帰属すべき金銭価値であることについての，悪意または
                   重過失（再抗弁）
```

　つとに，好美[22]は加藤説の構成が判例と諸点でずれているという批判に関連して，債務者の資力は，判例においては，騙取金の流れ（社会観念上の因果関係）の確認の難易と関連することになろうと指摘し，価値の同一性と社会観念上の因果関係の関係については将来の課題と述べていた[23]し，また，松

---

(21)　310頁。
(22)　一橋論叢 26頁。

岡(24)は、戦前の判例について、騙取金所有権の所在という直接性判定要素の中には、騙取者の無資力が隠れた形で反映していると指摘していた。つまり、以上の指摘は、無資力要件は、すべての構成において普遍的な要素であり、ただその構成ゆえに、明示的に現れる場合と潜在的になる場合があるが、それは見かけのものに過ぎないと示唆しているように見える。

ただ、判例は、公平説の地盤の上での社会観念上の因果関係の立場であり、無資力要件が、紛争事案に事実上伴うという程度を越えて、法的な限定要件として明確に意識されていたとは言えないだろう。つまり債権者間の平等という視角はうかがえない。その意味で、無資力を明示的要件として取り込む取消権構成は一応妥当といえる。

他方、類型論における侵害利得でいう、帰属割当ないし割当内容についての従来の、所有権侵害を典型とする理解枠組からはこの要素は異質なものとなるのではなかろうか(25)。すなわち、権利性（いわば静的な帰属性）を動的に変動する無資力性とどう関連づけうるかが必ずしも明らかではなく、むしろ実体権とその債務者の資力に依存する回収可能性は次元の異なるものと言えそうだからである。しかし、この点を否定すると、XM債権とXY債権の関係という理論的問題を抱え込むことになる(26)。共同不法行為的に理解するならば責任の並存はありうるところだが、不当利得として理解できるかが問題である。但し、XY債権を物権的なものと属性決定し、債権的XM債権と対比させ、いわゆる物権債権峻別論の観点から、競合ないし並存はむしろ自然と達観する方法(27)はあるかもしれない。

◆ 第6節 ◆ 無資力と価値の同一性（特定性）との関係

判例が社会観念上の因果関係（連結）の枠組で考慮し、学説が価値の同一性

---

(23) 29頁。
(24) 報告書101頁。
(25) 言い替えると、取消権的構成と不当利得外への位置づけは、親和的である。なお、取消権を侵害利得として再構成する説の検討として、平田健治「債権者取消権の位置づけ」『民法学の軌跡と展望』（國井還暦）485頁以下。
(26) 磯村271頁の分析を参照。
(27) 伊藤説はこれに近い。藤原・374頁、広中・物権法262頁も同旨。もっとも、磯村271-272頁は、XのYに対する直接請求を認める立場に立っても、多くの場合、価値の同一性の喪失により、価値返還請求権は侵害利得請求権に転化することになるはずと指摘するから、問題は解消されないことになる。

◇第6節◇　無資力と価値の同一性（特定性）との関係

（特定性）で考慮したものの内実は何だったのであろうか。

　論者によって，特定性ないし同一性の内容が異なり，判例の社会通念上の因果関係と等しく理解される場合（最判の理解では，混和，両替，預け入れ，一部消費の後別途工面して補填するなどは妨げとならない）から，代位物は概念上区別するが，本論点の関連では等しく扱うという場合などがありうる。四宮(28)は，「価値の同一性」という表現で，両替金や帳簿上の金銭への変態は妨げとならないとして，この要件が充足されるかぎりで，物権的価値返還請求権を認める。田高(29)は，「取引の特定性」と把握する。

　実は，この点のあいまいさが本問題のむずかしさを増長させてはいないか(30)。価値の特定性の喪失と物権的優先効の喪失を連動させる説が多いが（加藤，四宮，広中），そうでない説（石田穣(31)は特定性の有無に応じて，Xの所有権と不当利得に振り分けるが，連動させる説に趣旨は近い）もある。

　第5節における指摘を敷衍すれば，これらの要件を満たす（請求者側が立証できる）場合というのが，実はすなわちM無資力の場合であるということではないだろうか。いいかえると，Mの無資力ゆえに，Xからの金銭価値が，Mの（Xからの騙取金銭の額と比べれば）たとえあるとしても僅少な責任財産への混和にもかかわらず(32)，Yへの弁済資金との法的評価上の同一性が（追跡）確認できるという形で，連関していたのではないだろうか。そして，そのような事態のYにおける認識（ないし認識可能性）を前提としてはじめて，金銭の高度の流通性確保の要請によるYの保護に優先すべきものとしての，Xの帰属の侵害が語れるのではないだろうか。

　ただ，判例が請求を認める場合が重過失を含むことから，Yの主観的態様は積極的知にとどまっておらず，一般に要求される注意をはなはだしく怠ったという意味での重過失を含むことによって，かなり規範化していることも確かで

---

(28)　四宮・全集上78頁。
(29)　165頁左段(3)。
(30)　松岡・林献呈377頁が紹介するアメリカ法での財産膨張理論が示唆を与える。それによると，特定性の要件を課す伝統的な追及の法理に対して，それを要件としないで，優先権を認める説に，三つの見解があり，原財産が義務者に受領されたことだけを要件とするもの，財産膨張状態が義務者破産時にも続いていることをも要件とするもの，特定性のある財産が存在しないことの立証責任を優先権を争う側に課すもの，があるとされる。393頁では，アメリカの判例・通説と財産膨張理論が「混和財産」「現金類」の範囲の取り方次第で紙一重といってもよい場合があるという指摘があり，これも重要である。
(31)　石田穣・物権法74頁，75頁。
(32)　民法245条における243，244条の準用が参考となる。

ある。換言すれば，利得債務者の注意義務と過失を語ることによって，実質的に不法行為責任に接近しているといえる。

判例の定式化の基礎にある最判昭49年の事案はどうであったか。事案をやや単純化しつつ，端数を省略すると，以下のような経過をたどっている。

Mは，Xから騙取した1280万円の小切手を振込前の残金約5万円の預金口座に振り込み，そのうち1000万円を引き出し，定期預金化，それを担保に1000万円借り受け，再び前記口座に預け入れた。次に，980万円を払い戻し，そのうち830万円を預け入れ前の残金約8000円の別銀行口座に預け入れ，さらに別途工面した530万円を預け入れ，1280万円として小切手化して，送金したが，受領拒絶され，勤務先Yからの詐取の（賠償としての）一部弁済として用いられた。

この事案を前提として，最高裁は，「およそ不当利得の制度は，ある人の財産的利得が法律上の原因ないし正当な理由を欠く場合に，法律が，公平の観念に基づいて，利得者にその利得の返還義務を負担させるものであるが，いま甲が，乙から金銭を騙取又は横領して，その金銭で自己の債権者丙に対する債務を弁済した場合に，乙の丙に対する不当利得返還請求が認められるかどうかについて考えるに，騙取又は横領された金銭の所有権が丙に移転するまでの間そのまま乙の手中にとどまる場合にだけ，乙の損失と丙の利得との間に因果関係があるとなすべきではなく，甲が騙取又は横領した金銭をそのまま丙の利益に使用しようと，あるいはこれを自己の金銭と混同させ又は両替し，あるいは銀行に預入れ，あるいはその一部を他の目的のため費消した後その費消した分を別途工面した金銭によって補填する等してから，丙のために使用しようと，社会通念上乙の金銭で丙の利益をはかったと認められるだけの連結がある場合には，なお不当利得の成立に必要な因果関係があるものと解すべきであり，また，丙が甲から右の金銭を受領するにつき悪意又は重大な過失がある場合には，丙の右金銭の取得は，被騙取者又は被横領者たる乙に対する関係においては，法律上の原因がなく，不当利得となるものと解するのが相当である。」と述べたのであった。

この事案において，Mの預金口座に詐取金銭に等しいあるいはそれを上回るほどの残額が当初よりあった場合，それが後に減少した場合，中途である口座に債権者の差押があった場合などを仮定すると，同じ結論を採ることは可能だろうか。それぞれの口座の当初額が詐取金額に比べ，取るに足らない額であり，M自身もほかに見るべき資産がなかった（らしい）こと，最初と最後が同額の小切手でつながることなど，が（社会通念上の連結の肯定に）影響していないだ

◇第 7 節◇　若干の検討

ろうか。もっとも，原審のように，このような変態を経た上で，同一金額の小切手に戻った場合に，価値の同一性を否定することが，おかしいとまではいえないのではないか。最高裁が破棄差戻に至らせた動機には，単にこのような変態を経ても同一性を語りうるということのみならず，潜在的には，この事案の関係者の（共同不法行為における共同性と類似する）組織的関連性の存在が含まれていたのではなかろうか。

また，最高裁は，悪意もしくは重過失を基準とするとは言ったが，差戻審は和解でYがXに請求額を支払うことで終わっている(33)。したがってYの悪意もしくは重過失をどのように認定したかあるいはしなかったかの結果を我々は知りえない。騙取金受領者が悪意または重過失であることにつき，請求者側が主張立証することは，よほどの当事者間の事情がないとなかなか無理ではなかろうか。最判昭 49 年のような事案では，組織内での上司の部下の執務に対する統制・監督という観点で重過失を認めうる場合があろうが（そもそもMはYの組織の一員であり，職務行為の一環という外形の下に騙取等を行っている(34)），一般の単発の取引で，しかもX，M，Yが騙取や取引の前にそれほどお互いに親しくない，それぞれの事情や経緯について詳しくないような通常の場合で，この要件を満たすことはむずかしく，よく指摘されるように，騙取者と受領者間に不法行為的な共謀ないしそれに近いものがある場合に事実上限られよう(35)。そうでなければ，最判昭 49 年の事案等が示すように，組織化された恒常的関係が存在する場合であろう。以上の意味で，この判例を一般化して理解してはならないと考える。

◆第 7 節◆　若干の検討

判例の判断枠組は，社会通念上の因果関係と，相手方の主観的態様，すなわち［受領金銭が騙取されたものに由来することについての］悪意「または重過失」である。

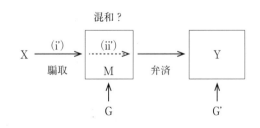

---

(33)　山田幸二『民法判例百選』（第 2 版）155 頁参照。
(34)　石田穣・法協 93 巻 4 号 625 頁，松岡・報告書注 24 は使用者責任と過失相殺による解決を示唆する。
(35)　清水 103 頁。

これに対して，加藤(雅)説は，主観的態様として，(i)騙取事実の認識と(ii)無資力の認識を要求するが，実態は取消権であり，一般債権者と競合するとされる。

取消権の要件から考えると，(i)の騙取事実の認識は余分ではないだろうか。これは，当該金銭の由来の認識にほかならず，Mの債権者一般ではなく，騙取金銭の由来者Xとの関連づけと優先効の根拠づけのために機能している。

他方，(ii)の無資力の認識は，債権者としての弁済受領にもかかわらず追及される根拠づけとして，Mの一般財産との関係での補充性，(Xも含む) Mの他の一般債権者との関係を考慮するためだが，金銭価値の追及の観点からは，余分であると考えられる。

それでは，この，取消権と金銭価値追及という二つの観点は矛盾するのだろうか(36)，それともどのように並存・調和させうるのだろうか。

Xからの価値由来性の認識（主観的由来性）(i')が，責任財産の不足の認識(ii')により，Mの一般財産を介しての，Xからの由来性を媒介（由来性媒介・特定性維持機能）すると理解できるのではないか。

加藤(雅)説では，さらに，「価値の同一性」の存在（客観的由来性）(iii)で物権化し，一般債権者からの優先が，価値のレイヴィンディカチオとして説明される。

しかし，当初の要件で，(i)を入れる意味があいまいであり，他の一般債権者とともに享受しうる取消権であれば，(i)はいらないだろう。(i)を入れることによって，主観的由来性が認識されるが，それによって，(ii)の要素は，不足している責任財産からの抜け駆け的回収という意味にとどまらず，Xの金銭価値のMの一般財産への融合（混和）にもかかわらず，Xからの金銭価値の由来性ないし特定性を維持する機能を果たすことに転化する。これは，もはや取消権の機能ではなく，特定的金銭価値追及ないし特定債権者の優先を根拠づける。

そうすると，(iii)の要素は，当初の要件として(i)(ii)を同時に語ることに内在していたものと言うべきで，別個の要件と考えることはむずかしいのではなかろうか。

加藤(雅)説は，当初要件に(ii)の要素を入れることで，取消権構成を採用し，

---

(36) 石田穣・物権法 76 頁注 1 は，XのMに対する権利を物権的権利としながら，詐害行為取消権の問題として扱うのは一貫しないとする。もっとも，加藤(雅)説はこの二つの側面を最初から並存させているわけではない。

Xの他の一般債権者に対する優先効，追及効を根拠づけるために，(iii)を追加的に要件化するが，そもそも(i)を当初より要件として考慮する以上，(iii)の要件は由来性の客観的側面として(i)の主張立証の過程で前提とされざるを得ないはずではないかという疑問が生ずる。あるいは異なる内容のものだとしても，どのように区別されうるのだろうか。優先効を有する場合とそうでない場合は特定性の有無で区別されるようだが，前者は金銭価値がYの責任財産に流入後もなお特定性を維持している場合で，後者は，Yの責任財産への流入自体までは立証ないし認定可能だが，特定性は流入と同時にあるいはその後に失われた場合を考えるのだろうか。

この点は，Mの資力の有無とYの受領金銭の由来を関連づけ，有資力の場合は，Mの弁済は，Mの金銭によるものとなり，無資力の場合は，Xの金銭によるものとする考え(37)と，それに対する批判(38)，すなわちMの資力の有無でMへの金銭所有権の帰属が左右されるのは論理が転倒しているという批判，の応酬が参考となる。ここでは，無資力性と弁済の手段として用いられた金銭の物的帰属を連動させることが批判されたが，第6節で触れたように，無資力性が特定性を支え，価値的帰属性を問う前提を作り出すという関係ととらえ直せばよいのではないか。

四宮説は，X→Y請求が可能なためには，(i)「価値の同一性」と(ii)XM間における価値帰属割当変更合意の不存在（すなわち騙取），かつ MY 間における

---

(37) 川村・判評111頁中段。昭44年（1969年）という発表年にもかかわらず，（執筆時がさかのぼっているという事情によると思われるが）最判昭和42［1967］・3・31（民集21巻2号475頁）（騙取①）は考慮されておらず，我妻説も，我妻栄編『判例コンメンタールⅥ事務管理・不当利得・不法行為』昭38［1963］54頁の参照までにとどまる。したがって，弁済受領者の主観的態様に着目する判例法理等を前提とした検討はなされていない。この点は，川村説が，不当利得ないし「他人の財貨からの利得」制度を「没」主体的な法的保護と構成し，不法行為等の「主体的」責任と峻別する立場にあり，根本的には我妻説や判例法理を批判する立場にあることとも関係するだろう。

(38) 松岡・年報86頁。なお，松岡説では，Mの資力の有無は，Mの他の債権者の強制執行との関係でXに第三者異議権を認めるか否かに反映する（年報87頁）。他方では，Xの強制執行とMの他の債権者との関係では，Mが担保権者として配当加入する場合を除き（公示性の欠如の考慮），Mの資力に関係なく，Xが優先する（年報86頁右段四2））。

　以上の点について，Xが強制執行をなす場合と，Mの他の債権者がなす場合とで，扱いが対称ではない点はどのように正当化されるのか，Xが他の債権者の強制執行に配当加入する場合には，Mの資力の有無でXの実体的地位が異なるようにも理解できそうであり，そうだとすると，批判の対象である川村説の余韻も感ぜられ，この点もどう正当化するのか，が気になるところである。

価値帰属割当変更合意の不存在（物所有権と価値所有権の分離，価値のレイヴィンディカチオ）を要件とする。しかし，判例等を考慮して，(ii)の例外を承認し，すなわち，相手方が悪意または重過失の場合には，MY間での(ii)の要件を満たさなくても追及可能とし，(i)または(ii)の要件のいずれかが欠けると，債権的不当利得に転化するとされる。

　類型論における侵害利得構成では，第5節末尾で触れたように，割り当てられた権利内容は何か，特定的金銭価値の帰属とは何かという疑問が生ずる。

　判例における転用物訴権の要件・効果との比較をしてみると，中間者が無資力であるかぎりでの，対価性検討（対価性充足判断は判例では比較的緩いと考えられる）が核心であるが，取消権，代位権行使の可否は別の問題とされる。被請求者の下に，請求者の当初給付の価値が，中間者の財産を介しつつも，有体物への付加価値という形で，関連づけ可能である。もっとも，当初の有体物との関係は多様でありえ，付加価値が有体物の形をとる場合には，分離独立性が明確化していくと，本来の附合における分離請求の可否と償還請求の問題に移行・連続する。

　ここでは，請求者の本来の債権は，騙取の場合と異なり，取引当事者の正常な意思に支えられている。この点が無資力要件による補充性と対応している。この差異を強調すると，騙取金銭における無資力要件は強調すべきではないことになろう。

　さて，潮見説が提起（示唆）する，無資力要件と因果関係や特定性との関係はどうか。潮見説自体は，無資力要件が，侵害利得における請求者の権利性（Xに割り当てられるべき金銭的価値がYに帰属している）の要件に含まれるものと理解し，それを，①Yの受益，②この受益（金銭的価値）がXに由来することと整理する。その上で，(1) XMまたは (2) MY間での割当変更合意の存在がYの抗弁（価値支配権原喪失），(2)に対して，Xは悪意または重過失の再抗弁[39]を出せるとする。

　このような主張立証の関係でよいのだろうか。特定的金銭価値の帰属の主張立証が，所有権や一般の侵害利得の場合と同様に考えられるかという問題があるように思える。

　ともあれ，潮見説では，Mの無資力性は，②に「取り込まれる」。すなわち明示・独立の要件としては立たないが，由来性の主張・立証の際に必要となる事実であり，無資力性が立証できないと，由来性も立証できない，責任財産の

---

(39) 潮見306-307頁。

稀少化によってはじめて，価値の移動が法的評価としてトレース（特定）可能となる。いいかえると，無資力性は，請求者Xの請求原因事実としての，受益の由来性の立証の際に，事実上問題となる。

他方，Mの責任財産が豊富だと，そもそもXからの騙取金銭価値はMの責任財産に混和・埋没したままで，もはや由来性を立証する手段はないということだろうか。あるいはそれも事実上の制約で，立証しうる場合もありうるということだろうか。ここで，前述した，「特定性」の中身，あるいは，特定性の要件を維持するか否かが問題となってこよう。判例の因果関係理解を特定性要件に表現し直す場合，かなり柔軟な立場となることは既に触れたが，それを越えて，Mの一般財産や一般債権者との関係については言及していないので，学説が議論するところである[40]。

この点に関し，XM関係を扱う文脈であるが，以下のような根本的な批判[41]がある。

価値の特定性へのこだわりは，有体物所有権への保護（第三者異議権，取戻権）を類推するために対象を確定する操作として考案されているきらいがある。……Xにとっては，その代位物ではなく，まさに，本来Xに帰属すべき価値が返還されることこそが重要なのである。かかるXは，目的物に個性のない価値（金銭）の給付を受ける金銭債権者そのものである。

有体物所有権への保護（第三者異議権，取戻権）を類推するために対象を確定する操作として考案されているきらいがあるとの指摘は，まさにその通りだと思う。他方では，特定性を問題としないで追及を認めることに対する危惧もしばしば語られる[42]。

最後の点に関して，松岡説であると，特定性を観念できない場合でも元本現存を限度として追及可能である。もっともX→Yの追及が取消権・代位権を介

---

(40) 松岡・林献呈 369 頁以下が示唆深い。
(41) 松岡・年報 84 頁右段。
(42) 四宮・我妻追悼 188 頁，磯村・271 頁。なお，誤振込を理由とする依頼人の受取人に対する不当利得返還請求権に関し，受取人の預金債権に対する優先権付与という文脈においてではあるが，預金債権が変動した場合に，優先権の及ぶ範囲を確定するルールが必要であるとして，預金残高に応じた場合分けの提案がなされている（森田・195 頁以下）。ここでは，物権的権利を根拠とするわけではないから，債権の「特定性」は必ずしも要求されず，どこまで優先権ないし追及効を及ぼすべきかという価値判断で決められるべきとされる。確かに，このような場合には，本来の「特定性」が問題とされるのではない。しかし，依頼人との関係での，いわば薄められた「特定性」ないし帰属性が問題とされているのではあるまいか。

してのみ可能とする趣旨⁽⁴³⁾は必ずしも明白ではない。MY 間は騙取ではなく，信用供与を前提とした弁済だから，受領者が悪意であっても，XM 債権とは同様に考えられないからだろうか。

　以上のように考えるならば，無資力要件は必要か否かという論争点は実は仮装理由⁽⁴⁴⁾であって，発展的に解消されうるという理解も可能ではないか。この考え方は，先の加藤(雅)説を検討した際に，加藤(雅)説が要件として提示する無資力性が実はそれ以外の要件と機能的に重複するのではないかという疑問にもつながる。では，本当にそうなのか。明示かつ独立の要件とすることとの相違は本当にないといえるのかの検討がさらに必要である。ただ，それは，XY の請求を肯定した上で，XM 債権との関係で，補充性を持たせるか否かというきわめて評価的問題であり，その判断に依存するものである。

　まとめると，考え方の分布は，①騙取者Mの一般財産に限定して，騙取された金銭価値へのXの優先を考える説（松岡説が典型であり，特定性は当初利益現存の形で緩和，但し，この説は騙取者や弁済受領者の主観的態様にもとづく責任を民法 424 条・704 条・709 条にゆだねる）と，② XY 請求を直接，物権的価値返還請求権と構成する説（四宮説が典型，価値の特定性を基本的要件とするが，悪意重過失を考慮）あるいは侵害利得と構成する説があり，その中間に，③取消権の要件を参照する形で，要件として弁済受領者について，金銭価値の由来性のみならず，Mの無資力性の認識を要求する説（加藤説が典型，但し価値の特定性要件が付加されることで物権的価値返還請求権化を考える）が位置する。構成としては，①と②が一貫しているが，③は，両者の中間的立場として，両方の考えを縫合している感があり，それ故に評価上構成上の不整合があるのではないかとの疑問がある（取消権構成は，補充性を導入する意味と同時に，主観的態様で，実質的に不法行為的要素を加味する意味もあるのではないか）。②は，一貫はするが，騙取者から弁済として流出した金銭価値の追及を基本的に価値の同一性のみで可能とさせうるかが問われる。他方，①も理論的一貫性はあるが，Mへの請求に限定してとはいえ，特定性をかなり緩和している点が問われよう。それらの考え方が分かれるポイントは，複数あり，金銭の代替性を考慮しつつ，騙取の際の被騙取者の保護をどの程度考えるかが基本である。さらには，MやYの一般債権者，担保権者の利害との調整がある。さらにこれらの点と関連して，特定性要件を維持するか，維持するとしてどの程度かという論点が伏在する。

---

(43) 松岡・年報 88 頁左段。
(44) 北川善太郎『日本法学の歴史と理論』[1968] 375 頁。

◇第7節◇　若干の検討

　最後の難問は，判例法理の理解である。既に折りにつけ触れてきたが，即時取得に発想のルーツを求める我妻説に依拠しているところからすれば，②に近いと言えるだろう。しかし，判例が依拠する不当利得という構成・外皮は，このような立場にふさわしくないだろう。又，判例法理の不明確さは事案との関連での射程範囲の不明確さをももたらしている(45)。

　本稿では，第一に，要件面，構成面で各説は対立するが，機能面から分析すると，かなり重畳する側面があることがわかった。すなわち無資力性，特定性を機能的にとらえるならば，②と③，さらには判例の立場はかなり近いものと考えうるものであった。この観点をどう生かし，最終的なあるべき構成を考えるかは将来の課題として残された。第二に，単なる金銭債権ではないとして，効力の強化を考える場合に，その権利の属性決定という観点が重要ではないかという点も意識された。判例が採用する金銭受領者の主観的態様を必須もしくは補助的な要件として取り込むかぎり，従来の不当利得という属性にとどまりえず，不法行為的なもの（主観的帰責要素）が（たとえ取消権的構成であれ）その限りで加味されているのではないか，あるいは仮託されているのではないか，という疑問が払拭できない。このような観点からは，①はYに対する請求を主観的帰責を根拠とする民法424条，709条などにゆだねる点で理論的に明晰といえる。②は客観的帰責を基本とするが，主観的帰責で補充するものといえる。③は当初から主観的帰責要素と客観的帰責要素が渾然一体化しているといえる。

◆「金銭騙取」関連の判決・文献の年表（頁数は関連箇所を指示）
末弘厳太郎『債権各論』（大正7［1918］）（因果関係の直接性）
大判大正8［1919］・10・20（末弘説受容，直接の因果関係）
我妻栄『債権法（事務管理・不当利得）』現代法学全集34巻（昭和5［1930］）34頁以下（判例を批判）
末川博「貨幣とその所有権」経済学雑誌1巻2号（昭和12［1937］）
我妻栄『事務管理・不当利得・不法行為（新法学全集）』（昭和15［1940］）47頁
最判昭和29［1954］・11・5刑集8巻11号1675頁（金銭①）
我妻栄編著『判例コンメンタールⅥ事務管理・不当利得・不法行為』（昭38［1963］）54頁
最判昭和39［1964］・1・24判時365号26頁（金銭②）

---

(45)　金銭騙取の典型事例を何ととらえるか，「騙取」をどのように定義するかもこの点と関連する。「帰属割当合意」の不存在の定義も同様である。比較的広い定義を採る者として，磯村・269頁。狭い定義を採る者として，藤原・373頁。

第 5 章　◆13◆　「騙取金銭による弁済と不当利得」覚え書き

最判昭和 42 ［1967］・3・31 民集 21 巻 2 号 475 頁（騙取①）
川村泰啓「「所有」関係の場で機能する不当利得制度(2)」判評 120 号 100 頁以下（判時 538 号［1969］）
最判昭和 45 ［1970］・7・16 民集 24 巻 7 号 909 頁（転用物①）
我妻栄『債権各論下巻一（民法講義 V4）』［1972］1023 頁
最判昭和 49 ［1974］・9・26 民集 28 巻 6 号 1243 頁（騙取②）
　（井田友吉・曹時 29 巻 6 号 97 頁，石田穰・法協 93 巻 4 号 620 頁，谷口知平・民商 73 巻 1 号 116 頁，加藤雅信・判評 198 号［1974］23 頁）
四宮和夫「物権的価値返還請求権について」『私法学の新たな展開（我妻栄先生追悼論文集）』（昭 50 ［1975］）185-205 頁（(i)「価値の同一性」と(ii)価値帰属割当変更合意不存在の二要件の下で追及可能）（「我妻追悼」で引用）
加藤雅信「類型化による一般不当利得法の再構成(5)」法協 92 巻 8 号［1975］926-928 頁
広中俊雄『債権各論講義（第 5 版）』（昭 54 ［1979］）386-387 頁
鈴木禄弥『債権法講義』（昭 55 ［1980］）460 頁以下
加藤雅信「類型化による一般不当利得法の再構成(15)」法協 98 巻 4 号［1981］497 頁以下
四宮和夫『事務管理・不当利得・不法行為（上）』［1981］77 頁（騙取②判例や手形小切手の規律等を考慮しつつ，(ii)の例外を承認，すなわち，相手方が悪意または重過失の場合には，(ii)の要件を満たさなくても追及可能。(i)または(ii)の要件のいずれかが欠けると，債権的不当利得に転化）（「全集上」で引用）
広中俊雄『物権法下巻』（昭 56 ［1981］）257 頁以下（物権的価値返還請求権）
清水誠「騙取された金銭をめぐる法律関係」東京都立大学法学会雑誌 24 巻 1 号［1983］103 頁
松岡久和「債権的価値帰属権についての予備的考察」社会科学研究年報 16 号［1985］88 頁（「年報」で引用）
加藤雅信『財産法の体系と不当利得法の構造』［1986］667 頁以下（678 頁注 33 で，法協での公表後になされた，広中，鈴木からの批判に答えている）
好美清光「騙取金銭による弁済について」一橋論叢 95 巻 1 号［1986］21 頁以下
藤原正則「不当利得における因果関係の直接性」『現代判例民法学の課題（森泉還暦記念）』［1988］692 頁以下
磯村保「騙取金銭による弁済と不当利得」『金融法の課題と展望（石田・西原・高木還暦記念下）』［1990］251 頁以下
能見善久「金銭の法律上の地位」星野編集代表『民法講座』別巻一［1990］101 頁
最判平 7 ［1995］・9・19 民集 49 巻 8 号 2805 頁（転用物②）
松岡久和「アメリカ法における追及の法理と特定性 —— 違法な金銭混和事例を中心に」林献呈『現代における物権法と債権法の交錯』（平 10 ［1998］）357 頁以下所収（「林献呈」で引用）
森田宏樹「振込取引の法的構造」中田・道垣内編『金融取引と民法法理』［2000］所

収 123 頁以下（180 頁以下に，物権的価値返還請求権に関連する記述）
松岡久和「騙取金による債務の弁済」『法形式と法実質の調整に関する総合研究Ⅱ』［2000］93 頁以下（「報告書」で引用）
平田健治「騙取金による弁済」奥田ほか編『判例講義民法Ⅱ債権』［2002］106 事件（178 頁）
藤原正則『不当利得法』［2002］374 頁
潮見佳男『債権各論Ⅰ』［2005］306 頁
内田貴『民法Ⅱ』［2007］545 頁以下
田髙寛貴「金銭の特殊性」『民法の争点』［2007］65（164 頁）
伊藤高義「物としての金銭」南山法学 31 巻 1・2 号［2007 年］323 頁以下（物権的返還請求権が生ずる場面を限定する見解を前提として，騙取金銭に対する不当利得を承認する判例の立場を，特定性を前提に物的な関係にもとづく返還請求権が認められた場面と理解，騙取されたことが主要事実で，無資力性は要件ではないとする）
石田穣『物権法』［2008］72 頁以下（「金銭に関する所有物返還請求権について」）
平田健治「騙取金銭による弁済と不当利得」窪田・森田(宏)編『民法判例百選Ⅱ』［第 8 版］［2018］162 頁

◆14◆ 金銭騙取事例における第三者弁済類型の位置づけ

◆第1節◆　はじめに

　金銭騙取は一連の判例が不当利得法に関して形成した事案類型であり，それぞれの時点での不当利得学説に影響され，また判例が学説に影響を与える形で展開してきた。現時点では，この類型は，さらに自己債務弁済型，二重騙取型，第三者弁済型と分類されることがおおむね定着している。

　最高裁の判決において，昭和42年3月31日判決（⑭，後掲リストの番号，以下同じ）は，自己債務弁済型，昭和49年9月26日判決（⑮）は，二重騙取型と言えるが，二重騙取型は，第二騙取による金銭で騙取者が第一騙取による自己債務を弁済するという意味で，自己債務弁済型の亜種と見うるので，結局，判例によれば，この前二類型は，弁済受領者の悪意もしくは重過失がない限り，弁済受領が法律上の原因となり，弁済受領債権者は保護される[1]。

　これに対して，第三者弁済型は，第三者弁済制度の法定効果として，原則として弁済者（M）の債務者（S）に対する求償権が発生するはずである。金銭騙取判例の枠組に従えば，利得債務者としては，債務者のほかに弁済受領債権者（G）が考えられる。弁済受領債権者については，最高裁の判例はないが，自己債務弁済型と同様の基準が考えられる（以下では，この記号（M，G，S）を用いる）。債務者についてはどうだろうか。判例[2]や初期の学説は，この点について明示の言及がないことが多い。それはなぜなのだろうか。

　以下の叙述は，第三者弁済型判例を出発点に自説を展開させていった我妻説の検討をこの疑問解明の手がかりとして進める。

---

[1] 筆者には，既に自己債務型を中心に判例学説を検討したものとして，「「騙取金銭による弁済と不当利得」覚え書き」阪大法学58巻6号（2009）1281頁以下がある。簡潔には，窪田・森田（宏）編『民法判例百選Ⅱ債権（第8版）』（2018）162頁以下。

[2] 既に松岡久和「騙取金による債務の弁済」『法形式と法実質の調整に関する総合研究Ⅱ』（2000）105頁以下（以下では，「報告書」として引用）が，自己債務弁済型と，第三者受益型について，それぞれの類型について，被騙取者と騙取者間，騙取者と利得者間の債権の成立を論じる判決の不存在を指摘している。

◆ 第2節 ◆　　我妻説における第三者弁済型

　我妻は，金銭騙取による不当利得というテーマに関し，以下の3点の著作で，その考えを発展的に展開している。すなわち，昭和5年（1930年）の現代法学全集第34巻所収の『債権法（事務管理・不当利得）』，昭和15年（1940年）の新法学全集の『事務管理・不当利得・不法行為』，昭和47年（1972年）の民法講義Ⅴ₄『債権各論下巻一』である。以下，それぞれをⅠ，Ⅱ，Ⅲで引用ないし言及する。

　彼が，この三著作において，金銭騙取類型の規律として述べたことは少しずつ異なる。

　Ⅰにおいては，被騙取者の，金銭を弁済として受領した者への請求は，騙取者が第三者の債務を弁済した類型（第三者弁済型）において扱われ，因果関係を金銭所有権の取得の有無に依存させる判例の態度を批判しつつ，債務者（S）である第三者の利得は社会観念上の因果関係があり，さらに常に法律上の原因を欠くが(3)（大判大正8・10・20（③），大正9・5・12（④），大判大正9・11・24（⑤）の3件を引用，判例は直接の因果関係の有無による基準で，最初の判決が否定，後二者は肯定），債権者である弁済受領者（G）の利得は，この債権者が善意無過失である場合には，法律上の原因を有するとし(4)，注(13)（通し頁139頁）で，金銭が被騙取者（X）の所有にとどまるときは，192条により所有権を取得するとともに弁済として是認されるが，騙取者（M）の所有に帰した場合にも，財産の帰属を実質的に考察し，即時取得の趣旨を類推適用すると述べる。大判大正元・10・2（②）は担保対象の米が換価され，供託されていたが，保管者に払い渡された場合に同旨を述べるものとして，引用する。

　因果関係については，受益を扱う130頁と131頁注(8)，損失を扱う135頁の中で出てくる。131頁注(8)で社会観念上の因果関係について敷衍され，大判明治44・5・24（①）とその再上告審大判大正元・10・2（②）に言及し，同節第二の二注(4)（135頁）（ここで，因果関係を取引上の観念で判断した明治44年判決（①）を正当と述べる）を参照させる。さらに大判大正8・10・20（③），大正9・5・12（④），大判大正9・11・24（⑤）に言及し，さらに第二の二注(8)（136頁）以下を参照させる。

　Ⅱでは，社会観念上の因果関係で足りるとする点は47頁から述べられ，金

---

(3)　Ⅰ35頁（通し頁137頁）。
(4)　Ⅰ138頁小見出し(3)。

◇ 第 2 節 ◇ 我妻説における第三者弁済型

銭騙取に関しても，因果関係の適用として最も問題となるものとして，47 頁から 49 頁に述べられる。判例の詳細は，50 頁注七，52 頁注八で検討される。第三者弁済型については，Ⅰと同様に債務者については法律上の原因を欠き，不当利得となるが，弁済受領債権者については，弁済受領者であるから，原則として法律上の原因ありとなすべきとする（Ⅱ48-49 頁）。ただ，受領債権者（G）に対する請求の基準は，Ⅰと異なり，即時取得の趣旨から，善意の受領で法律上の原因を備えるとする。ここでは，無過失を要求しなくなった点が注目される。

本文（Ⅱ49 頁）では，弁済として受領した点を法律上の原因の存在の根拠とするが，注七(ハ)では，騙取者の所有に帰した場合には，即時取得を考える余地はないが，実質的に被騙取者に帰属すべきものが債権者に交付されたとみる場合には，債権者がこの実質関係を知らざる以上，即時取得の趣旨にもとづき，法律上の原因を備えると解している。

被騙取者に実質的に帰属する側面も債権者の善意受領で債権者に原始取得される，あるいはそういう拘束が解消されると解するのであろう。

我妻は，自説の根拠として，大判大正元・10・2（②）（自己債務弁済型）を債務者（騙取者）の所有に帰した金銭が質権者に弁済として供されたと理解するが，むしろ，判決はなお原告の所有に属する金銭の所有権取得を前提としたからこそ，192 条の要件に言及したのではないかと考えられる。また，大判大正 9・11・24（⑤）も引用するが，これは債務者を被告として請求した事案であり，受領債権者についての説示は傍論である。

我妻が，即時取得の趣旨を言いつつも，善意のみに言及する意味はどこにあるのだろうか。所有権の帰属を問題とすることなく因果関係を考えるとする我妻の立場からは，弁済者（騙取者）の所有に帰した場合とそうでない場合の要件は異なるのだろうか。もし異ならないとするならば，ここでの，「知らずに受領した」とは，無過失も含意するものと理解すべきなのであろうか。さしあたり疑問を残しておく。

さらに二重騙取型の事案が判決を 3 件（大判昭和 2・4・21（⑥[5]），昭和 10・3・12（⑧[6]），昭和 11・1・17（⑨[7][8]））引用しつつ扱われる。無権代理人が順次騙取し，第二の騙取金で第一の債権者（被騙取者）に弁済するようなケー

---

(5) 伊沢・判民 30 事件，末川・論叢 18 巻 5 号 799 頁。
(6) 川島・判民 33 事件，末川・民商 2 巻 475 頁。
(7) 川島・法協 54 巻 6 号 1190 頁。

379

スである。我妻は，無権代理人の第一の債権者に対する弁済行為が，無権代理人の責任履行とみられる場合には，第一債権者の受領は，第二債権者との関係で，法律上の原因を有すると理解し，そう構成できない場合には，法律上の原因を欠くと理解する（Ⅱ49頁ならびに注八）。

ⅢはⅡの32年後の作品である。執筆当時のドイツの文献が精力的に言及されるが，我妻説の不当利得観に対する影響は微調整にとどまるように思われる。因果関係については，978頁から985頁(9)において，法律上の原因の欠缺については，1017頁から1027頁(10)において扱われる。

因果関係については，980頁(11)において，大判明治44・5・24（①）を引用し，「私の説［社会観念による因果関係説のこと ── 筆者付記 ──］の生い立ち」と述べる。ここでは，第三者弁済型に加え，3件の判決を引用しつつ，単純な自己債務弁済型が扱われる。関連判例として，大判昭和2・7・4（⑦），最判昭和42・3・31（⑭），大判昭和13・11・12（⑩）が引用される。また，戦後の判例（最判昭29・11・5（刑事），最判昭39・1・24（民事））が金銭所有権については原則として占有の移転に所有の移転を連動させる立場を採ったことと，受領者の主観的要件については，前掲最判昭和42（自己債務弁済型）が善意要件を採用したことを意識しつつ，金銭の流通性を強調して，悪意または重過失(12)がない限り保護されると改説（ⅠからⅡを改説と理解すれば，二度目の改説となる）した(13)。

騙取金銭は変更後の判例の立場からは原則として常に騙取者の所有となる。しかし，これは金銭の特殊性にもとづく形式的な理由によるものだから，騙取

---

(8) 昭和10年判決，昭和11年判決ともに裁判長は前田直之助である。前田以外の裁判官構成は両判決で全く異なる。いずれも，論理構成については異様に詳細であるが，事実関係と控訴審の構成の努力に対する配慮が不足していると判例批評等（末川，川島）で非難されている。この非難の影響は，大判昭和13・11・12（⑩）が，無権代理人の弁済を，代理人としての弁済か保証人としての弁済かを問わず，即時取得で有効としていることに現れているかもしれない。昭和10年判決は，無権代理人の支払の趣旨を明らかにせよと破棄差戻ししていた。

(9) 〔1469〕～〔1473〕。

(10) 〔1516〕～〔1526〕。

(11) 〔1470〕。

(12) なお，この点は，川島・法協54巻6号1190頁（判民7事件）が大判昭和11・1・17（⑨）に関し同旨を述べていた。

(13) 「積極的に善意を要求せず」（1023頁）と述べることで請求者（被騙取者）側への主張立証負担の転換を示唆している。一般には，この立場が最判昭和49年に継承されると理解されている。

金銭は,「実質的にはなお騙取された者に帰属している」と見るべきとする。

ここで,騙取金銭は,所有権帰属と価値帰属が分属する状態となる（好美,四宮の指摘）。通常の場合には,弁済により,この分属は解消されるが,例外的に弁済受領者がこの分属について知りもしくは重過失で知らない場合には,上記の分属が維持され,被騙取者は,価値帰属の観点にもとづき,弁済受領者に受領金銭相当額の返還を請求できることになる。判例変更前に金銭所有権が騙取者に移転する場合に採っていた,Ⅰ,Ⅱにおける説明に対応する。

立証責任については,Ⅰ,Ⅱにおいては,即時取得の趣旨を語る以上,被請求者（弁済受領者）側からの立証を考えていたと言える。それを前提に,Ⅰでは被請求者が善意無過失の立証責任を負担したのに対し,Ⅱでは,無過失の立証負担を不要とすることで,受領者の保護を高めた。Ⅲにおいては,より受領者保護を徹底する趣旨で,悪意等の立証責任を請求者（被騙取者）側に課そうとしたと考えられる。

なお,ⅡとⅢの間に即時取得における無過失の立証責任を買主から争う側（原所有者側）に変更した最判昭41・6・9（民集20-5-1011）(13) が出ているが,これは我妻を含めた有力学説の批判に従ったものである。ちなみに我妻が無過失の立証責任を変更したのは,昭和7年（1932年）物権法を昭和27年（1952年）に改版した際である。ドイツ民法932条の条文の体裁を参照している。

二重騙取型については,引用判例が若干増え,判例の立場が明確でない指摘がⅡと同様に繰り返されるが,我妻説の立場は同じである。

このように我妻説は,第三者弁済型を発想の出発点とし,そこでの関心の中心は,弁済受領債権者（G）に対する返還請求であった。他方では,債務者（S）については,因果関係と法律上の原因欠缺のいずれも肯定していたが,その理由は明らかではない。

◆ 第3節 ◆ その後の学説,とりわけ類型論における第三者弁済型

これに対して,我妻説における発想をさらに展開したと言える四宮説(14) は,基本は,「占有＝所有」論を前提として,判例による金銭所有権理解を前提とした即時取得の成否の議論に対応させた理論を展開した。すなわち,価値の同一性の喪失あるいは,帰属割当変更合意（取引の形式が採られたか否か程度の意

---

(14) 『事務管理・不当利得・不法行為（上）』(1981) 243頁。

味に理解すべきであろう）ならびに受領者の善意無重過失の基準で，追及の可否を決める(15)。いずれかの基準を満たして，初めて弁済受領者に対する追及が排除され，騙取者に対する不当利得返還請求権（侵害利得）に転化する。第三者弁済型を別扱いし(16)，類型論の立場から，債務者（S）に対する直接請求を認めず(17)，騙取者の利得は，弁済者が債務者に対して取得する求償権を内容とする，被騙取者の騙取弁済者に対する侵害利得（二重不当利得）とする。直接請求を肯定するには，騙取者の無資力を債務者に転嫁できる理論が必要だが，それは既存の制度（債権者取消権，債権者代位権）によるべきだとする。

　それでは，第三者弁済型における被騙取者の債務者への追及は，類型論を採用するか否かに依存するのだろうか(18)。

　むしろ，ニュアンスはあるものの，類型論者でも，直接請求を肯定するものが多いのである。

　非類型論者である谷口説は，類型論によらない点では我妻説と共通するものの，独自の過責衡量論に依拠するため，判断基準が拡散しているきらいがある。その点を捨象して，関連部分だけ取り出せば，以下のような示唆が得られると思われる。

　すなわち，第三者弁済型（丙が甲から騙取し，乙の丁に対する債務を第三者弁済）については，弁済者と債務者の関係を吟味することが必要とする。その上で，大判大正 8・10・20（③），大正 9・5・12（④）を挙げ，甲丙債権，丙乙債権を考え，丙が無資力などの場合には，甲乙の直接請求を認めてよいが，そうでない場合には，甲は，丙の債権者として，丙乙債権を執行するか，代位行使することになるとする。ただし，大正 9 年 5 月ケースでは，乙丙債権があっ

---

(15) 77-78 頁。
(16) このように，四宮説における第三者弁済型における処理（244-245 頁）は明らかであるが，自己債務弁済型，二重騙取型の処理は，必ずしも明らかではない。そのため，学説にも四宮説の理解に幅があるように見える。筆者は，第三者弁済型の処理から推して，自己債務弁済型等においても，同一性の喪失ないしは受領債権者の悪意重過失の欠如で，弁済が有効に成立すれば，騙取者（弁済者）に対する侵害利得に転化すると考えたい。
(17) 認めるためには騙取者の無資力リスクを債務者に転嫁しうる理論が必要として，責任財産に対する割当内容という構造を指摘する林説（林良平『市民法学の形成と展開（下）（磯村還暦）』（1980）141 頁）を引用する（245 頁 4）が，結論は否定的である。前掲・松岡「報告書」128 頁注(56)は，被騙取者への価値帰属を肯定する限り，直接の不当利得請求権を認める方が一貫するようにも思える，と述べる。
(18) 磯村哲『不当利得論考』（2006）237 頁における簡潔な言及も参照（初出は法学セミナー 2 号（1958））。

◇ 第3節 ◇　その後の学説, とりわけ類型論における第三者弁済型

たので, 乙(債務者)の利得は全部または一部消滅すると理解すべきであると[19]。なお, 谷口は, 大判昭和10・3・12（⑧）, 11・1・17（⑨）の2判決の影響を受けて, 金銭所有権の即時取得の後にも, 他人所有金銭による弁済は無効であり, 債務は消滅せず, 不当利得成立の可能性を肯定する[20]。

松坂説[21]も, 即時取得に関して, それ自体には法律上の原因を認めず, 善意の取得者が有償取得か無償取得かで分け, 前者にはその限りで利得が存せず, 後者には利得があるとする。判例に関しても, 昭和10年（大判昭和10・3・12（⑧）, 昭和11・1・17（⑨））に態度の変更があったと理解する。

川村説[22]は, 求償権と代位では十分でないとして, 騙取金銭による弁済は, 他人の債務の弁済としての有効要件を欠くことになり, 弁済にもかかわらず, 代位債権を取得することはない。この債務者の出費の節約が, 債務者(S)の被騙取者(X)の金銭からの利得となるとする[23]。

その上で, 騙取者(M)の資力で区別し, 無資力の場合には, 債務者は「被騙取者の金銭からの利得」を得, 他方では, 資力がある場合には, 債務者の受益は, 「騙取者の金銭からの利得」となるとする。

判例の結論を類型論の枠組で実現しようとした, パイオニアとしての困難さが現れている。しかし, 現在から見ると, 求償利得の問題を意識しつつも, 侵害利得の論理で解明しようとする無理が感じられる[24]。すなわち, 第三者弁済による求償権発生の有無という問題, あるいは求償利得類型の独自性が十分意識されていない。

---

(19)　以上, 谷口知平『不当利得の研究』(1949) 242頁以下。
(20)　137頁, 549頁。
(21)　松坂佐一『不当利得論』(1953) 298頁以下, 同『総合判例研究叢書民法(13)』(1959) 21頁以下, 89頁以下。
(22)　川村泰啓・判評120号110頁以下。これに対しては, 松岡久和・社会科学研究年報16号86頁(債務者への金銭所有権帰属から弁済受領者への帰属を導くことの論理転倒), 同「報告書」127頁注(50)の批判がある。
(23)　藤原正則『不当利得法』(2002) 369頁は, 債務者はいずれにせよ弁済者からの求償権の行使を受けるから, 被騙取者の債務者に対する直接請求を認めても, 債務者の取引の安全は損なわれない。したがって, 被騙取者の騙取金銭に対する私的所有は存続し, 弁済者の一般債権者に優先する形で債務者に侵害利得の請求ができることになる, と理解する (記号を被騙取者等の当事者属性に置き換えている ── 筆者付記 ──)。
　　川村・判評120号106頁下段と同110頁中段を比較すると, 前者が占有＝所有論からの結論の不当さを指摘した上で, 後者で自説を展開している。そこでは, 第三者弁済の有効要件を欠くとし, 代位債権の取得を否定しつつも, 債務者に弁済による出費の節約を認める。この論理は理解困難である。金銭所有権を問題とした, かつての判例の結論を装いを変え維持しようとする努力のように見える。

加藤雅信説[25]は，基本は，求償権への無資力要件を前提とした代位権行使で救済を構想するが，他方では，価値のヴィンディカチオを債権者取消権と同様の要件で認める。方向としては，四宮説に近いと思われる[26]が，第三者弁済型と価値のレイヴィンディカチオの関係には言及されていない。

好美説[27]は，債務者の無償利得という観点で，直接請求を肯定する。すなわち，債務者は，給付利得の拡張という観点から，騙取者と同じ責任を負うと。求償権の発生の点には言及がない。

広中説[28]は，直接請求を，金銭債権の第三者追及効と位置づけ，民法424条を類推し，直接の価値返還請求権と構成する。もっとも，第三者弁済型を意識しての叙述はない。代位物の扱い[29]に準じると思われる。

以上の学説を見る限りでは，類型論は基本的に不当利得が発生する状況を類型的に把握する態度であるから，利得者損失者の間に存する法的関係に鋭敏であるはずである。しかし，こと金銭騙取問題では，金銭の価値追及の問題が，往々その関係意識を相対化させた傾向がある。あらゆる既存の要素を過責の衡量枠組で取り込もうとする谷口説が，非類型論者であるにもかかわらず，その

---

(24) 「求償」のための他人の財貨からの利得返還請求権の典型は，民法707条2項の他人のための錯誤弁済とされる。他人の財貨からの利得返還請求権の制度の原型からは，以下の二点で偏差しているとされる。すなわち，まず，利得の不当性の具体的規定は，「所有者Xに帰属すべかりしものが「非」所有者Yのもとに在る」ことではなく，「Yの私的所有の負担に帰すべきものがXの私的所有の負担とされている」ことであり，第二に，ここでは，「得ケタル利益」の喪失（利得の消滅）が問題とならない，いいかえれば，常に「出費の節約」としてのみ構成可能だということ（以上は，判評126号102頁）を指摘する。

(25) 法協98巻4号509頁以下（『財産法の体系と不当利得法の構造』（1986）654頁以下，以下では「構造」で引用）。

(26) 四宮説（77-78頁）が，価値のヴィンディカチオの要件を語ったあとで，それが認められない場合の不当利得を語るのに対して，加藤説（「構造」666頁以下）は，まず一般の不当利得の処理を語ったあとで，価値のヴィンディカチオを論ずるので，一見異なる見解のようにも見えるが，実質的には非常に近い立場と思われる。

(27) 一橋論叢95巻1号18頁。

(28) 広中俊雄『債権各論講義（第6版）』（1994）407頁，同『物権法（下）』（1981）257頁以下。

(29) 広中・（前掲注(28)）『物権法（下）』259頁以下は，代位物それ自体ではなく，そこに含まれる価値に向けられているとして，債権の強制執行において，被騙取者自らがなす差押に対して，他の一般債権者の配当要求を認めない形で，一種の優先主義を認める。他の一般債権者がなす差押においては，その債権者が被騙取者の優先権の存在を知るか重過失で知らない場合に限り，被騙取者が自ら差押をなすことで優先権を確保できるとする。

枠組ゆえにこの関係意識に優れていたことは皮肉である。

　四宮説によれば，被騙取者（X）の有する価値のレイヴィンディカチオは債権者（G）の即時取得により切断され，その代償として，債務者（S）への求償権を内容とする，騙取者（M）に対する侵害利得返還請求権を取得する。価値のレイヴィンディカチオと求償権の間に同一性を認めることはできない[30]。このような理解は，類型論の発想に最も忠実であるように思われる。

◆第4節◆　第三者弁済型における価値追及の構造

　おそらく，問題は，求償利得という，利益が求償権行使の形式で調整される類型において，価値帰属の追及を語れるか否かである。

　受領債権者（G）の債務者（S）に対する債権は騙取者（M）の第三者弁済によって消滅し（弁済代位の点はここでは措く），騙取者の債務者に対する求償債権に姿態を変える。

　被騙取者（X）は騙取者に対して，もともと，不法行為による損害賠償請求と並び，被騙取金額相当分の給付利得ないし侵害利得の返還を請求し得るはずである。

　騙取金銭は受領債権者の元に（判例によれば，受領債権者の悪意もしくは重過失がない限り）有効な弁済としてとどまり，代わりに騙取者の債務者に対する求償債権が第三者弁済制度の法定効果として成立する。

　この求償権は，騙取者の元にあった金銭が形を変えたにすぎないものと理解すれば，価値の排他的帰属の点は，当該求償債権に対する優先に反映されると考えるべきだろうか。四宮説が，同一性の喪失を理由に否定したことは既に触れた。優先といっても，二種類が考えられ，一つは，騙取者（M）が有する求償債権行使において騙取者の債権者のうちで被騙取者（X）が優先するという場合，もう一つは，被騙取者の債務者への直接請求を構成した場合において債務者の債権者のうちで被騙取者（X）が優先するという場合のものである。

　前者について，そのような優先効を求償権に与えるためには，債務者の主観的態様を問題とすべきだろうか。

　あるいは，後者において，考慮する場合には，被騙取者から債務者への直接請求（権）が構成可能と言うべきだろうか。

---

(30)　四宮和夫『私法学の新たな展開』（我妻追悼）（1975）202頁は，金銭による貸金債権への代位は無理とする。

第5章 ◆14◆ 金銭騙取事例における第三者弁済類型の位置づけ

　債務者（S）と騙取者（M）の間で，第三者弁済による金銭騙取不当利得という意味での詐害行為的行為が成立する場合とはどのような場合であろうか。例えば，債務者が騙取者の債権者であり，第三者弁済が同時に騙取者の債務弁済となるような場合が考えられる。

　この点について，判例を見ると，第一のもの（大判大正8・10・20）（③）は，騙取者（M）は連帯保証人であり，債務者（S）と履行引受契約の合意があったため，そもそも求償権が成立しえない事情があった。しかも事実関係から見ると，負担部分は主債務者ではなく，連帯保証人である騙取者にあったように思われる。第二のもの（大判大正9・5・12）（④）は，村長は村有金横領等の事情があったようであり，そうだとすると，村債務の第三者弁済は，村長の村に対する自己債務弁済の意味をももちえ，求償権は成立しなかったとも見うる。第三のもの（大判大正9・11・24）（⑤）は，騙取者が第三者弁済をした背景は明らかではないが，おそらく，前二者から推測するに騙取者が債務者の債務を四口も弁済した理由は存在したはずである。この事案では，騙取金の約半額を弁済に充てている。

　もし，仮に以上のような事情（騙取者が広い意味での自己債務を弁済するという動機の存在）が騙取金の第三者弁済型に通例のものだとすれば，そして，そのような仮定は第三者弁済一般に関しても自然のものと考えられるが，債務者は詐害行為でいう受益債権者の地位に置かれ，債務者（S）の騙取者（M）の詐害的行為についての悪意を要件として，弁済による求償権の不発生が自己債務弁済もしくは贈与の意味で一応基礎づけられるとしても，なお追及が認められてもよいはずだろう。あるいは，騙取者の債権者（第三者弁済における債務者）（S）の債権者（受領者）（G）への支払という方法による自己債務の弁済と構成することもでき，判例に従えば，債務者の悪意あるいは重過失の要件下で，被騙取者が債務者の利得を追及することも可能になるのではないだろうか。

　他方，そのような事情がない場合（社会類型的には例外的な場合と位置づけられる）には，第三者弁済の原則通り，弁済者である騙取者（M）には債務者（S）に対する求償権が発生する。この場合にも，前述した原則的な場合と同様に債務者の悪意を要件とする詐害行為的行為は観念できるが，債務者としては，免責という利益の押しつけと債権者の交替という事態のみが生ずるわけで，あいかわらず求償権の債務者であり続ける。四宮説が価値のレイヴィンディカチオから侵害利得への転化を認めた，この場合，すなわち騙取者に対する価値のレイヴィンディカチオが，騙取者の受領債権者に対する第三者弁済により受領債権者により受領され，かつ受領債権者が悪意でも重過失でもないために第三者

386

◇第4節◇ 第三者弁済型における価値追及の構造

弁済として有効になり，受領債権者（G）に対する価値のレイヴィンディカチオは成立せず，同時に騙取者のもとにあった騙取金銭は騙取者の債務者（S）に対する求償権に変態することによって，騙取者に対する価値のレイヴィンディカチオを，求償権を内容とする侵害利得に転化させる場合に，被騙取者側の利害のみに偏した保護の強化を語りにくいのではないか。つまり，価値のレイヴィンディカチオを観念するとしても，それは受領債権者（G）に対するものが典型であり，それが，有効な第三者弁済により，そもそも成立せず，同時に価値の同一性を失い，求償権が発生している際に　さらにあえて，債務者の悪意を要件とするとは言え，求償債務に加え，被騙取者から債務者に対する直接請求を観念することはむずかしい。

以上の考えが仮に正しいとすれば，第三者弁済型とされてきたものは，社会類型的には，広い意味での自己債務弁済型に還元できる場合が多いと考えられ，そのような場合には，債務者（S）への直接請求は債務者の主観的要件充足の制約下で肯定される場合がありうる。逆に債務者に対する求償権が発生する場合には，被騙取者からの直接請求を肯定することは，前述したように求償債権との並存可能性の問題を引き起こすため，むずかしいと考える。

被騙取者から債務者への直接請求を肯定した大審院判例（大正9年5月，11月）は，前述の枠組による理解可能性があるという意味で，限定的にのみ支持できる[31]。判例自体は直接の因果関係ありという構成で肯定したにすぎないけれども。

〈引用判決出典リスト〉
① 大判明44・5・24民録17・330
② 大判大元・10・2民録18・772
③ 大判大8・10・20民録25・1891
④ 大判大9・5・12民録26・652
⑤ 大判大9・11・24民録26・1862
⑥ 大判昭2・4・21民集6・166
⑦ 大判昭2・7・4新聞2734・15
⑧ 大判昭10・3・12民集14・467
⑨ 大判昭11・1・17民集15・101
⑩ 大判昭13・11・12民集17・2205

---

(31) 四宮・全集200頁注(3)(ロ)は，債務者に対する直接請求を否定する立場から，被告が金銭受領者ではない第三者弁済型において直接請求を認める大審院判決（大正9・5・12（④），大正9・11・24）（⑤）を疑問とする。

第 5 章　◆14◆　金銭騙取事例における第三者弁済類型の位置づけ

⑪ 最判昭 29・11・5 刑集 8・11・1675
⑫ 最判昭 39・1・24 判時 365・26
⑬ 最判昭 41・6・9 民集 20・5・1011
⑭ 最判昭 42・3・31 民集 21・2・475
⑮ 最判昭 49・9・26 民集 28・6・1243

第6章

利得者の主観的態様

◆15◆ 民法704条後段の沿革

◆第1節◆ 発端としての最高裁判決

最判平21・11・9（平成21年（受）第247号不当利得金返還請求事件）民集63巻9号1987頁 ─ 一部破棄自判・一部棄却

〔事　実〕

　借主であるX（原告・被控訴人・被上告人）は貸金業者であるY（被告・控訴人・上告人）との間の継続的な金銭消費貸借取引に基づく弁済について，利息制限法が定める制限を越えて利息として払われた部分を元金に充当すると，過払金が発生しており，それにもかかわらず，Yが残元金の存在を前提とする支払いの請求をし過払金の受領を続けた行為により，Xは精神的苦痛を被ったとして，第一に，不当利得に基づく過払金の返還，第二に，民法704条後段に基づく過払金返還訴訟に係る弁護士費用相当額の損害賠償，第三に，民法709条に基づく，慰謝料および慰謝料請求訴訟に係る弁護士費用相当額の損害賠償を求めた。

　第一審判決は，第一について認容，第二について，法律上の原因なく利得したことと相当因果関係にある損害は，過払金の10％であるとして一部認容，第三について，本件貸金は，出資の受入れ，預り金及び金利等の取締りに関する法律の制限利率を超えないものであること，貸金業法17条および18条の定める書面を一切交付しないなど，貸金業法に著しく違反する無法な貸付けや請求，取立てなどを行ったとの事実は認められないとして，不法行為は成立しないとして，棄却した。Y控訴。X附帯控訴（第二，第三）。

　第二審においては，まずXによって，第一の過払金返還請求については，Yから全額弁済を受けたとして，この部分の訴えは取り下げられた。判決は，第二について，民法704条後段を，過失ある善意受益者は除かれているから，不法行為責任ではなく，不当利得制度を支える公平の原理から責任を加重した特別責任とし，賠償範囲は，民法416条が準用されるとする。弁護士費用については，Yが不当利得金を容易に返還せず，弁護士に委任するのでなければ，訴

えを提起することが困難な場合にも、ここでいう不当利得と相当因果関係のある損害であるとする。また、前段の利息は、利得財産からは法定利息程度の付加利益が生ずるのが通常であり、損失者からは得べかりし利益の喪失といえ、それをあわせて返還させる趣旨であるが、弁護士費用は、全く異なる損害であるから、利息を払っても免れることはできないとしたうえで、第一審とほぼ同額を認容した。第三については、Yがみなし弁済の主張立証をしないため、超過利息の支払いが有効な債務の弁済とならないとしても、それが当然に不法行為上の違法性を有するわけではないとして、棄却した。

Yは、上告受理申立て理由において、民法704条後段の法的性質は不法行為であること、弁護士費用が被告負担となるのは不当利得者に強度の違法性が必要であること、後段の損害は転売利益の喪失など利得の事実によって生じたものであり、任意に返還しないことから生ずるものは含まれないこと、ここでの損害は利息額を超過する損害という意味であることなどを主張して、上告した。

〔判決理由〕
破棄自判。
「3　しかしながら、原審の上記判断は是認することができない。その理由は、次のとおりである。

不当利得制度は、ある人の財産的利得が法律上の原因ないし正当な理由を欠く場合に、法律が公平の観念に基づいて受益者にその利得の返還義務を負担させるものであり（最高裁昭和45年（オ）第540号同49年9月26日第一小法廷判決・民集28巻6号1243頁参照）、不法行為に基づく損害賠償制度が、被害者に生じた現実の損害を金銭的に評価し、加害者にこれを賠償させることにより、被害者が被った不利益を補てんして、不法行為がなかったときの状態に回復させることを目的とするものである（最高裁昭和63年（オ）第1749号平成5年3月24日大法廷判決・民集47巻4号3039頁参照）のとは、その趣旨を異にする。不当利得制度の下において受益者の受けた利益を超えて損失者の被った損害まで賠償させることは同制度の趣旨とするところとは解し難い。

したがって、民法704条後段の規定は、悪意の受益者が不法行為の要件を充足する限りにおいて、不法行為責任を負うことを注意的に規定したものにすぎず、悪意の受益者に対して不法行為責任とは異なる特別の責任を負わせたものではないと解するのが相当である。

4　以上と異なる原審の判断には、判決に影響を及ぼすことが明らかな法令の違反がある。これと同旨をいう論旨は理由があり、原判決中Y敗訴部分は破

棄を免れない。そして，Yが残元金の存在を前提とする支払の請求をし過払金の受領を続けた行為が不法行為には当たらないことについては，原審が既に判断を示しており，その判断は正当として是認することができるから，Xの民法704条後段に基づく損害賠償請求は理由がないことが明らかである。よって，Xの民法704条後段に基づく弁護士費用相当額の損害賠償108万円及びこれに対する遅延損害金の請求を107万1247円及びこれに対する遅延損害金の支払を求める限度で認容し，その余を棄却した第1審判決のうちY敗訴部分を取消し，同部分に関するXの請求を棄却し，上記請求に係るXの附帯控訴を棄却することとする」。

◆第2節◆　沿革の探求

I　本判決の位置づけ

本最高裁判決（判批として〔公表順〕，村田大樹・金商増刊1336号90頁，円谷峻・金商1342号7頁，藤原正則・金法1905号71頁，川角由和・民商142巻3号330頁）自体は，抽象的に見る限り，原審判決（札幌高判平20・10・16金商1335号34頁）の不当利得に由来する一種特別の加重責任との理解（札幌高判平19・11・9判時2019号26頁も同旨）を否定し，多数説に従い，民法704条後段の趣旨を不法行為責任と明言し，最高裁判所の立場を明確にしたにすぎない。しかし，同時に，この判断が，過払金返還請求訴訟に係る弁護士費用相当額の損害賠償の根拠条文として援用されたものであるという特殊事情も看過し得ない。すなわち，なお，過払金が発生しているにもかかわらず，残元金の存在を前提として支払請求をし，受領する行為が不法行為を構成するか否かの基準は，すでに最判平21・9・4（民集63巻7号1445頁〔判批は，蔭山文夫・消費者法ニュース82号71頁，小池泰・金商増刊1336号84頁，加藤雅信・ジュリ増刊1398号101頁，大西邦弘・判評618号7頁，円谷峻・リマークス41号58頁など〕）が述べるところであり，行為態様が社会通念に照らし著しく相当性を欠く必要があるとされた。また，弁護士費用が不法行為の効果として請求できるか否かの基準は最判昭44・2・27（民集23巻2号441頁）が述べるところであり，「事案の難易，請求額，認容された額その他諸般の事情を斟酌して相当と認められる額の範囲内のものに限り，右不法行為と相当因果関係に立つ損害」として請求できるとされた。そこで，仮に704条後段の損害賠償が不法行為の要件を備えない場合でも認められるとすれば，こちらでいくほうがより容易に同一の目的を達成で

きることになるため、本件の第二請求のような構成が本来の709条による構成と併用されることになったという経緯がある（藤原・前掲論文73頁）。

本判決は、不当利得と不法行為の制度趣旨の相違から民法704条後段の意味を演繹しているが、この二つの法定債権の制度趣旨のみから完全に説明できるのであろうか。逆に、原審判決のように、不当利得の章に規定されているから、不法行為とは異なる、不当利得と関連した制度と理解しようとすべきなのだろうか。私見によれば、立法過程をより比較法的観点から分析する作業が、この条文の意味解明に必要ではなかろうか。不思議なことにそれが今まで怠られたために、規定のある場所からの圧力よりも制度相互の機能分担からの観点を優先させる立場と、規定のある場所を尊重し、不当利得の章にあるからには何とか不当利得と関連づけて説明しようとする試みの対立並存状態が不毛に続いたのではなかろうか。

II　民法704条の審議

審議（『法典調査会民法議事速記録五』〔1984年〕171頁下段から179頁下段までと196頁上段から218頁上段までが該当部分である。以下の頁数は、これを指す。審議の検討として、加藤雅信『財産法の体系と不当利得法の構造』〔1986年〕386頁以下がある）は二会期（第115回明治28年9月18日、第116回明治28年9月20日）にわたった。第115回において、まずいったん修正議決された（「其利益の現存する限度に於て」〔以下すべて原文のカタカナをひらがな表記〕を「其受けたる利益の限度に於て」に修正）（171頁下段））713条（現703条）（議事録には「ド民一草、二草」の引用あり）が、続いての714条（現704条）の審議中に再燃し（174頁下段以下）、再議の可否について総裁の意見を求めることで閉会した。第116回は、再議の許可の下、修正原案（「其利益の存する限度に於て」）が提出され、承認された後、あらためて714条の審議が再開されたが、議論は713条との関係理解ともからみ、なお錯綜していた。

原案の説明を担当した穂積陳重は、既成法典財産編364条の基本責任（「訴を受けたる日に於て現に己れを利したるものの取戻」）に加えて、悪意の受領者の付加的責任を規定する368条を説明している（172頁下段から）（後掲III参照）。第一の法律上の利息（理由書によれば原案の利息に対応）、第二の果実は占有の規定があるから再び言及する必要がない、第三の「自己の過失又は懈怠に因る物の価額の喪失又は減少の償金」は皆損害賠償に入るから、既成法典と異なるところはないつもりであると述べている（旧民法にあった不可抗力の場合の規定

◇ 第 2 節 ◇　沿革の探求

はなくなっているが，梅謙次郎〔198頁下段から199頁上段〕は，理論上は正しく，掲げてもよいが，細かい規定が増えるのは面白くなく，そういう場合は多くないであろうということで，載せなかったと述べる。173頁下段では，天災で責を免れないことは弁ずるを待たないと述べているから，例外は不要として載せなかったことになろう。197頁上段の穂積発言も同旨か）。

梅謙次郎は，713条再議の中で，おそらく悪意の受益者を念頭に置いて，理論上は不法行為だが，利息の点では不法行為の一般規定でははなはだ面白くないので，実際上の便宜からここに置くという趣旨を語っている（190頁上段）。

磯部四郎が，現存していなくても受けたる利益全部の返還義務があることや，過失者の損害賠償ならば，不当利得には当たらぬのではないかと疑問を発したのに対して，穂積陳重は，もとより不法行為に入れることができるが，便宜的例外，713条の原則を不当に広く解されないようにここに置いたと答弁し（197頁下段），便宜的に別の場所に規定する他の例として占有者の規定をあげ（198頁上段），梅謙次郎も，フランスの学説を引用して，悪意の受益者は受領ですでに遅滞しているから，天災でなくなっても自己に責任がある，そもそも自己のところに置いたのが過失である，もっとも，弁済者のところでも天災にあったという反証ができる場合を例外とする多数説は，細かくなるので規定しなかったと述べる（198頁下段以下）。

果実も利息とあわせて規定しないといけないのではないかとの重岡薫五郎の質問には回答がなかった（200頁上段）。

利息は，物の場合にも付けるのかが問題となり，その答弁の中で，梅謙次郎はその点を肯定しつつ以下のように述べる（202頁上段，下段）。すなわち，利息を損害賠償の中に含める立場をとった，一種の例外法で，いらないということになれば，不法行為の原則の適用となる，この場合には損害賠償だけになる，代価に対する利息については，損害の証明が要らない，それを越える損害については証明が必要と。

土方寧の，前条の場合と同様に，本条でも利息も果実も言及しなくても当然含まれるのではないかとの質問にも，穂積は明確な回答を与えていない（205頁上段）。

富井政章は（206頁），通常の不法行為の場合と異なり厳しい点を，利息が損害の証明を要せずして認められる点をあげ，それは，法律上の原因なくして弁済としてある物を悪意で受け取ったという確かな事実があることに関連づけ，ここで，利息を金銭受益に限定すれば，この便利的理由が弱くなる危惧を述べる。

395

悪意といっても不法行為に必ずしもならないのだから，悪意の受益者については不法行為の規定を準用するという規定の提案もあった（磯部四郎，岸本辰雄〔216頁〕）。

利息は不法行為の場合には付かないという梅謙次郎の発言（210頁下段）に対して，不法行為も同じという土方寧の発言（215頁上段）があり，さらに，梅は，それは遅延利息であると答弁したのに対し，土方は，悪意の受益者も同様ではないか，どちらもすぐ返さないと遅滞になると再反論，梅は，どんな債務でも期限がない場合には請求がないと遅滞とならないと答弁している（215頁下段）（梅は，ローマ法以来の窃盗不法行為の即時遅滞扱いとの関連をどう意識していたのか。先の，フランス学説の紹介と矛盾しないか）。

Ⅲ　フランス民法から旧民法へ

民法起草者の念頭にあった，旧民法財産編第2部人権及び義務第1章義務の原因第2節不当の利得に含まれる関連規定は，議事録や起草趣旨説明における引用からすると，364条と368条であった（以下は，Projet de Code civil pour l'Empire du Japon, nouv. éd. Tome 2〔1891〕による）。

> 364条　債権者に非ずして弁済を受けたる者は其善意と悪意と又弁済者の錯誤と故意とを問わず訴を受けたる日に於て現に己れを利したるものの取戻を受く

善意悪意を問わないで，非債弁済受領者は訴訟提起時の現存利得の返還義務を負った。ここには，Projetによると，受領した商品の消費による節約利得も含まれた。また，弁済の性質を有しない供与についても，この規定は適用された（367条）。なお，Projet 388条は，旧民法と異なり，フランス民法1376条と同様に，「訴を受けたる日に於て」という限定はない（旧民法におけるこの限定は，調査会議事録172条下段〔穂積〕や民法修正案理由書で善意受益者と悪意受益者の混同として非難されている点である）。

> 368条　第361条第2号に掲げたる供与を悪意にて領受したる者は訴を受けたる日に於て其不当に己れを利したるものの外尚お左の物を返還す可し
> 　第一　元本を領受せし時よりの法律上の利息
> 　第二　収取を怠り又は消費したる特定物の果実及び産出物

第三　自己の過失又は懈怠に因る物の価額の喪失又は減少の償金縦
　　　　令其喪失又は減少が意外の事又は不可抗力に因るも其物が供与者の
　　　　方に在るに於ては此損害を受けざる可かりしときは亦同じ

　第一は，受領したものが金銭の場合であり，ローマ法以来の悪意の場合のみなし遅滞を前提とし，請求を要しないとされる，また元本から必ずしも引き出されるとは限らないものであり，利得に基づくものではないとされる。第二は物の受領の場合であり，実際収取したかは問われない。第三は，受領した物の保管義務ないし注意を前提とする。
　なお，364条と368条の関係については，悪意受領者は，364条の責任に加えて，368条の責任を負うことは，文言上明らかであるが，Projetの説明によると，前者は利得 (enrichissement)，後者は，3種類すべてに通じて，賠償 (indemnités) と性質決定されていることに注意すべきであろう。フォートに基づく (la faute commise) もので，民事不法行為 (délit civil)，不当な損害 (dommage injuste) などとも表現されている。フランス民法との相違としては，第三の責任はフランス民法1379条では善意悪意を問わないものであるが（施行後の解釈は異なるようであるが），不可抗力責任は悪意に限っている。また，供与者による反証の可能性は，ボアソナードがフランス民法施行後の有力学説を取り入れたもので，フランス民法自体には存しない。そのため，第三の責任の規範構造は文言上ややわかりにくいものとなっている。つまり，フランス民法では，善意悪意共通の土壌でのフォート責任，悪意での加重された不可抗力責任と段階づけられたが，悪意者責任から出発する旧民法では，過失責任を述べつつ，不可抗力の場合の無責任を前提としながら，（供与者側の立証を前提とする）付加的例外的責任を併記するためである。フランス民法と旧民法では，悪意者の不可抗力責任が原則から例外的位置に転換されている。おそらく，旧民法では，過失責任が悪意者と結合されたことにより，その加重責任である不可抗力責任が例外的責任と位置づけられざるを得なかったという推測が成り立つ。
　フランス民法は，合意によらない約務の章の中に準契約を納めて，さらにその中で，事務管理と並んで，非債弁済を扱う。1376条で非債弁済の一般的返還義務を述べた後，1377条で善意の場合，1378条で悪意の場合，1379条で有体物の場合などを規定する。関連するのは，1378条，1379条である。

　　1378条　受領者の側に悪意があった場合には，その者は，弁済の日から元
　　　　本並びに利息又は果実を返還する義務を負う。

1379条　非債で弁済を受けたものが不動産又は有体動産である場合には，その受領者は，その物が存在する場合にはそれを現物で，その物が受領者のフォートで滅失又は損傷した場合にはその価額を返還する義務を負う。その者がそれを悪意で受領した場合には，不可抗力（事故）による滅失についても担保する。

　フランス民法（以下は，Fenet, Recueil complet des travaux préparatoires du code civil, 1827, tome 13 による）においては，旧民法と異なり，有体物の滅失ないし損傷についての責任は，不可抗力の場合を除くと，善意悪意を含めた一般的なものとして捉えられており，ここでの責任は，受領者の一般的保管義務ないしその違反としてのフォートとして捉えられている点が注目される。また，悪意の受領者の責任について，詐欺的享受を法が罰するのであると表現したり，供与者の錯誤を利用する者であり，保護に値しないとし，厳格な規定であるが，全く正当なものと説明する。

　のちの学説は，金銭，代替物は善意悪意を問わず，同種同量の返還義務を負うとし，また悪意受領者と窃盗者を区別し，前者の場合には不可抗力により債権者の下でも同様に滅失したことを証明すれば免責されるとする（山口俊夫『フランス債権法』〔1986年〕191頁）。

　以上，現行規定の審議過程，旧民法，フランス民法それぞれの関連規定を簡単に対比したわけであるが，振り返ってみると，悪意受益者の責任の根拠づけの相違が，ローマ法などの沿革との距離（悪意の受領者，不法行為者，付遅滞効の三者を直結するか否か，しないとしてどのように段階づけて関連づけるか），不法行為との限界づけないし異同などの論点と絡みつつ，浮かび上がってくる。

　なお，フ民2016年改正により，非債弁済の効果の詳細は新設された原状回復制度（1352条から1352-9条）に委ねられる（1302-3条）。

Ⅳ　ドイツ民法草案からの潮流の融合

　さらに，日本民法起草者はドイツ民法第一草案，第二草案を参照条文の箇所で引用しているため，ドイツ民法の規律も概観しておく。部分草案（Schubert, Vorlagen, Schuldrecht Ⅲ, 1980, S. 707 ff.）は，非債弁済の中で，善意の場合の現存利得（5条・6条），悪意の場合（12条）には，金銭は受領時からの利息付与，代替物は同種同量の返還，非代替物は現状での返還と取収すべき果実返還，事故による滅失損傷も給付者の下でも生じたという反証がない限り責を負うなど

◇第2節◇ 沿革の探求

を規定した。部分草案理由書によれば、それらの効果は、悪意の受領を他人の財産権への違法な侵害ととらえ、受領者を遅滞にある債務者と同視することから出てくるものと理解される。第一草案で悪意の受益者の責任を規定するのは、741条である。ここでは、要件が精緻化され、まず不法行為に基づく損害賠償義務を負うのは、受領者が受領時に非債について悪意であり、給付者が善意である場合とする。後発的悪意（mala fides superveniens）や訴訟係属（Prozeßbesitz）の場合は、受領物本体、収益、費用償還、保管についての一般的責任となり、債権総則の特定物返還義務を規定する条文（244条）に指示される。244条は訴訟係属後の所有者占有者責任規定（931条、933条）にさらに指示する。931条の内容は、収取収益の返還、故意過失による、物や収取収益の滅失損傷もしくは収取すべき収益の未収取などから生じた損害の賠償である（この規定の前身である部分草案181条は事務管理規定を指示していた）。遅滞責任（934条）や占有奪取による不法行為に基づく損害賠償責任（935条）は別途指示規定がある。第二草案以降は、当初悪意、後発的悪意、訴訟係属のそれぞれの効果は、前二者の後者への参照という形で一元化され、一般規定への指示という表現に変化し（292条を介して987条〔既収取収益の返還と過失による未収取収益の賠償〕、989条〔過失に基づく滅失・損傷・その他の返還不能に関する損害賠償〕の適用と解されている）、現行法に至る（以上の経緯については、Jakobs/Schubert, Beratungのそれぞれの該当部分を参照）。

　ここでも、他の法制度の生成との関連で見えにくくなっているものの、悪意の受益者の責任は構成の差はあれ基本的に、収益や物の滅失損傷において明らかなように、返還すべきものの占有自体から導かれる保管義務・維持義務とその違反（不法行為における過失とは区別された意味での過失責任）という形で構成され、その外側に、さらなる要件充足の下で、遅滞責任や不法行為責任が広がる。

V　改正の方向

　以上の概観から、日本民法の立法過程を振り返ると、民法704条後段の損害賠償は、フランス民法1379条［2016年改正後は1352-1条］、旧民法財産編368条第三に由来するといえるが、そこでの損害賠償は、受領物の滅失損傷について過失責任の下で賠償責任を負わせるものであり（もっとも、前述したように、さらにフランス民法は不可抗力責任を原則とし、旧民法は例外としていた）、ドイツ民法990条、日本民法191条と同様の趣旨をもつものであった。それは、過失

399

に基づくものではあるが，必ずしも不法行為に結び付くものではないだろう（加藤・前掲論文388頁以下は，704条の「悪意」に帰責事由のある場合とない場合もしくは不法行為的な要素のある場合とない場合との両方を含めて解釈することによって不法行為法や所有者占有者規定とのバランスを図ろうと指向している。藤原正則『不当利得法』〔2002年〕158頁は，収益返還に関してではあるが，契約にも不法行為にも由来しない，この義務を準契約的義務と捉えることを示唆する。また前述した部分草案のように，〔本来の事務管理との異同が意識されつつも〕事務管理と構成する構想も歴史上存在した）。他方，起草者たちが，損害の証明が不要な，かつ元本が金銭に限られない法定利息（205頁上段の梅発言）（それはすでに言及したように本来は旧民法財産編368条第一の「金銭」受益の法定利率をルーツにもつ）の延長上に，証明の必要な一般的損害賠償責任を構想した際（通常，梅説として引用される梅謙次郎『民法要義巻之三』〔1909年〕における民法704条の責任内容に関する説明の原型は，法典調査会議事における三者の答弁などから見る限り，その時点で三者間に緩い意味ですでに共有されていたと思われる），それは，議事録でのやりとりを読む限り，金銭や物の収益可能性に着目した責任を想定しているようにも見える。このような転換を起草者たちは意識していたのだろうか。さらには，無限定な「損害賠償」という文言が，後に一般的なそれと誤解されはしないと考えたのであろうか。まさに，現在の多くの学説は不法行為における損害賠償一般と理解している。既成法典と異ならないという穂積の説明（172頁下段）と，われわれはその主義（利息は損害賠償に入り，物も金銭に評価して利息を付ける主義）をとることにしたという梅の発言（202頁上段から下段）との矛盾を意識しなかったのだろうか。梅・前掲書の設例によれば，1000円を盗んだ者は，年5分の利息のほかに，商業上の損失や違約金その他の賠償も請求できるとする。両者を損害と捉えることでその非連続性も解消され，うまく接合されたと考えたのであろうか。

　以上のように考えてくると，悪意受益者の責任は，①本来の受益ないし増殖部分の残存部分の返還と②保管義務・維持増殖義務とその違反（規範的な過失）に裏打ちされた賠償部分（物の滅失損傷，未取収益ないし果実）の二元性で捉えることができる。悪意の場合には，利得が減少せず，固定されるという意味の内実はこのような意味合いをもっている。②の部分を広義の損害賠償，ひいては不法行為に基づく損害賠償と連続して捉えることもできようが，あくまで受益の客観的収益可能性に着目したものという限界があり，損失に機縁があっても主として給付者（損失者）側の事情に基づく損害（上記の梅があげる商業上の損失，違約金）はこの限界を超えるものであろう。

◇第2節◇　沿革の探求

　総じて，起草者の説明は，利息についても，損害賠償についても，不明瞭である。上記のように，多くの適切な質問（果実との関係，不法行為との関係など）が出されたにもかかわらず，それらに対する説得的な説明ないし反論ができておらず，不明瞭な説明に終始しているのは，この構想が無理であったことを裏づけるのではあるまいか。すでに当時の立法動向として，悪意者責任を遅滞責任，不法行為責任と分離する立場が明らかとなっており，また日本においても，占有の効果の箇所において，果実返還（穂積は704条において果実の問題は占有の規定に譲ったから言及していないように説明しているが〔172頁下段〕，物も評価額に利息を付する原案の立場と矛盾しよう），損害賠償の規定（Projetの該当部分は非債弁済の効果とほぼ対応した説明，すなわち悪意占有者の加重責任の根拠を過失ないし民事不法行為に求めることがなされている）を適切に置こうとしていたのだから，そのような動向や関連を考慮せず，三者で相談した案に（答弁の過程で三者の理解ないし説明は微妙にずれ続けるものの）固執してしまったことは，後代に禍根を残すことになったといえよう。三博士の意識に，フランス民法の悪意受領者のみなし遅滞扱いや不可抗力責任がなお影響していたようにも思われる。

　以上の検討から，本判決の示した結論は不満が残る。将来の民法改正において，現在の文言は維持されるべきではなく，所有者占有者関係規定に類似したものへと充実させるか，あるいはそれらに指示する規定を置くべきで，不法行為責任をはじめとするその他の一般的根拠による責任との分別を明確化すべきであろう。

◆16◆ 〔判例研究〕貸金業法17条1項に規定する書面の交付の有無及び貸金業者が受領した貸金業法43条1項の適用されない制限超過利息の返還における悪意の推定

最高裁平成19年7月13日第二小法廷判決（平成17年（受）第1970号不当利得返還請求事件）民集61巻5号1980頁，判時1984号26頁〔①事件〕
── 一部破棄自判・一部棄却

〔事　実〕

　Y（被告・控訴人・被上告人）は，貸金業の規制等に関する法律（以下，「貸金業法」という）3条所定の登録を受けた貸金業者である。Yは，X（原告・被控訴人・上告人）に，14回にわたり第1回から第5回までは年40.004％，第6回から第9回までは年39.785％，第10回から第14回までは年28.981％の利率で，かつ元利均等方式の約定で貸し付けたが，いずれも利息制限法1条1項〔当時〕の制限利率を超えるものであった。YはXに対し，本件各貸付けに際し，借用証書の写しである「省令第16条第3項に基づく書面の写」と題する書面をそれぞれ交付した。本件各契約書面には「各回の支払金額」欄に，一定額の元利金の記載とともに「別紙償還表記載のとおりとします。」との記載があったほか，過不足金が生じたときは最終回に清算する旨の定めもあり，Yが交付したと主張し，証拠として提出している償還表に記載された最終回の返済金額は元利金として記載された一定額とは異なっていた。Yは第12回から第14回の貸付けに係る契約を締結した際には，Xに対し，償還表を交付した。Xは，Yに対し，本件各貸付けに係る債務の弁済として，原判決別紙計算書の「年月日」欄記載の各年月日に「支払額」欄記載の各金員を支払った。本件各弁済の中には，YからXに交付された「領収書兼残高確認書」と題する書面の記載内容が，貸金業法18条1項に規定する事項を満たさないものもあるが，Yは，それらの書面についても，上記事項を満たし，同法43条1項が適用されるものと考えていた。

　Xは，Yに対し，本件各貸付けの弁済金のうち，利息制限法1条1項所定の利息の制限額を超えて利息として支払われた部分を元本に充当すると，第1審

判決別紙1のとおり過払金が発生しており、かつ、Yは上記過払金の受領が法律上の原因を欠くものであることを知っていたとして、不当利得返還請求権に基づき、過払金及び過払金の発生時から支払済みまでの民法704条前段所定の利息の支払等を求めて、本件訴訟を提起した。

原審（東京高判平成17・7・27金判1272号24頁）は、償還表がない場合には元利の内訳はわからないが、金額としては明確であるとして、すべての貸付けについて17条書面の要件を満たし、第1回から第11回の貸付けはさらに18条書面の要件をも満たし、みなし弁済が成立するとし、悪意の判断基準については第1審（東京地判平成16・8・5金判1272号27頁）と同様、返還義務負担の認識と解した。

〔判決理由〕
一部破棄差戻し、一部上告却下。

最高裁は、貸金業法の17条書面の要件充足の点、民法704条の悪意の理解の点のいずれについても判決に影響を及ぼすことが明らかな法令の違反があるとした。

「貸金業法17条1項が、貸金業者につき、貸付けに係る契約を締結したときに、17条書面を交付すべき義務を定めた趣旨は、貸付けに係る合意の内容を書面化することで、貸金業者の業務の適正な運営を確保するとともに、後日になって当事者間に貸付けに係る合意の内容をめぐって紛争が発生するのを防止することにあると解されるから、貸金業法17条1項所定の事項の記載があるとして交付された書面の記載内容が正確でないときや明確でないときには、同法43条1項の適用要件を欠くというべきである（最高裁平成15年（受）第1653号同18年1月24日第三小法廷判決・民集60巻1号319頁参照）。

これを本件についてみると、17条書面には各回の『返済金額』を記載しなければならないところ（貸金業法17条1項9号（平成12年法律第112号による改正前は同項8号）、施行規則13条1項1号チ）、前記事実関係等によれば、本件各契約書面の『各回の支払金額』欄には『別紙償還表記載のとおりとします。』との記載があり、償還表は本件各契約書面と併せて一体の書面をなすものとされ、各回の返済金額はそれによって明らかにすることとされているものであって、『各回の支払金額』欄に各回に支払うべき元利金が記載されているとしても、最終回の返済金額はそれと一致しないことが多く、現に本件においても相違しているのであり、その記載によって各回の返済金額が正確に表示されるものとはいえないというべきである。」

〔研　究〕

「金銭を目的とする消費貸借において利息制限法1条1項所定の制限利率（以下，単に『制限利率』という）を超過する利息の契約は，その超過部分につき無効であって，この理は，貸金業者についても同様であるところ，貸金業者については，貸金業法43条1項が適用される場合に限り，制限超過部分を有効な利息の債務の弁済として受領することができるとされているにとどまる。このような法の趣旨からすれば，貸金業者は，同項の適用がない場合には，制限超過部分は，貸付金の残元本があればこれに充当され，残元本が完済になった後の過払金は不当利得として借主に返還すべきものであることを十分に認識しているものというべきである。そうすると，貸金業者が制限超過部分を利息の債務の弁済として受領したが，その受領につき貸金業法43条1項の適用が認められない場合には，当該貸金業者は，同項の適用があるとの認識を有しており，かつ，そのような認識を有するに至ったことについてやむを得ないといえる特段の事情があるときでない限り，法律上の原因がないことを知りながら過払金を取得した者，すなわち民法704条の『悪意の受益者』であると推定されるものというべきである。

これを本件についてみると，前記事実関係等によれば，貸金業者であるYは，制限利率を超過する約定利率でXに対して本件各貸付けを行い，制限超過部分を含む本件各弁済の弁済金を受領したが，少なくともその一部については貸金業法43条1項の適用が認められないというのであるから，上記特段の事情のない限り，過払金の取得について悪意の受益者であると推定されるものというべきである。」

〔研　究〕
(1) 貸金業法の17条書面の充足性について
最高裁は，従来から貸金業法17条・18条の書面要件の充足性につき，所定の事項すべての記載が必要として厳格な態度をとってきたが（最二小判平成16・2・20民集58巻2号475頁と17条書面が例外的に複数書面にわたらざるを得ない場合にはそれらの文書間の相互の関連が明らかで，記載内容が正確かつ容易に理解し得ることが必要と述べた滝井繁男裁判官補足意見参照），本判決も，書面の記載内容が不正確や不明確な場合の充足性を否定した最高裁平成18年1月24日第三小法廷判決（民集60巻1号319頁）を引用しつつ，契約書面と別紙償還表をあわせて初めて，各回の返済金額が分かる場合には，17条書面の交付認定は償還表の交付の有無に依存し，その点を認定しなかった原審を破棄差し戻したものであり，事例的判断である。

(2) 民法704条の悪意性の判断について

　不当利得における善意・悪意は，基本的に受領者が (1) 受益の事実と (2) その受益に法律上の原因が欠缺しているという事実についてのそれぞれの認識の有無という主観的態様であり（四宮和夫『事務管理・不当利得・不法行為（上）』80頁），また悪意者責任は民法703条の善意者責任との対比で加重責任であり，受領者の悪意は請求する原告の主張立証負担と考えられる。本判決の事案のような給付利得では，その給付をもたらした債権がその基礎を欠いているという点の認識の有無ということになる。

　本判決は，第1審，第2審が民法704条の悪意を法的返還義務負担の認識と理解し，みなし弁済の可能性の認識は悪意の不認識につながるとしたのに対し，制限超過利息の受領に貸金業43条のみなし弁済規定の適用がない場合には，受領者は，適用ありと考え，その考えをとるに至るのもやむを得ないような特段の理由がない限り，悪意の受益者と推定されるというルールを打ち出した（最三小判平成19・7・17判時1984号33頁〔③事件〕も同旨）。

　すなわち，本判決は，みなし弁済規定不適用による過払金の返還請求の場面で一般の場合と異なるルールを定立したことになる。本ルールが，過払金発生時からの利息付与という形での借主保護という政策的意図を有することは明らかであるが，法律構成との関連は，本判決は，「法の趣旨」を援用するばかりで，必ずしも明らかではない。利息制限法1条がもたらす一部無効と貸金業法が43条のみなし弁済規定を介してもたらす例外的再有効化を，原則と例外ととらえ，後者の規範適用の可能性を合理的に信頼した者のみが，みなし弁済規定が客観的には適用されない場合に生ずる不当利得返還義務における善意者保護（利得消滅援用可，利息不発生）を享受し得るという考えであろうか。この点に関し，同日付の民集非登載判決（最二小判平成19・7・13判時1984号31頁〔②事件〕）があり，18条書面の充足性との関連で，特段の事情の判断基準を具体化している。すなわち，返済が口座払込みによる場合に，その都度領収書を交付しないでも他の方法（この事案では償還表の交付）で了知させることで18条書面の要件を充足するかにつき，少なくとも，振込みを確認した都度直ちに書面を交付する必要を明らかにした最高裁平成11年1月21日第一小法廷判決（民集53巻1号98頁）以後においては，償還表の事前交付でもみなし弁済の適用があるという理解と一致する裁判例が相当数存在するとか，そのような学説が有力であったというような合理的根拠が必要と述べた。確かに，貸金業法に基づくみなし弁済は例外的措置であり，貸金業者は43条の要件充足に関する判例の動向を不断に把握すべきものと期待され，その点の怠りによる適用あり

〔研　究〕

との軽信（法の錯誤）は保護に値せず，不当利得責任にも反映すべきであるということであろう（判例において民法典の善意悪意と効果の結びつきは必ずしもないが，それは善意悪意が当事者の帰責の徴表とならない場面であるという加藤・後掲 78 頁の分析や，給付利得における受領者の過失が無効規範に則して評価されるべきとする，藤原正則・不当利得法 155 頁の指摘が参考になる）。もしそう解さないと，誠実に法状態をフォローしそれに従い営業する貸金業者よりもアウトロー的業者の方が不当利得責任が軽くなり得るという不合理な結果を生み，正に法の趣旨に反するからである。本件ではつまるところ，貸金業法 43 条のみなし弁済規定が当該貸付けと弁済に個々具体的に妥当するか否かの認識ということになり，徐々に 43 条適用要件の解釈につき厳格さを増してきた最高裁判例との関連では，どの時点での弁済受領かが問題となる。したがって，本判決の差戻審では，個々の貸付けにつき，その弁済時において周知されている限りでの最高裁判例の合理的解釈に照らし，事業者の行動が 43 条の適用ありと解してよいものだったか否かが判断されることになろう。

　ただ，そう解すると，従来主観的認識の有無と解されてきた要件に客観的規範的要素を持ち込むことになる。この点について，学説は，軽過失か重過失かの争いはあるものの，善意者の過失を考慮すべきであるとする考えが有力である（四宮・前掲 93 頁）が，そこでは悪意の主張立証責任と同様に有過失の主張立証責任が請求する原告（損失者）に依然あることは前提とされていた。悪意者責任の一般的過失責任化は不当利得責任の不法行為責任化をもたらすことになるという理論的問題があるが，本判決はさらに一歩進んでみなし弁済の場面で，受益者が特段の事情の存在の主張立証負担を負うという形での無過失の反証ルールを導入したことになる。この射程範囲は，したがって差し当たりはみなし弁済の場面に限定して理解すべきと考えられるが，給付者と受領者の非対称性と，本判決の事案が前提とする規範構造との類似性が存在する限りで，消費者保護事例に拡張可能であろう。細かくは，利息の付与の場合と利得消滅の阻止の場合でも異なろう。なお，給付利得における給付者側の態様が返還排除に結びつき得る非債弁済の任意性は，貸金業法では 43 条 1 項の任意性として現れるが，この点は，最高裁平成 18 年 1 月 13 日第二小法廷判決（民集 60 巻 1 号 1 頁）において厳格に解されたとおりである。

　ちなみに，同様の問題は外国法でも意識されている。ドイツの判例において，暴利的売買の買主の利得返還義務について，自利目的のために取引の無効について故意に目を閉ざすような者（法的無分別）は悪意者と扱われるとして，転売による利得消滅の抗弁を斥けているのに対し，元配偶者間での扶養給付の過

407

払額の返還請求につき悪意の要件として給付額の変更という法律効果の認識までも必要としており，元妻の利得消滅の抗弁を認めている。主観的要件の客観化の要請は事案類型に応じ一様ではないといえよう。

〈参考文献〉

本文中に掲げたもののほか，善意受益者の銀行に商事法定利率による利息返還を命じた最三小判昭和38・12・24民集17巻12号1720頁，利得当事者の主観的態様の問題を含む最三小判平成3・11・19民集45巻8号1209頁，過払金返還の利率を民事法定利率と解した最三小判平成19・2・13民集61巻1号182頁。不当利得の効果と受益者の主観的態様の関係一般につき，加藤雅信『財産法の体系と不当利得法の構造』69頁以下，388頁以下。

なお，みなし弁済制度を規定していた貸金業法43条は2006年改正（2010年施行）によって削除された。

◆17◆ 〔判例研究〕期限の利益喪失特約の下での制限超過利息の支払の任意性を否定した最高裁判決以前における「悪意の受益者」推定

最高裁平成 21 年 7 月 10 日第二小法廷判決（平成 20 年（受）第 1728 号不当利得返還等請求事件）民集 63 巻 6 号 1170 頁，金判 1322 号 28 頁 —— 一部破棄自判・一部棄却

〔事　実〕

　Y（被告・控訴人・上告人）は貸金業法（平成 18 年法律 115 号による改正前の法律の題名は貸金業の規制等に関する法律。以下，同改正の前後を通じて「貸金業法」という）3 条所定の登録を受けた貸金業者である。Y は，X（原告・被控訴人・被上告人）に対し，平成 8 年 8 月 7 日から平成 15 年 9 月 4 日までの間に 12 回にわたって金員を貸し付けた（以下，これらの貸付けを「本件各貸付け」と総称する）。本件各貸付けにおいては，ⓐ元本および利息制限法 1 条 1 項所定の制限を超える利率の利息を指定された回数に応じて毎月同額を分割して返済する方法（いわゆる元利均等分割返済方式）によって返済する，ⓑ X は，約定の分割金の支払を 1 回でも怠ったときには，当然に期限の利益を失い，Y に対して直ちに債務の全額を支払う（以下「本件特約」という）との約定が付されていた。X は，本件各貸付けに係る債務の弁済として，平成 8 年 9 月 2 日から平成 16 年 11 月 1 日までの間，Y に金員を支払った（以下，これらの各支払を「本件各弁済」と総称する）が，利息制限法 1 条 1 項所定の利息の制限額を超えて利息として支払われた部分（以下「制限超過部分」という）を元本に充当すると過払金が発生しており，かつ，Y は過払金の取得が法律上の原因を欠くものであることを知っていたとして，不当利得返還請求権に基づき過払金および民法 704 条前段所定の利息（以下「法定利息」という）の支払等を求めて，本訴を提起した（取引履歴の不開示による不法行為にもとづく慰謝料請求の部分等は以下では省略する）。

　第 1 審（千葉地判平成 20・2・8 民集 63 巻 6 号 1190 頁参照）は，(1)から(7)の争点のうち，争点(5) 被告は悪意の受益者か，について，最判平成 18・1・13（民集 60 巻 1 号 1 頁。以下「平成 18 年判決」という）までは，誰も期限の利益喪

失特約ゆえに支払の任意性が否定されるとの認識はなかったから特段の事情があるというYの主張に対して，平成18年判決以前にYの主張が最高裁判例によって裏付けられていたわけではないから，特段の事情は存しないとして，Xの請求を認容した。原審（東京高判平成20・7・16前掲民集1218頁参照）は，争点(5)については第1審判決を引用したが，争点(4)の一連計算の範囲について第1審と見解を異にしたため，不当利得返還請求の部分について一部変更して，減額認容した。Yが上告受理申立て。

〔判決理由〕
　一部破棄差戻し，一部上告棄却。
「(1) 平成18年判決及び平成19年判決〔後掲①判決〕の内容は原審の判示するとおりであるが，平成18年判決が言い渡されるまでは，平成18年判決が示した期限の利益喪失特約の下での制限超過部分の支払（以下「期限の利益喪失特約下の支払」という）は原則として貸金業法43条1項にいう『債務者が利息として任意に支払った』ものということはできないとの見解を採用した最高裁判所の判例はなく，下級審の裁判例や学説においては，このような見解を採用するものは少数であり，大多数が，期限の利益喪失特約下の支払というだけではその支払の任意性を否定することはできないとの見解に立って，同項の規定の適用要件の解釈を行っていたことは，公知の事実である。平成18年判決と同旨の判断を示した最高裁平成16年（受）第424号同18年1月24日第三小法廷判決・裁判集民事219号243頁においても，上記大多数の見解と同旨の個別意見が付されている。
　そうすると，上記事情の下では，平成18年判決が言い渡されるまでは，貸金業者において，期限の利益喪失特約下の支払であることから直ちに同項の適用が否定されるものではないとの認識を有していたとしてもやむを得ないというべきであり，貸金業者が上記認識を有していたことについては，平成19年判決の判示する特段の事情があると認めるのが相当である。したがって，平成18年判決の言渡し日以前の期限の利益喪失特約下の支払については，これを受領したことのみを理由として当該貸金業者を悪意の受益者であると推定することはできない。
　(2) これを本件についてみると，平成18年判決の言渡し日以前のXの制限超過部分の支払については，期限の利益喪失特約下の支払であるため，支払の任意性の点で貸金業法43条1項の適用要件を欠き，有効な利息債務の弁済とはみなされないことになるが，Yがこれを受領しても，期限の利益喪失特約下

〔研　究〕

の支払の受領というだけでは悪意の受益者とは認められないのであるから，制限超過部分の支払について，それ以外の同項の適用要件の充足の有無，充足しない適用要件がある場合は，その適用要件との関係でYが悪意の受益者であると推定されるか否か等について検討しなければ，Yが悪意の受益者であるか否かの判断ができないものというべきである。しかるに，原審は，上記のような検討をすることなく，期限の利益喪失特約下の支払の受領というだけで平成18年判決の言渡し日以前のXの支払についてYを悪意の受益者と認めたものであるから，原審のこの判断には判決に影響を及ぼすことが明らかな法令の違反がある。」

〔研　究〕
（1）最高裁は，すでに一連の判決（最判平成19・7・13民集61巻5号1980頁〔貸金業法17条が規定する法定書面要件を扱う事案，①判決〕，最判平成19・7・13判時1984号26頁②事件〔貸金業法18条が規定する法定書面要件を扱う事案，②判決〕，最判平成19・7・17判時1984号26頁③事件〔貸金業者が訴訟において制限超過部分を他の債権に充当することを前提とした計算書を提出し，貸金業法43条1項の適用ありとの主張立証もしなかった事案，③判決〕）において，貸金業者が制限超過部分を利息の債務の弁済として受領したが，その受領につき貸金業法43条1項の適用が認められない場合には，当該貸金業者は，同項の適用があるとの認識を有しており，かつ，そのような認識を有するに至ったことについてやむを得ないと言える特段の事情があるときでない限り，法律上の原因がないことを知りながら過払金を取得した者，すなわち民法704条の「悪意の受益者」であると推定されると述べていた。本判決では，最高裁が平成18年判決において，期限の利益喪失特約下での制限超過利息の支払は原則として任意性を欠くとしたのを受けて，この平成18年判決以前の上記特約下の支払について，貸金業者の悪意の推定は働くかが問題となったものである。本判決は，原審が平成18年判決以前には任意性が否定されないという解釈が最高裁判例によって裏付けされていたわけではないから特段の事情を欠くとしたのに対して，平成18年判決以前には大多数の下級審裁判例や学説が任意性を否定していなかったことを指摘して，特段の事情ありと認め，その時点で上記特約下で支払を受けたことだけでは悪意の推定は働かないとした（なお，最判平成21・7・14裁時1487号14頁〔④判決〕は，類似の事案について同旨を述べた上で破棄差し戻ししているが，原審は平成18年判決以前には，当時任意性が否定されないとする裁判例や学説が一般的であったとは言えないとして特段の事情の存在を否定していた）。

大阪地判平成19・10・30（金判1300号68頁参照〔⑤判決〕）は，平成18年判決が出るまでは，裁判例において，みなし弁済の成立を認める判断が少なからず示されていただけでは，特段の事情ありとは言えないとしていた。

(2) 判例の判断枠組みは，貸金業者の行為をその当時の判例・学説の動向に照らし合わせるものであろう。最高裁の関連判例があれば，それが最も重要な基準となるが，貸金業者の貸付け時や弁済受領時に，最高裁の関連判例がまだ出ていない場合がありうる。その場合には，当時の下級審判例や学説の動向を総合考慮した結果に関連して，特段の事情の有無が判断される。逆に，②判決が示唆したように，最高裁の関連判例が出ていても，それと矛盾する下級審判決が少なからずあるとか，学説がこぞって反対しているといった事情が，特段の事情たりうる。このような観点から，判例を振り返ると，①判決は，17条書面交付の有無について，関連判例である最判平成18・1・24（民集60巻1号319頁）が出る「前の」交付が問題とされ，特段の事情の有無について破棄差し戻されている。②判決は，18条書面の交付の有無について，関連判例である最判平成11・1・21（民集53巻1号98頁）の「前後にまたがった」複数の貸付けが問題とされた事案であるが，最判平成16・2・20（民集58巻2号380頁）までは悪意の推定は妨げられるとした原審を破棄し，「少なくとも平成11年判決以後において」，特段の事情があるというためには，その認識に一致する裁判例が相当数あるとか，認識に一致する学説が有力であったといった「合理的な根拠」が必要だとした。このように，②判決が最高裁の関連判例が出たあとでの貸金業者の行為についての特段の事情の判断方法を示唆した以外は，具体的に判例の判断枠組みがどのように運用されるかが明確ではなかった（笠井・後掲18頁，井上＝山崎・後掲21頁がこの点を既に指摘する）。①②判決ともに，差戻審の判断がそのような意味で注目されたが，いずれも訴訟上の和解で終わった。本判決は，最高裁の関連判例が出る前の貸金業者の行為を判断する事例として，出現後の判断基準を扱う②判決を補足し，判断枠組み全体をより明確化させた点に意味がある（本判決の金判解説は，平成19年①②判決が扱った書面要件と本判決などが扱う支払の任意性要件の差を強調するが，相対的なものではないだろうか）。本判決の立場からは，⑤判決や④判決の原審における特段の事情の判断は，やや厳しすぎるということになろう。本判決の原審は，悪意の推定に関しては，第1審判決を引用するのみであるが，第1審は，民法704条の悪意の対象を制限超過利息の収取事実と理解し，また特段の事情を最高裁判例の存否に求めており，一連の平成19年最高裁判決，特に①②判決が示した判断枠組みの理解を正解していないと言わざるをえない（もっとも原審の理解，

〔研 究〕

とりわけ悪意の対象に関する立場は，貸金業法43条の法技術的構造理解と，利息制限法ならびにその判例法理との関係でどう位置付けるかという根本問題に関連していることが推測され，また最高裁判例がその点につき徐々に態度変更してきたことの問題性などがあるが，ここで言及・検討する余裕がない，平田健治〔判批〕民商131巻4・5号677頁などを参照）。

(3) もっとも，最高裁の関連判例が出現する前の貸金業者の行為を問題とする本判決は，関連判例が出現する前の上記特約下の支払について，任意性の点で貸金業法43条1項の適用要件を欠き，有効な弁済とみなされないと述べるが，その点と上記の判断枠組みとの関連については以下のような疑問もなくはない。すなわち，最高裁の関連判例出現後の貸金業者の行為が問題とされる場合には，基本的に，最高裁判例との合致の有無，合致していない場合の特段の事情の有無という枠組みは素直に理解されるが，本判決が扱う，貸金業者の行為時に最高裁判例が出現していない場合に，適用を原則として否定した最高裁判例の出現後の現在から見て，適用されないことを前提にして当時の議論状況に照らしての特段の事情の有無を判断したことは，言いかえれば，平成18年判決の効果を遡及させて考えることにつながらないかという疑問である。法の解釈の変遷と事実に対する社会的評価の変遷とは異なるとは言え，貸金業法に関連する最高裁判例の創造性も考慮すると，証券取引におけるいわゆる損失保証の公序良俗違反性の判定時期（最判平成9・9・4民集51巻8号3619頁，最判平成15・4・18民集57巻4号366頁）と同種の問題が潜んではいないだろうか。

〈参考文献〉
上記最判平成19年①②判決の判例評釈，特に，平田健治・平成19年度重判解87頁，笠井修・金判1297号13頁，井上葵＝山崎大樹・民事研修626号10頁。

第 7 章

特殊問題

◆18◆ 〔判例研究〕法律上の原因なく代替性のある物を利得した受益者が利得した物を第三者に売却処分した場合に負う不当利得返還義務の内容

平19・3・8最高裁第一小法廷判決（平成17年（受）1996号不当利得返還請求事件）判例時報1965号64頁，民集61巻2号479頁 —— 一部破棄自判，一部上告棄却

〔事　実〕

　Xら（原告・被控訴人・上告人）は，平成12年2月15日，日興證券株式会社を通じて，それぞれ，株式会社エヌ・ティ・ティ・ドコモを転換対象銘柄とする他社株式転換特約付社債を購入し，同年5月18日，その償還として，ドコモの株式各29株（本件親株式）を取得した。Xらは，平成12年10月31日，日興證券から本件親株式に係る株券合計58枚の交付を受けたが，その際，本件親株式につき名義書換手続をしなかったため，本件親株式の株主名簿上の株主は，かつて本件親株式の株主であったY（被告・控訴人・被上告人）（ただし旧商号）のままであった。

　ドコモは，平成14年1月25日開催の取締役会において，同年3月31日を基準日として普通株式一株を五株に分割する旨の株式分割の決議をし，同年5月15日，これを実施した。Yは，本件親株式の株主名簿上の株主として，そのころ，ドコモから本件株式分割により増加した新株式に係る株券232枚の交付を受けた。また，本件新株式に係る配当金として，1万4235円の配当を受けた。

　Yは，平成14年11月8日，第三者に対して本件新株式を売却し，売却代金5350万2409円を取得した。

　Xらは，平成15年10月10日ころ，ドコモに対し，本件親株式について名義書換手続を求め，そのころ，Yに対し，本件新株券及び配当金の引渡しを求めた。これに対し，Yは，日本証券業協会が定める「株式の名義書換失念の場合における権利の処理に関する規則」（統一慣習規則第2号）により，本件新株券の返還はできないなどとして，Xらそれぞれに対し，各6105円のみを支払った。

Xらは，Yは法律上の原因なくXらの財産によって本件新株式の売却代金5350万2409円及び配当金8万0590円の利益を受け，そのためにXらに損失を及ぼしたと主張して，それぞれ，Yに対し，不当利得返還請求権に基き，上記売却代金の二分の一及び上記配当金の二分の一並びに遅延損害金の支払を求める訴えを提起した。

　第一審（東京地裁平17・2・17判決）は，争点を本件親株式の帰属，本件統一慣習規則の効力，不当利得返還請求の成立する範囲の3点にまとめた上で，第一の点については，Xに帰属するとし，第二の点については，規則は会員間に適用されるものであるとして本件には適用されないとし，第三の点については，Yが利得したものは代替物という属性に照らし，一定数の株式であるととらえ，ただその返還に代えて価額の返還を求めることも妨げられないとした。その際の損失は，Yが調達して返還する価格，すなわち口頭弁論終結時の時価とした。なお，口頭弁論終結時の株価が分割時に比べ著しく高騰している場合の問題については，売却したことを被告が立証できた場合にはその限度にとどまるとした。事案としては，Yの売却後の値動きについて，当事者が求釈明に応じなかったため，売却時の時価に基く不当利得を認容した。

　第二審（東京高裁平17・7・27判決）は，不当利得返還請求の成立する範囲について，株券の返還に代えて同価値の金銭の返還を請求することができるとしつつ，その基準時は，売却時の時価によらないと公平に反するような特段の事情がないかぎり，原則として事実審の口頭弁論終結時とし，事案としては，特段の事情は認められないとした。結論として，原判決を変更し，Xの請求額を一部認容した。

　Xは，大審院判決昭和11・6・30を引用しつつ，価額変動のある物を売却した場合には売却代金が利益であること，本件のように株価が低落していった場合には，第二審の立場によれば損失者にとって不合理な結果となること，特段の事情の内容が明確でないことなどを述べて上告した。

〔判決理由〕

「受益者が法律上の原因なく代替性のある物を利得し，その後これを第三者に売却処分した場合，その返還すべき利益を事実審口頭弁論終結時における同種・同等・同量の物の価格相当額であると解すると，その物の価格が売却後に下落したり，無価値になったときには，受益者は取得した売却代金の全部又は一部の返還を免れることになるが，これは公平の見地に照らして相当ではないというべきである。また，逆に同種・同等・同量の物の価格が売却後に高騰し

〔研　究〕

たときには，受益者は現に保持する利益を超える返還義務を負担することになるが，これも公平の見地に照らして相当ではなく，受けた利益を返還するという不当利得制度の本質に適合しない。

　そうすると，受益者は，法律上の原因なく利得した代替性のある物を第三者に売却処分した場合には，損失者に対し，原則として，売却代金相当額の金員の不当利得返還義務を負うと解するのが相当である。大審院昭和18年（オ）第521号同年12月22日判決・法律新聞4890号3頁は，以上と抵触する限度において，これを変更すべきである。

　4　以上によれば，上記原則と異なる解釈をすべき事情のうかがわれない本件においては，被上告人は，上告人らに対し，本件新株式の売却代金及び配当金の合計金相当額を不当利得として返還すべき義務を負うものというべきであって，これと異なる原審の判断には，判決に影響を及ぼすことが明らかな法令の違反がある。論旨は理由がある。

　そして，前記事実関係によれば，上告人らの請求は，それぞれ，被上告人が取得した本件新株式の売却代金5350万2409円の二分の一である2675万1204円及び配当金1万4235円の二分の一である7117円の合計額である2675万8321円から既払額である6105円を差し引いた2675万2216円並びにこれに対する平成16年4月16日から支払済みまで民法所定の年五分の割合による遅延損害金の支払を求める限度で理由があるからこれを認容し，その余は理由がないからいずれも棄却すべきである。したがって，これと異なる原判決を主文のとおり変更することとする。」

　一部破棄自判，一部棄却。

〔研　究〕

(1) 本判決は，最高裁が代替物を利得した受益者が利得物を第三者に売却処分した場合に負う不当利得返還義務の内容を明らかにしたという点で意義がある（解説として，烏山・法セ629号125頁，野田・NBL856号8頁，高田・法セ634号111頁がある）。もっとも，事案は，原告が上場株式を取得したものの，名義書換手続を経る前に株式分割がなされ，その増加した新株が被告である名簿上の株主に交付され，それが売却処分されたというものであり，しかも売却時と訴訟提起時ないし口頭弁論時の間に株式価格の下落があったという事実関係を前提としたものであり，判旨の一般論との関係が問題となる。また，いわゆる失念株に関する判例との関係も検討すべきものを含んでいる。本判決の事案は，株式分割による新株無償交付であり，広義の失念株と呼ばれてきた問題

に関連し，新株やそれに対する配当が新旧株主間で不当利得となることには異論がない場合（株式会社との関係について会社法130条1項参照）である（最高裁判例として，最二判昭37・4・20民集16・4・860）。名簿上の株主が自己の出捐により新株引受権を行使した上で有償で新株を入手する場合においてそもそも不当利得問題が生ずるのか否かが論じられてきた，狭義の失念株の問題とは異なる。さらには，判決は民法703条の善意受益者の不当利得責任を，おそらくは原審の認定に従いつつ，前提としているが，悪意に有過失を含める学説もあるように，また原告の主張にもあるように，悪意受益者と判断する余地はなかったのか，その際に先の一般論はどのように変容すべきなのか，訴訟に先行する当事者間での返還交渉過程やそもそも一般に譲受人が種々の理由から名義書換を遅らせているために失念株の問題が生じている事実は考慮されないのか，株券保管振替システム，株券の電子化の影響などの問題が派生してくる。

　まず，株券売却にもとづく責任が問題とされた先例は，本判決が引用するものも含め4件ほどある（⑤は未売却の事案）。①大判昭16・10・25民集20・21・1313は，未成年者の所有する株券番号で特定される株券を親権者である母が親族会の同意を得ないで第三者の債務の担保として提供したものであり，その後その賃貸借契約は取り消されたものの，第三者の債権者が株券を既に売却処分していた事案である。原審が原物返還を認めたのに対し，大審院は原物返還の可能性がその前提であるからその審理をせよと破棄差戻をした。②大判昭18・12・22新聞4890・3は，取引委託契約が取引員と称する者が取引資格を有しなかったため無効とされ，顧客が証拠金の代用として交付した株券が不当利得となったが，既に売却処分されていた事案である。原審が価格返還を命じたのに対して，大審院は，原告の請求の趣旨は，特定の代用株の返還ではなく，同種同量の不特定株の返還であり，そうであるとすれば元の株券が売却処分されたとしても他に特殊な事情がないかぎり，同種同量の他の株式の返還を命ずるべきだとして，破棄差戻した。③最一判平10・12・17判時1664・59は，相続人間の争いであるが，一相続人が遺産に属する株券を無断処分した点につき，売却代金相当額の不当利得を認めた原審を維持している。④名古屋地判平12・3・29金融・商事判例1096・20は，株式投資信託にかかる預かり有価証券が顧客に無断で証券会社社員により売却処分されたことによる不当利得を売却代金相当額で認めた。⑤東京地判平16・7・15金融・商事判例1225・59は，本研究判決と同様の株式分割による新株交付であり，広義の失念株に当たる事案であるが，売却処分されていない事案であり，原告の請求も株券引渡であったが，判決は被告自身も自己の保有する株式にもとづいて新株交付を受けてお

〔研 究〕

り，原告に帰属する新株と被告に帰属する新株を区別特定することが不可能だから，価額返還によるしかないとしつつ，原告側の事情を考慮して証拠調べで原告が権利者であることが明らかとなった時点を被告の悪意への転換時ととらえた。種々の点で，本研究判決と比較検討する意味のある判決である。

　従来の学説はどうであったか。鳩山秀夫『増訂日本債権法各論下巻』(1924年) 836頁は，同種の物の返還は可能としても受け取った物ではないこと，価格の変動に対しては価額償還は消費当時の価格に固定でき，価格上昇の際，原物返還を認めると現存利益を越える返還義務を課すことになる不都合があることに比し，妥当であることを挙げる。他方，末弘厳太郎『債権各論』(1918年) 991頁は，代替物の特質を強調して，原物返還を主張した。我妻栄『債権各論下巻一』(1972年) 1068頁は，上記②判決の結論を批判し，株式価格が変動した場合の受益者損失者のそれぞれの利害を考慮して，処分当時の価格を基準とすべきことを説いた。四宮和夫『事務管理・不当利得・不法行為上巻』(1981年) 75頁は，原物返還を命ずることによる受益者の調達に関する負担を問題として，原物返還の原則は返還義務者に受益の返還以上の過重な負担を課さない方法で実現すべきだとする。本判決は，価格変動に対する考慮も含め，鳩山・我妻説に従ったことになる。

　(2) しかし，古い判決は，なぜそのような結論を採るかについて，明らかにしていない。察するに，不当利得の返還内容に関する原物返還の原則とその例外である価額返還のいずれによるかを，原物返還の可能性の有無で振り分けているように見受けられる。ところが，本判決は，代替物の価値が大きく変動する場合であることを意識し，その利益衡量を判決理由に明示しつつ，結論を導いた点で意義がある。やや子細に見ると，三審の考え方はそれぞれ異なる。第一審，第二審は，代替物の調達可能性，したがって原物返還可能性にひきずられて，利得債権者の選択可能性を認めつつも，売却時と返還時の間で投機しうることの不当性を意識して，価額返還を選択したとしても，口頭弁論終結時の調達価格を原則とすることにより，事実上選択の意味を骨抜きにしている。第一審は，口頭弁論終結時の調達価格を挙げつつも，当事者が求釈明に応じないことを理由に，売却時点の価額を返還内容としている。なお，第一審は，株価高騰の場合の利得債務者の不利益に言及し，株式を保持している場合は，それが利得であり返還すべきは当然とし，他方売却した場合はその利益にとどまるとしている。本件事案は下落の場合であるが，この場合には，(利得債務者の善意を前提としつつ) 売却の有無にかかわらず，口頭弁論終結時の調達価格で問題はないと見ているようである。第二審は，特段の事情があれば売却時の時価

421

を基準とすることができるという点を付加し，本件事案にふさわしい価格下落の場合の問題を一定限度考慮しうる枠組とした。事案の解決としては，特段の事情の存在を否定したから，第一審と同じ結論となりそうであるが，口頭弁論終結時の調達価格が認定できたため，認容額は第一審の七割弱となっている。

最高裁は，高騰の場合と下落の場合の双方における利益状況の変化に目を配り，原審の結論の問題性を指摘している。すなわち，下落した場合には，売却時に利得債務者の財布に入った金額（「取得した売却代金」）以下の返還額で済ませられる不公平さ，逆の高騰の場合には，財布に入った（「現に保持する利益」）以上の金額を上積みして返還せねばならなくなる不公平さを指摘する。最高裁の判決理由の表現から示唆されるように，売却時に一定の金額として固定された受益を基準とし，そののちの株式の価格変動と無縁とすることで，この二つの不公平さを回避したことになる。善意を前提とするかぎり，受益者の一般財産に融合した売却利益は，一定額の金銭債務として固定化されることになる。原審の立場は，株式売却による利益が受益者の一般財産に流入し，一定額の金銭債務として固定化され，その外の世界でなお変動しつづけるかつて占有していた銘柄株券の価額変動とは無縁となったはずにもかかわらず，（同一銘柄という意味での）原物調達の可能性に引きずられて，その変動の直近の結果としての口頭弁論終結時の価額を善意利得債務者の責任の内容になお反映させうると考えた点で，受益者がなお原物を保有している場合とのバランスはとれるが，利得責任の本質理解において誤っていたといえる。

では，このように得られた本判決の射程範囲はどのように考えればよいだろうか。これは，本判決が結論を原則的なものにとどめている点の理解とかかわる。本判決は，処分価格の償還を原則とするが，例外としてはどのような場合が考えられるだろうか。判時囲み解説によれば，第一に，売却にもかかわらず例外的に即時取得が成立せず，原物返還が可能な場合，第二に，受益者の才覚と努力により客観的相当額以上に売却できた場合を例示として挙げている。第二の場合について，本件のような類型では，ほかに，利益はく奪の要請や利得押しつけの要素などが考慮されるべきだろう。

不当利得における原物返還の原則は，通常，沿革と「受けた利益」の理解，返還の便宜などにより説明される。代替物の場合は，仮に当初受益した物を売却処分してその回復が不可能だとしても，通常は市場から同種の物が調達可能である場合であるから，問題となる。株券の場合，上場株式であるかぎり，市場から調達可能であるから，株券番号で特定されたものの返還を求める場合でないかぎり（①判決の事案はこれにあたるか），同一銘柄の同量という広い意味

〔研　究〕

での「原物」返還がなお可能と考えるべきか否かである。本判決は，②判決の立場からの変更を明示することでこの点を否定したことになる。ただし，それは，原物返還可能とすることにより，代替物の価格変動が受益者損失者に異なった意味で与えるリスクを考慮した実質的理由に由来するものであった。逆に言えば，価格変動がほとんどない場面では，（同一銘柄を受益者が処分した分以外にも保有していた場合を考えると）原物返還可能といってもかまわないともいえる。もう一歩進めて，仮に口頭弁論終結時の調達価格すなわち原物返還も選択可能だと考えると，損失者は下落時における，売却価格と調達価格の差を原物返還と合わせて同様に残余損失として請求可能ないし提供可能と考えることもできなくはない。原物返還と価額返還を選択債権的なものと位置づけ，債権者債務者双方に選択権の行使として主張させるという構想である。もっとも，本判決の原則の簡明さも捨てがたく，例外の中にこのような柔軟な対応も含めうるとすれば，結論は変わらない。

　上場株式に関しては，株券保管振替システムや株式の電子化による問題の変容ないし消失が語られるが，ここでは古典的失念株の問題，それも本判決に関する広義のそれに限定して考えたい。⑤判決の示唆するところでもあるが，不当利得でいう善意・悪意という判断基準と失念株の紛争事案が本当にかみ合ったものとなっているかという疑問がある。失念株をめぐる判決の多くは善意受益者の責任として語られているが，株式を譲渡した本人がそののちに交付された新株の帰属について常に善意であるといえるのだろうか。仮にそうだとしても，過失を想定できる場合がほとんどではないだろうか。悪意に有過失を含める有力説によれば，悪意受益者の不当利得責任をはじめから語ることもできよう。にもかかわらず，多くの判例学説（その分布については，齊藤真紀・リマークス33号115頁以下〈2006年〉に詳しい）が善意利得者の責任に固執するようにみえるのはなぜか（例外的なものとして，東京地判昭56・6・25判時1028・106）。その出発点に，そもそも株式を購入した権利者が遅滞なく名義書換を行っていさえすれば，生じないはずだが，種々の理由からそれを怠っていたが故に生じた紛争であるという事情がある。この観点から見ると，確かに権利者に帰属すべきものはその権利行使が少々遅れようが権利者に回復させるべきことが原則といえるとしても，損失者が名義書換遅延という「不作為」により第三者である会社の受益者への新株交付「行為」を生じさせたという点，受益者に新株を「押しつけた」ともいえる側面も否定できないのである。侵害利得が受益者の有意的行為を典型的場合とすれば，失念株の事案は，狭義の場合には引受権の行使と対価支払という行動を示しているから，そう言えるとしても，

今問題としている広義の場合，すなわち新株という受益が会社から譲渡人・名義人に自動的にやってくる場合には当てはまらないのである。むしろ，損失者が不作為とはいえ自ら財産移動の原因を作っているのである。いわゆる押しつけられた利得の問題性と類似する事態ともいえる。権利不行使が長期化すれば「放念株」の問題に移行することもこのような観点からうなずける。この際に，受益者は損失者との関係で株価変動に関し，どのような配慮義務を負うのか負わないのか。それは，損失者の不作為という外部的事実の陰で働いている多様な主観的態様とはどのような関係にあるのか。同じ悪意といっても，狭義の失念株の場合とも違うし，株券保管を委託された者が背任して売却代金を着服する場面とも異なるむずかしさがある。

仮に，失念株の事案を過失不法行為による損害賠償の構成で訴えたとすれば，本来の権利者の権利行使の遅延や，⑤判決が考慮したような権利者の交渉・請求に際しての説明不足などは，過失相殺や損害軽減義務的考慮として賠償額の減額要素に取り込むことができるはずである。本判決や従来の判例のこのような事情に対する評価が不当利得責任における善意への流し込み認定操作や特段の事情の留保の形で受益者を保護することに込められていると見ることができようが，それにしても事態適合的な構成とはいえないだろう。

ちなみに，⑤判決は，事案の特殊性もあるものの，株券が原物として受益者の手元にあるにもかかわらず，執行上の特定不可能性を考慮して価額賠償としており，善意悪意の判定基準に当事者の多様な行動等が考慮されるという独自な内容となっている（特定不可能と言って価額返還を命じつつ，訴訟外での任意の解決方法として株券交付の方法を語るのは一貫しない。それならば選択債権的な構成の方が実態に即するのではないか）。善意悪意の基準はあくまで受益者自身が自己に受益が帰属しないことの認識の有無と解するのが従来の考えであり，請求している特定者が本当の権利者（損失者）か否かは，その上で悪意受益者の不当利得の場面で当事者の行動をいかに考慮して具体的義務内容を構成すべきかの問題ではないだろうか。

仮に本判決の事案で悪意受益者の責任を語りうるとすれば，新株交付時ないし売却時と口頭弁論終結時の差は，上昇の場合にのみ考慮され，その差額を損失者は民法704条後段の損害として請求することになろう。

善意かつ代替物現存の場合はどうか。この場合は，原物返還そのものであり，株式の価格変動はそのまま有利不利ともに損失者に反映されるが，まさに「受けた利益」そのものの返還が善意利得者保護の趣旨において実現されるだけであり，不都合はない。

〔研　究〕

　なお，不当利得法における利得ないし損失と不法行為法における損害は，受益者が悪意の場合，とりわけ狭義の失念株の場合のように典型的侵害利得の場合には重畳し，評価の上でもできるだけ調和されるべきと考えられるが，株価の上下変動において中間最高価格や中間最低価格という発想でそれらの時点を基準となしうる可能性の有無や損害軽減義務の観点をこのような法定債権関係で導入可能かという問題がある。譲渡人と譲受人という契約当事者に働く信義則上の双方的配慮義務のようなものを構想できなくはないが，株式売買が証券会社を介してなされるのであれば，かなり困難を伴うだろう。不当利得責任の「受けた利益」と「現存利益」の対比が前者の漸次的減少としての後者という構造を採っているため，株式のような上下変動する価値を内在する代替物にしっくりしない点があり，また損害賠償法とりわけ債務不履行におけるそれにおける賠償範囲と算定基準時に関する大連判大15・5・22以降の判例枠組をそのまま流用することにも困難があるからである。ちなみに，他人の株券を無断処分した者に対する損害賠償訴訟で，一般論として被害者は加害行為後口頭弁論終結までの期間のなかから任意の特定時を通常損害の算定基準時とすることができると説いたものとして，長野地判昭36・8・15下民集12・8・1880がある。他方，上記期間の平均値によるべきものとして，四宮・前掲下巻569頁がある。

◆19 〔判例研究〕ネズミ講運営会社の破産管財人から配当金受領者に対する返還請求は不法原因給付として否定されるか

平26・10・28最三小判（平成24年（受）第2007号不当利得返還等請求事件）
金商1454号21頁 ―― 一部破棄自判・一部棄却

〔事　実〕
　A破産会社は，平成22年2月頃より，事業を開始した。この事業は，デジタルコンテンツブログ（ブログ自動生成装置により，1日あたり500ブログを生成し，各ブログについて1日あたり200円の収益が上がると説明されたもの）という名称の商品販売をうたっていたが，会員は2年間にわたり，毎月出資金の10％を受け取り，2年後には会社が商品を買い戻し，出資金と同額を返還すること，さらに，当該会員が他の顧客にこの商品を紹介し新規会員となった場合には，一次紹介料を受け取り，被紹介者がさらに会員を紹介により獲得した場合には，二次紹介料を受け取るしくみであった。他方，ブログ生成装置による収益，会員に対するAのその他の事業はうたわれていたものの，実体はなかった。すなわちA会社は，もっぱら新規会員から上記商品の購入代金等の名目で集めた出資金を先に会員となった者への配当金の支払いにあてる金銭配当組織といえるものであった。Yは，平成22年3月にAの事業の会員となり，同年12月までの間に，出資金と配当金の差額は2133万2835円となった。平成23年2月にAについて破産手続開始決定がなされ，Xが管財人に選任された。XはYに対して，AY間の契約は，公序良俗に反し無効であり，Yの出資額とAから受けた配当額の差を不当利得として返還請求する訴訟を起こした。
　第一審判決（東京地判平24・1・27金商1454号23頁・金法1981号108頁）は，Aの事業は無限連鎖講の防止に関する法律2条にいう無限連鎖講に当たり，公序良俗に反し，AY間の加入契約は無効となるとした。したがって，AのYに対する契約に基づく金銭交付は，法律上の原因がないものと認めた。次に，Aの交付は，不法原因給付となり，A自身がYに返還請求することはできないが，破産管財人であるXが返還請求する場合にどうなるかを検討した。大審院の2判決を引用しつつ，大正5年判決（大判大5・11・21民録22輯2250頁）が代位

債権者による返還請求を否定した点に触れ，管財人の行使も，開始決定時に存する破産者の返還請求権を代わって行使する点で同様であり，返還請求は否定されるとする。他方，否認権行使による返還請求は，管財人が独自の権能により，破産者になし得ない権限を行使することに基づくものであると述べ，昭和6年判決（大判昭6・5・15民集10巻6号327頁）を正当化する。さらに，管財人は総債権者のために行使するのであり，その一部の被害者の救済を強調することは相当でないとする。最三小判平20・6・10（民集62巻6号1488頁）を引きつつ，ヤミ金業者の返還請求が不法原因給付で阻止されるときに，ヤミ金業者が破産すると返還請求できるようになるのでは不当とする（この点は，平成20年判決は，借主からの元利金返還請求に対して貸付元本を損益相殺風に控除できるかが問題となったもので，最高裁判所は不法原因給付の趣旨により控除を否定したものであり，やや理解がずれている。なお，別件訴訟ではあるが，同日，同趣旨を第一審東京地判平24・1・27金法1981号103頁が述べたのに対して，第二審東京高判平24・5・31金法1981号102頁右段が利息に関して批判し，さらに金法1981号100頁のコメントが第一審の趣旨は元本の趣旨であり，第二審の誤解ではないかと指摘する）。Ｘ控訴。

第二審判決（東京高判平24・6・6金商1454号22頁・金法1981頁106頁）は，被害者である下位会員が破産債権者の大部分を占め，管財人は彼らのためにＹら上位会員に対して返還請求権を行使しているのであり，これを否定すると，公序良俗違反の事業の結果を固定させることになり妥当でないと述べる控訴人Ｘの補足主張に応え，下位会員とＹは，加入の時期やＡの破綻の時期などの偶然により，一方は利益，他方は損失を被るという結果になったにすぎないと述べる。さらに，上位会員への請求により下位会員の損害の補填が可能とすれば，Ａ会社や代表者の債務を減額させることになり，Ａの事業について法律上の保護を与えることとなり，相当でないとしたうえで控訴棄却。Ｘ上告。

〔判決理由〕
破棄自判。
「4　しかしながら，原審の上記判断は是認することができない。その理由は，次のとおりである。

本件配当金は，関与することが禁止された無限連鎖講に該当する本件事業によってＹに給付されたものであって，その仕組み上，他の会員が出えんした金銭を原資とするものである。そして，本件事業の会員の相当部分の者は，出えんした金銭の額に相当する金銭を受領することができないまま破産会社の破綻

により損失を受け，被害の救済を受けることもできずに，破産債権者の多数を占めるに至っているというのである。このような事実関係の下で，A破産会社の破産管財人であるXが，Yに対して本件配当金の返還を求め，これにつき破産手続の中で損失を受けた上記会員らを含む破産債権者への配当を行うなど適正かつ公平な清算を図ろうとすることは，衡平にかなうというべきである。仮に，Yが破産管財人に対して本件配当金の返還を拒むことができるとするならば，被害者である他の会員の損失の下にYが不当な利益を保持し続けることを是認することになって，およそ相当であるとはいい難い。

したがって，上記の事情の下においては，Yが，Xに対し，本件配当金の給付が不法原因給付に当たることを理由としてその返還を拒むことは，信義則上許されないと解するのが相当である。

5 以上によれば，上記のような点を考慮することなく，Xの請求を棄却した原審の判断には，判決に影響を及ぼすことが明らかな法令の違反がある。論旨は，この趣旨をいうものとして理由があり，原判決は破棄を免れない。そして，上記事実関係及び上記4に説示したところによれば，本件配当金に相当する2133万2835円及びこれに対する返還の催告後である平成23年6月4日から支払済みまで民法所定の年5分の割合による遅延損害金の支払を求めるXの請求には理由があるから，これを棄却した第1審判決を取消し，同請求を認容すべきである。

よって，裁判官全員一致の意見で，主文のとおり判決する。なお，裁判官木内道祥の補足意見〔無限連鎖講の事業者破産の場合には，管財人の返還請求は，破産者に代わって行うものといえない。破産者に配当余剰が交付されることはまず考えられない。管財人への返還が直ちに破産者の債務消滅に結びつくわけではない〕がある」。

〔研 究〕
(1) 本判決の位置づけ

不法原因給付に当たる給付の返還請求権を給付者以外の第三者が行使する場合に，給付者に働く返還請求阻止の趣旨が当該第三者にも働くかどうかが，本判決の基礎にある基本問題である。そして，具体的には，破産管財人がその権限を行使する場合如何というのが直接の論点である。さらにその背景には，ネズミ講による被害者救済という消費者法的論点が控えている（ネズミ講・マルチ商法の規制全般のあり方の提案として，齊藤雅弘ほか『特定商取引法ハンドブック〔第5版〕』(2014年) 572頁，また，近時のインターネットを利用したマルチ商

法についても，同書573頁以下）。

　関連する先例は，第一審判決が引用するように，大審院のものが2件あった。債権者の代位権行使について否定したもの（大判大5・11・21民録22輯2250頁〔強制執行回避のための財産隠匿〕）と，破産管財人の否認権行使の結果としての返還請求について肯定したもの（大判昭6・5・15民集10巻6号327頁〔名板貸契約に基づく名義借用料給付〕）である。

　本件の第一審と第二審は，大審院先例の考え方に従い，管財人による返還請求を代位債権者による返還請求と同視し，管財人による独自の権利行使の結果として返還請求する否認権の場合は別として，給付者に対する返還請求阻止の趣旨が管財人にも波及するものと解した。これに対して，最高裁は，ネズミ講の被害者救済の趣旨を強調し，破産債権者の大部分を占める下位会員と利益を保持する上位会員双方の利害を衡量し，前者の保護を優先するために，返還請求を信義則を介して肯定するに至った。この裏側として，ネズミ講の被害者救済という構図が存在しない場合の管財人の請求は，代位債権者と同様に，認められないことを暗示するかのようである。

　本判決につながる下級審の先例は若干存在した。いずれも，管財人が元従業員や大口会員に対してなした返還請求を認めるものである。大阪地判昭62・4・30（判時1246号36頁，本田純一「判批」判評390号〔2001年〕46頁，上原敏夫「判批」倒産判例百選〔第4版〕〔2006年〕88頁）は，豊田商事の元従業員に対して歩合報酬の返還請求をするもので，民法708条の適用に関して，破産会社と破産管財人を区別し，後者の場合に返還請求を肯定した。大阪地判平1・9・14（判時1348号100頁）も同様である。東京地判平18・5・23（八葉物流事件）（判時1937号102頁，加賀山茂「判批」消費者法判例百選〔2010年〕25事件）では，大口会員に対する返還請求が認められた。

　なお，本件とは破産者と管財人が同じで，被告のみが異なる別件として，東京高判平24・5・31（金法1981号101頁，第一審は東京地判平24・1・27金法1981号103頁）（確定）があり，破産管財人の独立性を強調し，破産者の権利承継人でも代理人でもなく，代位行使する者でもないとして，不法原因給付の抗弁によって妨げられないとした（ちなみに，第一審は，本件事案の構成裁判官と同一であるが，第二審は，部が異なり構成裁判官も異なる）。

　最高裁判所は，ヤミ金融（最三小判平20・6・10民集62巻6号1488頁）や投資詐欺（最三小判平20・6・24判時2014号68頁）の事案において，被害者からの統括者や事業会社に対する損害賠償請求において，被害者が受け取った元金や配当金を控除することを民法708条の趣旨に基づいて否定した。これらの金

〔研 究〕

員は，本来被害者の出捐に由来するものではないが，不法原因性を帯びるシステムの一手段ないし要素として用いられた側面に着目して，返還阻止の効果が拡張されたものと理解される（奥田昌道ほか編『判例講義民法Ⅱ債権〔第2版〕』〔2015年〕146事件〔平田健治〕参照）。本件事案は，その逆に，不法原因給付による返還阻止の効果を，当事者が異なることに加え，返還請求肯定がもたらす機能ないし結果を考慮して，限定したものといえようか。

(2) ドイツ法からの示唆

以上のように，本判決は，信義則による個別的修正の手法をとおして，管財人の権利行使が破産者自身の不法原因給付性を継承しない場合を認めた。これと一見逆の歩みをしたかにみえるのが，ドイツ判例である。ドイツ判例は，つとに（RGZ 99, 161 (1920.5.11)：高配当をうたった投資〔消費貸借〕の受益者に対する破産管財人からの返還請求。軍務局に食糧を供給する取引から得られる利益と標榜していたが，実際は，新会員〔貸主〕の元本を旧会員の利息にあてていた，破綻するまでに高利を得ていた投資者〔貸主〕に対する請求という意味で，ネズミ講の上位会員に対する返還請求に構図は類似する），管財人による破産者の不当利得返還請求権の行使において給付が本来不法原因性を帯びていた場合でも，管財人には破産者に妥当する非難は妥当しないこと，自らの職務として財団の充実を図っていること，代理人や権利承継者とは場面が異なることなどを理由に，返還請求を肯定しており，第二次世界大戦後も同じ状況（BGHZ 19, 338 (1954.12.21)；BGH NJW 1962, 483 (1961.11.9)）が長く続いていた。ところが，近時，連邦通常裁判所（BGHZ 106, 169 (1988.12.7)：親子会社の建築プロジェクトに報酬という形で関与するためにダミー会社として挿入的に加わった会社に対する，破産した親会社の管財人の報酬返還請求。事案は当時社会問題にもなった住宅建設不祥事にかかわる（Dieter Medicus, Jura 1989, 350 Anm. 4））は，批判的だった学説の大勢に応じて，詳細な理由を付して，判例変更を行った。

この中で，連邦通常裁判所は，以下のように，多くの理由をあげている。817条（日本民法708条に相当）は，給付者の非難を要件とするが，請求者への非難を要件としていないこと，だから，この規定は，債権譲受人，相続人，差押債権者にも主張できること（以下は，jurisのナンバリング，Rz. 22），破産管財人は，すでに破産者が有していた権利以上のものを有し得ない，もし管財人に返還排除の趣旨が働かないとすれば，新たな請求権が根拠づけられるか，抗弁が消滅するか，あるいは自然債務から訴求可能な債務が生まれると解さざるを得ないが，それらは破産債務者がなしうることのみを管財人はなしうるという破産法の原則に反すること（Rz. 24），破産債権者の地位がよりよいものとな

るのは，否認権行使の場合に限られること（Rz. 25）などである。

　その中で以下の点が重要と思われる。一つは，利得清算が破産債権者のためになされるといっても，破産債権の減少という形で，破産者のためにも作用するのであり，例外的場合には，剰余の破産者への返還という事態も起こりうること（Rz. 27，なお，金法1981号100頁のコメントも同趣旨の問題を指摘する），もう一つは，受領者は給付を当初は保持できるが，破産手続の開始で返還せねばならなくなり，手続停止や廃止の場合には再び保持できるようになって一貫しないこと（Rz. 29）である。

　従来からの批判に従ったためであり，この変更に対する学説の評価（たとえば，Karsten Schmidt, JuS 1989, 407; Dieter Medicus, Jura 1989, 349）は好意的である。

(3) 日本法に戻ってさらに考える

　さて，このようなドイツの状況は，本判決の評価にどのような示唆を与えるだろうか。従来の学説は，大審院の2判決に対しては，いずれも支持するもの（我妻栄『民法講義債権各論　下巻1』〔1972年〕1162頁，松坂佐一『事務管理・不当利得〔新版〕』〔1973年〕194頁，四宮和夫『事務管理・不当利得・不法行為　上巻』〔1981年〕179頁以下），代位債権者について否定した判決を批判するもの（谷口知平『不法原因給付の研究〔第3版〕』〔1970年〕11頁，藤原正則『不当利得法』〔2002年〕116頁）があった。また，管財人にネズミ講関連の事案で返還請求を認めた判例を代位債権者の否定先例の変更の兆しとみた学説（上原・前掲189頁）もあった。

　ドイツ判例が，ネズミ講などの被害者の集団的救済という事案に直面したとき，日本の判例と同様に，信義則による例外を認めるだろうか。原則を維持できるのであれば，例外的処理はありそうな気がする。前述したように，変更前の判例の事案がネズミ講における上位会員への利益返還請求という構図の被害者救済に類似したものであったこともその推測を裏づけよう。

　逆に，日本の判例は，ネズミ講以外の場合にも，管財人の請求を認めるだろうか。おそらく，本判決が，（同様の事案を前提とする事案で一連の下級審判決が採ったように）単に民法708条本文の適用を一般的に排除するのではなく，本判決の事実関係を前提としつつ，慎重に信義則を用いて返還請求を認めていることからすると，否定的に推測されよう。そして，それは原則的立場として，妥当と考えられる。不法原因給付が，もともと給付者と受領者の不法性の衡量より出てくる請求排除だとすれば，一応給付者の不法性の優越で請求排除の効果（民法708条本文）を認め，その先は，（そう考えてよいかがそもそも問題であ

〔研　究〕

るが）無効と第三者保護という問題に類似した（単なる無効原因一般と不法原因給付性が認められる場合は質的に異なるが）相対的解決を，請求排除の趣旨を上回る保護の要請ないし利益が肯定できるか否かの個別的評価のうえで（信義則を使うか否かはともかく）導入することになろう。もっとも，賭博債務の公序良俗違反に基づく無効と債務者の異議をとどめない承諾の効果について，前者を優先させている判例（最三小判平 9・11・11 民集 51 巻 10 号 4077 頁）の存在を考慮すると，善意の第三者が出現すれば直ちに当該第三者が保護されるとはいえない。そう考えると，管財人の法的地位から一般的に演繹するよりは，その背後にある係争利益の軽重判断に結論がかかってくることになろう。破産管財人の第三者性の問題につながる（この点については，たとえば，栗原伸輔・倒産判例百選〔第 5 版〕〔2013 年〕17 事件，高田裕成・同 18 事件が扱う）。

　たとえば，今までに肯定された事案は，管財人対元従業員ないし上位会員という構図であったから，広義での加害者と被害者の関係で，管財人は，加害者の権利行使という観点からは，不法性の大である者から小である者への方向の請求と一応みられるが，管財人の背後の被害者グループのために加害者グループに請求すると評価すれば，不法性の小なる者から大なる者への請求ともみうる。しかし，管財人の立場には，両方のモメントが並存するため，単純に民法 708 条ただし書の例外に当たるといいにくく，結果の妥当性公平性を信義則にこめて依拠したものと考えられる。そういう意味において，返還請求の阻止の基礎にある（無限連鎖講防止法や特定商取引に関する法律の連鎖販売取引の規律に含まれる）ネズミ講禁圧や連鎖販売取引規制の趣旨は個別的・相対的に作用するわけである。それ以外の当事者属性の組合せや，ネズミ講とは異なるスキームを用いる悪質商法の場合には，どうだろうか。たとえば，圓山茂夫『詳解特定商取引法の理論と実務〔第 3 版〕』（2014 年）437 頁以下が指摘する，連鎖販売取引におけるリピート型の場合はどうだろうか。個別の判断を迫られよう。下位会員が直接上位会員を訴えた場合はどうだろうか。利益・損失の計算の困難さもさることながら，不法性の衡量も困難となるだろう。また，不法行為に基づく損害賠償請求として争われる場合は，不法性の衡量が過失相殺の程度として現れることがある。齊藤ほか・前掲書 549 頁は，会員から主宰者に対する損害賠償請求において，マルチ商法の事案と異なり，ネズミ講の事案の一部において，被害者（会員）である原告側に 4 割，5 割などのかなり大きな過失相殺による減額が認められていることを問題視する。

　以上においては，民法 708 条に規定される不法原因給付制度の要件効果を一応前提として論じてきた。しかし，その沿革（Frank L. Schäfer, HKK（Historischer-kritischer Kommentar zum BGB, hrg. von Schmoeckel, Rückert und Zimmermann), Band III, 2. Teilband（2013）S. 2608f.; 2617.：ドイツ民法起草過程で，将来の不法原因に基づくコンディクチオと現在ないし過去のそれに基づくコンディクチオの区別から，将来原因に基づくそれを目的不到達に基づくコンディクチオへの編入，将来と現在・過去に基づくものの統合，関連して要件としての不法性の所在〔給付者のみで足りるか，受領者にも必要かなど〕などの点で一般化が生じた。このため，現在の学説は，その沿革に忠実に将来のカウサに基づく給付に適用範囲を限定する説〔Honsell（1974）に代表される〕と，現在と過去のカウサにも適用する説に二分されている）は変化に富んでいるし，法典調査会での議論（穂積陳重の原案と梅謙次郎の削除案の対立については，広中俊雄＝星野英一編『民法典の百年 第3巻』（1998年）491頁以下〔川角由和〕），判例における展開など興味深いものがあるが，本稿では立ち入る余裕がない。さしあたり，現在の判例通説の立場は，ここでの「不法原因」や「給付」の理解を限定的に，厳格に，解釈し，また，文言とはやや異なり，不法性の衡量で返還の可否を決めている（星野英一ほか編『民法講座6』〔1985年〕69頁以下〔山田幸二〕，藤原・前掲書87頁以下など）。これは，返還請求阻止が給付者が本来有していた財産権の剥奪に帰するところから，それに値する程度の，（問題となった時点での関連法規や社会道徳を反映した）不法性や履行の完結性あるいは不法性の不均衡に至っていることに，剥奪の正当化を求めているからである（時には相拮抗しうる諸評価要素の構造化は，四宮・前掲書157頁以下が優れる）。

◆20◆ 〔判例研究〕破産管財人の善管注意義務違反と不当利得——最高裁平成18年12月21日2判決の枠組の再検討

①平成18年12月21日最判（平成17年（受）第276号）民集60巻10号3964頁 —— 一部破棄自判・一部棄却，②平成18年12月21日最判（平成17年（オ）第184号，（受）第210号）（民集非登載）—— 一部破棄自判・一部棄却

〔事　実〕

　考察の対象は，最判平成18年12月21日損害賠償請求事件（平成17年（受）第276号）[1]と同日付で民集非登載の不当利得返還請求事件（平成17年（オ）第184号，（受）第210号）[2]である[3]。以下では，前者を「損賠事件」，後者を「利得事件」と略称する。

　事実関係はほぼ共通で，破産者（賃借人）の賃貸借における敷金返還請求権に，破産者に融資していた銀行五行が質権を設定した。すなわち同一物件の異なる部分（地下一階事務所部分，八階・九階居室部分，駐車場部分，倉庫部分）について4件の賃貸借契約が交わされ，それにもとづき4件の敷金が差し入れられ，まとめて質権の対象とされ，実行時の配分割合も合意された。

　破産管財人は，賃借人の破産宣告後，裁判所の許可を得つつ，上記各賃貸借を合意解除し，返還された敷金を賃借人の債務に充当していった。

　損賠事件では，上記五行のうちの一行の債務並びに担保の承継人が充当合意は破産管財人の善管注意義務に違反し，質権による優先弁済権が害されたとして，（旧破産法164条にもとづく）損害賠償または不当利得返還を選択的併合で主張した。利得事件も事実関係は同様であるが，原告は損賠事件とは異なる銀行の承継者であり，請求は当初は不当利得返還で，第二審で損害賠償が選択的

---

(1) 民集60巻10号3964頁。
(2) 判時1961号62頁（②事件）。
(3) 文献は多数あるが，まとまったものとして，NBL851号14頁以下の28名の実務家による判例研究，ならびに事業再生と債権管理128号141頁以下のパネルディスカッション記録を挙げておく。

に追加請求された。

　損賠事件では，第一審は損害賠償を一部（破産宣告後の賃料・共益費）認容，第二審はいずれも棄却。最判では，質権設定者である賃借人が，正当な理由なく未払債務を発生させて敷金返還請求権の発生を阻害させることは質権の対象である債権の担保価値を維持すべき義務の違反となるとし，この義務は破産管財人に承継されるとした。その上で，原状回復費用不払いは正当な理由があるが，賃料，共益費の不払いは正当な理由がないとした。他方，破産管財人の善管注意義務違反については否定し，原審を支持した。また，不当利得返還に関しての原審の判断を破棄し，不払いに正当な理由がない部分について不当利得責任を肯定した。

　利得事件では，第一審，第二審とも，不当利得返還を認容（第二審は原状回復費用を控除）。最高裁は，原審の不当利得返還を認容した点を是認しつつ，充当合意の日から利息支払を命じた点については破棄し，善意利得者として，訴状送達の翌日からの遅延損害金にとどめた。この点については，善管注意義務違反も認められないから，充当合意以降の利息請求はこの観点からもできないとした。

　損賠事件は，質権者に対する破産管財人の担保価値維持義務違反をいうのに，破産財団に十分な銀行預金があって，現実に支払うことに支障がなかった点を挙げて，充当合意は，特段の事情がない限り，正当な理由がないとしている。ところが，破産管財人の善管注意義務違反の有無の判断においては，「この見地から見ると，本件行為が質権者に対する義務に違反することになるのは，本件行為によって破産財団の減少を防ぐことに正当な理由があるとは認められないからであるが」と言いつつ，「正当な理由があるか否かは，破産債権者のために破産財団の減少を防ぐという破産管財人の職務上の義務と質権設定者が質権者に対して負う義務との関係をどのように解するかによって結論の異なり得る問題であって，この点について論ずる学説や判例も乏しかったことや，被上告人が本件行為（本件第三賃貸借に係るものを除く）につき破産裁判所の許可を得ていることを考慮すると，被上告人が，質権者に対する義務に違反するものではないと考えて本件行為を行ったとしても，このことをもって破産管財人が善管注意義務違反の責任を負うということはできないというべきである。」として，善管注意義務違反を否定している。

〔研　究〕

　ここでは，「正当な理由」という同じ表現が異なって用いられているように

〔研　究〕

見える。一つは，担保価値維持義務違反の点で，もう一つは，管財人の善管注意義務違反の点である。あるいは，前者での「特段の事情」が後者では考慮されたということなのであろうか。

両義務の関係理解は，一体と考える見解と別個のものと考える見解があるが，損賠事件の調査官解説(4)では，本判決は，両義務は別個の義務であり，帰責性も別個に検討すべきことを前提としていると説明される。

先に引用した事情が，担保価値維持義務違反の成立には影響しないで，善管注意義務違反の否定にのみ作用すると理解することは妥当なのであろうか。むしろ，前者の特段の事情にも該当しないのであろうか。あるいは，義務違反を，前者では客観的に，後者では主観的に判断(5)しているのであろうか。

この点は，実は，利得事件の判決理由の構造とも関連する。ここでは，不当利得の成否の判断がまず，損賠事件の担保価値維持義務違反を認定するのと同様の叙述において，充当合意に正当な理由がないこと，特段の事情もないことによって根拠づけられる。利益の帰属が行為者の主観で定まるかのごとき表現である。

その上で，悪意の受益者か否かの判断に際して，「上告人の利得が法律上の原因を欠くことになるのは，本件行為によって破産財団の減少を防ぐことに正当な理由があるとは認められず，本件行為が質権者に対する義務に違反するからであるが，」として，<u>法律上の原因欠缺が管財人の義務違反と直結</u>するかのごとき表現をとり，さらに，損賠事件と同様の理由，すなわち「上記正当な理由があるか否かは，破産債権者のために破産財団の減少を防ぐという破産管財人の職務上の義務と質権設定者が質権者に対して負う義務との関係をどのように解するかによって結論の異なり得る問題であって，この点について論ずる学説や判例も乏しかったことや，記録によれば上告人は本件行為（本件第三賃貸借に係るものを除く）につき破産裁判所の許可を得ていることがうかがわれることを考慮すると，上告人が正当な理由のないこと，すなわち法律上の原因のないことを知りながら本件行為を行ったということはできず，上告人を悪意の受益者であるということはできないというべきである。」にもとづき，いわば<u>管財人の善管注意義務違反の否定が</u>，<u>法律上の原因欠缺の認識の否定と直結</u>す

---

(4)　最高裁判所判例解説民事篇平成 18 年度 1349（1379）頁（谷口安史）。
(5)　中井康之・金融法務事情 1811 号 41 頁が二つの理解（客観的義務違反と主観的義務違反に対応させる理解と，義務を質権者との関係で考えるものとその他の利害関係者も含めて考えるものを対比させる理解）を対比し，土岐敦司論文（NBL851 号 51 頁）の理解が前者に近いとする。

437

るかのごとき論理がとられている。

　おそらく，損賠事件と利得事件は，最高裁において並行して検討されたため，このように異質な原理が接ぎ木されてしまうことが違和感なく看過されることが起きたのではなかろうか。

　担保価値維持義務違反を不当利得の観点から評価すると法律上の原因が欠けることと理解されているが，ここでの不当利得は侵害不当利得[6]の一例とされている。しかし，侵害を語るためには，財貨の帰属が前提とされる。本来の債務者である担保設定者は，不当に将来の敷金返還請求権の予想額を自己債務の増加によって減少させない義務を負っているが，本来賃借人の債務の担保であるから，債務者の責任財産に余裕があれば，ある程度の裁量性が認められよう。この義務を承継した管財人においては，債務超過の事態は前提とされるから，他の破産債権者との関係の考慮が加わる。また，権利の性質も，判決が言及するように，破産手続においては，開始後賃料は財団債権に，債権質権は別除権へ，債務者の責任財産は破産財団へと，性質ないし名称を変える。この変化がどのような影響を及ぼすのか[7]。このあたりの分析が質権者（別除権者）への帰属とその侵害の観点に即して，深められなくてはいけないと思われる。判決は，その萌芽的試みにとどまっているのではないか[8]。

　既に，学説では，費用負担を別除権者，破産財団のどちらが負うべきかの観点で判断し，管財人の善管注意義務違反とは別個に考える説[9]がある。私なりに敷衍すれば，担保権者と債務者の間で，債務負担の帰属性を客観的に判断し，敷金充当による支払が正当視されるか否かを判断することであり，判決で言えば，正当視された原状回復費用と正当視されなかった，それ以外の賃料等債務の区別である。

　さらに，その前提である，管財人の担保価値維持義務と善管注意義務の関係理解も問題である。前述したように，最高裁調査官は，両者の義務を別個独立のものと位置づけ，評価も異なるものとする。しかし，既に引用したように，

---

(6)　前掲調査官解説1380頁は「他人の財貨による弁済」と表現し，藤原正則・民商法雑誌136巻3号410頁は「侵害利得」とする。

(7)　この点は，詐害行為取消権や否認権と方向は逆となるが，債務者無資力を前提とした場での，関係当事者の規律であることが，通常の不法行為ないし債務不履行に基く損害賠償や不当利得と異なる考慮を要請するのではないか。

(8)　担保価値把握の基準時については，中井康之・金融法務事情1811号42頁以下が示唆深い。

(9)　事業再生と債権管理128号158頁の中西正発言，倒産判例百選（第5版）19事件〔中西正〕。

〔まとめ〕

同一の管財人の行動において，同様の事実を引用しつつ，異なる評価を与えているが，善管注意義務が，管財人の包括的義務と考えれば，当然，担保価値維持義務はその中に含まれるはずである[10]。もちろん，善管注意義務の観点から，担保価値維持義務の履行の有無の判断は制御されるのだが，同一人に対する評価だから，その間に評価矛盾があるのはおかしいのではないだろうか。二つの義務は競合しつつも，善管注意義務は担保価値維持義務を包み込む形で存在するのではなかろうか。担保価値維持義務違反はあるが，善管注意義務違反はない，というのが最判の結論であり，前者では質権者，後者では破産債権者を義務の履行先と考えている節があるが，後者の義務の保護対象に質権者も含まれるのではなかろうか。逆に，前者の履行に際して，破産債権者の利害も考慮されているのではないだろうか。

だとすれば，前者の違反は後者の違反に直結するとまではいえなくとも，影響ないし関連があるのではないだろうか。逆に，後者の違反がないという点を強調すれば，前者の違反もないと考えるのが素直ではないだろうか。

〔ま と め〕

以上の検討を踏まえると，判例が不当利得責任を肯定した結論は妥当であるが，構成として純化されていない不十分さがあると考える。ここで問題としている不当利得の根拠は，破産開始後のある時点での状況に照らして認められる費用の原資をどこから出すかの判断の誤りにかかわる。これを客観的に見れば，まさにある時点での負担帰属ルールに反する出捐である。その反動が不当利得，より厳密には他人の財貨からの利得ないし侵害利得と呼ばれるものであろう。破産管財人は，賃料債務を不払いにして敷金充当をした。不払いという不作為，充当合意という作為が全体として評価されるが，不当利得法の次元で評価されるのは，あくまで，当該債務が，破産財団から支出すべきか，敷金充当で負担させるかであり，その客観的基準と管財人の行為の結果が比較される。破産手続開始後であるから，この判断は，現行民法444条，445条のように，基準時における資力を考慮した負担配分となる。そういう意味で，通常の不当利得の存否とは異なる。判例が，充当合意の時点での破産財団の資力を合意ごとにいちいち確認しているのはそういう意味であろう。

だから，損賠事件判決が，質権者に対する担保価値義務違反を認定し，充当合意は，管財人が質権者に対して負う義務に違反する（賠償義務には言及せず）

---

[10] 歴史的沿革からの理解については，中西正・事業再生と債権管理129号169頁以下。

と述べた後で，善管注意義務を否定し，財団の不当利得を肯定するくだりが，説得的な流れではないのは，管財人の充当合意行為を担保価値義務違反という，挙動の評価を示唆する表現を介して把握するからである。既に述べてきたように，その判断の実質的内容は，その充当行為の<u>結果が</u><u>その時点での客観的配分ルールに違反</u>していたからである。これが，侵害利得の一例ととらえるべきと主張するゆえんである[(11)]。他方では，管財人の行動の是非の評価は，善管注意義務に委ねるべきである。担保価値維持義務に関するくだりを，客観的義務違反とか，質権者との関係に限定された義務違反ととらえることは，かえってその本質をあいまいにしてしまうだろう。

なお，余談ながら，このような屈折した構成になった背景ないし原因がなくはない。例えば，利得事件の第一審判決（横浜地裁平成16年1月29日）は，担保保存義務違反と不当利得の成立を結びつけて，損害と利得の間に直接の因果関係があるという表現を用いているし，同第二審判決（東京高裁平成16年10月19日）も，利得は管財人の義務違反によってもたらされたものであって，法律上の根拠を欠くから，不当利得が成立すると述べている。いずれも，損害賠償制度と不当利得制度の枠組みの相違，それに由来する法律効果の相違が十分意識されているとは言えない。むしろ，原告の主張にも影響されつつ，素朴に連結されてしまっているとの感を禁じ得ない。最高裁判決は，この点のあいまいさを同様に引き継いだと評することもできよう。

---

(11) 不当利得類型論によれば，支出利得ないし費用利得の類型があるが，この類型は費用出捐者自身に不当利得返還請求権が与えられる場合で，本件のように，破産管財人の財産出捐行為の結果が別除権者に不当利得返還請求権を与える場合とは異なる。比喩的に言えば，本件は，複数人から財産を託された管理者が配分ルールに反して本来渡すべき人ではない人に渡してしまったというような場合に対応する。

事項・人名索引

◆ あ 行 ◆

悪意者責任の一般的過失責任化 …………… 407
インテルケッシオ（intercessio）………… 91
ヴィルブルク（Wilburg, Walter）………… 203
ヴィルヘルム（Wilhelm, Jan）…………… 223
押しつけられた利得 ………… 6, 31, 58, 69, 424

◆ か 行 ◆

果実・使用利益 ………………………………… 336
過責の考量 ……………………………………… 309
価値の移転の形態 ……………………………… 110
価値の同一性 …………………………………… 364
価値のレイヴィンディカチオ ………………… 361
割賦販売 ………………………………………… 267
加藤雅信(説) …………………………………… 188
カナーリス（Canaris, Claus-Wilhelm）…… 208
過量販売契約 …………………………………… 272
間接代理 …………………………………… 78, 131
客観的規範的要素 ……………………………… 407
客観的配分ルール ……………………………… 440
求償説 …………………………………………… 84
給　付 …………………………………………… 203
　──概念 …………………………………… 199, 206
　──関係 ………………………………………… 199
　──媒介 ………………………………………… 254
　──物の滅失・損傷 …………………………… 336
　──利得 ………………………… 203, 206, 290, 318
　──連鎖 ………………………………………… 290
金銭所有権 ……………………………………… 360
クーリングオフ ………………………………… 269
クーリングオフ連鎖 ……………………… 267, 270
クピッシュ（Kupish, Berthold）…………… 216
結合契約 ………………………………………… 278
ケッター（Kötter, Michael）………………… 206

ケメラー（von Caemmerer, Ernst）……… 204
原因関係 ………………………………………… 199
原状回復説 ……………………………………… 347
権利併存説 …………………………………… 76, 136
権　力
　──服従者 ……………………………………… 80
　──保有者 ……………………………………… 80
効果帰属 …………………………………… 214, 277
抗弁の接続 ……………………………………… 268
個別信用購入あっせん ………………………… 267

◆ さ 行 ◆

債権譲渡 ………………………………………… 233
差額説 …………………………………………… 337
詐欺・強迫 ……………………………………… 335
先履行 …………………………………………… 338
錯誤事例 ………………………………………… 207
指　図 ……………………………… 199, 251, 276
　──の瑕疵 ……………………………………… 291
三当事者(関係) …………………………… 199, 318
自己債務弁済型 ………………………………… 358
自己の財産におけると同一の注意 ………… 339
事　務
　──処理意思 …………………………………… 109
　──処理関係 …………………………………… 195
　──の他人性 …………………………………… 108
社会通念上の因果関係 ………………………… 357
自由人 …………………………………………… 121
17条書面 ………………………………………… 405
重要事項 ………………………………………… 273
主観的利得 ………………………………… 48, 58
出捐（Zuwendung）………………… 199, 203
出費の節約 …………………………………… 9, 48
受領者視界理論 ………………………………… 227
準転用物訴権 …………………………………… 120

441

事項・人名索引

譲渡人説 …………………………… 244
消費者複合契約 …………………… 267
所持者 ……………………………… 320
所有者占有者関係 ………………… 144
侵害利得 …………………………… 203
制限行為能力者 …………………… 341
清算方法 …………………… 271, 273
贈与意思 …………………………… 113
即時取得構成 ……………………… 358

◆ た 行 ◆

第一草案 …………………………… 148
対価控除否定ルール ……………… 326
第三者給付 ………………………… 251
第三者受益型 ……………………… 358
第三者損害賠償 …………………… 131
第三者の強迫 ……………………… 288
第三者弁済型 ……………………… 377
第三者与信型 ……………………… 267
代替物 ……………………………… 419
代弁済請求権 ………………………… 75
他主占有 …………………………… 317
短縮給付 …………………………… 291
電気器具（Elektrogeräte）事件 … 225
転用物訴権否定 …………… 174, 180
同時審判 …………………………… 297
同時履行の抗弁権 ………………… 335
特定性 ……………………………… 364
特有財産 ……………………………… 77
　──訴権 ……………………… 77, 79
取消原因の知 ……………………… 340
取消権構成 ………………………… 358
問　屋 ………………………………… 95

◆ な 行 ◆

二重欠缺 …………………………… 271

二重不当利得 ……………………… 313
二重騙取型 ………………………… 358
二請求権対立説 …………………… 337

◆ は 行 ◆

破産管財人 ………………………… 429
不実告知 …………………………… 273
不当利得 …………………………… 199
部分草案 …………………………… 144
不法原因給付 ……………………… 429
ブルドーザーの修理請負 ………… 187
BGHによる「費用」の定義 …… 12, 27
法定質権 …………………………… 180
補充性理論 ………………………… 227

◆ ま 行 ◆

マルティネク（Martinek, Michael）… 224
民法704条後段 …………………… 391
無効原因の知 ……………………… 339
無資力要件 ………………………… 363
免責請求権 ………………………… 77
物に関する費用償還 ……………… 195

◆ や 行 ◆

有益性 ……………………………… 117
譲受人説 …………………………… 244

◆ ら 行 ◆

理想住宅事件 ……………………… 226
立証責任 …………………………… 381
利得説 ……………………………… 84
留置権 ……………………………… 180
類型論 ……………… 206, 274, 296, 318
ロイター（Reuter, Dieter）…… 224

〈著者紹介〉

平田健治（ひらた・けんじ）

- 1953年　岐阜県生まれ
- 1976年　京都大学法学部卒業
- 1981年　京都大学大学院法学研究科博士課程修了，京都大学助手
- 1984年　新潟大学法学部助教授
- 1991年　同教授
- 1997年　大阪大学大学院法学研究科教授（2004年より2012年までは高等司法研究科）（現在に至る）

〈主要著書・論文〉

『電子取引と法』（大阪大学出版会，2001年）
『不動産附合の判例総合解説』（信山社，2009年）
『事務管理の構造・機能を考える』（大阪大学出版会，2017年）
『新版注釈民法(4)』（無効取消しの項担当）（有斐閣，2015年）
『新注釈民法(15)』（事務管理の項担当）（有斐閣，2017年）
「物の結合体についての規律とその分類基準(1)(2)」民商法雑誌104巻2号以下（1991年）
「ドイツ電子署名法の改正」阪大法学51巻5号（2002年）
「消費者保護とEU法」阪大法学56巻4号（2006年）
「「電子署名が付された電子データの証拠力」覚え書き」阪大法学62巻3=4号（2012年）

学術選書
182
民　法

不当利得法理の探究

2019（平成31）年1月25日　第1版第1刷発行

著　者　平田健治
発行者　今井貴稲葉文子
発行所　株式会社信山社

〒113-0033　東京都文京区本郷6-2-9-102
Tel 03-3818-1019　Fax 03-3818-0344
info@shinzansha.co.jp
出版契約 2019-6782-2-01010　Printed in Japan

©平田健治, 2019　印刷・製本／亜細亜印刷・牧製本
ISBN978-4-7972-6782-2 C3332　分類324.534-a011 民法
P460　¥9200E-012-020-020

JCOPY　〈(社)出版者著作権管理機構　委託出版物〉

本書の無断複写は著作権法上での例外を除き禁じられています。複写される場合は，そのつど事前に，(社)出版者著作権管理機構（電話 03-5244-5088, FAX03-5244-5089, e-mail : info@jcopy.or.jp）の許諾を得て下さい。

不動産附合の判例総合解説
　平田健治

判例プラクティス民法Ⅰ～Ⅲ
　松本恒雄・潮見佳男 編

新債権総論Ⅰ・Ⅱ
　潮見佳男

21世紀民事法学の挑戦 ― 加藤雅信先生古稀記念　上・下
　加藤新太郎・太田勝造・大塚直・田髙寛貴 編

不当利得法
　藤原正則

代償請求権と履行不能
　田中宏治

人間の尊厳と法の役割 ― 民法・消費者法を超えて
　廣瀬久和先生古稀記念
　河上正二・大澤彩 編

民法研究 第2集〔東アジア編〕
　大村敦志 責任編集

信山社